W0395933

CYKLOS

DDR per Rad

Ein CYKLOS-Fahrrad-Reiseführer

Verlag Wolfgang Kettler

DDR per Rad

Ein CYKLOS-Fahrrad-Reiseführer

Verlag Wolfgang Kettler

Verfasser: Wolfgang Kettler

CIP-Titelaufnahme der Deutschen Bibliothek

Kettler, Wolfgang:
DDR per Rad / [Verf.: Wolfgang Kettler]. - 1. Aufl. - Berlin :
Kettler, 1990
(Ein Cyklos-Fahrrad-Reiseführer)
ISBN 3-921939-49-6
NE: HST

Umschlagfoto: Dorfkirche in Ragösen

Das Frontispiz zeigt einen Fachwerkgiebel in Mühlhausen.

ISBN 3-921939-49-6

1. Aufl. Juli 1990

© Copyright by Verlag Wolfgang Kettler, Czeminskistr. 5,
1000 Berlin 62

Druck: Kube + Partner GmbH, 1000 Berlin 61

Inhalt

Ein Etappen-Übersichtskarte befindet sich am Schluß des Buches (ausklappbar).

Mit dem Fahrrad auf Reisen: DDR

Nun steht es offen, das weite Land zwischen Elbe und Oder, zwischen Ostsee und Erzgebirge. Das aus westdeutscher Sicht unbekannteste Reiseland Europas ist plötzlich (Beinahe-)Inland, steht für Tagesausflüge, Kurzreisen, mehrwöchigen Urlaub zur Verfügung.
Obwohl die DDR ein (noch) relativ verkehrsarmes Land mit weiten Flächen und einer Unzahl von landschaftlichen und kulturellen Sehenswürdigkeiten ist, sind Radtouristen hier bislang ein seltener Anblick gewesen. Das liegt beileibe nicht nur an der Abschottung des früheren SED-Staates, sondern auch die Bürger des Landes haben aktives Reisen nicht gepflegt, konnten es auch kaum, selbst wenn sie es gewollt hätten. Die unbefriedigende Versorgungslage und das arg löchrige Netz von Beherbergungsstätten waren objektive Hindernisse, das gestörte Verhältnis zum Fahrrad ein subjektives. Der Motorisierungswahn ist dank der früher üblichen langen Wartezeit auf den knatternden Untersatz ungebrochen, das Fahrrad ist ein Notbehelf.
Das kann sich nun ändern, die Besucher aus dem Westen werden es vormachen. Sie finden reichlich Gelegenheit zu radtouristischer Betätigung. Der schönste Teil der deutschen Ostseeküste liegt in Mecklenburg, Rügen lockt mit seinen Kreidefelsen, die Mecklenburgische Seenplatte mit ihrer Naturbelassenheit. Stolze Hansestädte des Mittelalters haben ihre Bausubstanz bis in unsere Tage gerettet; die norddeutsche Backsteingotik hat schlimmere Gegner gesehen als die Vernachlässigung durch 40 Jahre Sozialismus. Der märkische Wald, der den sandigen Boden festhält, ist ebenso reich mit Seen durchsetzt, der Spreewald wird wieder zum Ausflugsgebiet ganz Berlins, und die Dorfkerne auf dem Land könnten durchaus noch aus längst vergangenen Zeiten stammen.
Im Süden der DDR wird die Landschaft nicht nur deutlich bergiger, sondern kleinteiliger, dichter besiedelt. Die deutsche Kleinstaaterei verstrichener Jahrhunderte hat ihre Spuren hier klarer hinterlassen: alle paar Kilometer dokumentiert das Schloß einer früheren Residenzstadt, daß es zeitweise eine fast unüberschaubare Zahl von Fürstentümern gegeben hat, deren Namen mit "Sachsen" begann. In Sachsen und Thüringen sind die konventionellen Sehenswürdigkeiten dicht gesät, aber auch Naturfreunde finden im Harz, im Thüringer Wald, im Erzgebirge Landschaftserlebnisse, die ihresgleichen suchen.

Die DDR ist kein leichtes Reiseland, vor allem die Straßenverhältnisse fordern ihren Tribut. Aber es lohnt sich, diese Form der Abenteuerreise zu wählen, bevor die Eigenarten dieses ebenso nahen wie fernen Reiseziels im gesamtdeutschen Einerlei untergehen.

Anleitung zur Benutzung

Informationen über Benzinpreise fehlen in diesem Reiseführer: er ist voll und ganz auf Fahrradreisen ausgerichtet und verzichtet daher auf alle Details, die für Radler unwichtig sind.
Der z.Z. der Drucklegung dieses Buches zweite deutsche Staat weist eine Fülle von Eigenheiten auf, deren Kenntnis für den Touristen durchaus nützlich ist, will er nicht stetig mit staunend geöffnetem Mund als lebender Fliegenfänger durch die Gegend radeln. Etwas Hintergrundwissen über die DDR und die dort lebenden Menschen steht deshalb am Anfang des Buches. Im Anschluß an die Hintergrundinformationen sind jene kleinen Dinge zusammengestellt, die der Besucher wissen sollte und möchte, wie z.B. Einreisebedingungen, geeignete Landkarten, Kulinarisches oder Übersichten zur Infrastruktur.

Der eigentliche Fahrrad-Reiseführer beginnt erst danach. Nach einer Vorstellung der Regionen wird das Land "etappenweise" behandelt. Dazu ist

Schäfer ist in der DDR noch ein Ausbildungsberuf

das Land in 147 auf der dem Buch beiliegenden Übersichtskarte ersichtliche Teilstrecken aufgeteilt, so daß ein weitgehend individueller Reiseverlauf ermöglicht wird. Die durchnumerierten Teilstrecken sind mit Kartenskizzen und Streckenverlauf ausführlich beschrieben, Städte und Sehenswürdigkeiten, teilweise in hervorgehobenen "Kästen", behandelt. Detailinformationen zu einem Ort stehen im allgemeinen nur in jeweils einer Etappenbeschreibung; sie sind über das Register am Ende des Buches schnell zu finden.

Die Streckenführung der Etappen ist speziell auf die Belange des Fahrrad-Touristen abgestimmt: so weit wie möglich werden Nebenstraßen benutzt, starke Steigungen vermieden, landschaftlich und touristisch interessante Stätten ausgesucht.
Die Routenempfehlung beinhaltet keine Vorschriften über die zu vollbringende "Tagesleistung" - die Länge der Tagesstrecken bestimmen Sie ausschließlich selbst. Die Entfernungsangaben in den Etappenbeschreibungen sind nicht als Empfehlung für *Tages*etappen zu verstehen.

Details über Ortschaften sollen sowohl der Vorauswahl der jeweils zu Aufenthalt und/oder Übernachtung angepeilten Dörfer und Städte dienen als auch touristische Tips "vor Ort" geben. Sie nehmen Ihnen jedoch nicht das Selbstentdecken der Orte ab; Näheres dazu in den Kapiteln über Übernachtung und Kulinarisches.
Die Auswahl der Informationen ist darauf gerichtet, daß sie einen guten Mittelweg zwischen den strikten Vorschriften üblicher "Rad-Wanderführer" und den für Radtouristen unbrauchbaren Angaben gewöhnlicher Reiseführer bieten. Anhand dieses Fahrrad-Reiseführers allein werden Sie aber keine eigenverantwortliche DDR-Reise unternehmen können: als Ergänzung sind gute Straßenkarten unbedingt erforderlich. Die nötige Präzision kann nur mit einer vielfarbigen Karte und nicht mit den in diesem Buch enthaltenen Skizzen erreicht werden.

Damit Sie nicht mit dem aufgeschlagenen Buch in der Hand durch das Land fahren müssen und womöglich dabei die besten Eindrücke verpassen, ist es sinnvoll, die Streckenführung im voraus mit einem Stift oder Textmarker auf die von Ihnen benutzte Karte zu übertragen. Markieren Sie sich Punkte mit Besonderheiten, zu denen Sie Informationen dann an Ort und Stelle nachschlagen können. Auf diese Art und Weise ist auch die Umkehrung einer Etappenbeschreibung kein Problem.

Land und Leute

Teilansicht von Quedlinburg

Im Wandel

Alles verändert sich. In der bisherigen Deutschen Demokratischen Republik gewinnt diese Binsenweisheit z.Z. neue Qualität; so rapide sind die Veränderungen, daß in vieler Hinsicht eher blinder Aktionismus als wohldurchdachte Konzepte zutage treten.
Die Realität hält mit diesem Tempo der gesamtdeutschen Entwicklung verständlicherweise nicht immer Schritt, im täglichen Leben, erst recht im Bewußtsein der Menschen, ist reichlich Ballast abzutragen.
Da der Wandel Zeit braucht, die man ihm nicht geben will, gilt die Dynamik vorrangig den Äußerlichkeiten, die sich schnell ändern lassen: aus dem VEB wird eine treuhandverwaltete GmbH, die Kaufhallen schmücken sich mit Namen westlicher Lebensmittelketten, die ungeliebten Verwaltungs-Bezirke werden zugunsten einer Länder-Kleinstaaterei aufgegeben, die ihre historische Berechtigung aus dem kurzen Zeitraum zwischen den zwei Weltkriegen zieht.
Die schnell getroffenen Beschlüsse umzusetzen ist hingegen erheblich schwieriger und langwieriger. Der Einzelhandel hat es am leichtesten, mit Hilfe westlicher Partner sind Umstellungen im Warensortiment und Preisgefüge eine Kleinigkeit. Der Waren herstellende Ex-VEB hingegen kann Konkurrenzfähigkeit und Produktivität nicht per Verordnung erzwingen, und allzu oft erschöpft sich die Planung darin, "zu überleben" - an mehr wagt kaum jemand zu denken. Bis die Verwaltungsstruktur der Bezirke von allen Orts- und Hinweisschildern verschwunden ist, dürfte geraume Zeit ins Land gehen; im Bezirk Karl-Marx-Stadt mochten nicht alle Gemeinden darauf warten, so daß dort der alte und wieder neue Name *Chemnitz* als Bezirks-Hauptstadt, quasi als Zwischenlösung, auf den Schildern auftaucht.

Die Übergangszeit zwischen der Grenzöffnung am 9. November 1989 und der vollzogenen Währungsunion per 1.7.90 hat allerlei Anpassungsprobleme mit sich gebracht. Der für DDR-Bürger nur begrenzt zur Verfügung stehenden D-Mark standen die unzähligen Besucher aus dem Westen gegenüber, die mit "günstig" getauschtem Geld die Läden leerkauften und denen es auch auf ein paar Mark Trinkgeld genauso wenig ankam wie auf korrekt erstellte Rechnungen in Gaststätten. So war der Verfall der guten Sitten vorprogrammiert, und die Entwöhnung von dieser krassen Zweiklassengesellschaft dürfte einige Zeit dauern.
Symptomatisch für die Probleme ist auch die Preisbildung zu Beginn der Währungsunion, die mehr dem Zufalls- und Probier-Prinzip folgt als einer soliden (kaufmännischen) Kalkulation.

Übersichtskarte: Länder und Bezirke der DDR

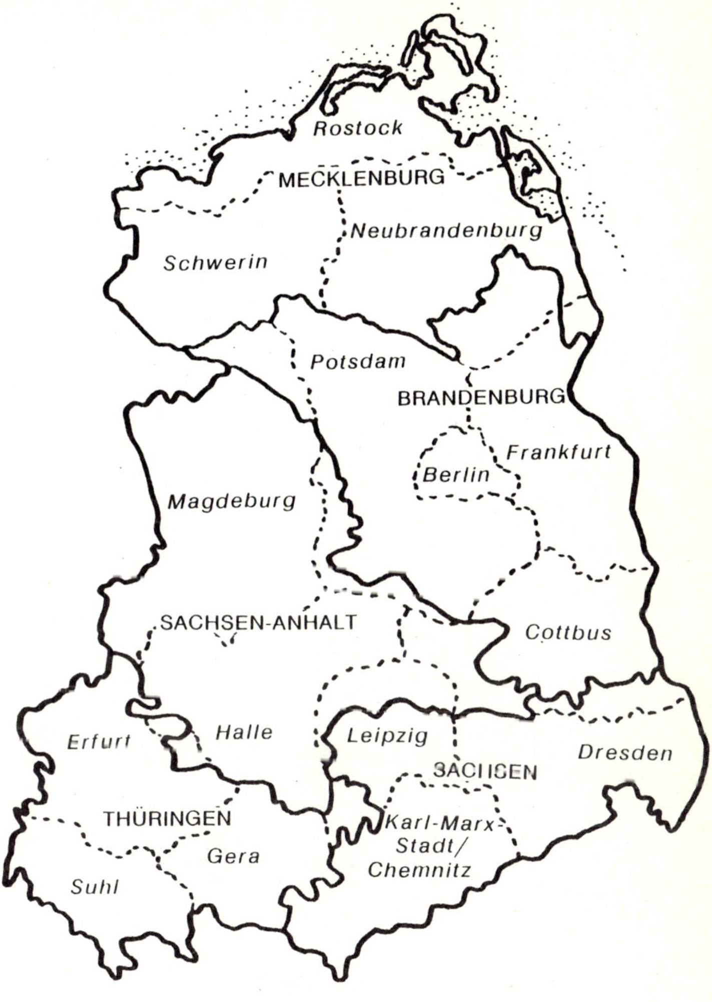

Fläche, Topographie und Klima

Das leicht "birnenförmige" Gebiet der DDR umfaßt rund 110000 km² mit einer Nord-Süd-Ausdehnung von ca. 500 km und einer West-Ost-Weite von etwa 350 km. Im Norden endet es an der 340 km langen Ostseeküste; im Osten grenzt es mit 456 km Oder-Neiße-Linie an Polen, im Südosten auf dem Kamm des Erzgebirges und im Elbsandsteingebirge an die Tschechoslowakei, im Westen und Südwesten an die Bundesrepublik Deutschland.
Etwa die nördlichen zwei Drittel des Landes sind dem Tiefland zuzurechnen, wobei dieser Begriff nicht etwa mit "Flachland" gleichzusetzen ist. Zwar sind weite Teile des Tieflandes tatsächlich Ebenen, die eiszeitlichen Gletscher haben aber auch etliche beachtliche Hügelketten geschaffen, in deren Tälern die zahlreichen Flüsse und Seen ihren Platz fanden, die die Mecklenburgische Seenplatte, das Havelseengebiet, den Spreewald und die Spreeseen ausmachen.

Die Ostseeküste der DDR unterscheidet sich durchaus markant von der der Bundesrepublik und der Polens: im Gegensatz zur westlichen Ostsee gibt es hier keine fördenartigen tiefen Landeinschnitte, aber genausowenig die weitgehende Begrading der polnischen Küstenlinie. Prägend für die Küste der DDR sind die *Bodden*, flache wassergefüllte Becken hinter der Außenküste, deren Uferränder zum Binnenland hin auffällig zerlappt sind; insgesamt sind die Boddenküsten über 1000 km lang und erhöhen somit die Menge der potentiellen Badestrände um ein Vielfaches. Die wenigen, durchweg kleineren Flüsse der DDR, die der Ostsee zustreben, münden sämtlich zuerst in Bodden, bevor sie in der auch *Baltisches Meer* genannten offenen See aufgehen. Selbst der Grenzstrom zu Polen, die Oder, macht dabei keine Ausnahme.

Südlich der Ostseeküste folgt zuerst ein relativ schmaler Flachland-Streifen, hinter dem der Nördliche Landrücken aufragt; in diesen sind die Mecklenburger Seen eingebettet - streng genommen handelt es sind also gar nicht um eine Seen*platte*, was besonders in der Mecklenburgischen Schweiz mit ihren starken Höhenunterschieden deutlich wird.

Nach Süden zu schließt sich an einen Vorlandstreifen des Nördlichen Landrückens die ausgedehnte Zone der Landplatten und Urstromtäler an. Die drei eiszeitlichen Schmelzwasserrinnen des Eberswalder, des Berliner und des Baruther Urstromtals, die an der Elbe zusammenlaufen, sind von meist sehr sandigen Moränenplatten voneinander abgegrenzt, was dem Berliner Umland den Spitznamen "Streusandbüchse" eingetragen hat. Der Südliche

Landrücken und dahinter sich erstreckende lößhaltige Ackerböden bilden den Rand des Tieflandes.

Das südliche Drittel der DDR besteht aus waldreichen Mittelgebirgen, wobei der Plural bedeutsam ist, denn die Gebirge der DDR sind durchaus unterschiedlich, obwohl sie teils direkt ineinander übergehen.
Deutlich abgesetzt von den übrigen Gebirgen ist der *Harz* im Nordwesten des Mittelgebirgslandes, dessen höchster Gipfel, der *Brocken* (1142 m ü.N.N.) oberhalb der Waldgrenze emporragt. Der Harz gehört zu den niederschlagsreichen Gebirgen; die üppigen Regenfälle werden in zahlreichen Stauseen gesammelt und den trockeneren Vorlandzonen zur Bewässerung zugeleitet.

Südlich des Harzes erstreckt sich eine breite Zone gemäßigten Hügellandes auf der gesamten Breite der DDR; der bemerkenswerteste Teil ist das fruchtbare Thüringer Becken um Erfurt, das seinem Namen alle Ehre macht, da die Ränder dieser großen Mulde bis zu 300 m höher als der Boden sind. Es trennt den Harz vom *Thüringer Wald*, der von den Ortsansässigen gerne als "Grünes Herz Deutschlands" bezeichnet wird. Das ist eigentlich zutreffender als das Wort "Wald", denn Thüringen ist keineswegs überdurchschnittlich bewaldet, sondern zu großen Teilen auch durch Felder und Wiesen schlicht "grün". Geologische Prozesse haben dem Thüringer Wald sehr viele Täler mit den entsprechenden Hängen beschert, die keine einheitliche Verlaufsrichtung aufweisen. Radfahrerisch gehört Thüringen daher zu den transpirationsträchtigen Gebieten der DDR.

Östlich ist das Vogtland der Übergang zwischen Thüringer Wald und dem *Erzgebirge*, das seinen Namen den reichen Erzfunden verdankt, die etwa ab dem 12. Jh. das wirtschaftliche Rückgrat dieser Region bildeten. Als sichtbare Folge der damaligen Entwicklung existieren zum einen langgestreckte bäuerliche Dörfer in den Tälern, zum anderen Bergstädte auf den Hochflächen in direkter Nachbarschaft der Schürfgebiete. Das Erzgebirge weist mit dem Fichtelberg (1214 m ü.N.N.) den höchsten Punkt der DDR auf.

Das bizarrste Mittelgebirge der DDR ist wohl das *Elbsandsteingebirge*, dessen deutscher Anteil "Sächsische Schweiz" genannt wird. Die dekorativ verwitterten Sandsteinquader verdankt es seiner Entstehung: es ist nicht Folge geologischer Verformungen, sondern durch Erosion und den stetig höhlenden "Tropfen" der Elbe geschaffen worden. Das cañonartige Elbtal ist das Haupt-Nahurlaubsgebiet für den Raum Dresden.

Im Gegensatz dazu ist das nördlich zwischen Dresden und Görlitz gelegene *Lausitzer Bergland* ein zwar höheres, aber relativ sanft geschwungenes

Granitgebirge, das sich dem unbefangenen Betrachter eher als gemäßigtes Hügelland präsentiert.

Klimatisch gehört das gesamte Gebiet der DDR zur gemäßigten Klimazone. Die durch Meereseinflüsse an der Ostsee oder kontinentale Binnenlage z.B. um Berlin oder in der Lausitz verursachten Unterschiede sind eher gering. Relativ niederschlagsarme Winter und nicht zu heiße Sommer gehören zum Standard. Zwar fällt wie überall im westlichen Mitteleuropa ein Großteil der Niederschläge im Juli und August, die Binnenlandlage sorgt jedoch dafür, daß es selten große zusammenhängende Wolkengebiete gibt, so daß heftige, aber kurze Regenfälle bei ansonsten häufig wechselnder Bewölkung typischer sind als Tage mit Dauerregen. Insgesamt gesehen ist es eher unwahrscheinlich, daß eine Fahrradreise durch die DDR "ins Wasser fällt".

Weinbau an der Unstrut

Bevölkerung

Mit knapp 17 Millionen Menschen zählt die DDR zu den kleineren Staaten Europas und ist mit durchschnittlich 154 Einwohnern je Quadratkilometer zwar schon als dichtbesiedelt einzustufen, im Vergleich zu manchen Teilen der Bundesrepublik Deutschland jedoch eher ein Flächenstaat - Nordrhein-Westfalen hat auf viel kleinerer Fläche fast genauso viel Bewohner.

Im Gegensatz zu den etwas willkürlich verlaufenden Grenzen der wiedererschaffenen fünf Länder der DDR präsentiert sich die Bevölkerung eher in drei Gruppen mit den üblichen fließenden Übergängen: die mecklenburgische, die preußische und die sächsische. Die 40 Jahre währende Abschottung gegenüber den übrigen deutschen Gebieten hat zum einen eine relativ intensive Verschmelzung dieser drei Gruppen gefördert, zum anderen (vor allem sprachlich) einige DDR-typische Besonderheiten hervorgebracht. Dazu gehören die exzessive Abkürzungssucht für die Auswüchse des Bürokratendeutsches (z.B. WTB = "Waren des täglichen Bedarfs"), der berüchtigte *Broiler* (=Brathähnchen) und solche Obskuritäten des sozialistischen Wirtschaftslebens wie das *Plansilvester* - jener Tag im Jahr, an dem das Plansoll - hoffentlich vorzeitig - erfüllt war, als es den Plan noch gab.

Die aus solchen Eigenheiten des DDR-Deutschs entstandene Mauer ist jedoch niedriger als man denkt und zudem weitgehend einseitig - die ständig präsenten Westmedien haben dafür gesorgt, daß die Deutschen zwischen Elbe und Oder weniger Übersetzungshilfen brauchen als die neuen Gäste aus dem Westen.

Die nationale Minderheit der DDR: die Sorben

Zumindest auf dem Papier hatte die DDR allen Grund, auf ihre Art des Umgangs mit einer nationalen Minderheit Stolz zu sein. Die Verfassung garantierte den Sorben nicht nur Schutz, sondern auch Förderung ihrer Kultur und bildete damit die rühmliche Ausnahme in der langen Geschichte deutsch-sorbischen Mit- und Gegeneinanders.
Die Sorben sind ein Restvolk der ehemaligen südlichen Elbslawen und vor allem sprachlich mit den Polen, den Tschechen und den Slowaken verwandt, bilden aber trotz dieser Ähnlichkeiten eine abgeschlossene Gruppe. Ihr heutiges Siedlungsgebiet beschränkt sich auf die Lausitz im Südosten der DDR, wo längs der Spree zwischen Lausitzer Bergland und Spreewald etwa 100000 Sorben leben. Damit stellen sie in dieser Region einen offiziel-

len Anteil von etwa 16 %, auf die gesamte DDR bezogen nur etwa 0,7 %. Die Stämme der Elbslawen hatten während der Völkerwanderung im 6. Jh. zwischen Oder, Erzgebirge und Saale gesiedelt, ohne dabei eine staatliche oder gar nationale Einheit zu bilden. Das machte es den fränkischen und sächsischen Eroberern ab dem 12. Jh. leicht, die deutsche Ostkolonisation erfolgreich voranzutreiben, nachdem die militärischen Auseinandersetzungen bereits im 8.-10. Jh. zugunsten der Invasoren beendet waren. Das anfängliche Miteinander deutscher und slawischer Siedler wich ab dem 14. Jh. allmählich massiver Unterdrückung der Sorben durch die mehrheitlich deutschen Städte mit dem damals üblichen Mittel, der Verfolgung der sorbischen Sprache teils mit Androhung der Todesstrafe. Ende des 15. Jh. waren die Sorben aus dem Elbe-Saale-Gebiet verdrängt und hatten ihr Refugium in der Lausitz gefunden, genauer: in der Niederlausitz und Oberlausitz, die kein zusammenhängendes Gebiet darstellten.
Die Herausbildung eines nationalen Identitätsgefühls verdanken die Sorben indirekt quasi ihrer Obrigkeit. Diese verordnete nach der Reformation den Protestantismus nicht nur als Staatsreligion, sondern setzte als protestantisches Prinzip auch die Verkündung der christlichen Lehre in der Muttersprache, also in Sorbisch, durch. Damit war der Anfang einer sorbischen Volksbildung gelegt, dem die Herausbildung der einheitlichen, gemeinsamen Schriftsprache folgte.
Sorbische Bildungszirkel waren nicht nur die Keimzelle immer wieder auftretender Nationalgefühle, sondern 1912 schließlich auch die Grundlage für die Gründung der Dachorganisation *Domowina* (= Heimat). Die politischen Erfolge ließen allerdings auf sich warten und schienen 1937 mit der Zwangsauflösung aller sorbischer Vereinigungen gescheitert. Nach dem Zweiten Weltkrieg erreichten die verbliebenen Sorben im sächsischen Landtag jedoch 1948 ein "Gesetz zur Wahrung der Rechte der sorbischen Bevölkerung", das die Grundlage für den oben erwähnten Schutzparagraphen in der DDR-Verfassung bildete.

Insgesamt 12 Kreise in der Lausitz sind heute offiziell als gemischnational eingestuft. Hier sind alle Hinweischilder und Beschriftungen öffentlicher Gebäude zweisprachig ausgeführt, was gleichzeitig die nach außen hin wirksamste Bekundung kultureller Anerkennung ist. Zwar gibt es sorbische Schulen, ein Theater und einen Buch- und Zeitschriftenverlag, die Domowina ist wieder aktiv, und bei Volksfesten sind auch sorbische Trachten noch oder wieder zu sehen. Im öffentlichen Leben teilen die Sorben jedoch das Schicksal aller kleinen nationalen Minderheiten - sie sind schlicht nicht präsent.

Foto rechts: Der "Roland" in Stendal

Gaststätten
Öffnungszeiten
STENDAL

Zeugen der Geschichte

Natürlich hat die DDR ihre eigene geschichtliche Vergangenheit. Allerdings beginnt diese nicht etwa erst 1945 oder 1949, und vielleicht endet sie noch nicht 1989 oder 1990.
Auch aus früheren Jahrhunderten sind auf dem Gebiet der DDR Geschichtszeugen erhalten, die im Rahmen der oft chaotischen deutschen Historie Besonderheiten darstellen. Dies gilt insbesondere für die Frühzeit deutscher Geschichte, die diesen Namen etwa ab dem 9. Jh. verdient, als mit der Aufteilung des Frankenreiches die Grundlage für die Entwicklung Frankreichs und Deutschlands entstanden war.

Im Bereich zwischen Elbe und Oder, zwischen Ostsee und Erzgebirge lag im Mittelalter der Übergang zwischen den Siedlungsräumen germanischer und slawischer Stämme: Thüringer und Sachsen auf der einen, Milzener, Luzici und Obotriten auf der anderen Seite. Im Gegensatz zu heutigen Gegebenheiten bildete von Magdeburg an nordwärts in etwa die Elbe die Grenzlinie, d.h. die slawischen Stämme lebten im großen und ganzen nordöstlich davon; weiter südlich übernahm die Saale die Grenzfunktion.
Die Geschichte der deutschen Ostexpansion ist untrennbar verbunden mit der Ausweitung und Verlagerung des Lebensraums der Sachsen, der im Mittelalter noch weit von jener Gegend entfernt war, mit der der Stammesname heute verknüpft wird. Ursprünglich siedelten die Sachsen im westlichen Holstein und dehnten sich im 3./4. Jh. über fast ganz Nordwestdeutschland aus, im 6. Jh. beherrschten sie das gesamte Gebiet bis zu Unstrut und Saale; der Siedlungsschwerpunkt lag somit im heutigen Niedersachsen. Erst Karl der Große unterwarf die Sachsen, der ihr Reich dem seinen einverleibte.
Bereits vor und in der Karolingerzeit des Frankenreichs fanden ständig Eroberungs- und Unterwerfungsfeldzüge gegen die slawischen Nachbarn statt; konsequenterweise sind die in dieser Region erhaltenen Burgen im wesentlichen Grenzfestungen - die Grenzlinie zum Gebiet der bereits als Sorben bezeichneten Elbslawen verlief im weiten Bogen von Regensburg nach Magdeburg (*limes sorabicus*).
In der ersten Hälfte des 10. Jh. unterwarfen die Heere der zu deutschen Königen gekrönten sächsischen Herzöge (Heinrich I. und Otto I.) innerhalb weniger Jahre die slawischen Völker bis zur Neiße und dehnten im Zuge der Ostexpansion das deutsche Siedlungsgebiet stark aus; der Norden des späteren DDR-Gebietes blieb hingegen noch slawisch besiedelt. Ein baulicher Zeuge jener Zeit ist die Festungsanlage von *Bautzen* in der Lausitz.
Erst in der zweiten Hälfte des 12. Jh. nahmen die sächsischen Fürsten ihre

"Wendenfeldezüge" wieder auf und eroberten Brandenburg, Mecklenburg und Pommern. Damit war die machtpolitische Grundlage für die allmähliche Verdrängung und Unterdrückung der Slawen in den deutschen Fürstentümern, insbesondere der Sorben, gelegt, die Ostgrenze zum slawischen Kulturraum war nun gleichbedeutend mit der Grenze zu Polen. Bis auf weiteres beschränkten sich die Ostfeldzüge deutscher Heere auf gelegentliche Expeditionen vor allem ins Baltikum, zu deren folgenreichsten die Unterwerfung der Pruzzen (Preußen) durch den Deutschen Ritterorden (13. Jh.) gehörte, da damit ein weit vorgeschobener Vorposten im Nordosten Mitteleuropas geschaffen war - daß diese ferne Provinz einmal den Markgrafen von Brandenburg zum Besitz eines Königreichs verhelfen würde, konnte damals noch niemand ahnen.
Zu den liebsten Beschäftigungen des deutschen Adels gehörte im 13. Jh. die Wahl deutscher Könige bzw. Kaiser des Heiligen Römischen Reiches deutscher Nation, die sich alle paar Jahre abwechselten, ja zeitweise sogar gleich vierfach gegeneinander anregierten. Dieses Chaos endete erst mit der Wahl Kaiser Karl IV. im Jahre 1346, der dem deutschen Staatengebilde zehn Jahre später mit der *Goldenen Bulle* eine Rechtsordnung gab, die die wichtigsten Machtbelange regelte und mit Modifikationen bis 1806 die Rolle einer Reichsverfassung übernahm. Kernstück der Goldenen Bulle war die Übertragung der Königswahl und anderer Sonderrechte auf nurmehr sieben Kurfürsten (vorher waren alle Reichsfürsten wahlberechtigt), darunter der Herzog von Sachsen, der König von Böhmen und der Markgraf von Brandenburg. Was vordergründig wie eine reine Machtverlagerung auf die Kurfürsten erscheint, diente mittelbar auch Karl IV., denn er war damals selbst König von Böhmen und verleibte sich während seiner Regierungszeit zusätzlich die Mark Brandenburg ein, die allerdings bereits 1411 von seinen Nachfolgern den Hohenzollern zugeteilt wurde.

Im 14./15. Jh. beschäftigten sich die deutschen Fürsten vorrangig mit ihrer Kleinstaaterei, die Zeit des Bürgertums brach an. Verschiedene Städtebünde zum Schutz handelspolitischer Interessen entstanden, so z.B. der Oberlausitzer Städtebund, obwohl die Goldene Bulle derartige Zusammenschlüsse verbot. Der Interessenverband der norddeutschen Handelsstädte, die *Hanse*, konnte als einziger seine Existenz durchsetzen und gelangte zum Höhepunkt einer Macht, zu dem er auch militärisch z.B. mit dem König von Dänemark fertigzuwerden wußte.
Den Zielen des handeltreibenden Bürgertums standen sowohl die staatliche Zersplitterung (Zollschranken) als auch die obrigkeitsorientierte (katholische) Kirche entgegen, die Zeit für Reformen war reif. War der Böhme Jan Hus Anfang des 15. Jh. der Entwicklung noch voraus, so trafen Martin Luther und seine Epigonen mit ihren Thesen auf offene Ohren. Zu den Nebenerscheinungen der Reformation ist der Bauernkrieg (1524/25) zu zäh-

len, der in der DDR wegen seines "revolutionären" Charakters besonders in Ehren gehalten wurde. An den in Thüringen gelegenen Kriegsschauplätzen findet sich deshalb ein so ungewöhnliche Denkmal wie das Bauernkriegspanorama in Bad Frankenhausen, und dem Bauernführer Thomas Müntzer sind gleich mehrere Gedenkstätten gewidmet.

Ein Musterbeispiel für deutsche Kleinstaaterei entwickelte sich im 15./16. Jh. aus dem Herzogtum Sachsen (ursprünglich Sachsen-Wittenberg; im Gegensatz zu Sachsen-Lauenburg, auch Niedersachsen genannt). Zwar hatten die Brüder Ernst und Albrecht in der Leipziger Erbteilung von 1485 durchaus lebensfähige Gebilde geschaffen, wobei die ernestinische Linie anfangs als Gewinner dastand - sie hatte nicht nur Kurfürstenwürde und Herzogskrone behalten, sondern auch den größeren Teil des beherrschten Territoriums. Unglücklicherweise setzten die Nachfolger Ernsts im Zuge der Reformation nicht auf das richtige Pferd: das Kurfürstentum Sachsen schloß sich mit den meisten anderen protestantischen Fürsten zum Schmalkadischen Bund zusammen, der 1546/47 von Kaiser Karl V. im Schmalkaldischen Krieg zerschlagen wurde. Ausgerechnet der albrechtinische Herzog Moritz, obwohl ebenfalls Protestant, hatte den Kaiser gegen seinen Vetter unterstützt und erhielt zum Dank nicht nur die Kurwürde, sondern auch einen Großteil der ernestinischen Ländereien. Den Ernestinern blieb nur Thüringen, das im Zuge von sechs weiteren Erbteilungen in den kommenden Jahrhunderten bis zur Unkenntlichkeit zerstückelt wurde.

Als Folge der Reformation waren die deutschen Staaten sowohl konfessionell als auch politisch stark zerstritten, den katholischen, kaiserlich-absolutistischen Anhängern standen die Verfechter des ständisch ausgerichteten Protestantismus gegenüber. Diese Gegensätze wurden 1618-48 im Dreißigjährigen Krieg ausgetragen, der sich dank der Einmischung anderer europäischer Mächte zu einem verheerenden Fiasko ausweitete. Das Gebiet der DDR hatte daran genauso viel Anteil wie der Rest Deutschlands, verfügt aber mit der Kleinstadt *Lützen* bei Leipzig über den Ort jener Schlacht, bei der der Schwedenkönig Gustav II. Adolf sein Leben ließ.
Im Westfälischen Frieden von 1648 wurde der Kuchen deutscher Territorien neu verteilt, und dabei erhielt Schweden etliche Gebiete in Mecklenburg und Pommern als "Lehen" - quasi als Dauerleihgabe. Im Prinzip war jedoch das Ende des kaiserlichen Lehenswesens bereits erreicht, und die aus Frankreich importierte Idee des Absolutismus wurde von etlichen deutschen Fürsten bereitwillig aufgegriffen. Zu den ersten und erfolgreichsten Verfechtern gehörte Kurfürst August (der Starke) von Sachsen, der es zu einer zeitweisen Personalunion als König von Polen brachte und sich durch zahlreiche Bauten Denkmäler setzte. Weiter im Norden wuchs währenddessen die neue führende Großmacht Brandenburg-Preußen heran.

Der dortige Kurfürst Friedrich Wilhelm hatte einerseits noch im Dreißigjährigen Krieg ein stehendes Heer geschaffen, andererseits brachte das Potsdamer Edikt französische Hugenotten dazu, auf märkischem Sand erfolgreiche Geschäfte zu betreiben. Mit der Krönung des Kurfürsten Friedrich III. 1701 zum König Friedrich I. *in* (!) Preußen hatten sich die Hohenzollern durch die Hintertür zum Königstitel verholfen. Das preußische Machtstreben nahm mit Hilfe des Militärs und des parallel vorangetriebenen wirtschaftlichen Ausbaus schnell konkrete Formen an, und mit den Kriegen Friedrich des Großen war Preußen europäische Großmacht. Die Geschichte des Gebietes zwischen Oder und Elbe war von nun an von der des restlichen Deutschland nicht mehr zu trennen.
Währenddessen schlummerten die Herzogtümer in Mecklenburg (Mecklenburg-Güstrow, später Mecklenburg-Strelitz, und Mecklenburg-Schwerin) im weltpolitischen Dornröschenschlaf vor sich hin. Vielleicht ist diesem Umstand zu verdanken, daß die Herzöge noch bei der Absetzung 1918 von sich behaupten konnten, direkt von den slawischen Obotritenherrschern abzustammen, die hier im frühen Mittelalter das Sagen hatten.

Die Fürstentümer zwischen Ostsee und Erzgebirge haben je nach Größe, Macht und Mentalität sehr unterschiedliche bauliche Zeugen hinterlassen. Während sich im Norden entsprechend der weitgehend landwirtschaftlichen Nutzung (Großgrundbesitz) nur wenige Prunkbauten finden, sondern eher die Backsteingotik der Hansestädte das Bild prägt, beschränken sich in Brandenburg-Preußen die Repräsentationsgebäude auf die alte Residenz Potsdam und die spätere Hauptstadt Berlin. Hingegen bewirkte die barocke Baulust in Sachsen und dem dank der Kleinstaaterei von Residenzstädten überquellenden Thüringen, daß heutigen Touristen im Süden der DDR alle paar Kilometer historische Bauten begegnen.

Seit Beginn des 18. Jh. bis 1945 war das Gebiet dieses Reiseführers voll in die deutsche Geschichte integriert. Erst mit dem Ende des Zweiten Weltkrieges und der folgenden Aufteilung Deutschlands in vier Besatzungszonen war mit der Sowjetischen Besatzungszone und späteren Deutschen Demokratischen Republik ein von der Entwicklung im übrigen Deutschland weitgehend losgelöstes Gebiet entstanden. Die Spuren des gescheiterten 40jährigen Versuchs, einen "sozialistischen Staat auf deutschem Boden" zu errichten, sind unübersehbar. Sie äußern sich zum einen im Stillstand - viele Dörfer und Straßen könnten unproblematisch als Kulisse für einen Film über die 30er Jahre dienen -, zum anderen im Verfall historischer Bausubstanz, gefördert durch die zerstörende Wirkung massiv belasteter Umwelt, und zum dritten in jener Vereinheitlichung moderner Lebensbereiche, die z.B. die Wohnblocks in der berüchtigten Plattenbauweise und die überall gleich aussehenden 'Versorgungseinrichtungen' hervorgebracht hat.

Telefon

Es ist ein offenes Geheimnis: das Telefonsystem in der DDR ist eine Katastrophe. Das gilt quantitativ wie qualitativ, denn zum einen ist es keineswegs ungewöhnlich, wenn auch Gewerbebetriebe keinen Telefonanschluß haben, zum anderen läuft ein großer Teil der Vermittlungen noch per Hand ab; dies gilt insbesondere für Auslandsgespräche. Die Misere ist dermaßen grundsätzlich, daß es wohl etliche Jahre dauern wird, bis das Telefonnetz annähernd akzeptables Niveau erreicht.
Nicht nur private Telefone, sondern auch öffentliche Sprechstellen sind dünn gesät. Im allgemeinen gibt es letztere fast ausschließlich bei Postämtern, nur selten im allgemeinen Straßenland.

Es ist grundsätzlich erforderlich (ausgenommen für Ortsgespräche), das örtlich gültige Telefonbuch zu konsultieren, da es in der DDR bislang kein einheitliches Vorwahlsystems gibt. Vorwahlnummern zu anderen Orten können z.B. mit "0", "00", "09" beginnen, und auch die Vorwahlen zu Telefonnetzen anderer Postverwaltungen schwanken; als Auslandszugangsziffern sind "00" und "06" üblich. Daran wird dann die jeweilige Länderkennzahl angehängt.

Vorwahlkennzahlen:

Aus allen mitteleuropäischen Ländern in die DDR **0037**
Aus West-Berlin in die DDR **037**
Aus der DDR in die Bundesrepublik Deutschland z.B. **0049** oder **0649**
Aus der DDR in die Schweiz z.B. **0041** oder **0641**
Aus der DDR nach Österreich z.B. **0043** oder **0643**
Bei allen Auslandsgesprächen ist die Anfangs-Null der Ortskennzahl wegzulassen, also für Hamburg statt 040 nur 40, für Leipzig statt 041 (bzw. 0941) nur 41.

Selbstwählauslandsgespräche aus der DDR sind bislang nur aus wenigen Ortsnetzen (z.B. Berlin[Ost], Potsdam) möglich.

In diesem Reiseführer sind Vorwahlnummern in der DDR nach internationalem Standard ohne jene Anfangsziffern genannt, die bei Gesprächen aus dem postalischen Ausland ohnehin entfallen; stattdessen ist ein Pluszeichen abgedruckt.
Z.B.: Vorwahl für Leipzig **(+41)**, zu wählen ist 003741 bzw. 03741 (ab West-Berlin).

Das Reisen

In Thüringen

Informationsmaterial

Für die Vorab-Information zu einer DDR-Reise gibt es bislang keine kompetente Informationsstelle. Mit ziemlicher Sicherheit wird sich daran auch so bald nichts ändern, da es für "nationale" Stellen keinen Bedarf mehr, für regionale Stellen noch kein Geld gibt, so daß Fragen z.Z. nur von einer örtlichen Touristeninformation beantwortet werden könnten.
Selbstverständlich würden Sie dort die zuverlässigsten Informationen zum jeweiligen Gebiet erhalten, doch sind derzeit weder das Netz noch das Angebot der Touristeninformationsstellen in der DDR mit dem aus westlichen Reiseländern gewohnten System vergleichbar. Kein Wunder, hatte doch der Individualurlaub in der DDR einen völlig anderen Stellenwert als im Westen.
Zwar gibt es ein dichtes Netz von Informationsstellen in Form der *Räte der Gemeinden*, doch sind diese in jedem größeren Ort vorhandenen Informationsstellen erstens nicht auf einen nennenswerten Besucheransturm vorbereitet, haben zweitens oft nur wenige Stunden in der Woche geöffnet und bieten drittens so gut wie nie die aus dem Westen bekannte Vielfalt an Broschüren, so daß manch ein Tourist enttäuscht des Weges ziehen wird.
Da sich folgerichtig das System der Touristeninformation im Umbruch befindet, sind auch die in diesem Buch genannten Anschriften nur mit Vorsicht anzuwenden. Soweit die Informationsstelle ohne Namen erwähnt ist, heißt sie schlicht "...-Information" (z.B. Dresden-Information); alle anderen Bezeichnungen sind genannt.

In manchen Städten übernimmt die Reisebürokette *Reisewelt* (früher: "Reisebüro der DDR") die Rolle des Informationsbüros.
Sollten Sie auf der Radtour Bedarf nach einer Touristeninformationsstelle haben, bleibt der nächste und sicherste Weg ansonsten vorerst der zum Rat der Gemeinde - vor allem in kleineren Orten ist die Kenntnis über die (auch touristischen) Aktivitäten dank jahrelanger 'Beobachtungs'-Praxis meist groß. So hat auch dies noch seine Vorteile.

Jedoch auch Nachteile: die Räte der Gemeinde folgen westlichen Amts-Vorbildern hinsichtlich der Öffnungszeiten, *sehr* frühzeitige Erkundigung ist somit vonnöten.

Auf Straßen und »Sommerwegen«

Die meisten Verkehrsregeln und Schilder in der DDR entsprechen internationalem Standard, hier sei deshalb nur auf die Abweichungen hingewiesen.

Im Stadtverkehr besteht der markanteste Unterschied in dem unbeleuchteten Grünpfeil für Rechtsabbieger an Ampeln. Er erlaubt das Rechtsabbiegen bei roter Ampel unter Beachtung des Vorfahrtrechts kreuzender Fußgänger, Radfahrer, Autos... - als ob Sie auf eine Vorfahrtstraße einbiegen möchten. Diese Abweichung vom Ampelstandard ist gleichzeitig ein Indiz für einen weiteren Unterschied: Pfeilangaben auf roten/grünen Ampeln sagen in der DDR nichts darüber aus, ob nicht doch Fußgänger, Gegenverkehr usw. hinderlich, weil zu beachten sind. Im Gegensatz zur Bundesrepublik kann somit bei einem grünen Abbiegepfeil durchaus Gegenverkehr auftreten.
Eine weitere, für Radfahrer bedeutsame Besonderheit ist das Schild, mit dem allerlei Verbote und Beschränkungen für Fahrräder aufgehoben werden; es zeigt ein durchgestrichenes Fahrrad als Piktogramm und dient u.a. erfreulicher- und sinnvollerweise dazu, Einbahnstraßen in Gegenrichtung befahrbar zu machen.

Die Straßenausschilderung ist auf dem Lande vor allem auf Nebenstraßen nicht immer zuverlässig. Nicht selten fehlen Schilder, sind verdreht oder tragen grundsätzlich den Namen eines nahegelegenen größeren Ortes, egal in welche Richtung der kürzeste Weg verläuft; in dieser Beziehung hat die DDR den negativen Europa-Standard längst erreicht. Ohne detaillierte Straßenkarten sind daher für den Radfahrer in manchen Regionen Irrfahrten vorprogrammiert. An größeren Kreuzungen/Abzweigungen stehen Hinweisschilder oft bereits einige Meter *vorher*; bei Vorhandensein solcher Vorwegweiser gibt es gewöhnlich an der Abzweigung selbst keine Beschilderung mehr! Positiv ist hingegen die fast durchgängig vorhandene Ortsausgangs-Beschilderung, die stets 1-2 Nahziele angibt.

Längst nicht alle Straßen sind asphaltiert, zudem oft mit einem schadhaften Belag, wofür vor allem die bislang verwendete miserable Asphaltqualität verantwortlich ist.
Der Extremfall sind dabei die einspurigen Straßen mit "Sommerwegen", die es auf dem Land noch recht häufig gibt: neben einem schmalen Asphaltband ist ein unbefestigter Sand- oder Schotterstreifen angelegt, der dem Autoverkehr zum Ausweichen dient, für Radfahrer hingegen eine Tortur darstellt. Soweit Strecken dieses Buches solche Straßen benutzen, ist die Route gewöhnlich so beschrieben, daß der asphaltierte Straßenteil genutzt werden kann.
Vor allem auf dem Land haben sich die örtlichen Radfahrer oft neben schlechten Straßen einen Randstreifen freigefahren, der zwar nur mit gemäßigtem Tempo zu befahren, aber allemal freundlicher zu Mensch und Rad als das sonst weitverbreitete Holperpflaster ist. Auch die Mit-Nutzung von Gehwegen wird meist widerspruchslos akzeptiert.
Straßenschäden erleben manchmal eine jahrelange Duldung durch die Straßenbaubehörden, insgesamt ist der Zustand der Straßen daher unbefriedigend und wird erst durch das vergleichsweise geringe Verkehrsaufkommen akzeptabel. Durch die Wahl der Bereifung (s. "Das Fahrrad") sollte man Rücksicht auf die Unzulänglichkeiten der Straßenbeschaffenheit nehmen.

Im Gegensatz zur Bundesrepublik Deutschland sind in der DDR die weitaus meisten Bahnübergänge nicht etwa kreuzungsfrei (als Unter- oder Überführung) ausgeführt, sondern - wenn überhaupt - überwiegend mit Schranken gesichert. Da die Eisenbahn als bisheriger Haupt-Transportträger über ein dichtes Schienennetz mit hoher Zugfolge verfügt, ist es durchaus als normal einzuplanen, daß ein großer Teil der Schranken geschlossen ist und Zwangspausen verordnet. Die Schrankenwärter haben zudem wenig Hemmungen, wegen einer alle paar Minuten hin- und herzuckelnden Rangierlok den Schlagbaum längere Zeit gesenkt zu lassen und nehmen dabei auch kilometerlange Autoschlagen in Kauf.

Karten und Reiseführer

Karten

Unter den zahlreichen Kartenserien, die vor allem seit Anfang 1990 für das Gebiet der DDR erschienen sind, sind alle Ausgaben mit Maßstäben unterhalb von 1:200000 als unbrauchbar einzustufen. Kartenmaßstäbe zwischen 1:100000 und 1:200000 sind erforderlich.
Leider ist innerhalb dieses Spektrums die Wahl nicht immer eindeutig zu fällen. De facto stammen alle brauchbaren Karten aus dem Fundus des Tourist-Verlags Berlin/Leipzig, der sein Material auch diversen bundesdeutschen Verlagen zur Verfügung gestellt hat. Da die Karten aber sehr unterschiedlich aktualisiert und teils schlampig generalisiert sind, kann den großmaßstäbigen Karten 1:100000 nicht grundsätzlich der Vorzug gegeben werden.
Durchweg am aktuellsten ist ausgerechnet die Karte mit dem kleinsten verwertbaren Maßstab, die *Reise- und Verkehrskarte* 1:200000 in neun Blättern, die zudem den unschätzbaren Vorzug hat, das Gebiet der DDR vollständig abzubilden, leider aber nur bei wenigen Blättern die so nützlichen Überlappungen des dargestellten Gebiets aufweist. Eine Lizenzausgabe der Tourist-Verlag-Karte ist die *Generalkarte* 1:200000 von Mairs Geographischem Verlag Ostfildern/Stuttgart, die keinerlei Unterschiede zum Original aufweist, aber besser verfügbar ist - die Tourist Karte ist häufig vergriffen. Von der Benutzung dieser Karten wird in diesem Buch ausgegangen.
Zu zahlreichen Teilgebieten der DDR sind im Tourist-Verlag sogenannte *Touristenkarten* erschienen, die über Maßstäbe zwischen 1:100000 und 1:125000 verfügen. Leider sind alle nicht sehr aktuell (trotz oft neuerer Druckdatumsangaben) und teils eigenwillig in der Darstellung, d.h. immer da wo wenig Platz auf der Karte war, haben die Kartographen vom Tourist Verlag recht 'frei gezeichnet' und eine 'neue Welt' erfunden. Die Nutzung dieser Karten kann daher nur *zusätzlich* zur Reise- und Verkehrskarte/Generalkarte empfohlen werden. Nützlich sind die oft deutlichere Einzeichnung von Campingplätzen und die Kennzeichnung von Straßen mit Omnibusverkehr; solche Strecken sind immer in irgendeiner Form befestigt, und aus gegenläufig aufeinanderzuführenden Buslinien, die dazwischen ein "unversorgtes" Straßenstück offenlassen, kann auf Sand- oder Schotterpiste in diesem Teilstück geschlossen werden!
Noch großmaßstäbigere Karten, z.B. Wanderkarten 1:50000, sind teils recht betagt und schon aufgrund des kleinen abgebildeten Gebietes nur für eng begrenzte Regionaltouren einzusetzen.

Reiseführer

Eine kleine Auswahl aus dem seit der Grenzöffnung fast unüberschaubar angewachsenen Angebot an DDR-Reiseführern.

Baedeker-Allianz-Reiseführer DDR, Verlag Karl Baedeker, Ostfildern, 1990. Voluminös und umfassend, allerding noch von der real-sozialistisch gefärbten VEB-Tourist-Verlag-Redaktion verfaßt und entsprechend zu Euphemismen neigend.

Reisebuch DDR von A. Besteher-Hegenbart & Peter Gärtner, Verlag Haude & Spener, Berlin 1990. Wohl der einzige neue DDR-Führer, der nicht als "Trittbrettfahrer" der Wende zu betrachten ist: ein journalistisch gut gemachtes, regional gegliedertes Werk, dessen Erscheinen eher zufällig mit der Öffnung der Grenze zusammentrifft.

Georg Piltz: *Kunstführer durch die DDR*, Urania-Verlag, Leipzig/Jena/Berlin 1985. Eine Fleißarbeit, die keine Dorfkirche, kein Schloß, keine Ruine etc. außer acht läßt und detaillierte Angaben zur Entstehungszeit, Baustil usw. auflistet.

Bernd Wurlitzer: *Museen:* Galerien, Sammlungen, Gedenkstätten, Tourist Verlag, Berlin/Leipzig 1983. Alphabetisch nach Orten sortiert werden die genannten Kulturstätten kurz charakterisiert und Hinweise zur weiteren Information und den Öffnungszeiten gegeben. Das Werk behandelt das gesamte Gebiet der DDR und reklamiert (zu Unrecht) Vollständigkeit!

Wagenbreth/Wächtler: *Technische Denkmale in der DDR*, Deutscher Verlag für Grundstoffindustrie, Leipzig 1989. Listet akribisch sämtliche Stätten des technischen Fortschritts auf, gibt aber auch ein umfangreiches Hintergrundwissen in leicht verständlicher Sprache, die kein entsprechendes Vorwissen verlangt.

Ein Dach überm Kopf

Alle Übernachtungsarten in der DDR haben gemeinsam, daß sie schon vor der Maueröffnung (und danach erst recht) im gesamten Sommerhalbjahr stark ausgelastet waren/sind. Dies gilt im besonderen Maße für die beliebten Feriengebiete z.B. in Thüringen und an der Ostsee. Angefangen bei Campingplätzen bis zu Hotels auf Weltniveau können mancherorts die Betten voll belegt sein. Wer nicht viel Zeit im Reisebüro oder am privaten Telefon zubringen und generell vorbuchen möchte, sollte deshalb einplanen, bei der Auswahl der Unterkunft flexibel sein zu müssen.

Gasthöfe, Pensionen und Hotels

In der DDR ist wie in vielen anderen Ländern amtlicherseits eine Klassifizierung der Hotels, Pensionen und Gasthöfe vorgenommen worden, die auch als Orientierung für die anzunehmenden Übernachtungspreise dienen konnte. Wegen der politischen und wirtschaftlichen Umbrüche ist die Einschätzung des Preisniveaus derzeit aber sehr schwierig, denn von heute auf morgen ändern viele Betriebe ihre Preise. Es ist damit zu rechnen, daß schon in Kürze neue Übernachtungsstätten entstehen, alte Landgasthöfe wieder Zimmer bereithalten und Pensionen wie Pilze aus dem Boden schießen werden. Im Zuge dessen werden voraussichtlich auch neue detaillierte Verzeichnisse erstellt werden, um die Sie sich bemühen sollten, wenn Sie diese Übernachtungsart bevorzugt wählen möchten. Die in offiziellen Verzeichnissen enthaltenen Hotels, Gasthöfen und Pensionen sind in den Etappenbeschreibungen vermerkt, allerdings konnte eine Überprüfung nur stichprobenartig vorgenommen wurde - und diese Stichproben haben gezeigt, daß das amtliche Material veraltet und lückenhaft ist. Die aufgeführten Unterkunftsadressen können daher lediglich Anhaltspunkte für die Quartiersuche bieten; sie sind unbedingt rechtzeitig zu überprüfen, zumal ständig Häuser vorübergehend oder dauernd (z.B. für Renovierungen) schließen!

Privatzimmer

Diese Form der Touristenbeherbergung ist in der DDR traditionell hoch entwickelt, da das Angebot des Staates und der Betriebe und an Hotels, Gasthöfen und Pensionen zu gering war. In der Erwartung riesiger Besucherströme von West- nach Ostdeutschland sind in westlichen Verlagen Verzeichnisse erschienen, die zigtausend Privatunterkünfte mit Anschrift und Tele-

fonnummer, Zimmer und Bettenzahl auflisten.
Verzeichnis der Privatquartiere in der DDR, Alexandra Verlag Weilheim.
Herzlich willkommen, Mairs Geographischer Verlag, Ostfildern/Stuttgart.

Das Preisniveau entwickelt sich erst jetzt - teils chaotisch - gemäß dem für die DDR neuen marktwirtschaftlichen Prinzip von Angebot und Nachfrage, und es lohnt sich durchaus zu vergleichen; denn so manch ein Häuslebauer im Osten holt sich bei den Reisenden das, was ihm die Bundesregierung und Bundesbank verwehren, oder versucht es zumindest. Bisher war es in der DDR nicht üblich, ein Frühstück zu servieren, doch paßt man sich offenbar zügig dem Stil im Westen an, so daß für die notwendige Kalorienzufuhr des "abgekämpften" Radlerkörpers gesorgt ist.

Jugendherbergen

Die Jugendherbergen in der DDR entsprechen im Standard nicht immer dem aus dem Westen gewohnten Niveau. Manche sind sehr gut, andere eher bescheiden ausgestattet.
Bisher standen alle Jugendherbergen und Jugendtouristenhotels unter der Obhut des staatlichen (FDJ-eigenen) Reisebüros *Jugendtourist*, das 236 Jugendherbergen, Jugendtouristenhotels und Jugendbegegnungszentren in allen touristisch erschlossenen Teilen des Landes unterhielt. Am dichtesten ist das JH-Netz in den Bergregionen mit Wandermöglichkeit, unterversorgt sind der Osten und die gesamte Nordhälfte der DDR mit Ausnahme der Mecklenburgischen Seenplatte und der Ostseeküste. Die Herbergen sind je nach Komfortklasse mehr oder weniger lang geöffnet; Kernzeiten für alle JHs sind 17-23 h (Nachtruhe bis 7 h) und 7.00-10.30 h.

Im März 1990 wurde aber mit Hilfe des bundesdeutschen DJH aus den Reihen der bisherigen Herbergen der Jugendherbergsverband der DDR gegründet, der in den internationalen Jugendherbergsverband eintreten will, so daß auch die internationalen Geflogenheiten (Anmeldeformalitäten, Preisstruktur etc.) übernommen werden.
Mit vielen Betrieben und Gruppen der früheren FDJ bestehen jedoch langfristige Verträge, so daß - in Abhängigkeit von der Attraktivität der jeweiligen Herberge - damit gerechnet werden muß, daß sämtliche Betten von Gruppen reserviert sind. Eine telefonische oder schriftliche Anfrage kann nur wärmstens empfohlen werden; zudem ist derzeit noch unklar, ob die früher üblichen, rigorosen Altersbeschränkungen (max. 25 Jahre) beibehalten werden.

Foto rechts: Schiffshebewerk Niederfinow

Alle bekannten Herbergen sind im Etappenbeschreibungsteil dieses Buches an den jeweiligen Orten genannt. Wer Wert auf die genauen Beschreibungen und Lageskizzen legt, sollte sich ein Verzeichnis besorgen:

JH-Verband der DDR
Friedrichstr. 79 a
Postfach 105
DDR-1080 Berlin
Tel. 2266345

"Jugendtourist"
Alexanderplatz 5
DDR-1026 Berlin
Tel. 2406232

Camping

Wie in den meisten Ländern ist auch in der DDR das Wildcampen verboten. Da die besonders einladenden Plätzchen an den Ufern der zahlreichen Seen meist im Besitz der öffentlichen Hand sind, können Sie auch selten jemanden um Erlaubnis fragen - wie Sie es vielleicht aus westlichen Ländern von Bauernhofwiesen gewohnt sind.

Ausdrücklich gewarnt werden kann und muß vor dem Zelten in den Wäldern, worauf die Förster nicht nur sehr allergisch reagieren, sondern auch allen Grund dazu haben, da die Wälder (überwiegend Kiefern) auf den oft trockenen Sandböden im Sommer unter äußerster Wassernot leiden und schon ein paar Funken vom Lagerfeuer oder der Zigarette genügen, um einen Forst in Brand zu setzen. Unbedingt beachten sollten Sie auch die Hinweistafeln, auf denen die jeweilige Waldbrandstufe angegeben wird; es gibt vier Stufen: bei 3 und 4 ist weder das Betreten noch das Befahren der Wälder gestattet.

Auf den öffentlichen wie privaten Campingplätzen, mit der Einrichtung letzterer ist in großer Zahl zu rechnen, ist in aller Regel die Zahl der Dauercamper vergleichsweise hoch. Nicht wenige Plätze sind sogar fast ausschließlich Langzeitcampern vorbehalten. Die Preise für die Übernachtung sind unterschiedlich und richten sich nach dem Standard; drei Kategorien waren amtlicherseits festgelegt. Zwar gibt es ein offizielles Verzeichnis, doch ist dieses zu Zeit der Drucklegung dieses Buches so gut wie nicht verfügbar. Listen von kommerziellen Verlagen sind angekündigt.

Kulinarisches

Die Küche der DDR verdient in jeder Beziehung das Prädikat "bodenständig". Das liegt zum Teil an der jahrzehntelangen Unterversorgung mit importierten Lebensmitteln, zum Teil an den fehlenden Kontakten mit fremdländischen Gerichten mangels Reisemöglichkeiten, aber auch am notorischen Restaurant-Mangel. Wo man für eine Kohlroulade auf die "Plazierung" warten muß, entwickelt sich kaum gastronomischer Ehrgeiz.
Zwar ist die Lebensmittel-Versorgungslage theoretisch nun dem Westniveau angeglichen und fremde Länder locken, die fehlende Erfahrung, das nur langsam wachsende Gaststättennetz und schlichte Gewöhnung dürfte den bisherigen DDR-typischen kulinarischen Standard jedoch noch eine Weile für die Nachwelt bewahren.

Essen

Schwerpunkte sämtlicher Regionalküchen der DDR sind deftige Fleischgerichte, gedünstetes Gemüse und Kartoffeln. Eine Ausnahme bildet naturgemäß die Ostseeküste, an der Fisch zumindest teilweise das Fleisch von den Speisekarten verdrängt.
Im Mecklenburger Binnenland ist die Verwendung von Obst im Zusammenhang mit Fleisch- und Gemüsegerichten auffällig; vor allem Pflaumen, säuerliche Äpfel und Rosinen werden gern eingesetzt.
Der Großraum Berlin zeichnet sich kulinarisch vor allem dadurch aus, daß es eine Berliner Küche im Grunde nicht gibt. Berlin als Schmelztiegel Preußens hat Rezepte aus vielen anderen Regionen adaptiert und nur in einigen Fällen markante Varianten hervorgebracht. Berliner Metzgern verdankt die Nachwelt angeblich so typisch deutsche Gerichte wie Eisbein mit Sauerkraut und Erbspüree und das sogenannte Kassler, das nicht etwa nach der hessischen Stadt Kassel, sondern nach einem Fleischer namens Cassler benannt ist.
Im Spreewald steuert der Gemüseanbau wichtige Zutaten bei, zu denen nicht nur die gern und vielfältig eingesetzten Gewürzgurken zählen, sondern auch Meerrettich, der hier eines seiner weltweit raren Anbaugebiete hat.

Im Süden der DDR dominieren Kartoffelklöße als Beilage zu herzhaften Fleischgerichten, wobei die Rezeptur, sprich der Anteil gekochter Kartoffeln, regional schwankt. In Thüringen werden Klöße auch zu den berühmten Rostbratwürsten serviert, die übrigens nur vom Holzkohlengrill richtig schmecken.

Obwohl die DDR wegen ihres Waldreichtums generell über relativ Wild verfügt, das in allen Landesteilen somit recht häufig auf den Speisekarten zu finden ist, sind die südlichen Mittelgebirge diesbezüglich zusätzlich begünstigt. Die Qualität der Wildgerichte ist im allgemeinen nach DDR-Maßstäben überdurchschnittlich.
Freunde süßer Leckereien finden im Süden der DDR vor allem Gaumenfreuden, die auf dem Einsatz von Quark basieren, seien es in Thüringen der Matschkuchen und der Kirmeskuchen, die erzgebirgischen Quarkkeulchen oder die sächsischen Eierschecken.

Bei den wenigen importierten Speisen sind vor allem die russische *Soljanka*, eine säuerliche Fleisch-Gemüse-Suppe, und ungarische Paprikagerichte zu erwähnen. Gewarnt werden muß jedoch bis auf weiteres noch vor dem Verzehr westlicher Spezialitäten - die auch *Krusta* genannte Pizza kann unliebsame Überraschungen bescheren...

Die Nummer Eins unter den Imbißgerichten ist die Bockwurst, die oft als - untauglicher - Grundstoff auch für Bratwürste herhalten muß. Eine (Ost-)Berliner Variante der Currywurst ist die *Ketwurst*, in Ketchup gewälzt und dann durch ein vorgelochtes Brötchen gesteckt.
Während die Bulette mit ihrem Alt-Berliner Namen unverändert angeboten werden, sind neuere Fast-Food-Offerten wie *Broiler* (= Brathähnchen, nach Gewicht zu bezahlen) und *Grillette* (= Hamburger) DDR-spezifisch umgetauft worden.

Trinken

Der absolute Flüssigkeits-Favorit ist in der DDR das Lieblingsgetränk aller Deutschen: Bier. Da das entsprechende Know-how nie verloren gegangen ist (wenn es auch nicht immer angemessen eingesetzt wurde), darf mit dem ökonomischen Überleben der Brauereiwirtschaft gerechnet werden. Die besten und zu Recht bekanntesten Biere kommen aus dem Süden: das Radeberger Pilsner aus Sachsen und das (etwas süßlichere) Wernesgrüner aus dem Vogtland, die beide tschechische Einflüsse positiv schmecken lassen.

Weit weniger bekannt dürfte sein, daß auf dem Territorium der DDR größere Weinbaugebiete bestehen: an der Elbe ebenso wie an Saale und Unstrut. Die entsprechenden Erzeugnisse tauchten bislang unter merkwürdigen Handelsnamen vor allem auf den Speisekarten besserer Restaurants auf, dienten aber auch Sekt aus DDR-Produktion zur teils beachtlichen Grundlage.

Das Fahrrad

Die Streckenbeschreibungen in diesem Buch gehen davon aus, daß zum Erfahren der DDR ein tourentaugliches Fahrrad benutzt wird. *
Wer versucht, die Steigungen in den Mittelgebirgen oder den Gegenwind in den ebenen Landesteilen mit einem behäbigen Hollandrad oder gar einem Klapprad ohne Gangschaltung zu bewältigen, wird notwendigerweise frustriert, d.h. schiebend, enden. Auch gewöhnliche Sporträder mit Dreigangschaltung sind den verschiedenen Anforderungen nur sehr bedingt gewachsen.
Wer die Absicht hat, für die Reise ein Fahrrad neu anzuschaffen oder ein vorhandenes umzurüsten, sollte den folgenden Empfehlungen folgen:

Fahrradtyp:	sogenanntes Leicht- oder Rennsportrad richtiger Rahmenhöhe
Reifengröße:	32-622 oder 37-622 (bzw. MTB-/ATB-Bereifung) Keine schmaleren Reifen verwenden, da sie den Straßenverhältnissen nicht standhalten.
Gangschaltung:	12-21 Gänge mit Kettenblättern (vorn) 52/42 Zähne oder weniger (vor allem bei Dreifachkettenblättern üblich), Freewheel (Mehrfachfreilaufzahnkranz hinten) mit 14-28 oder 15-28 Zähnen, bei geeigneter Gangschaltung bis 32 Zähne. Diese Übersetzung ist unbedingt erforderlich, da sonst Steigungen nicht bewältigt werden können. Hingegen können die Schnellgänge wegen des Straßenbelags und ggf. der Gepäckbelastung ohnehin meist nicht genutzt werden, so daß kleinere Zahnkränze als 14 Zähne in jedem Fall überflüssig sind.
Ausstattung:	Schutzbleche und solide Gepäckträger sind das Wichtigste. Zum Schutz der Kette und der Füße am vorderen Schutzblech Schmutzfänger anbringen.
Bremsen:	Zwei gut funktionierende Bremsen sind unverzichtbar. Keine Stempelbremsen am Vorderrad, möglichst keine Rücktritt- oder Trommelbremse (neigt bei längeren Bergabfahrten zum Blockieren).

* Die Kriterien für ein tourentaugliches Fahrrad sind ausführlich dargestellt in dem Buch "Der Wind kommt immer von vorn" von J. Rieck (s. Literatur).

Mitnehmen, mieten, kaufen?

Das Mitnehmen des eigenen, tourentauglichen Fahrrades ist nicht nur stets die beste Lösung, sondern in der DDR durch Mieträder oder vor Ort erworbene bislang nicht zu ersetzen. Räder aus DDR-Produktion erfüllen bislang nur allerunterste Qualitätskategorien.
Da das Fahrrad nicht zu den bevorzugten Freizeitgeräten der DDR-Bürger zählt, ist auch nicht mit schneller Ausweitung des Angebots zu rechnen. Die Prioritäten unternehmerischer Betätigung liegen momentan noch auf ganz anderen Bereichen.

Fahrradtransport in der Eisenbahn der DDR

Die Mitnahme eines Fahrrades in den Zügen der DDR-Reichsbahn ist durchweg deutlich unkomplizierter als in den meisten westlichen Ländern. Da die Eisenbahn Hauptverkehrsträger ist und fast alle Züge über Gepäckwagen verfügen, ist der begleitete Transport auf Fahrradkarte nahezu durchweg möglich. Da zum Zeitpunkt der Drucklegung dieses Buches die Preisgestaltung nach Inkrafttreten der Währungsunion im Wandel begriffen war, kann dazu hier keine nähere Angabe gemacht werden. Man darf jedoch mit dem üblichen Preisniveau von unter DM 10 je Fahrt rechnen.

Reparaturausstattung

Wer sein Fahrrad mit in die DDR nimmt, wird einige Ersatzteile wegen abweichender Normen dort nicht oder nur schwer beziehen können. Folgende Werkzeuge und Ersatzteile gehören deshalb ins Gepäck.

- Luftpumpe, Flickzeug, Reifenheber
- Ersatzschlauch
- Ersatzreifen - bei abweichender Norm; auf jeden Fall vor der Reise neue Reifen aufziehen
- Maul- oder Ringschlüssel
- Schraubendreher
- Inbusschlüssel
- Ersatzspeichen, Nippel, Nippelspanner
- Zahnkranzabzieher für Kettenschaltung
- Nähmaschinenöl oder Kettenfließfett
- Brems- und Schaltzüge
- Bremsschuhe mit Bremsgummis
- Ersatzschrauben und Muttern für Schutzbleche etc.

Unterwegs

Unterwegs

Die DDR ist flächendeckend, in 147 Etappen unterteilt, ausführlich behandelt. Ausgenommen davon ist lediglich das Stadtgebiet von Berlin, und auch auf Beschreibungen der dortigen Sehenswürdigkeiten wird ausdrücklich verzichtet. Weitere Lücken begründen sich auf objektiven Widrigkeiten: das Industriegebiet von Wolfen-Bitterfeld wird ebenso gemieden wie der Braunkohletagebau um Hoyerswerda, und selbst Teile der Mecklenburgischen Seenplatte mußten aufgrund der schlicht nicht vorhandenen Straßen ausgenommen werden. Angesichts der riesigen Zahl von Anknüpfungsmöglichkeiten an das Straßennetz der Bundesrepublik Deutschland beschränkt sich dieser Reiseführer zudem auf das Gebiet der DDR.

Die Etappenbeschreibungen nennen die benutzten Straßen (mit Numerierung, soweit vorhanden), schildern die durchradelten Ortschaften und am Wege liegende Sehenswürdigkeiten, verweisen auf interessante Abstecher. Orte und Stätten, die einer ausführlichen Darstellung gewürdigt werden, sind in umrandeten "Kästen" hervorgehoben. Dort finden Sie auch Details wie Adressen von Touristeninformationsbüros, Niedrigpreisunterkünfte aller Art, Fahrradvermieter und Fahrradservice (Reparatur).

Alle Angaben entsprechen dem Stand von 1990. Die Übernachtungskapazitäten der Jugendherbergen werden in der Hauptsaison vereinzelt durch Anbauten oder Zelte etc. erhöht, was in diesen Fällen, soweit bekannt, ebenfalls erwähnt ist.

Den Etappenbeschreibungen sind Kartenskizzen im Maßstab 1:400000 zugeordnet, die den Streckenverlauf markieren. Die Skizzen enthalten alle befahrenen Straßen, alle Hauptstraßen der entsprechenden Region (d.h. alle auf Landkarten farblich gekennzeichneten Strecken) und - ansatzweise gezeichnet - alle Abzweigungen von der befahrenen Straße. Das ermöglicht Ihnen die Umsetzung der Kartenskizzen auf die während der Reise benutzten Landkarten; die Skizzen sind hingegen nicht dazu gedacht oder geeignet, als Landkartenersatz zu dienen.

In die Kartenskizzen sind Ortschaften und Unterkünfte wie Hotels, Jugendherbergen und Campingplätze eingezeichnet. Dabei werden folgende Zeichen und Symbole verwendet:

* Anfangs- oder Endpunkt einer Etappe
⊘ im Text beschriebene Ortschaft
⌂ Hotel/Gasthaus
⌂ Jugendherberge
⅄ Campingplatz
✈ Flughafen

Die Symbole für Campingplätze etc. sind den jeweiligen Orten - nach Möglichkeit lagerichtig - zugeordnet; bei unmittelbar nebeneinanderliegenden gleichartigen Punkten, z.B. zwei Campingplätzen, ist das betreffende Symbol nur einmal enthalten. Näheres ist dem Text zu entnehmen.
Die genaue Lage von Ortschaften, Übernachtungsstätten usw. kann nur präzisen Landkarten entnommen werden. Für die Umsetzung der Lageskizzen ist mindestens die empfohlene Generalkarte bzw. Reise- und Verkehrskarte - jeweils im Maßstab 1:200000 - erforderlich.

Nobody is perfect

Und Reiseführer sind "schnellverderbliche Ware".
Deshalb werden sich auch in diesen Reiseführer Fehler eingeschlichen haben. Bei aller Sorgfalt ist es unvermeidlich, daß dieses Buch dem Anspruch der Unfehlbarkeit nicht gerecht werden kann.
Wir bemühen uns, bei jeder Neuauflage eine komplette Aktualisierung aller Informationen durchzuführen, und sind deshalb dankbar für jeden Hinweis zu Korrekturen, Ergänzungen, für Tips zu der Streckenführung, für jede Art konstruktiver Kritik.

Schreiben Sie uns:

Verlag Wolfgang Kettler
Redaktion "DDR per Rad"
Czeminskistr. 5
1000 Berlin 62

Etappen-Übersicht

Eine Etappen-Übersichtskarte befindet sich am Schluß des Buches (ausklappbar).

Etappe 1: Berlin - Teltow - Blankensee - Luckenwalde (50 km)
Etappe 2: Berlin, Buckower Damm - Groß Ziethen - Klein Ziethen - Waßmannsdorf - Selchow - Brusendorf - Königs Wusterhausen (24 km)
Etappe 3: Königs Wusterhausen - Friedersdorf - Storkow - Fürstenwalde (40 km)
Etappe 4: Königs Wusterhausen - Erkner - Rüdersdorf - Strausberg - Heckelberg - Eberswalde-Finow (70 km)
Etappe 5: Eberswalde-Finow - Niederfinow - Prötzel - Müncheberg - Fürstenwalde (75 km)
Etappe 6: Berlin, Buckower Damm - Waßmannsdorf - Mittenwalde - Gallun - Motzen - Töpchin-Waldeck - Egsdorf - Teupitz - Märkisch Buchholz - Neu Lübbenau (70 km)
Etappe 7: Fürstenwalde - Bad Saarow-Pieskow - Diensdorf-Radlow - Glienicke - Limsdorf - Neu Lübbenau (43 km)
Etappe 8: Neu Lübbenau - Schlepzig - Lübben (17 km)
Etappe 9: Lübben - Goyatz - Friedland - Beeskow - Fürstenwalde (73 km)
Etappe 10: Lübben - Goyatz - Friedland - Weichensdorf - Grunow - Müllrose - Neubrück - Raßmannsdorf - Rietz Neuendorf - Fürstenwalde (95 km)
Etappe 11: Fürstenwalde - Bad Saarow-Pieskow - Wendisch Rietz - Silberberg - Dorf Saarow - Bad Saarow - Fürstenwalde (40 km)
Etappe 12: Luckenwalde - Baruth - Rietzneuendorf - Lübben (62 km)
Etappe 13: Luckenwalde - Paplitz - Görsdorf - Dahme (55 km)
Etappe 14: Dahme - Lebusa - Doberlug-Kirchhain - Sorno - Lauchhammer (60 km)
Etappe 15: Lübben - Lübbenau - Calau - Crinitz - Finsterwalde - Sorno - Lauchhammer (80 km)
Etappe 16: Lübben - Straupitz - Burg - Werben - Cottbus (44 km)
Etappe 17: Lübben - Lübbenau - Calau - Großräschen - Senftenberg (64 km)
Etappe 18: Lauchhammer - Schwarzheide - Ruhland - Bernsdorf - Kamenz - Radeberg - Dresden (77 km)
Etappe 19: Lauchhammer - Tettau - Großkmehlen - Lampertswalde - Ebersbach - Moritzburg - Dresden (57 km)

Etappe 20: Senftenberg - Hohenbocka - Grünewald - Bernsdorf - Kamenz - Radeberg - Dresden (73 km)

Etappe 21: Cottbus - Kiekebusch - Neuhausen - Koppatz - Muckrow - Graustein - Gablenz - Bad Muskau (57 km)

Etappe 22: Bad Muskau - Rothenburg - Görlitz - Reichenbach - Weißenberg - Bautzen (102 km)

Etappe 23: Bautzen - Uyhst - Großröhrsdorf - Radeberg - Dresden (58 km)

Etappe 24: Bautzen - Putzkau - Neustadt - Bad Schandau - Königstein - Struppen - Pirna - Copitz - Graupa - Dresden (88 km)

Etappe 25: Luckenwalde - Kemnitz - Malterhausen - Danna - Zahna - Wittenberg - Dabrun - Globig - Bad Schmiedeberg (94 km)

Etappe 26: Luckenwalde - Kemnitz - Malterhausen - Seyda - Jessen - Düßnitz (72 km)

Etappe 27: Düßnitz - Prettin - Zwethau - Arzberg - Koßdorf - Mühlberg - Riesa (66 km)

Etappe 28: Bad Schmiedeberg - Söllichau - Authausen - Laußig - Gruna - Zschepplin - Behlitz - Merkwitz - Leipzig (52 km)

Etappe 29: Bad Schmiedeberg - Söllichau - Authausen - Laußig - Eilenburg - Wurzen - Grimma (68 km)

Etappe 30: Leipzig - Liebertwolkwitz - Pomßen - Grimma (31 km)

Etappe 31: Grimma - Mutzschen - Oschatz - Riesa (47 km)

Etappe 32: Dresden - Freital - Tharandt - Freiberg - Hainichen - Rossau (63 km)

Etappe 33: Rossau - Moosheim - Böringen - Nossen - Miltitz - Meißen - Radebeul - Dresden (65 km)

Etappe 34: Riesa - Diesbar-Seußlitz - Meißen - Radebeul - Dresden (55 km)

Etappe 35: Leipzig - Liebertwolkwitz - Pomßen - Bad Lausick - Geithain - Cossen (60 km)

Etappe 36: Cossen - Lunzenau - Langenleuba - Altenburg (32 km)

Etappe 37: Cossen - Mittweida - Rossau (26 km)

Etappe 38: Altenburg - Schmölln - Crimmitschau (30 km)

Etappe 39: Crimmitschau - Glauchau - Hohenstein-Ernstthal - Chemnitz/Karl-Marx-Stadt (59 km)

Etappe 40: Crimmitschau - Zwickau - Rodewisch - Auerbach/Falkenstein (44 km)

Etappe 41: Auerbach - Schönheide - Sosa - Schwarzenberg - Geyer - Annaberg-Buchholz (70 km)

Etappe 42: Annaberg-Buchholz - Steinbach - Rothental - Hüttengrund (40 km)

Etappe 43: Chemnitz/Karl-Marx-Stadt - Augustusburg - Lengefeld - Olbernhau - Hüttengrund (44 km)

Etappe 44: Hüttengrund - Rechenberg-Bienenmühle - Altenberg - Glashütte - Heldenau - Dresden (110 km)

Etappe 45: Altenburg - Lumpzig - Gera - Bad Köstritz - Wetterzeube - Zeitz - Groitzsch - Pegau - Kitzen - Leipzig (115 km)

Etappe 46: Leipzig - Knautnaundorf - Kitzen - Großgörschen - Lützen (33 km)

Etappe 47: Halle - Peißen - Döllnitz - Lochau - Merseburg - Braunsbedra - Naumburg (62 km)

Etappe 48: Lützen - Muschwitz - Granschütz - Weißenfels - Markröhlitz - Naumburg (38 km)

Etappe 49: Naumburg - Freyburg - Laucha - Nebra - Roßleben - Allstedt (60 km)

Etappe 50: Naumburg - Bad Kösen - Bad Sulza - Apolda - Isserstedt - Großschwabhausen - Mellingen - Weimar (50 km)

Etappe 51: Weimar - Schwerstedt - Buttelstedt - Buttstädt - Wiehe - Roßleben - Allstedt (63 km)

Etappe 52: Naumburg - Bad Kösen - Großheringen - Camburg - Dornburg - Golmsdorf - Jena (41 km)

Etappe 53: Naumburg - Schkölen - Eisenberg - Bad Klosterlausnitz - Schöngleina - Lobeda - Jena (63 km)

Etappe 54: Allstedt - Bornstedt - Eisleben (23 km)

Etappe 55: Eisleben - Schwittersdorf - Salzmünde - Halle (33 km)

Etappe 56: Eisleben - Gerbstedt - Alsleben - Bründel - Bernburg (40 km)

Etappe 57: Bernburg - Gröbzig - Löbejün - Petersberg - Halle (47 km)

Etappe 58: Allstedt - Nienstedt - Beyernaumburg - Riestedt - Sangerhausen (16 km)

Etappe 59: Quedlinburg - Gernrode - Ballenstedt - Meisdorf - Sangerhausen (50 km)

Etappe 60: Quedlinburg - Gernrode - Ballenstedt - Meisdorf - Ermsleben - Mansfeld - Eisleben (58 km)

Etappe 61: Sangerhausen - Riethnordhausen - Borxleben - Bad Frankenhausen - Sondershausen (43 km)

Etappe 62: Sangerhausen - Riethnordhausen - Kelbra - Sondershausen (38 km)

Etappe 63: Sondershausen - Wolkramhausen - Nordhausen - Buchholz - Hermannsacker - Breitenstein (44 km)

Etappe 64: Bad Frankenhausen - Kyffhäuser - Kelbra - Rottleberode - Breitenstein (38-44 km)

Etappe 65: Erfurt - Sömmerda - Kindelbrück - Göllingen - Sondershausen (62 km)

Etappe 66: Erfurt - Gotha (27 km)

Etappe 67: Erfurt - Andisleben - Bad Langensalza (34 km)

Etappe 68: Bad Langensalza - Langula - Mühlhausen - Keula - Nohra - Wolkramhausen - Sondershausen (77 km)

Etappe 69: Bad Langensalza - Eisenach - Wutha - Ruhla - Bad Liebenstein - Seligenthal (87 km)

Etappe 70: Gotha - Waltershausen - Seligenthal (32 km)

Etappe 71: Seligenthal - Oberhof - Schmiedefeld - Schleusingen - Gießübel (73 km)

Etappe 72: Gießübel - Mellenbach - Bad Blankenburg - Rudolstadt-Schwarza (44 km)

Etappe 73: Erfurt - Stadtilm - Rudolstadt-Schwarza (46 km)

Etappe 74: Rudolstadt - Saalfeld - Kaulsdorf - Moxa - Ziegenrück - Remptendorf - Saalburg (54 km)

Etappe 75: Jena - Stadtroda - Neustadt - Dittersdorf - Plothen - Crispendorf - Saalburg (68 km)

Etappe 76: Saalburg - Plothen - Zeulenroda - Triebes (53 km)

Etappe 77: Saalburg - Tanna - Reuth - Taltitz - Oelsnitz (36 km)

Etappe 78: Oelsnitz - Grünbach - Auerbach/Falkenstein (23 km)

Etappe 79: Triebes - Neumühle - Crimmitschau (30 km)

Etappe 80: Breitenstein - Friedrichsbrunn - Thale - Weddersleben - Quedlinburg (31 km)

Etappe 81: Breitenstein - Güntersberge - Altenbrak - Elbingerode - Wernigerode - Derenburg - Halberstadt (67 km)

Etappe 82: Halberstadt - Oschersleben - Drackenstedt - Haldensleben (62 km)

Etappe 83: Quedlinburg - Hedersleben - Kröppenstedt - Hadmersleben - Wanzleben - Magdeburg (50 km)

Etappe 84: Haldensleben - Calvörde - Rätzlingen Miesterhorst - Klötze - Beetzendorf (67 km)

Etappe 85: Haldensleben - Klüden - Gardelegen - Neuendorf - Kalbe - Güssefeld - Zierau (Jeggeleben) (75 km)

Etappe 86: Beetzendorf - Diesdorf - Dähre - Wallstawe - Salzwedel - Zierau (60 km)

Etappe 87: Zierau - Brunau - Meßdorf - Bismark - Stendal (46 km)

Etappe 88: Zierau - Fleetmark - Lückstedt - Seehausen - Werben - Havelberg (65 km)

Etappe 89: Stendal - Goldbeck - Werben - Havelberg (49 km)

Etappe 90: Magdeburg - Wolmirstedt - Rogätz - Burgstall - Tangerhütte - Tangermünde - Heeren - Stendal (82 km)

Etappe 91: Bernburg - Nienburg - Calbe - Schönebeck - Magdeburg (45 km)

Etappe 92: Bernburg - Nienburg - Calbe - Barby - Walternienburg - Lübs - Leitzkau - Loburg - Ziesar (80 km)

Etappe 93: Magdeburg - Rogätz - Burg - Theeßen - Drewitz - Ziesar (60 km)

Etappe 94: Ziesar - Brandenburg (28 km)

Etappe 95: Ziesar - Bensdorf - Milow - Rathenow (47 km)

Etappe 96: Brandenburg - Marzahne - Mützlitz - Bamme - Rathenow (33 km)

Etappe 97: Rathenow - Schollene - Warnau - Havelberg (38 km)

Etappe 98: Havelberg - Rhinow - Friesack - Nackel - Walchow - Fehrbellin (68 km)

Etappe 99: Halle - Braschwitz - Niemberg - Schwerz - Zörbig - Löberitz - Salzfurthkapelle - Tornau - Quellendorf - Dessau (56 km)

Etappe 100: Dessau - Roßlau - Hundeluft - Medewitz - Wiesenburg - Görzke - Gräben - Ragösen (75 km)

Etappe 101: a) Ragösen - Golzow - Lehnin - Busendorf - Glindow - Potsdam - Berlin (60 km)

b) Ragösen - Golzow - Lehnin - Busendorf - Caputh - Potsdam - Berlin (57 km)

Etappe 102: Berlin-Wannsee - Neu Fahrland - Ketzin - Roskow - Brandenburg (60 km)

Etappe 103: Berlin - Schönwalde - Pausin - Börnicke - Fehrbellin (50 km)

Etappe 104: Fehrbellin - Neuruppin - Katerbow - Fretzdorf - Herzsprung - Wittstock - Wredenhagen (75 km)

Etappe 105: Fehrbellin - Neuruppin - Rheinsberg-Glienicke - Rheinsberg (40 km)

Etappe 106: Wredenhagen - Kiewe - Sewekow - Buschhof - Zempow - Zechlin - Rheinsberg (42 km)

Etappe 107: Berlin - Stolpe Süd - Hohen Neuendorf - S-Bahnhof Birkenwerder - Lehnitz - Oranienburg - Friedrichsthal - Fähre Oder-Havel-Kanal - Bernöwe - Liebenwalde - Zehdenick (63 km)

Etappe 108: Berlin-Hermsdorf (Berliner Straße)/Glienicke - Schönfließ - Summt - Wensickendorf - Liebenwalde - Zehdenick (45 km)

Etappe 109: Zehdenick - Gransee - Rheinsberg (31 km)

Etappe 110: Zehdenick - Mildenberg - Marienthal - Bredereiche - Fürstenberg - Lychen (47 km)

Etappe 111: Zehdenick - Templin - Boitzenburg - Prenzlau (61 km)

Etappe 112: Prenzlau - Suckow - Ringenwalde - Joachimsthal - Altenhof - Eberswalde-Finow (77 km)

Etappe 113: Prenzlau - Züsedom - Pasewalk - Torgelow - Ueckermünde - Bugewitz - Neu Kosenow (55 km)

Etappe 114: Prenzlau - Fürstenwerder - Woldegk - Friedland - Ducherow - Neu Kosenow (76 km)

Etappe 115: Lychen - Möllenbeck - Neubrandenburg (53 km)

Etappe 116: Rheinsberg - Wesenberg - Neustrelitz - Penzlin - Neubrandenburg (74 km)

Etappe 117: Neubrandenburg - Brunn - Friedland - Ducherow - Neu Kosenow (57 km)

Etappe 118: Insel Usedom
Neu Kosenow - Anklam - Usedom - Wolgast (77 km)
Etappe 119: Neu Kosenow - Anklam - Zemitz - Wolgast (35 km)
Etappe 120: Wolgast - Wusterhusen - Greifswald (32 km)
Etappe 121: Neubrandenburg - Woggersin - Groß Teetzleben - Altentreptow - Beggerow - Demmin (52 km)
Etappe 122: Demmin - Dargun - Neukalen - Malchin - Dahmen - Cramon (65 km)
Etappe 123: Wredenhagen - Malchow - Cramon (48 km)
Etappe 124: Cramon - Krakow - Zehna - Güstrow (35 km)
Etappe 125: Güstrow - Dobbertin - Goldberg - Lübz (46 km)
Etappe 126: Marlow - Bad Sülze - Glewitz - Demmin (54 km)
Etappe 127: Demmin - Loitz - Dersekow - Greifswald (37 km)
Etappe 128: Marlow - Semlow - Franzburg - Sievertshagen - Grimmen (45 km)
Etappe 129: Grimmen - Bartmannshagen - Horst - Greifswald (26 km)
Etappe 130: Neu Thurow - Gadebusch - Mühlen Eichsen (24 km)
Etappe 131: Neu Thurow - Schönberg - Dassow - Klütz (53 km)
Etappe 132: Klütz - Grevesmühlen - Mühlen Eichsen (26 km)
Etappe 133: Klütz - Wismar (23 km)
Etappe 134: Wismar - Bobitz - Mühlen Eichsen (20 km)
Etappe 135: Mühlen Eichsen - Schwerin - Banzkow - Lüblow - Ludwigslust (69 km)
Etappe 136: Neu Thurow - Zarrentin - Wittenburg - Hoort - Jasnitz - Picher - Glaisin - Ludwigslust (92 km)
Etappe 137: Ludwigslust - Grabow - Pröttlin - Mankmuß - Perleberg (47 km)
Etappe 138: Lübz - Porep - Putlitz - Reetz - Perleberg (64 km)
Etappe 139: Perleberg - Bad Wilsnack - Havelberg (40 km)
Etappe 140: Wismar - Züsow - Neukloster - Bützow - Lüssow - Güstrow (62 km)
Etappe 141: Güstrow - Schwaan - Ziesendorf - Rostock (40 km)
Etappe 142: Wismar - Radegast - Kritzmow - Rostock (55 km)
Etappe 143: Rostock - Hinrichsdorf - Marlow (38 km)
Etappe 144: Rostock - Graal-Müritz - Wustrow - Prerow (68 km)
Etappe 145: Prerow - Barth - Altenpleen - Stralsund (55 km)
Etappe 146: Grimmen - Sievertshagen - Elmenhorst - Stralsund (27 km)
Etappe 147: Rügen-Rundfahrt
Stralsund - Poseritz - Samtens - Gingst - Trent - Altenkirchen - Glowe - Saßnitz - Binz - Putbus - Garz - Stralsund (151 km)

Etappe 1:
Berlin - Teltow - Blankensee - Luckenwalde (50 km)

Am Berliner Ostpreußendamm (Stadtteil Lichterfelde-Süd) biegen Sie sofort hinter der Stadtgrenze rechts ab auf die Nebenstrecke, die zum früheren Grenzstreifen führt und radeln dann links entlang der Grenze ins Zentrum von Teltow.
Am dortigen Ruhlsdorfer Platz beginnt die südwärts Rchtg. "Bahnhof Genshagener Heide" und Ludwigsfelde aus der Stadt führende Landstraße, die durch Ruhlsdorf verläuft, die Landstraße Potsdam-Großbeeren kreuzt und nach weiteren 2 km an einer Kreuzung (geradeaus Sackgasse) mit der Vorfahrt rechts schwenkt. Wiederum 2 km später knickt die Vorfahrtstraße links ab und folgt der Bahnlinie südwärts. Eine auf der Karte 1:200000 nicht ersichtliche rechts abzweigende Vorfahrt unmittelbar beim Bhf. Genshagener Heide (Zufahrt geradeaus) bringt Sie weiter entlang der Kleingartensiedlung "Heidegrün" Rchtg. Ludwigsfelde. Bei der winzigen Siedlung *Struveshof* (keine Ortsschilder) präsentiert sich faktisch eine T-Mündung, an der Sie der Beschilderung Rchtg. Ludwigsfelde (hier links) ade sagen und rechts Rchtg. Potsdam weiterradeln.
Ca. 2 km danach bietet sich die Möglichkeit, links auf der Brücke die Bahnlinie zu überqueren und nach *Ahrensdorf* zu gelangen. Nutzen Sie aber nicht die erste Zufahrt halbrechts gleich hinter der Eisenbahnlinie in das Dorf, sondern bleiben Sie auf der Landstraße Rchtg. Trebbin, die bald darauf Ahrensdorf durchläuft und nun ein kleineres Seengebiet erreicht. Die Autobahn wird überquert, und nach dem Passieren eines Sees ist die Ortschaft *Siethen* Anlaß, im Zentrum rechts Rchtg. Blankensee und Gröben abzubiegen. Nach 2 km folgen Sie der links abknickenden Vorfahrt Rchtg. Blankensee (*in Gegenrichtung* hier Rchtg. Ludwigsfelde) und biegen nach wenigen hundert Metern gleich wieder rechts ab auf die Straße durch Jütchendorf und Schiaß nach *Blankensee*. Dieses Dorf nennt ein *Bauernmuseum* sein eigen (Dorfstr. 4, do/so geschl.), das in einem märkischen Mittelflurhaus und der dazugehörigen Fachwerkscheune untergebracht ist.
Da die auf der Karte südlich sich anbietende Verlängerung jenseits der F 246 zum übelsten Sandweg verkommt, biegen Sie in Blankensee links ab auf die Straße Rchtg. Trebbin durch Glau nach Löwendorf. Hier endet die Nebenstraße an der F 246.

Unterkunft: HO-Hotel "Zur Eisenbahn", Bahnhofstr. 1 , 1712 Trebbin, Tel. (+3248) 638.

Radeln Sie auf der Hauptstraße links in das Dorf und verlassen Sie die Hauptstraße dann gleich wieder rechts auf die Straße durch weitere Orte namens Ahrensdorf (nicht verwechseln!), Liebätz und das recht gepflegt wirkende *Ruhlsdorf* nach **Luckenwalde**, einer touristisch unbedeutenden Kreisstadt.

Kartenskizze Etappen 1 & 2

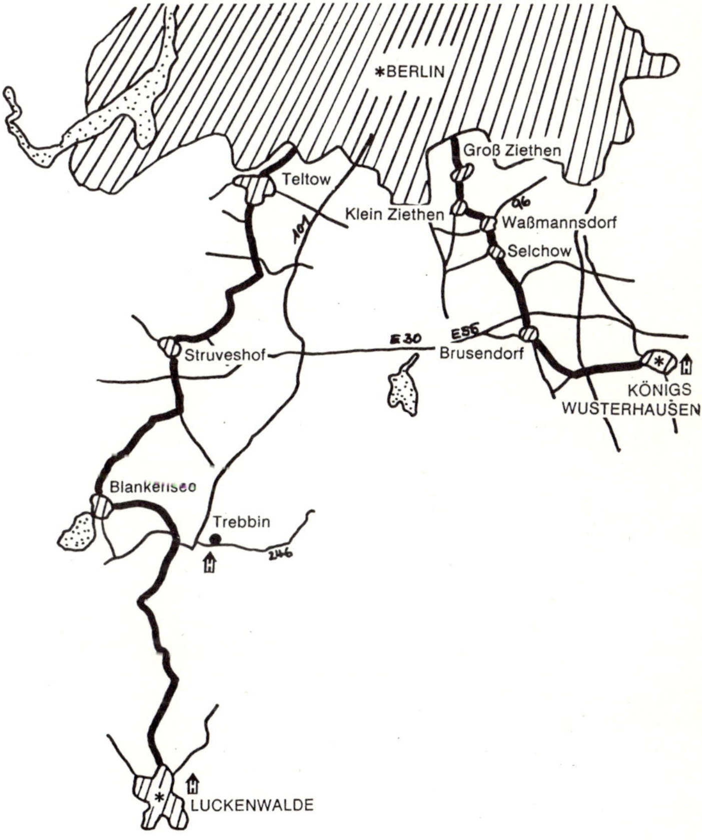

Information: "Reisewelt", Platz der Jugend 9, 1710 Luckenwalde.
Unterkunft: Hotel "Stadt Magdeburg" ***, Käthe-Kollwitz-Str. 21, Tel. (+324) 5936, 20 Betten in 15 Zi.; Hotel "Steinberg" *, Baruther Str. 21, Tel. (+324) 3085, 32 Betten in 15 Zi.; Bahnhofshotel, Bahnhofstr. 12, Tel. (+324) 2643, 20 Betten in 11 Zi.
Gaststätte: "Joker", im Kreiskulturhaus.

Wenn Sie hier rechts auf die F 101 einbiegen und durch Luckenwalde fahren, haben Sie bald darauf Gelegenheit, rechts mit der Abzweigung Rchtg. Beelitz Anschluß an Etappe 25 und 26 zu erhalten.

Etappe 2:

Berlin, Buckower Damm - Groß Ziethen - Klein Ziethen - Waßmannsdorf - Selchow - Brusendorf - Königs Wusterhausen (24 km)

Von der Berliner Stadtgrenze führt eine Katzenkopfsteinpflaster-Allee über das große in das kleine Ziethen. Hier knickt die Vorfahrtsstraße links ab auf Asphalt (Rchtg. Berlin-Schönefeld) nach Waßmannsdorf. Gleich zu Beginn dieses Ortes, wenn die Bahntrasse unterquert ist, geht es rechts (unbeschildert) ab und wenige hundert Meter später geradewegs über die F 96 hinweg nach Selchow. In Selchow folgen Sie wiederum dem Verlauf der Vorfahrtsstraße bis zum an der Kirche davon links abzweigenden Hinweis Rchtg. Mittenwalde. Hier führt die Etappe nach links weiter, und Sie radeln auf der Vorfahrtstraße immer geradeaus, überqueren die Autobahn E30/E 55 und treffen kurz hinter *Brusendorf* auf eine Kreuzung mit einer übergeordneten Straße, die links durch Ragow verläuft, erneut eine Autobahn kreuzt (diesmal die E36/E 55) und nun durch Deutsch Wusterhausen direkt nach Königs Wusterhausen führt.

Königs Wusterhausen, Bez. Potsdam, ist ein legendärer Ort für die Rundfunkfans, denn von hier legte am 22.12.1920 die erste deutsche Radiosendung ihren langen Weg durch den Äther bis zu den (sehr wenigen) Empfängern zurück. Zum Bestaunen gibt es ein ehemaliges Renaissance-Jagdschloß aus dem 16. Jh., das heute als eher langweiliger Verwaltungssitz dient, und - im Ortsteil Neue Mühle - eine Schleuse aus dem Jahre 1869, deren Vorgängerin von 1739 mit hölzener Kammer schon den Kähnen und Flößen auf der Dahme behilflich war. Die Anlage ist zwar nicht zum Betreten gedacht, doch nett anzuschauen - vor allem, wenn sich die West-Berliner Sportboote um die wenigen Plätze drängeln und Sie sich im Stillen denken können: Tja, mit dem Zweirad wär' das nicht passiert.
Information: "Reisewelt", Bahnhofstr. 15, 1600 Königs Wusterhausen.
Unterkunft: HO-Gaststätte "Bahnhofshotel", Bahnhofstr. 16, Tel. (+329) 3306.

(*In Gegenrichtung:* In Königs Wusterhausen mit der Beschilderung Rchtg. Potsdam und Autobahn Dresden aus der Stadt, nach Überquerung der E36/E 55 alle weiteren Autobahnwegweiser ignorieren.)

Etappe 3:
Königs Wusterhausen - Friedersdorf - Storkow - Fürstenwalde (40 km)

Diese Etappe nutzt durchgehend Landstraßen, die sich in ganz ordentlichem Zustand befinden, dank der in einigen Kilometern Abstand parallel verlaufenden Autobahn aber vom motorisierten Verkehr recht wenig beleckt sind - Ausnahmen am Wochenende sind einzuplanen, da zahlreiche Seen und Waldgebiete zum Einzugsbereich der Strecke gehören. Die Bahnübergänge sind sämtlich unbeschrankt und lassen daher die DDR-typischen Zwangspausen wohltuend vermissen.

Vorbei am Bahnhof von Königs Wusterhausen zweigt von der F 179 die Landstraße Rchtg, Storkow ab, die erst einmal über Senzig nach *Friedersdorf* (Gaststätte) führt. Dort schwenkt die Etappenführung an der T-Mündung rechts, kreuzt die Eisenbahn und knickt dann links ab nach *Storkow*. Eine weitere T-Mündung bewirkt dort den Links-Schwenk Rchtg. Fürstenwalde; die Straße führt zwischen Obstplantagen hindurch durch Koplin, unterquert die Autobahn E30, durchläuft Rauen und trifft nach einer kürzeren 5 %-Abfahrt auf das Etappenende.
(*In Gegenrichtung:* Mit der Beschilderung Rchtg. Beeskow/Bad Saarow aus dem Fürstenwalder Zentrum. Gleich nach Überquerung der Spree an der ersten Ampel rechts ab Rchtg. Storkow und Spreenhagen nach Rauen.)

Fürstenwalde, Bez. Frankfurt/Oder, wird im Zentrum von seinen neuen und alten Monumentalbauten beherrscht, als da z.B. an "Altertümern" wären: das Rathaus, ein zweigeschossiger spätgotischer Backsteinbau (um 1500), und die Pfarrkirche St. Marien, eine ehemalige Domkirche des Bistums Lebus in der Form einer dreischiffigen spätgotischen Backstein-Hallenkirche (Grundsteinlegung 1446, nach Brand von 1769-71 in gewandelter Form wiederaufgebaut). Das Heimatmuseum in einem 300 Jahre alten Haus in der Domstr. 1 informiert u.a. über die Ur- und Frühgeschichte des Kreisgebietes (mo geschl.).
Ein Heimattiergarten ist im Stadtpark untergebracht (mo/di geschl.).
Information: "Reisewelt", Gartenstr. 14f, 1240 Fürstenwalde.

Etappe 4:

Königs Wusterhausen - Erkner - Rüdersdorf - Strausberg - Heckelberg - Eberswalde-Finow (70 km)

Diese am Ostrand Berlins orientierte Etappe bietet nicht nur eine gerade noch außerhalb des Ballungsgebiets verlaufende Umrundung der Stadt, sondern auch mehrere Anknüpfungen über Eisen- und S-Bahn ins Berliner Zentrum.

Wenn Sie Königs Wusterhausen ostwärts auf der Landstraße Rchtg. Storkow verlassen haben, zweigt bald darauf eine Zufahrt zur Autobahn (Berliner Ring) ab, die gleichzeitig die Landstraße Rchtg. Strausberg eröffnet. Nach Unterquerung der Autobahn kommen Sie durch Niederlehme, passieren eine Thälmann-Gedenkstätte und den Krossinsee, durchradeln Neu Zittau und stoßen in *Erkner*, wo Endstation einer S-Bahnverbindung nach Berlin ist, auf eine übergeordnete Straße, die links (Rchtg. Berlin) einen Ausbzw. Zufluß des Dämeritzsees überquert. Direkt danach verlassen Sie die Hauptstraße nach rechts auf die Landstraße, die nordwärts Woltersdorf durchläuft, die riesige Brückenkonstruktion der Autobahn E 55 (Berliner Ring) unterquert und in Rüdersdorf eine Kreuzung mit der F 1(5) erreicht. Hier kreuzen Sie geradeaus/halblinks, biegen nach 300 m an einer weiteren Kreuzung rechts ab und fahren durch ein Waldgebiet nach Petershagen. Die Vorfahrtstraße strebt nun durch *Eggersdorf* Strausberg zu, wobei Sie in Eggersdorf entweder rechts (via Bahnhof Strausberg, dort links) oder geradeaus radeln - das Ergebnis ist das gleiche.

Strausberg, 22000 Einw., Kreisstadt im Bez. Frankfurt/Oder, liegt am Ostufer des Straussees, wurde Mitte des 13. Jh. gegründet und kann aus alten Zeiten noch eine Stadtmauer und einige sogenannte Wiekhäuser (Georg-Kurtze-Str., Klosterstraße) sowie Reste des Wriezener und Müncheberger Tores bieten. Der Geschichte der Stadt, der örtlichen Arbeiterbewegung und der Landwirtschaft im Kreisgebiet widmet sich das Heimatmuseum in der August-Bebel-Str. 33 (geöff. di-fr 10-17 h).
Natürlich hat Strausberg auch ein Gotteshaus, das einen Blick verdient: die Pfarrkirche St. Marien (ursprünglich 13. Jh.) ist eine dreischiffige Pfeilerbasilika und beherbergt einen spätgotischen Flügelaltar (Mitte 15. Jh.) sowie eine Kanzel aus dem 17. Jh. Zu guter Letzt kommen Sie vielleicht noch am Rathaus, einem klassizistischen Bau (1818-25), vorbei.
Information: Rat der Stadt, Leninplatz 10, 1260 Strausberg, Tel. (+373) 540.
Verkehrsverbindungen: S-Bahnanschluß nach Berlin.
Unterkunft: HO-Gaststätte "Gesellschaftshaus" *, Karl-Marx-Str., 1275 Eggersdorf, Tel. (+373) 64186, 16 Betten in 8 Zi.; HO-Gaststätte "Seehotel" *, Eggersdorf, Altlandsberger Chaussee, Tel. (+373) 64121; beide ca. 6 km südwestl.
Jugendherberge: JH "Käthe Kollwitz", Altlandsberger Chaussee 81, Tel. (+373) 48124, 66 Betten; weitere JH in Rüdersdorf.

Kartenskizze Etappen 3 - 5

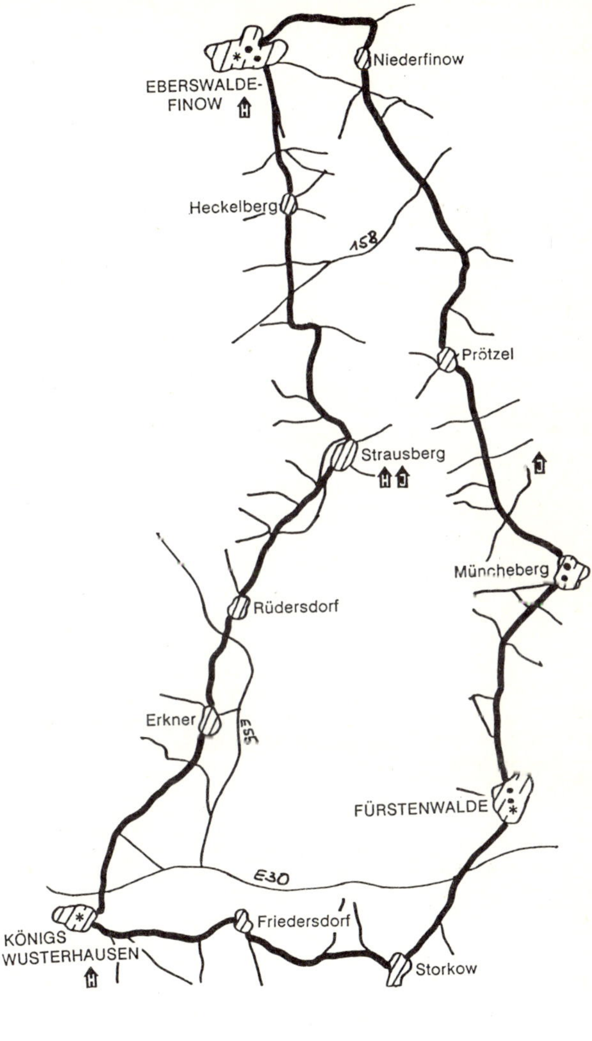

Nachdem Sie nordwärts Strausberg durchfahren haben, folgen Sie durchgehend der Landstraße Rchtg. Eberswalde-Finow: zuerst durch Gielsdorf in ein Waldgebiet, dort an einer T-Kreuzung (geradeaus gibt's nur einen Fahrweg) links und immer der anfangs eine weite Rechtskurve vollführenden, später schnurgerade verlaufenden Straße nach durch Heckelberg und Trampe (abknickende Vorfahrten innerörtlich immer berücksichtigend) zum Etappenziel. Am dortigen Stadtrand endet die Landstraße an der F 167 aus Rchtg. Bad Freienwalde bzw. Frankfurt/Oder, die links ins Zentrum führt.

Eberswalde-Finow, 47000 Einw., Bez. Frankfurt/Oder, liegt im Eberswalder Urstromtal, das noch heute durch den Oder-Havel-Kanal die Verbindung zwischen diesen beiden Flüssen herstellt. Der Ort verdankt diesem Kanal - wie den beiden Brüdern, 1. und 2. Finow-Kanal aus dem 17. bzw. 18. Jh. - seine Entwicklung, lebt heute aber überwiegend von der Metallverarbeitung.

Einen Blick verdienen die Pfarrkirche St. Maria Magdalena, gleich am Platze gelegen, und die Spittalkapelle St. Georg, beide sind typische Vertreterinnen der Backsteingotik.

Im Stadt- und Kreismuseum in der Kirchstr. 8, gleich zu Füßen der St. Maria Magdalena gelegen, befinden sich außer Exponaten zur Ortsgeschichte Sammlungen zur Ur- und Frühgeschichte der Gegend und zur Metallverarbeitung, das auf eine über 200jährige Geschichte in Eberswalde verweisen kann (geöff. di-fr 8-12 & 14-17 h so 14-17 h).

Wenn Ihnen mehr nach Frischluft ist, bietet sich für eine Radlerpause der Forstbotanische Garten, An der Schwärze, an; dort werden über 1000 verschiedene Holzarten auf einer Fläche von gut 7 ha gehegt und gepflegt (Mai-Okt. sa & so 9-18 h, mi-fr 9-16 h). Sollten Sie sich mehr für die Fauna interessieren, müssen Sie sich wiederum in ein festes Gebäude begeben, nämlich in das Entomologische Institut in der Schicklerstraße 5; mit Erlaubnis des Pförtners können Sie hier die Sammlungen der Umland-Expeditionen der Insektenforscher anschauen.

Information: Wilhelm-Pieck-Str. 26, 1300 Eberswalde-Finow, Tel. (+371) 23168.

Unterkunft: Hotel "Stadt Eberswalde" **, Wilhelm-Pieck-Str. 62, Tel. (+371) 22160, 52 Betten in 24 Zi., Etagenbäder; HO-Hotel "Am Bahnhof", Wilhelm-Pieck-Str. 40, 1300 Eberswalde, Tel. (+371) 23058, 56 Betten in 20 Zi.; Hotel "Damhirsch", Straße der Jugend, Tel. (+371) 22134, 12 Betten in 8 Zi.

Etappe 5:
Eberswalde-Finow - Niederfinow - Prötzel - Müncheberg - Fürstenwalde (75 km)

Diese Etappe nutzt durchgängig asphaltierte Landstraßen meist geringer Verkehrsbelastung. An Wochenenden ist im Bereich Niederfinow mit Ausflugsverkehr zu rechnen, in der Woche bei Müncheberg und Fürstenwalde hingegen eher mit LKW-Aufkommen.
In Eberswalde-Finow orientieren Sie sich an der Beschilderung zur F 2 Rchtg. Angermünde (innerörtlich teils identisch mit der Zufahrt zur F 167 Rchtg. Frankfurt/Oder), überqueren so den Finow-Kanal und eine Bahnstrecke ("Abzweig Forsthaus) und biegen sofort hinter letzterer rechts ab Rchtg. Schiffshebewerk Niederfinow und Oderberg.
Eine kurvige Asphaltstraße führt etwas bergan in den Wald und darin entlang; wenn die Strecke den Oder-Havel-Kanal überquert, ist in der Ferne das Schiffshebewerk bereits sichtbar. Schließlich führt ein ca. 1 km langes 8 %-Gefälle hinab zum Fuß des Hebewerks, wobei unmittelbar vor Ortsanfang von Liepe noch eine scharfe Rechtsabbiegung erfolgt.

Niederfinows Ruhm beruht auf dem Schiffshebewerk (1927-34) am Oder-Havel-Kanal für Kähne bis 750 t. Dieser Schiff-Fahrstuhl, der zu den größten gezählt wird, hebt mit seinem 85 m langen und 12 m breiten Trog innerhalb von fünf Minuten ein Gesamtgewicht von 4200 t. Rund dreißig Lastkähne täglich wechseln mit Hilfe dieser nach wie vor "wie geschmiert" laufenden Einrichtung die Ebenen zwischen Oderbruch und dem Höhenzug des *Barnim*. Besucher, die es hier im Sommer in beträchtlicher Zahl gibt, können über Treppen zum oberen Teil des Hebewerks emporsteigen und um den Trog herumlaufen.
Gaststätte: "Am Schiffshebewerk", kantinenähnliche Selbstbedienung.

Wie der Unterschied zwischen den Ortsbezeichnungen schon ahnen läßt, geht es von Niederfinow nach Hohenfinow erst einmal einen Hügel hinauf. Dort angekommen schwenken Sie links auf die F 167 Rchtg. Bad Freienwalde ein und fahren auf dieser durch den Ort; gleich hinter dem Ortsendeschild beginnt dann rechts die Landstraße Rchtg. Prötzl. Der Asphalt dieses Sträßchens wird in Cöthen und Dannenberg vom üblichen Holperpflaster unterbrochen, die F 158 wird geradeaus gekreuzt, und sanft-wellig geht es durch Wald und grüne Wiesen. Zwischen Harnekop und Sternebeck übernimmt Kleinsteinpflaster die Rolle des Straßenuntergrundes; in *Prötzel* geht es einmal links und gleich wieder rechts Rchtg. Müncheberg, und nach weiteren ca. 8 km erreicht die Strecke die *Märkische Schweiz*, ein kleines Wald- und Seengebiet, dessen Hauptort *Buckow* jedoch links liegen gelassen wird.

Unterkunft: HO-Gaststätte "Lindenhotel", Am Markt 2, 1276 Buckow, Tel. (+37393) 280, 8 Betten in 3 Zi.

Jugendherberge: JTH "Ku Ba", Wilhelm-Pieck-Str. 36, Tel. (+37393) 286, 90 Betten, ca. 2 km östl. von Buckow; JH "Erich Weinert", Straße der Jugend 2, Münchehofe, 1278 Hermsdorf-Obersdorf, Tel. 037393/385, 90 Betten, ca. 6 km südöstl. von Buckow.

Müncheberg könnte theoretisch quer durch den Ort durchradelt werden, um so eine Abkürzung zur F 1 Rchtg. Berlin zu nutzen. Mangels Beschilderung und einer etwas komplizierten Straßenführung ist jedoch ratsamer, bis zur F 1 durchzufahren und dort rechts auf die Hauptstraße einzubiegen (Rchtg. Fürstenwalde bereits beschildert). Die Landstraße nach Fürstenwalde zweigt am Ortsrand halblinks von der F 1 ab. Die Strecke streift ein militärisches Sperrgebiet und biegt mit der Vorfahrt in Beerfelde und Trebus jeweils einmal links ab, bevor ein 8 %iges Gefälle hinunter zum Etappenziel **Fürstenwalde** (s. Etappe 3) führt.

Die Beschilderung zu den südwärts sich anschließenden Etappen führt in Fürstenwalde im weiten Bogen um das Zentrum herum und stößt dann von Westen ins Zentrum vor. Für Fahrräder ist der gerade Weg durch die Innenstadt jedoch genauso möglich.

Etappe 6:

Berlin, Buckower Damm - Waßmannsdorf - Mittenwalde - Gallun - Motzen - Töpchin-Waldeck - Egsdorf - Teupitz - Märkisch Buchholz - Neu Lübbenau (70 km)

Die nahtlose Verlängerung des Buckower Damms ist die anfangs kopfsteingepflasterte, später asphaltierte Straße durch Groß Ziethen nach Klein Ziethen. Bis hinter Brusendorf entspricht die Streckenführung der Etappe 2, bleibt jedoch dann geradeaus auf der sich nahtlos fortsetzenden Landstraße nach Mittenwalde.

Mittenwalde, Bez. Potsdam, hat ein Ortsbild, das von ein- und zweigeschossigen Bürgerhäusern des 18. und frühen 19. Jh. geprägt ist. Das Städtchen wartet gleich mit zwei spätgotischen Gotteshäusern auf: der Pfarrkirche St. Moritz, einer dreischiffigen Backstein-Hallenkirche aus dem 14./15. Jh. und der Hospitalkirche St. Georg (Ende 14. Jh.). Erstere besitzt eine bemerkenswerte Innenausstattung; einen Altar mit doppelten Flügeln von 1514, eine Schnitzfigur (um 1520, der Papst) sowie ein Gemälde mit dem Titel "Verspottung Christi" (1628). Stolz darf Mittenwalde auch auf die Reste der Stadtbefestigung sein; das Berliner Tor ist ein rechteckiger Backsteinbau mit Ecktürmen und Giebel vom Ende des 15. Jh. und das Haupttor ein spätmittelalterlicher zinnengekrönter Rundturm.

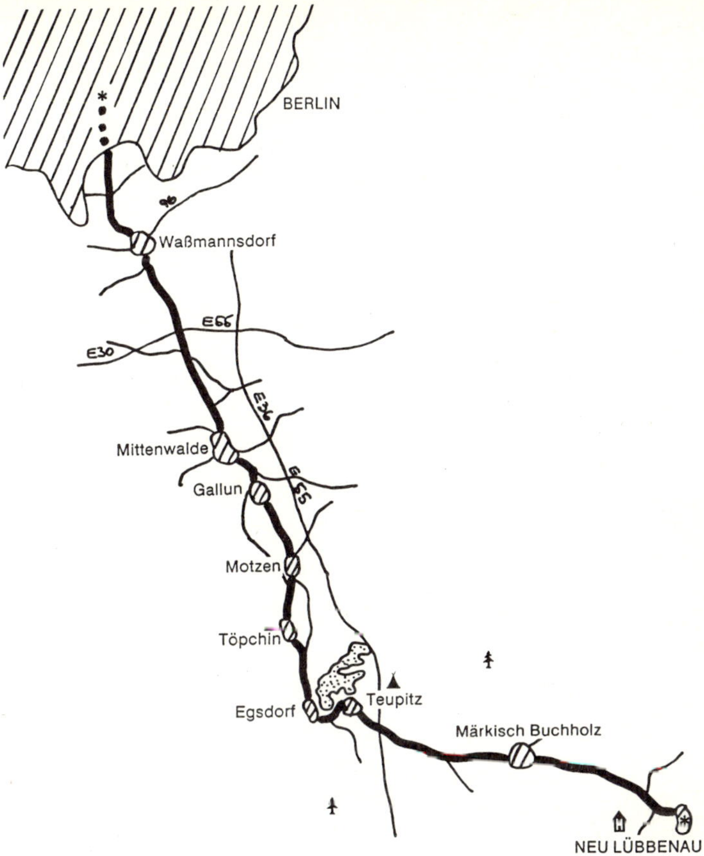

In Mittenwalde folgt die Route der Straße geradlinig weiter gen Süden über den Nottekanal hinweg zur von rechts hinzustoßenden F 246 Rchtg. Storkow (*in Gegenrichtung* die F 246 Rchtg. Zossen am Mittenwalder Ortsrand geradeaus Rchtg. Berlin verlassen), bis nach ca. 2 km der Hinweis Galluns nach rechts den weiteren Weg anzeigt. Hier beginnt eine an Sommerwo-

chenenden viel frequentierte traditionelle Ausflugsstrecke der Berliner ins Teupitz-Köriser Wald- und Seengebiet. Durch Gallun hindurch führt eine ruhige Asphalt-Allee in das langgezogene, am gleichnamigen See gelegene *Motzen* und geradeaus weiter durch Töpchin in den zur gleichen Gemeinde gehörigen Ortsteil Waldeck, von wo sie in das von sanften Hügeln umgebene *Egsdorf* leitet. Hier ist das Südende des Seengebiets erreicht, und um die Seenspitze herum schwenkt die Landstraße nach **Teupitz**.
Camping: Am Ortseingang Neuendorf, 240 Standpl:, am Nordwestufer des Teupitzer Sees, 350 Standpl.

Am hiesigen Dorfplatz erzwingt die Kombination von Einbahnstraßenregelung und Rechtsschwenk eine Richtungsänderung. Eine Steigung hinaus aus dem Städtchen wird dadurch erleichtert, daß die gepflasterte Straße in dieser Richtung mit einem asphaltierten Randstreifen versehen ist. Nach 3 km wird die Autobahn überquert, und in *Halbe* (**Fahrradservice:** Mechanische Werkstätten Klaus Urban, am westl. Ortsausgang) erfolgt nach der Eisenbahnüberquerung (meist geschlossene Schranken...) mittels rechts abknikkender Vorfahrt die Fortsetzung der Etappe nach **Märkisch Buchholz**.
Dieses Städtchen zeichnet sich durch massives innerörtliches Holperpflaster aus, das auch auf der nun maßgeblichen Hauptstraße F 179 bis zum Ortsende anhält.
(*In Gegenrichtung* in Märkisch Buchholz bis zur Kirche, rechts daran vorbei, gleich danach links Rchtg. Halbe und Teupitz bzw. Autobahn.)

Bis zum Etappenziel **Neu Lübbenau** gibt es nun keine sinnvolle Alternative zur F 179, die aber für eine Hauptstraße ausgesprochen ruhigen Charakter aufweist.
Unterkunft: Gaststätte "Spreewälder Hof", Lübbenauer Str. 10, 7551 Neu Lübbenau, Tel. Neu Lübbenau 764, 12 Betten in 5 Zi.

Etappe 7:

Fürstenwalde - Bad Saarow-Pieskow - Diensdorf-Radlow - Glienicke - Limsdorf - Neu Lübbenau (43 km)

Von der Nordspitze des Scharmützelsees an ist die Strecke von zahlreichen Erholungsorten mit Ferienheimen, Gasthöfen und vielen Campingplätzen flankiert. Der Anfang ist vollkommen unkompliziert zu finden, da in Fürstenwalde die Straße Rchtg. Beeskow und Bad Saarow permanent beschildert ist. Also: immer den Schildern nach; gleich südlich des Oder-Spree-Kanals gabelt sich die Straße, und Sie halten sich rechts Rchtg. Bad Saarow. Nur etwa 7 km sind es nach **Bad Saarow**, einem Bade- und Ausflugsort am

Gorki-Gedenkstätte Bad Saarow

Nordufer des Scharmützelsees. Dieses vielbesuchte Städtchen verfügt über zahlreiche Parkanlagen: Cecilienpark, Uferpromenade, Fontanepark, Konzertgarten am Erich-Weinert-Platz; Restaurants sind vor allem nahe der Dampferanlegestelle zu finden. Eine Maxim-Gorki-Gedenkstätte (Ulmenstr. 20) ist in einem Holzhaus direkt beim Stadtzentrum, wenige Meter vom Bahnhof, untergebracht.

Unterkunft: HO-Bahnhofshotel, J.-R.-Becher-Platz, 1242 Bad Saarow-Pieskow, Tel. (+3591) 2639, 14 Betten in 6 Zi.; HO-Hotel "Pieskow", Schwarzer Weg 6, Tel. (+3591) 2428, 15 Betten in 5 Zi.; Pension "Richter", Silberbergstr. 0, Tel. (+3591) 2262, 8 Betten in 4 Zi.; Weinstuben Peters, Scharwenkastr. 7, Tel. (+3591) 2244, 15 Betten in 6 Zi.
Jugendherberge: "Helmut Just", Dorfstr. 20, 1242 Bad Saarow-Pieskow, Tel. (+3591) 2664, 74 Betten.

Vom Vorplatz des Bahnhofs von Bad Saarow setzt sich die Etappe auf der Landstraße nach Süden fort, die durch den Ortsteil Pieskow nach *Diensdorf-Radlow* führt. Auf der Landstraße geht es dann geradewegs weiter Rchtg. Beeskow zur Einmündung in die F 246, der Sie links für 3 km folgen. Nach Überquerung der Bahngleise verlassen Sie in Lindenberg die links abknickende Vorfahrtstraße geradeaus/halbrechts Rchtg. Neu Lübbenau und Ahrensdorf. Auf gut asphaltierter Strecke erreichen Sie durch *Ahrensdorf*

(Gasthaus "Fünfhausen") *Limsdorf* (Querverbindung zu Etappe 11 s. dort). In *Hohenbrück* folgen Sie der rechts abknickenden Vorfahrt.
Fahrradservice: im Ort, beschildert ("Mechanische Werkstätten").

In **Neu Lübbenau** (s. Etappe 6) ist an der Einmündung auf die F 179 (Märkisch Buchholz-Lieberose) ein Schaltpunkt des Etappennetzes erreicht.

Etappe 8:
Neu Lübbenau - Schlepzig - Lübben (17 km)

Diese Kurzstrecke verbindet die Endpunkte des Unteren Spreewaldes miteinander und nutzt dazu eine östlich der Spree verlaufende Landstraße.
In Neu Lübbenau beginnt von der F 179 abzweigend diese Straße, die geradewegs nach *Schlepzig* führt, dort mit der Vorfahrt links schwenkt und sich nun Rchtg. Lübben etwas weiter von der Spree entfernt. Beim Haltepunkt Börnichen-Schlepzig wird die Bahnlinie gekreuzt, und schließlich mündet die Landstraße in die aus Rchtg. Beeskow kommende F 87, die rechts nach weiteren 3 km im Zentrum von Lübben ankommt.

Lübben (sorb. *Lubin*), 14000 Einw., Kreisstadt im Bezirk Cottbus, liegt genau an der engsten Stelle des Spreetals und somit an der Nahtstelle zwischen Unterem und Oberem Spreewald. Diese Lage hat die Stadt zu einem Verkehrsknotenpunkt für Straße und Schiene gemacht, ergänzt durch die Rolle als Ausgangspunkt für Kahnfahrten in die beiden Teile des Spreewaldes.
Der populärste Teil des Spreewaldes ist jedoch der weitverzweigte Oberspreewald östlich von Lübbenau; die runde Million Touristen, die bisher jährlich hierhin kamen (mit massiven Steigerungen ist zu rechnen), wälzen sich daher nur teilweise durch die Lübbener Straßen.
Die Stadt selbst ist an Sehenswürdigkeiten eher arm: geringfügige erhaltene Teile der früheren Stadtbefestigung, ein als Bildungsstätte genutztes kleines Schloß (Weinkeller im Wohnturm) und die Paul-Gerhardt-Kirche. Letztere ist eine spätgotische Backsteinhallenkirche, die dem Kirchenlieddichter Paul Gerhardt als letzte Wirkungsstätte (und Grabstätte) diente; vor dem Portal ist ihm ein Denkmal errichtet worden.
Information: Verkehrsbüro Am Strandcafé, Heinrich-Heine-Str., 7550 Lübben.
Unterkunft: Hotel "Spreeblick", Gubener Str. 53, Tel. (+586) 7281, 31 Betten in 12 Zi.
Jugendherberge: JH Lübben, Zum Wendenfürsten 1, Tel. (+586) 2669, 50 Betten.
Camping: Am Burglehn, 150 Standpl.

Kartenskizze Etappen 7 - 11

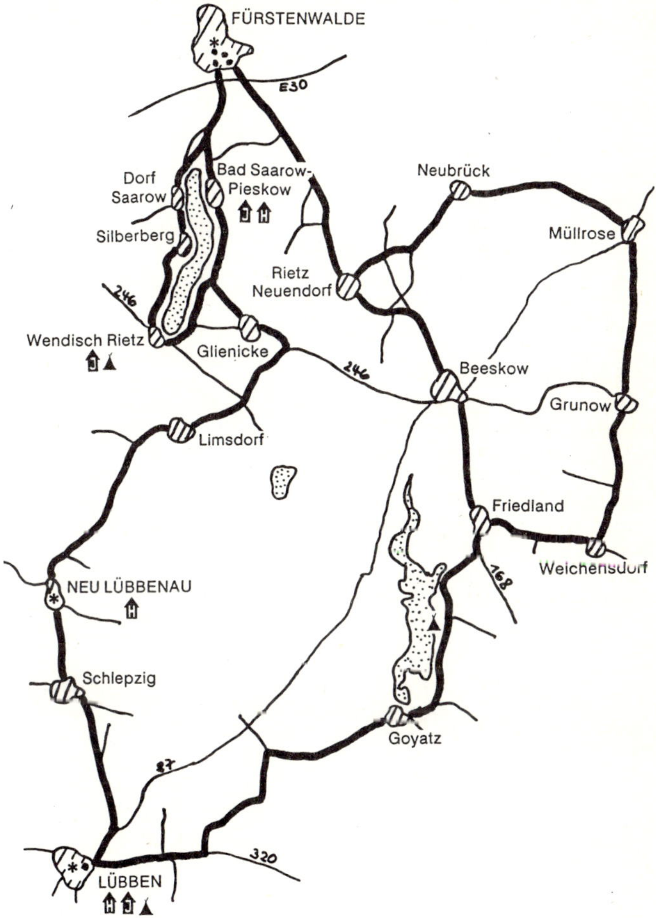

Etappe 9:
Lübben - Goyatz - Friedland - Beeskow - Fürstenwalde (73 km)

Diese Etappe umrundet eines der wichtigsten Ausflugs- und Urlaubsgebiete der Wald- und Seengeregion südöstlich von Berlin, den *Schwielochsee*. Sie ist landschaftlich abwechslungsreich und verläuft auf fast ausschließlich guten Straßen, wobei nur ein relativ kurzes Stück Hauptstraßencharakter hat. Im Sommer ist jedoch vor allem an Wochenenden mit Ausflugsverkehr zu rechnen.
In Lübben folgen Sie der Beschilderung der F 87 Rchtg. Beeskow, biegen aber noch innerörtlich rechts ab auf die F 320 Rchtg. Lieberose. Bei *Radensdorf* haben Sie die Wahl, entweder geradeaus durch das Dorf zu radeln oder auf der als Umgehungsstrecke ausgeführten Fernstraße zu bleiben. Etwa 1 km hinter Radensdorf signalisiert Ihnen eine deutlich beschilderte Kreuzung, daß es nun links nach *Briesensee* geht (außerdem Campingplatz Z/12 bereits angekündigt). Der Charakter als Urlaubsregion wird nun ständig deutlicher; am Ostufer des Briesener Sees findet sich der oben avisierte Campingplatz.
Sie durchfahren Klein Leine und erreichen in Groß Leine eine Kreuzung, an der Sie rechts auf die Landstraße durch Siegadel nach **Goyatz** abbiegen. Dieser Ort markiert das Südende des *Schwielochsees*.
Gaststätte: Café am See, beschildert.

Innerörtlich folgen Sie noch kurz den Hinweisen Rchtg. Lieberose, biegen aber dann gleich links ab Rchtg. Friedland. Etwa 1 km weit geht es erst einmal bergan, bevor die Straße oberhalb des Sees nordwärts zielt. Das Seeufer ist von mehreren Campingplätzen gesäumt.
Camping: Speichrow, E/14, am südl. Ostufer des Schwielochsees, 110 Standpl.; Pieskow, E/12, am Ostufer des Schwielochsees, 430 Standpl.; Niewisch, E/11, am nördl. Ostufer des Schwielochsees, 220 Standpl.

Kleine Ortschaften wie Speichrow, Pieskow, Niewisch und Möllen werden durchradelt, bis am nordöstlichen Zipfel des Schwielochsees die Nebenstraße auf die F 168 stößt, auf der Sie links bald *Friedland* erreichen. In diesem Städtchen knickt die Hauptstraße links ab und strebt fast gradlinig *Beeskow* zu; anfangs verläuft die Straße parallel zu einer dekorativen Fluß- und Insel-/Auen-Landschaft und führt schließlich hinab zu dieser Kreisstadt an der Spree. Hinter dem Ortsanfang biegen Sie an einer Kreuzung mit der Beschilderung Rchtg. Storkow links ab, überqueren die Spree und erreichen das Zentrum am Marktplatz. In Beeskow können Sie ggf. der kleinen Altstadt mit der Stadtmauer ("Dicker Turm") und dem Biologischen Heimatmuseum in der Burg Beachtung schenken, bevor Sie dann vom Marktplatz aus den Hinweisen Rchtg. Fürstenwalde aus der Stadt folgen.

Dies ist der Anfang einer Landstraße, die über Groß Rietz (links abknickende Straßenführung), Rietz Neuendorf, Pfaffenhof und Alt Golm geradewegs nach **Fürstenwalde** (s. Etappe 5) führt.
(*In Gegenrichtung:* In Fürstenwalde ist Beeskow korrekt beschildert.)

Etappe 10:
Lübben - Goyatz - Friedland - Weichensdorf - Grunow - Müllrose - Neubrück - Raßmannsdorf - Rietz Neuendorf - Fürstenwalde (95 km)

Diese Strecke entspricht im ersten Drittel Etappe 9 (via Beeskow): über Goyatz nach Friedland ist sie identisch, schwenkt dann jedoch zu einem Bogen Rchtg. Schlaubetal ostwärts. In Friedland biegen Sie dazu rechts ab auf die Landstraße Rchtg. Treppeln und Güntersdorf, auf der ca. 6 km zurückgelegt werden. In *Weichensdorf* fahren Sie mit der abknickenden Vorfahrt rechts und gleich wieder links, über die Bahntrasse und sofort danach links Rchtg. Müllrose. Wie einige andere Straßen dieser Region ist auch diese geradlinige Nebenstraße als "Radsporttrainingsstrecke" ausgewiesen. Im Bereich des nächsten Ortes *Klein Briesen* erweist sie sich jedoch eher als Teststrecke für die Stabilität von Rad und Radler, da dort der holprige Untergrund einiges von Roß und Reiter verlangt.
In **Grunow** haben Sie ggf. Möglichkeit zu einem Abstecher ostwärts über F 246 und dann die links abzweigende Nebenstraße Rchtg. Rießen, um so ins idyllische Schlaubetal zu gelangen. Ansonsten kreuzten Sie in Grunow die Fernstraße und fahren geradeaus über Mixdorf nach *Müllrose*.
Wenn die Nebenstrecke am Ortsrand auf die F 87 (Beeskow-Frankfurt/Oder) stößt, kreuzen Sie sie halblinks, um auf der Nebenstraße, die anfangs parallel zum Oder-Spree-Kanal verläuft, nach *Neubrück* (Gaststätte im Ort) zu gelangen. Etwa 2 km hinter *Raßmannsdorf* zweigen Sie dann rechts ab auf die Strecke durch Görzig nach *Rietz Neuendorf*, wo die Etappenführung sich rechts auf der Landstraße durch *Pfaffendorf* und vorbei an Alt Golm nach **Fürstenwalde** (s. Etappe 5) fortsetzt.

Etappe 11:
Fürstenwalde - Bad Saarow-Pieskow - Wendisch Rietz - Silberberg - Dorf Saarow - Bad Saarow - Fürstenwalde (40 km)

Eine Rundstrecke rund um den Scharmützelsee, die in der Hauptsaison an Wochenenden jedoch wegen des dann gewöhnlich regen Ausflugsverkehrs wohl besser entfällt.
Der Anfang ist identisch mit Etappe 7 (s. dort). Kurz nach dem südlichen Ortsendeschild von Diensdorf-Radlow zweigt rechts der "Schulweg" ab, der

hervorragend einspurig asphaltiert ist und Sie über das Dorf *Radlow* und die Siedlung *Waldfrieden* geleitet. Abseits des automobilen Verkehrs geht es aber leider nicht ewig weiter, denn etwas südlich von Waldfrieden stößt der Fahrweg an einer T-Kreuzung an eine ebenso asphaltierte Straße, und Sie versetzen über diese links/rechts zur (relativ schwach befahrenen) Fernstraße 246, die Sie rechts zur Südspitze des Sees führt.
(*In Gegenrichtung:* Ihnen weisen an der Fernstraße das Schild "Am See" und unten an der T-Kreuzung der Hinweis "Waldfrieden" den Weg.)

(*Variante:* Wenn Sie lieber noch ein wenig dichter am See radeln und mehr Natur genießen möchten, können Sie auch an der genannten T-Kreuzung rechts fahren. An der bald folgenden Rechtskurve des asphaltierten Fahrweges halten Sie sich geradeaus, radeln wenige Meter auf einem Waldweg und biegen dann links auf einen ebensolchen ein. Parallel zum See geht es (mit großzügigem Abstand) am Gasthof "Scharmützeleck" vorbei, auf dessen Höhe der Weg kurzfristig asphaltiert ist. Die Fernstraße 246 erreichen Sie schließlich am Eisenbahnübergang, so daß Sie scharf rechts abbiegend den Anschluß an die Strecke der Asphaltliebhaber finden.)

Die letzten Meter nach **Wendisch Rietz** absolvieren Sie auf der F 246, die Sie um den Südzipfel des Scharmützelsees herumleitet. Auf der Höhe des Bahnhofs von Wendisch-Rietz verlassen Sie aber die Fernstraße schon wieder und radeln auf der Dorfstraße in den Ort.
Jugendherberge: JTH "Am Scharmützelsee", 1234 Wendisch Rietz, 880 Betten.
Camping: "Schwarzhorn-Scharmützelsee", E/17, 470 Standpl., ca. 1 km nördl. von Wendisch Rietz am Seeufer.

Falls Sie eine Querverbindung zu Etappe 7 anstreben, wählen Sie hier die Nebenstraße nach Behrensdorf und zweigen dort rechts ab auf die Strecke über Möllendorf nach Limsdorf; *in Gegenrichtung* am Limsdorfer Dorfplatz rechts in die "Möllendorfer Straße.)

Auf der Dorfstraße von Wendisch Rietz fahren Sie gen Norden und dürfen sich über das geringe Verkehrsaufkommen freuen, das aber wohl u.a. dem ralativ rauhen Asphaltbelag zuzuschreiben ist. Kurz nach dem Abzweig nach *Silberberg* führen, nachdem der leichte Anstieg bewältigt ist und es wieder sanft bergab geht, kurz nacheinander zwei Fahrwege rechts ab. Sie wählen den zweiten - eher ein Fuß- und Radweg - und radeln später entlang eines Zauns bis zur Uferstraße, in die Sie links einbiegen.
(*In Gegenrichtung:* Hinter dem Erholungsheim des VEB Reifenkombinat geht es rechts.)
Auf der Uferstraße führt die Etappe bis zum Strandbad; zu dem zwar nur ein kleines hölzernes Schild weist, das aber über einen sehr breiten Weg zu er-

reichen ist, so daß Sie es kaum verfehlen können. Am Ufer angelangt zweigen Sie links auf einen schmalen asphaltierten Weg ab, der Sie zunächst durch einen Dauercampingplatz führt. Wenig später wechselt die Bodenbeschaffenheit zu sandig, waldiger Grundlage, doch lassen Sie sich nicht irritieren und fahren zwischen zahlreichen Datschen weiter parallel zum Seeufer. Am Ende der Datschensiedlung geht es dann links in den Wald hinein, alsbald wieder rechts und dann in sanften Bögen zurück zur Landstraße.
(*In Gegenrichtung:* Sie biegen links in die "Thälmannstr." ein, zweigen an der gleich folgenden Weggabelung wieder links ab und im Wald dann nochmal links hinunter zu den Datschen am See.)

Auf der Landstraße führt die Etappe am *Dorf Saarow* vorbei. Kurz danach zweigt nach rechts eine kleine Straße ohne Namen ab - es ist zwar ein Straßennamenschild vorhanden, doch nicht mehr leserlich (außer "Silbergstr." - das ist die Landstraße, auf der Sie gekommen sind).
Hier geht es rechts und - Sie sehen es schon von der Landstraße - gleich wieder links. An der nächsten Möglichkeit wieder rechts abbiegend kommen Sie so zur Uferstraße, die Sie gemäß ihrem Namen noch einmal bis dicht an den See führt. Bei geringem Fußgängeraufkommen drängt sich die Benutzung des Fußweges geradezu auf, und auf Betonplatten erreichen Sie die Anlegestelle der Ausflugsdampfer von *Bad Saarow* (s. Etappe 7). In exakter Umkehrung des Etappenbeginns radeln Sie nun zurück nach **Fürstenwalde** (s. Etappe 5).

Etappe 12:
Luckenwalde - Baruth - Rietzneuendorf - Lübben (62 km)

Diese Strecke folgt durchweg dem *Baruther Urstromtal*, das diesen Namen tatsächlich verdient: die Straße verläuft weitgehend flach, wobei für den größten Teil der Etappe ruhige Landstraßen mit gutem Untergrund benutzt werden.
In Luckenwalde zweigt von der als innerörtliche Hauptstraße fungierenden F 101 ostwärts die beschilderte Landstraße Rchtg. Baruth ab, die ohne Abzweigungen durch kleine Dörfer wie Jänickendorf, Holbeck (Gaststätte: "Zu den Eichen"), Stülpe und das als "Schönes Dorf des Kreises Zossen" etikettierte Paplitz bis **Baruth** führt.

Hier biegen Sie (halb)rechts ab auf die F 96 Rchtg. Luckau, auf der Sie das Städtchen verlassen. Bald darauf biegen Sie links ab: entweder auf die Durchfahrt durch Klein Ziescht und von dort weiter Rchtg. Glashütte oder - deutlicher beschildert - etwas später hartlinks Rchtg. Klasdorf. In beiden Fällen wird jeweils die Bahnlinie gekreuzt, und es geht auf wechselndem

Straßenbelag nach Klasdorf. Von dort folgen Sie der Beschilderung (abknikkende Vorfahrt) nach Glashütte und durch das Dorf hindurch. Einige hundert Meter hinter dem Ortsendeschild verlassen Sie die halblinks schwenkende Vorfahrtstraße (Rchtg. Baruth - über Dornswalde) auf einen halbrechts beginnenden breiten, gut ausgewalzten Schotterweg mit Hinweisschild Rchtg. Rietzneuendorf. Dieser unkompliziert zu befahrende Fahrweg bekommt nach 2 km im Wald einen asphaltierten Untergrund, und nacheinander werden Friedrichshof (Ortsteil von Rietzneuendorf) und das langgestreckte Rietzneuendorf durchfahren. Die Vorfahrtstraße setzt sich nahtlos Rchtg. Waldow-Brand fort, wird etwas hinter Rietzneuendorf etwas unvermittelt an einer unbeschilderten Kreuzung (mit der Landstraße Golßen-Autobahnauffahrt Staakow) unterbrochen, was jedoch außer dem Beachten der Vorfahrt keine Konsequenzen hat, da die Strecke nach *Waldow-Brand* geradeaus weiterführt. Dieser Ort wartet nicht nur endlich einmal wieder mit dem schon schmerzlich vermißten innerörtlichen Kopfsteinpflaster auf, sondern zudem mit einer hübschen Fachwerkkirche mit Holzturm.
2 km hinter Waldow endet die Nebenstraße an einer T-Mündung auf die F 115, auf die Sie links einbiegen (Beschilderung nur *in Gegenrichtung*: Waldow-Brand). Die schnurgerade Hauptstraße nach **Lübben** (s. Etappe 8) überquert nach ca. 6 km die Autobahn Berlin-Dresden und vermeidet bis zum Etappenziel jede Ortsdurchfahrt; alle Dörfer an der Strecke werden nur gestreift.

Etappe 13:
Luckenwalde - Paplitz - Görsdorf - Dahme (55 km)

Wie bei Etappe 12 fahren Sie entlang dem Baruther Urstromtal auf der geradlinigen Landstraße Rchtg. Baruth durch Stülpe nach *Paplitz*, wo die Strecke rechts abzweigt auf nach wie vor glatten Asphalt Rchtg. Dahme und Pettkus. Die Wälder zu beiden Seiten dieser Straße werden zu militärischen Spielereien mißbraucht und sind deshalb weitestgehend Sperrgebiet.
Die schräg querende F 115 wird geradewegs gekreuzt, und in leicht welliger Landschaft durchfahren Sie kleine Orte wie Groß Ziescht und Damsdorf. In letzterem Dorf ignorieren Sie die Beschilderung, die Sie Rchtg. Dahme via Buckow nach rechts lenken möchte, und bleiben stattdessen geradeaus auf der ebenfalls Rchtg. Dahme führenden Nebenstrecke. Hinter *Görsdorf* mündet die Straße in die kreuzende Landstraße Drahnsdorf-Dahme, und Sie folgen Ihr durch Zagelsdorf (rechts abknickende Vorfahrt) nach **Dahme**, wo Sie dem Straßenverlauf entsprechend zu einem Platz gelangen, an dem Sie sich links halten und gleich darauf die kreuzende F 102 erreichen, die als innerörtliche Hauptstraße dient. Das Zentrum und die Fortsetzung via Etappe 14 liegen rechts.

Kartenskizze Etappen 12 & 13

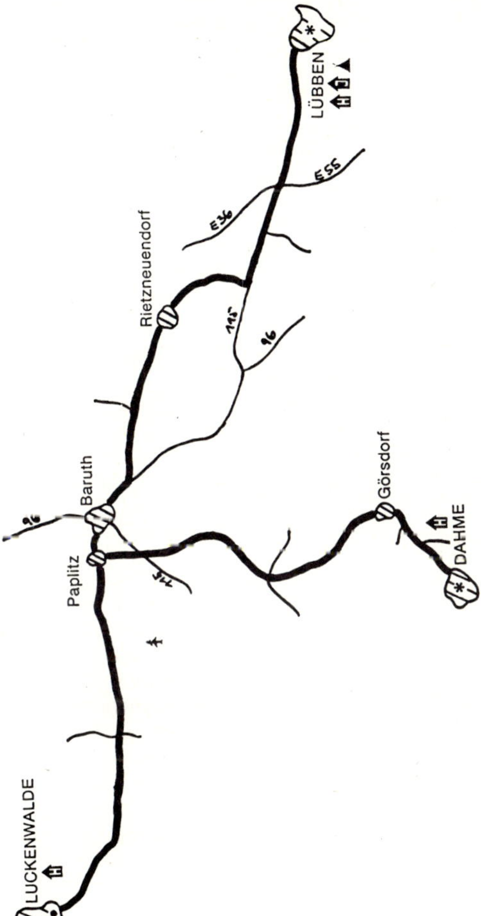

(*In Gegenrichtung* liegt die Abzweigung von der F 102 wegen einer Einbahnstraßenregelung etwas weiter östlich.)

Unterkunft: Hotel "Goldener Stern", Wilhelm-Pieck-Str. 42, 7962 Dahme, Tel. (+58791) 474, 6 Betten in 4 Zi.

Etappe 14:

Dahme - Lebusa - Doberlug-Kirchhain - Sorno - Lauchhammer (60 km)

Als nahtlose Fortsetzung von Etappe 13 verlassen Sie Dahme westlich des Stadtzentrums auf der südwärts aus der Stadt führenden Landstraße Rchtg. Herzberg. In *Lebusa* (Gaststätte: "Lindeneck") geht es links ab Rchtg. Doberlug-Kirchhain [teils schlicht als "Kirchhain" avisiert) nach *Hohenbucko*, wo Sie immer auf der Vorfahrtstraße durch den Ort zur Kreuzung mit der F 87 radeln, die Hauptstraße kreuzen, weiterhin geradeaus Proßmarke und Hillmersdorf durchqueren und erst in *Trebbus* mit der Vorfahrt rechts abzweigen. In Arenzhain schwenkt die Strecke mit der Vorfahrt links nach *Werenzhain*, wo eine T-Mündung auf die (bevorrechtigte) Landstraße Dübrichen-Kirchhain erfolgt. Durch *Doberlug-Kirchhain* geht's geradeaus mit der Beschilderung Rchtg. Bad Lieberwerda. (Zur Querverbindung nach *Finsterwalde*, s. Etappe 15, gibt es drei Abzweigungen, die später in die gleiche Landstraße münden.)

Unterkunft: Hotel "Grüner Berg" *, Bahnhofstr. 20, 7970 Doberlug-Kirchhain, Tel. (+58592) 2319, 19 Betten in 10 Zi.; Gaststätte Kniesche, Bahnhofstr. 31, 7971 Schönborn, Tel. (+58596) 851, 10 Betten in 6 Zi.

Camping: Am Nordufer des Rückersdorfer Kiesteiches, 7981 Rückersdorf, 130 Standpl., ca. 6 km südl. von Doberlug.

Das innerörtliche Holperpflaster von Kirchhain kann teils durch Sand- oder Platten-Radwege bzw. Versorgungsstraßen umgangen werden. Anschließend folgen Sie der Beschilderung links Rchtg. Rückersdorf und Bad Erna. Letzteren Namen finden Sie zwar nicht auf der Landkarte, aber kurz darauf an der Straße als Wegweiser zu einer Strandgaststätte (linkerhand) und der dazugehörigen Datschensiedlung. Rückersdorf und Oppelhain werden gerade durchquert, und in *Sorno* (Gaststätte: "Waldeck", so geschl.) trifft die Route auf eine Dreistern-ähnliche Einmündung in die Landstraße Finsterwalde-Grünewalde.

An der T-Mündung in Staupitz folgen Sie der abknickenden Vorfahrt links nach **Lauchhammer** und können die relativ markanten Straßenschäden negativ registrieren. Lauchhammer ist eine merkwürdige Mischung aus alten Bestandteilen und Neubauvierteln in der obligaten Plattenbauweise, das sich auf vier teils auseinanderliegende Teile aufgliedert und von mehreren Großbetrieben (Braunkohle-"Veredlung" etc.) lebt, was einen Aufenthalt hier nicht empfehlen läßt.

Kartenskizze Etappen 14 & 15

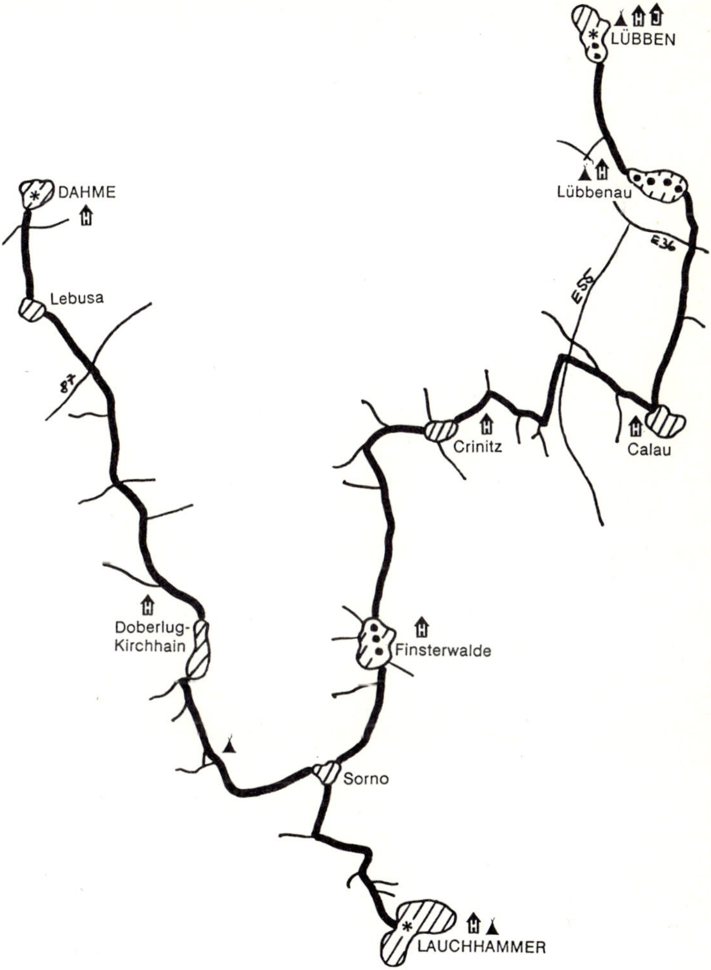

Am Etappenziel sollten Sie sich Ihren weiteren Reiseverlauf frühzeitig überlegen: Etappe 19 Rchtg. Dresden führt über Lauchhammer-West, Etappe 18 Rchtg. Bernsdorf über Lauchhammer-Mitte/-Ost, was Sie an den Abzweigungen einplanen müssen.

Unterkunft: HO-Gaststätte "Haus der Werktätigen" **, Hüttenstr. 2, 7812 Lauchhammer-Ost, Tel. (+5815) 8336, 21 Betten in 14 Zi.; Hotel Bär, Berliner Str. 61, Lauchhammer-West, Tel. (+5815) 7118, 22 Betten in 10 Zi.

Camping: Ehemaliges Tagebaurestloch, 7801 Grünewalde, 130 Standpl..

Etappe 15:

Lübben - Lübbenau - Calau - Crinitz - Finsterwalde - Sorno - Lauchhammer (80 km)

Diese Strecke eröffnet eine der Verbindungen Rchtg. Dresden. Da die DDR-Energiewirtschaft zwischen Spreewald und Dresden den Braunkohletagebau gelegt hat, ist ohne gewisse Umwege dieses Ziel nicht zu erreichen. Als Trostpflaster gibt es aber gleich zu Anfang ein touristisches Schmankerl, das nach ca. 10 km Fahrt auf der unvermeidbaren F 115 erreicht ist.

Lübbenau (sorb. *Lubnjow*), 22000 Einw., Bez. Cottbus, ist das "Tor zum Spreewald", genauer zum Oberspreewald. Bereits seit rund 100 Jahren ist das Städtchen ein beliebtes Ausflugsziel vor allem der Berliner, denn hier bieten sich die günstigsten Startpunkte in das weitgefächerte Wasserstraßennetz des Spreewaldes. An sonnigen Sommerwochenenden ist der Andrang oft so groß, daß es Geduld bedarf, um an einer der beliebten Kahnfahrten teilnehmen zu können. In der Nebensaison und außerhalb von Feiertagen reicht diesbezüglich die Kapazität jedoch aus, nur die gastronomische Versorgung ist bisher stets unzureichend.

Der Spreewald ist zudem durch Wanderwege (unter Zuhilfenahme zahlreicher Brücken und Stege) recht gut erschlossen, in seinen attraktivsten Teilen hingegen nicht zu befahren - auch nicht mit dem Fahrrad.

Lübbenau selbst präsentiert sich in den alten Teilen barock-klassizistisch, so im Schloßbezirk und am Markt. Hauptsehenswürdigkeit neben dem Naturwunder Spreewald ist das Freilichtmuseum in *Lehde* (2 km östl.), wo zahlreiche Lausitzer Gehöfte das Leben der sorbischen Bauern im 19. Jh. veranschaulichen.

Information: Verkehrsbüro am Hafen, 7543 Lübbenau.

Unterkunft: HO-Gaststätte "Deutsches Haus", Ehm-Welk-Str. 38/39, Tel. (+5887) 2435, 39 Betten in 17 Zi.; Hotel "Müller/Jäger", Ehm-Welk-Str. 45, Tel. (+5887) 2233, 35 Betten in 17 Zi.; Hotel "Spreewald", Gubener Str. 53, Tel. (+5887) 3278, 34 Betten in 13 Zi.

Camping: Am Volkspark, 100 Standpl.

Bei der Weiterfahrt müssen Sie anfangs noch auf der F 115 Rchtg. Cottbus bleiben, können jedoch bald rechts auf die Landstraße Rchtg. Calau (= Autobahnzufahrt) abbiegen, die Bischdorf berührt und durch einen Wald nach *Calau* (sorb. Kalawa, 7400 Einw.) führt. Dieser Ort war schon im 14. Jh. Kreisstadt, erlitt aber 1945 weitgehende Zerstörungen durch die bekannten unsinnigen Kämpfe und später weitere durch Neubaumaßnahmen.
Unterkunft: HO-Hotel "Zur Post", Cottbuser Str. 30, 7540 Calau, Tel. (+7588) 2365, 10 Betten in 4 Zi.

In Calau folgen Sie den Wegweisern Rchtg. Luckau und durchradeln so Buckow, um bald darauf an einer Gabelung links nach Groß Jehser abzubiegen. Die Autobahn E 55 (Berlin-Dresden) wird unterquert, und parallel zur Schnellstraße geht's nun südwärts nach Klein Mehßow, wo Sie rechts nach Drehna schwenken. In Drehna schließt sich die links abzweigende Landstraße nach *Crinitz* an.
Unterkunft: Hotel "Crinitzer Hof", Hauptstr. 27, Tel. (+758594) 213, 18 Betten in 7 Zi.
Wenn Sie von Crinitz aus der Beschilderung Rchtg. Finsterwalde westwärts folgen, treffen Sie nach 4 km auf eine Abzweigung, an der links die entsprechende Nebenstrecke via Breitenau beginnt. In Finsterwalde endet die Straße an der F 96, der Sie links auf der "Weinbergstr." in den Ort (unter der Eisenbahn hindurch und dann links) folgen.
Information: "Reisewelt", Wilhelm-Külz-Str. 4, 7980 Finsterwalde.
Unterkunft: Hotel "Brückenkopf" **, Thälmannstr. 23, Tel. (+585) 2201, 45 Betten in 27 Zi.; Hotel "Sängerstadt" **, Markt 2/3, Tel. (+585) 2557, 56 Betten in 30 Zi.; Hotel "Goldener Hahn" **, Bahnhofstr. 3, Tel. (+585) 8535; Hotel "Zum Vetter" *, Wilhelm-Külz-Str. 16, Tel. (+585) 2269, 44 Betten in 22 Zi.

An einem dreieckigen Platz im Stadtzentrum biegen Sie rechts ab Rchtg. Lauchhammer, folgen der abknickenden Vorfahrt links (an einem Platz mit einem Eckhaus, das auffällig gestaltete Erker aufweist), verlassen aber die links abknickenden Wegweiser Rchtg. Lauchhammer bald darauf zugunsten der geradeaus Rchtg. Elsterwerda. Durch den Finsterwalder Vorort *Pechhütte* führt die Strape nach *Sorno*, wo es geradeaus mit der Beschilderung Rchtg. Lauchhammer und Elsterwerda wie bei Etappe 14 (s. dort) weitergeht.

Etappe 16:
Lübben - Straupitz - Burg - Werben - Cottbus (44 km)

Bevor Sie diese Strecke in Angriff nehmen, sollten Sie sich über die Konsequenzen klar werden: Da südlich von Cottbus die ausgedehnten Tagebau- und Industriegebiete jede radtouristische Betätigung weit ins Abseits drängen, kann diese Etappe nur durch vollständige Umrundung der Lausitz via

Görlitz und Bautzen sinnvoll fortgesetzt werden.
Die ersten 16 km müssen Sie in Ermangelung von Alternativen auf der F 320 Rchtg. Lieberose zurücklegen, bis in *Straupitz* (1500 Einw., sorb. Tsupc) rechts die Landstraße durch *Byhleguhre* (800 Einw., sorb. Bela Gora) nach *Burg* (3600 Einw., sorb. Borkowy) abzweigt. Diese Siedlungen am Ostrand des Spreewaldes gehören zu jenen Gemeinden, in denen sorbische Traditionen besonders lange und intensiv vorgehalten haben. Auch die Namen entstammen dem Sorbischen - so leitet sich "Burg" nicht von einer Festung, sondern vom sorbischen "bork" (= Nadelwald) ab.

Unterkunft: Gaststätte "Sieber Zur Linde", Cottbuser Str. 1, 7551 Straupitz, Tel. (+373) 2114, 11 Betten in 5 Zi.; Hotel "Bleske" *, Burg-Dorf Nr. 2, 7502 Burg, Tel. (+5993) 210, 42 Betten in 21 Zi.

Jugendherberge: JH "Friedrich Ludwig Jahn", Weg zur Jugendherberge 220, Tel. (+5993) 225, 76 Betten (zzgl 74 in der Saison) & 14 Campingstellplätze.

Jugendherberge: JH "Haus am See", Am See 3, 7551 Byhleguhre, Tel. Straupitz 362, 34 Betten (zzgl. 56 in der Saison) & 30 Zeltstandpl.

Vom südlichen Ortsrand Burgs nach Cottbus stellt eine geradlinige Landstraße über Werben die Verbindung her.

Cottbus (sorb. *Chosebuz*), 123000 Einw., Bezirksstadt, ist in jeder Beziehung das Zentrum der Niederlausitz, aufgrund seiner Erhebung zum Verwaltungsmittelpunkt zudem üppig mit Bildungseinrichtungen und Neubaugebieten ausgeweitet worden. Da die ökonomische Bedeutung im wesentlichen auf dem Braunkohleabbau der südlich gelegenen Regionen bis etwa Hoyerswerda fußt, ist die Belastung der Straßen mit Verkehr und der Luft mit "Düften" aller Art hier sehr hoch.
Trotz starker Zerstörungen im Zweiten Weltkrieg ist ein kleines Ensemble historischer Gebäude im Bereich des Altmarkts erhalten bzw. restauriert worden. Etliche Häuser im sächsischen Barock schmücken den Platz, und mehrere Kirchen setzen optische Akzente. Falls es Sie zum Einkaufsbummel drängt, stehen ausreichend Läden im benachbarten neuen Stadtzentrum zur Verfügung.
Im Osten von Cottbus, das übrigens früher Kottbus geschrieben wurde, gibt es hingegen eine echte Sehenswürdigkeit: den Branitzer Landschaftspark, der von dem Großmeister der Gartenbaukunst Hermann Fürst von Pückler-Muskau 1846 begonnen wurde; der Landschaftsarchitekt ist in der Seepyramide im Park beigesetzt. Nach Osten hin schließt das Barockschluß Branitz (1772) den Park ab, das das Bezirksmuseum Cottbus enthält.

Information: Altmarkt 29, 7500 Cottbus, Tel. (+59) 24254.

Unterkunft: Hotel "Lausitz" ***, Berliner Platz, Tel. (+59) 30151, 372 Betten in 198 Zi.; HO-Hotel "Zur Sonne" **, Taubenstr. 7, Tel. (+59) 22500, 20 Betten in 9 Zi.; Hotel "Zum Schwan" **, Tel. (+59) 22334, 35 Betten in 19 Zi.

Jugendherberge: JH "Franz Striemann", Klosterplatz 2/3, Tel. (+59) 22558, 42 Betten.

Kartenskizze Etappen 16 & 17

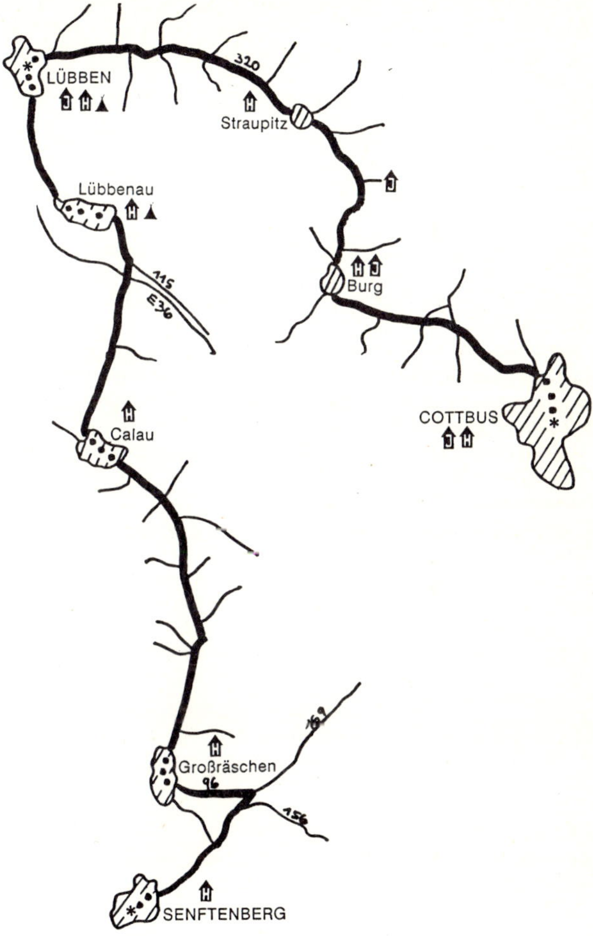

Etappe 17:
Lübben - Lübbenau - Calau - Großräschen - Senftenberg (64 km)

Der Anfang dieser Route entspricht dem von Etappe 15: durch das Spreewaldzentrum *Lübbenau* (s. dort) nach *Calau*. Hier teilen sich dann die Strecken, und Sie radeln nun nach links mit den Wegweisern Rchtg. Großräschen südwärts.
Die Landstraße verläuft durch mehrere aufgelockerte Waldstücke nach *Altdöbern*, dort rechts in das Dorf und links wieder hinaus nach *Großräschen*.
Unterkunft: HO-Gaststätte "Volkshaus", Ernst-Thälmann-Str. 56, 7805 Großräschen, Tel. (+58193) 6030, 21 Betten in 8 Zi.

Dieser Ort war eines der frühen Zentren des Braunkohletagebaus, worauf die weiten "weißen Flecken" auf der Landkarte südlich immer noch verweisen. In der Tat ist das Thema noch nicht ausgestanden und hat auch Einfluß auf den Etappenverlauf, denn die eigentlich sich als Abkürzung anbietende Nebenstraße nach Sedlitz ist im Begriff, dem Bagger geopfert zu werden. Deshalb werden Sie um die Benutzung der F 96 mit dem daraus resultierenden 6 km langen Umweg wohl nicht herumkommen, um so dann doch durch Sedlitz zum Etappenziel zu gelangen.

Senftenberg, 34000 Einw., Kreisstadt im Bez. Cottbus, lebt wie die ganze Umgebung von der Braunkohle. Als wichtiger Eisenbahnknotenpunkt verfügt es zudem über einen ungewöhnlich großen Güterbahnhof, kann aber mit seinem See auch ein wichtiges Naherholungs- und auch Urlaubsgebiet aufweisen. Der See kann auf (größtenteils unbefestigten) Wegen vollständig umrundet werden. Außerdem bietet die Stadt einen Tierpark mit Heimattiermuseum.
Information: "Reisewelt", Schloßstr. 14, 7840 Senftenberg.
Unterkunft: HO-Gaststätte "Glück Auf" **, Ernst-Thälmann-Str. 44, Tel. (+581) 2151, 48 Betten in 21 Zi.; Hotel "Zum Löwen" **, Calauer Str. 17, Tel. (+581) 2393, 27 Betten in 12 Zi.
Camping: Am Südufer des Senftenberger Sees, 7801 Großkoschen, 680 Standpl., südl. von Großkoschen an der Streckenführung von Etappe 20.

Etappe 18:
Lauchhammer - Schwarzheide - Ruhland - Bernsdorf - Kamenz - Radeberg - Dresden (77 km)

Lauchhammer Ost ist der Wegweiser für den Anfang dieser Etappe, und durch diesen Ortsteil des Etappenanfangs verläuft geradewegs die dort halbrechts mit der Vorfahrt abknickende Nebenstrecke zur Chemiearbeiterstadt (Synthesewerk) *Schwarzheide.*

Unterkunft: Hotel "SYS" ***, Schipkauer Str. 4, 7817 Schwarzheide, Tel. (+5814) 62397, 41 Betten in 22 Zi.

Diese häßliche Industriestadt zieht sich fast endlos neben den Straßen hin, und nach einer unauffälligen Autobahnunterführung biegen Sie mit der Vorfahrt rechts ab Rchtg. Ruhland. Hinter dem Ortsendeschild erfolgt eine T-Mündung auf die F 169, auf der aber links nur wenige Meter zu absolvieren sind, da es gleich wieder rechts abgeht nach *Ruhland.*

Unterkunft: HO-Hotel "Stadt Ruhland" **, Bahnhofstr. 18, 7800 Ruhland, Tel. (+5814) 2069, 11 Betten in 4 Zi.; Hotel "Stern" **, Markt 7, Tel. (+5814) 2085, 22 Betten in 11 Zi.

Wenn Sie nicht ins Ortszentrum fahren möchten, bleiben Sie einfach auf der geradeaus führenden Straße, die im Bogen um den Ortskern herum verläuft (die Karte, die eine Kreuzung suggeriert, ist fehlerhaft) und ohne Abzweigung weiter nach *Guteborn* (Konsum-Gaststätte) strebt. Durch *Grünewald* geht's ebenfalls geradlinig, bis am östlichen Ortsrand die Vorfahrtstraße rechts nach *Bernsdorf* schwenkt.

Unterkunft: Hotel "Deutsches Haus" **, Kamenzer Str. 1, 7702 Bernsdorf, Tel. (+58293) 675, 15 Betten in 8 Zi.

Camping: Am Waldbad, 270 Standpl.

Hier mündet die Landstraße auf die F 97, der Sie rechts einige hundert Meter folgen, bis links die Landstraße nach *Kamenz* beginnt. Dort angekommen können Sie sich den Wegweiser Rchtg. Pulsnitz und Radeberg anvertrauen (*in Gegenrichtung* den Schildern Rchtg. Hoyerswerda zur F 97 folgen).

Information: "Reisewelt", Pulsnitzer Str. 10, 8920 Kamenz.

Unterkunft: HO-Hotel "Goldener Stern", Platz der Befreiung 14, Tel. (+525) 5093, 36 Betten in 14 Zi.; Hotel "Hutberg", Am Hutberg 25, Tel. (+525) 5016, 12 Betten in 6 Zi.

Immer in Reichweite einer Eisenbahnstrecke, die mehrfach überquert wird, zielt die Streckenführung nun nach *Pulsnitz*, einem Städtchen am Nordwestlausitzer Hügelland, das stolz auf seine Lebkuchenproduktion ist.

Unterkunft: Hotel "Stadt Dresden", Thälmannplatz 6, 8514 Pulsnitz, Tel. (+5235) 2769, 10 Betten in 4 Zi.; Hotel "Wettiner Hof", Hauptstr. 11, Tel. (+5235) 2802, 12 Betten in 6 Zi.

Jugendherberge: JH "Martin Andersen Nexö", Schleißbergstr. 39, 8506 Ohorn, Tel. (+5235) 2762, 51 Betten; JH "Zur Windmühle", Ohorner Str. 26, 8295 Steina, Tel. (+5235) 2373, 54 Betten (zzgl. 16 in der Saison) & 30 Zeltstandpl.

Camping: "Walkmühlenbad", R/22, 70 Standpl., nordwestl.

Mehrfach abknickende Vorfahrten bringen Sie zuverlässig durch den Ort, und nun gilt es, einen Höhenzug des Hüggellandes zu überqueren, um so nach **Radeberg** zu gelangen. Der Stolz dieses Städtchens ist die bekannte Exportbierbrauerei, die jahrelang einen der wichtigsten Devisenbringer der DDR darstellte. Die eher unscheinbar wirkenden Brauereigebäude liegen direkt an der Strecke.

Unterkunft: Hotel "Demmler", Bahnhofstr. 14, 8142 Radeberg, Tel. (+5191) 2151, 38 Betten in 18 Zi.

Nun ist auf dem Weg zum Etappenziel lediglich noch ein größeres Waldgebiet zu durchqueren, bis "Elb-Florenz" erreicht ist. (*In Gegenrichtung* von der F 6 Rchtg. Bautzen mit der Beschilderung Rchtg. Radeberg abbiegen.)

Dresden, 520000 Einw., Bezirksstadt, ist mit Abstand das beliebteste Städtereiseziel in der DDR. Die Touristenströme verdankt die Stadt den ungewöhnlichen reichhaltigen Ausstattung mit historischen Bauwerken erster Güte und den üppigen Kunstsammlungen, die Dresden schon seit Jahrhunderten das Prädikat "Elbflorenz" verschafft haben. Die meisten Prachtbauten entstanden im 18. Jh. unter den Kurfürsten Friedrich August I. und II., die die Dresdner Altstadt mit Barockpalästen überziehen ließen. Bezeichnungen wie der Zwinger, die Semper-Oper, die Hofkirche stehen für die Zeugen sächsischen Wohlstandes, die sich zu einem beeindruckenden Altstadtpanorama zusammenfügen. Da Dresden den Status der Residenzstadt kontinuierlich behielt, durfte sich keine Industrie in den Stadtkern drängen, sondern mußte sich in den Vororten ansiedeln. Dem sächsischen Hof blieb der Anblick rauchender Schlote erspart.
Der Zweite Weltkrieg brachte der Altstadt jedoch mit dem Bombardement vom 13./14. Februar 1945 die beinahe endgültige Zerstörung; nahezu die gesamte historische Bausubstanz war vernichtet. Was sich heute dem Betrachter präsentiert, ist somit das Ergebnis einer immensen Rekonstruktion, die noch ungewöhnlicher erscheint, wenn man sich die ansonsten übliche Vernachlässigung alter Bauten in der DDR vergegenwärtigt.
Allerdings beschränkt sich die Schmuckseite Dresdens auf die engbegrenzte Altstadt mit dem Schloß, dem Zwinger, der Semper-Oper, dem Johanneum usw., die hier nicht weiter erläutert werden können, da ein nur annähernd vollständiger Überblick eigene Bücher füllt. Und aus Radfahrersicht wird der Besuch der Stadt hart erkauft: eine ausufernde Bebauung, überwiegend schlechte Straßen von immenser Verkehrsbelastung sind zu ertragen, um zum Stadtkern vorzudringen, wo sich dann desweiteren die Touristenströme in lückenloser Folge über die Elbbrükken und durch die Sehenswürdigkeiten schieben. Eine nur annähernd genußreiche Stadtbesichtigung ist angesichts der Besuchermassen schlichtweg unmöglich.
Angesichts dieser Lage ist dringend zu empfehlen zu prüfen, ob die Integration Dresdens in eine Fahrradreise wirklich sinnvoll ist. Schließlich ermöglicht der Metropolencharakter, z.B. per Eisenbahn von allen größeren Orten der Umgebung direkt ins Stadtzentrum zu gelangen, ohne die Tortur des Hinein- und Hinausradelns erdulden zu müssen.

Kartenskizze Etappen 18 - 20

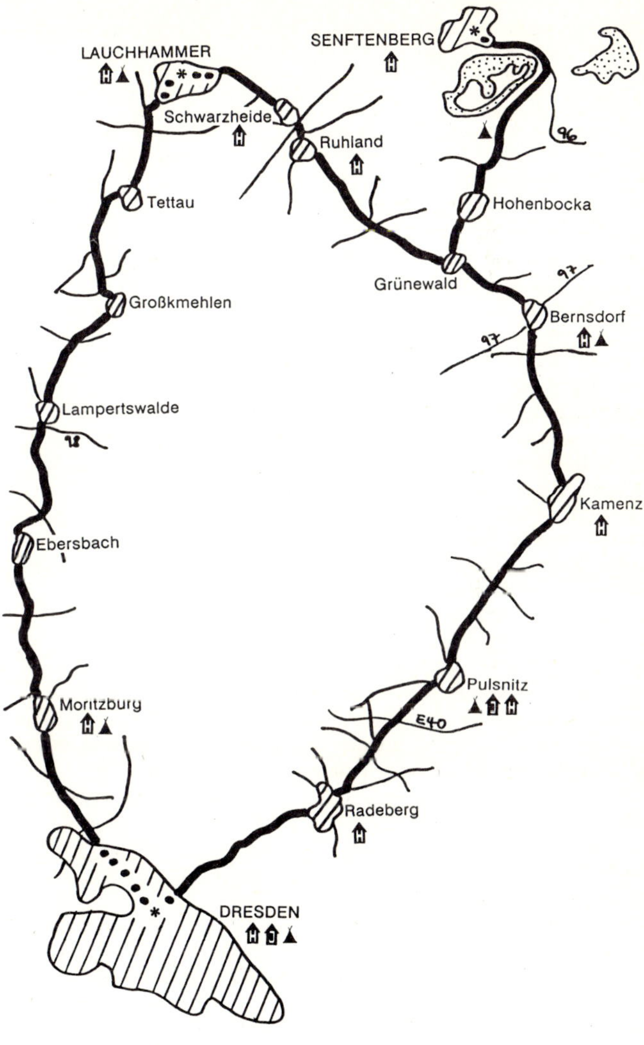

Information: Prager Str. 10/11, Postfach 201, 8010 Dresden, Tel. (+51) 4955025.
Unterkunft: ca. 25 Hotels und Pensionen; es ist dringend anzuraten, eine aktuelle Liste anzufordern und unbedingt zu jeder Jahreszeit vorzubuchen.
Jugendherberge: JH "Rudi Arndt", Hübnerstr. 11, Tel. (+51) 470667, 62 Betten; JH "Wilhelm Pieck", Sierksstr. 33, Tel. (+51) 36672, 51 Betten; JTH "Schloß Eckberg", Bautzner Landstr. 134, Tel. (+51) 54403, 212 Betten.
Camping: Intercamping Mockritz, R/40, Boderitzer Str., Tel. (+51) 478226, 170 Standpl.; Am Oberen Waldteich, 80 Standpl.; Freibad Wostra, Trieskestr., Tel. (+51) 2231903, 70 Standpl.

Etappe 19:

Lauchhammer - Tettau - Großkmehlen - Lampertswalde - Ebersbach - Moritzburg - Dresden (57 km)

Die Streckenführung dieser Etappe ist etwas kompliziert, da es keine annähernd geradlinige Nord-Süd-Verbindung Rchtg. Dresden gibt (von der Autobahn einmal abgesehen ...). Auch an das Fahrrad wird einige Anforderung hinsichtlich der Geländegängigkeit gestellt, da Schotterwege zwar nur einen kleinen Teil ausmachen, aber unvermeidlich sind.
Die Route beginnt in Lauchhammer auf der Straße zwischen den stinkenden Braunkohle-"Veredelungs"-Werken hindurch in den Stadtteil West. Bei einem Bahnübergang trifft die Straße auf eine übergeordnete Querstraße, auf der Sie links geradewegs zur Kreuzung mit der F 169 kommen.
(*In Gegenrichtung* entsprechend 1 km nördl. der Fernstraße abbiegen, sobald ein Bahnübergang mit einer Rechtsabbiegung kombiniert ist, unbeschildert!)

In *Tettau* (Gaststätte: Winzers) gibt es eine abknickende Vorfahrt rechts und dann eine T-Mündung, an der es rechts Rchtg. Schraden geht. In *Schraden* kommen Sie zu einer unbeschilderten Kreuzung (Vorfahrt beachten), an der Sie links abbiegen (*in Gegenrichtung* 200 m nach dem Ortseingangsschild rechts) auf die schnurgerade Strecke durch *Frauwalde* (Gaststätte: LPG "Bauernland") zur T-Mündung in die Landstraße, der Sie links Rchtg. Ortrand (nicht Ortsrand!) folgen. Bald darauf erreicht die Straße *Großkmehlen*, wo sie rechts auf die ansonsten unbeschilderte "Blochwitzer Straße" abzweigt. Bis *Blochwitz* steht Ihren Fahrradreifen nun ein relativ steiniger, wenn auch fester Schotterweg bevor, bevor Sie im dortigen Zentrum bei der Kirche wieder Asphalt unter die Räder bekommen.
(*In Gegenrichtung:* bei der Kirche den Wegweisern Rchtg. Großthiemig folgen, bis bald rechts das Schild Rchtg. Kmehlen die Richtung anzeigt.)

Schräg gegenüber verlassen Sie den kleinen Dorfplatz mit seinem Baum

entsprechend der Beschilderung nach *Lampertswalde*, wo Sie an einer Stop-Straßen-Kreuzung rechts Rchtg. Großenhain abbiegen und nun der Straße geradeaus Rchtg. Radeburg folgen. Hinter einem beschrankten Bahnübergang kommen Sie zur Kreuzung mit der F 98, die Sie geradewegs nach *Mühlbach* überqueren. Am dortigen Ortsende verlassen Sie die rechts abknickende Vorfahrtstraße geradeaus auf die Nebenstrecke, die schließlich an einer T-Mündung endet, an der Sie sich (unbeschildert) rechts halten. Nach 1200 m erreichen Sie *Cunnersdorf*. (*In Gegenrichtung* erste asphaltierte Abzweigung links nach dem Ortsendeschild wählen.)
Hier kreuzen Sie (ebenfalls unbeschildert) geradeaus die Landstraße Großenhain-Radeburg und radeln geradewegs nach *Ebersbach* (Gaststätte: "Obermittelebersbach"), wo Sie der abknickenden Vorfahrt Rchtg. Naunhof folgen.

Erst am südlichen Ortsrand zweigen Sie von der links abknickenden Vorfahrt rechts ab Rchtg. Bärwalde und Moritzburg. Die Landstraße Meißen-Radeburg wird geradeaus überquert, das zu Radeburg gehörige Bärwalde durchfahren, wo die links abknickende Vorfahrt geradeaus Rchtg. Moritzburg verlassen wird.

Moritzburg ist der Standort eines berühmten Barockschlosses, das der sächsische Kurfürst August der Starke 1723-36 unter Einbeziehung älterer Gebäude am Rande eines kleinen Sees errichten ließ. Entsprechend dem Baustil ist in diesem früheren Jagdschloß heute ein Barockmuseum untergebracht, das vor allem an heiteren Sommerwochenenden wahre Besuchermassen anlockt.
Information: Barockschloß, 8105 Moritzburg, Tel. (+5197) 356.
Unterkunft: HO-Gaststätte "Waldschänke" ***, Tel. (+5197) 489, 29 Betten in 12 Zi.
Camping: "Am Niederen Waldteich", R/8, 8101 Volkersdorf, 350 Standpl., nördl.; Intercamping "Am Bad Sonnenland", R/7, 8101 Reichenberg, 350 Standpl., südl., Mitte April-Okt.; "Am Mittelteichbad", R/6, Moritzburg, 280 Standpl.

Fahren Sie am See entlang, dann links auf eine kreuzende Straße einbiegend zur Schloßauffahrt und biegen Sie genau gegenüber jener rechts ab auf die geradlinige Landstraße durch *Reichenberg*, die anschließend die Autobahn unterquert und gleich darauf das Stadtgebiet von **Dresden** (s. Etappe 18) erreicht, wo Sie intensiv das ausgedehnte Holperpflaster der sächsischen Metropole genießen können.
(*In Gegenrichtung:* Moritzburg ist schon frühzeitig als Ausflugsziel beschildert).

Etappe 20:
Senftenberg - Hohenbocka - Grünewald - Bernsdorf - Kamenz - Radeberg - Dresden (73 km)

Diese Nord-Süd-Strecke in die sächsische Metropole beginnt in Senftenberg auf der F 96 Rchtg. Hoyerswerda (Radweg, teils allerdings nur Schotter), die die Nordseite des Senftenberger Sees begleitet. Die erste mögliche Abzweigung bringt Sie rechts hinein nach *Großkoschen*, das Sie schnurgerade durchfahren.
(*In Gegenrichtung:* Im Ortszentrum die rechts abknickende Vorfahrt ignorieren, sobald die Kirche in Sicht kommt, und geradeaus an der Kirche vorbei aus dem Ort zur Fernstraße radeln; Erkennungszeichen: die Ausfallstraße ist für Autos über 3 Tonnen Gesamtgewicht gesperrt.)

Am südlichen Ortsende passieren Sie das linkerhand liegende Natursteinwerk "Koschenberg" und biegen gleich darauf halbrechts auf einen Fahrweg ab. Es gibt zwar kein Hinweisschild, aber gleich darauf die Ortsende-Tafel, auf der Hosena als Nahziel vermerkt ist. Dieser Fahrweg, der auch Zufahrt zum Campingplatz (s. Spremberg, Etappe 17) ist, bietet wegen etlicher Löcher zwar Gelegenheit zum Slalom, stellt ansonsten aber keinen problematischen Untergrund für die Fahrradreifen dar. Er nähert sich schließlich einem auf der Karte nicht verzeichneten Bahndamm, überquert diesen und folgt ihm auf der anderen Seite geradewegs weiter nach *Hosena*. Hier überqueren Sie beim Bahnhof Hohenbocka (beschrankt) die Gleise und biegen direkt darauf auf einen Fuß- und Radweg ein, der neben der Bahntrasse herläuft, nach ca. 200 m jedoch in eine Asphaltstraße mündet, die gleich darauf links abknickt und wieder aus Hosena hinausführt.
(*In Gegenrichtung:* In Hosena geradeaus bis zu den Bahngleisen, rechts daran entlang; wenn die Straße rechts von der Bahn wegschwenkt, links auf den Radweg an den Gleisen entlang, beim Bahnhof links über die Gleise, an der nächsten Kreuzung geradeaus von der rechts abknickenden Vorfahrt unbeschildert ab, an der nächsten Gabelung links halten.)

In *Hohenbocka* folgt die Route der links abknickenden Vorfahrt nach *Grünewald*, wo Sie links Rchtg. Bernsdorf einbiegen und nun dem Verlauf der Etappe 18 bis **Dresden** (s. dort) folgen.

Etappe 21:
Cottbus - Kiekebusch - Neuhausen - Koppatz - Muckrow - Graustein - Gablenz - Bad Muskau (57 km)

Diese Fortsetzung zu Etappe 16 bringt Sie bis zur Oder-Neiße-Linie und damit zum äußersten Osten der DDR. Auf der F 97 Rchtg. Hoyerswerda radeln Sie aus Cottbus südwärts, und wenige hundert Meter vor dem Ortsendeschild und der Autobahn biegen Sie links von der Fernstraße ab nach *Liekebusch*. Nur ca. 1½ km weiter knickt in eben dieser Siedlung rechts die Nebenstraße ab, die durch Frauendorf nach Koppatz führt. Hier trifft sie auf eine kreuzende Vorfahrtstraße, der Sie rechts Rchtg. F 97 bzw. Neuhausen folgen. In *Neuhausen* (Gaststätte: "Am Bahnhof") ist zweimal eine Bahnstrecke (beschrankt) zu kreuzen, und in *Laubsdorf* biegen Sie dann rechts ab Rchtg. Bagenz. Nach 1½ km wählen Sie an einer dreisternförmigen Gabelung die halbrechts nach *Bagenz* führende Straße.
Jugendherberge: JH "Hermann Matern", Jugendherbergsweg 5, 7591 Bagenz, Tel. (+5747) 218, 72 Betten & 30 Zeltstandpl.
Camping: Am Ostufer der Talsperre, 400 Standpl.

Mit mehrfach abknickenden Vorfahrten radeln Sie weiter Rchtg. Spremberg unter der Bahnlinie hindurch nach *Muckrow*, einer winzigen Ansiedlung, in der Sie die einzige vorhandene Abzweigung links nutzen, um so auf einer 3 km langen Buckelpflaster- und Sandwegpiste nach *Groß Luja* zu gelangen - es gibt leider keinerlei sinnvolle Alternativen! Dort treffen Sie wieder auf Wohnbebauung und Asphalt und fahren geradeaus weiter und nun dem Straßenverlauf folgend bis zur T-Mündung auf die Landstraße Spremberg-Bohsdorf. Rechts einbiegend verlassen Sie die Straße sofort wieder links Rchtg. Türkendorf.
(*In Gegenrichtung:* Gleich nach dem Ortseingangsschild von Groß Luja rechts auf die Landstraße, links sofort wieder ab und immer geradeaus, an der zweiten Abzweigung wieder links und nach ca. 1 km geradeaus von der links abknickenden Asphaltpiste abbiegen auf den Sandweg nach Mukkrow.)

Hinter Türkendorf folgt *Bloischdorf*, wo die Vorfahrt zweimal rechts abknickt nach Graustein, wo Sie den abknickenden Vorfahrten entsprechend bis zur F 156 radeln und die Hauptstraße geradeaus kreuzen Rchtg. Weißwasser. Durch *Schleife* (Gaststätte: "Zentral") geht's nun nach *Halbendorf*.
Camping: KZV Grubenseen Weißwasser, Z/47, 7581 Halbendorf, 120 Standpl.
In Halbendorf passieren Sie eine links abzweigende Straße Rchtg. Groß Düben und wählen die nächste Abbiegung links (unbeschildert), von der nach wenigen Metern, noch in Sichtweite der Landstraße, rechts (beschildert) die

Strecke nach *Kromlau* beginnt. Dieser Ort gibt mit seinem Landschaftspark einen Vorgeschmack auf das Etappenziel. In *Gablenz* mündet die Route in eine kreuzende Vorfahrtstraße, der Sie links wenige Meter folgen und dann rechts mit der Vorfahrt Rchtg. Bad Muskau abbiegen. Eine kreuzende (bevorrechtigte) Landstraße wird hinter dem Ort überquert; wenn Sie Bad Muskau erreichen, ignorieren Sie die links abzweigende Vorfahrt und radeln geradeaus auf der Gablenzer Straße hinunter zur F 115 ins Zentrum.
(*In Gegenrichtung:* Zwischen den beiden unmittelbar benachbarten Kirchen des Ortes und dem Gebäude des Rats der Stadt befinden sich die Zugänge zum Muskauer Park [s.u.]; gleich dabei beginnt beim Rats-Gebäude links die Gablenzer Straße.)

Bad Muskau (sorb. *Muzakow*), 5000 Einw., Bez. Cottbus, ist ein kleines Städtchen an der Neiße, dessen ganzer Stolz der Landschaftspark ist, der hier im 19. Jh. nach Plänen von Fürst Pückler-Muskau und seines Schülers Petzold angelegt wurde. Insgesamt 545 ha beträgt die Fläche der weiträumigen Anlage, die allerdings zum Teil auf heutigem polnischen Gebiet liegt. Gegen Ende des Zweiten Weltkriegs errichteten SS-Truppen eine Kampflinie quer durch das Gelände, was sowohl der Stadt als auch dem Park fast völlige Zerstörung eintrug. Während der Landschaftscharakter des Parks dessen Restaurierung begünstigte, präsentiert sich das bis auf die Außenmauern zerstörte *Neue Schloß* (16. Jh., im 19. Jh. stark umgebaut) immer noch als Ruine. Das kleinere *Alte Schloß* (Renaissance) war zwar ebenfalls zerstört, ist aber wieder aufgebaut worden und dient heute mehreren städtischen Einrichtungen als Domizil.
Das älteste und Kern-Stück der Anlage ist der Schloßpark nahe der Neiße, in dem sich auch die oben genannten Bauten befinden, außerdem das heute als Moorbad genutzte "Kavalierhaus" (1772) und die Orangerie (1840, nach Plänen von Gottfried Semper), zu der der Jugendherbergsausweis Eintrittskarte ist, weil Teile des Gebäudes nunmehr als Jugendherberge dienen. Der obere Teil der Anlage wird *Bergpark* genannt, was sich nicht nur auf die tatsächlich vorhandene Steigung bezieht, sondern auch auf den Ortsteil Berg, zu dem sich der Park hinzieht. Der Bergpark besteht größtenteils aus Wald und enthält zudem die Ruine der gotischen Bergkirche, eines Feldsteinbaus des 13. Jh.
Information: "Reisewelt", Straße des Friedens 10, 7580 Weißwasser.
Unterkunft: Hotel "Stadt Berlin" **, Platz des Friedens 7, 7582 Bad Muskau, Tel. (+58391) 485, 35 Betten in 17 Zi.; Hotel "Kristall" ***, Karl-Liebknecht-Str. 34, Weißwasser, Tel. (+583) 43003, 119 Betten in 57 Zi.
Jugendherberge: JH "Erich Kanitz", Am Bauhof 4, Tel. (+58391) 528, 34 Betten.
Camping: Am Badesee, Weißwasser, 50 Standpl.; Am Waldsee, Weißwasser, 100 Standpl.; beide südwestl. zwischen Bad Muskau und Weißwasser.

Kartenskizze Etappe 21

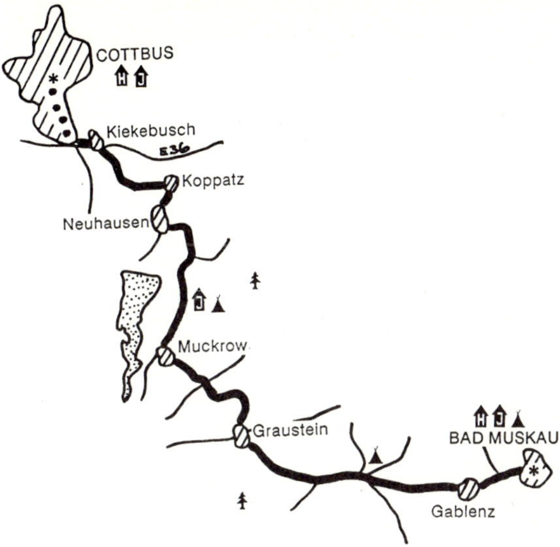

Etappe 22:
Bad Muskau - Rothenburg - Görlitz - Reichenbach - Weißenberg - Bautzen (102 km)

Die erste Hälfte der südöstlichsten Route in diesem Reiseführer folgt der Grenze zu Polen, d.h. dem Verlauf der Neiße. Das bedeutet jedoch nicht, daß Sie den Fluß dauernd zu Gesicht bekämen - im Gegenteil, erst in Görlitz berührt die Straße unmittelbar den Fluß.
Auf innerörtlichem Holperpflaster radeln Sie in Bad Muskau mit der Beschilderung der F 115 Rchtg. Görlitz aus der Stadt. Gleich hinter dem Ortsanfangsschild des benachbarten *Krauschwitz* beginnt links die Nebenstrekke Rchtg. Görlitz, die oberhalb der Neißeniederungen verläuft und dabei größtenteils zu beiden Seiten von Wald gesäumt wird. Jedoch ist der gesamte Bereich westlich der Straße militärisches Sperrgebiet und mit Trainingslagern der NVA und der Roten Armee eifrig durchsetzt. Etliche kleine Orte liegen teils an der gut asphaltierten Straße, teils zwischen ihr und der Neiße; in *Lodenau* geht der Belag in etwas schadhaften Beton über, auf dem *Rothenburg* erreicht wird. Hier gibt es über die beschildete Landstra-

ße via *Niesky* (Hotel) ggf. eine abkürzende Querverbindung nach Bautzen für diejenigen, die Görlitz nicht besuchen möchten.
Die Route folgt weiter der Neiße auf der Landstraße Rchtg. Görlitz, und ab Zodel beginnt eine durchgehende Bebauung nach Görlitz, wo die Straße erstmals direkt oberhalb der Neiße verläuft.

Görlitz (sorb. *Zhorjelc*), 79000 Einw., Kreisstadt im Bez. Dresden, liegt an der Neiße und teilt aufgrund dessen das Schicksal von Frankfurt/Oder und Guben: die auf dem Plateau oberhalb des steilen Ostufers befindlichen Stadtteile gehören heute zu Polen und zeigen ihre Eigenständigkeit deutlich durch hoch aufragende Neubaugebiete, die stark mit der Altstadt von Görlitz kontrastieren. Zwei Grenzübergänge nach Polen sorgen für ein gewisses Verkehrsaufkommen.
Görlitz ist heute die östlichste Stadt auf deutschem Boden und aufgrund dieser Randlage immer stärker ins wirtschaftliche Abseits geraten. Zwar sind die bedeutendsten Teile der schönen Altstadt restauriert, aber nur wenige Schritte in die Nebenstraßen reichen aus, um den Besucher zu leerstehenden Häusern zu führen, bei denen Schilder nachdrücklich vor dem Betreten warnen. In den letzten 20 Jahren nahm die Bevölkerungszahl um rund 10000 ab.
Dabei durfte sich Görlitz einmal als Nabel der mitteleuropäischen Welt fühlen, denn genau hier verläuft der 15. östliche Längengrad, der als Bezugswert für die Mitteleuropäische Zeit dient. Die Hoch-Zeit lag im Mittelalter, als Görlitz zum Lausitzer Sechsstädtebund gehörte und aufgrund seiner Lage an wichtigen Handelswegen und dem Neiße-Übergang ein florierendes Gemeinwesen war.
Die interessantesten Teile der Altstadt befinden sich im Bereich von Untermarkt und Leninplatz (dem früheren Obermarkt). Der Untermarkt war das Zentrum des mittelalterlichen Görlitz, wovon etliche stolze Bürgerhäuser ebenso zeugen wie das Rathaus mit seiner prachtvollen Treppe von 1537. Aber auch der Obermarkt mit seinen Renaissance- und Barockbauten kann sich sehen lassen, vor allem mit dem sogen. Schönhof, dem ältesten deutschen Renaissance-Bürgerhaus (1526).
Das heutige Stadtzentrum um den Platz der Befreiung stammt im wesentlichen aus dem späten 19. Jh., verfügt aber mit dem "Centrum"-Warenhaus (1913) über das einzig original erhaltene Großkaufhaus des frühen 20. Jh. in der DDR.
Information: Leninplatz 29, 8900 Görlitz, Tel. (+55) 5391 & 5392.
Unterkunft (Auswahl): HO-Hotel "Görlitzer Hof" **, Berliner Str. 43, Tel. (+55) 4690, 49 Betten in 22 Zi.; HO-Hotel "Haus des Handwerks" **, Bahnhofstr. 26-27, Tel. (+55) 4150, 135 Betten in 60 Zi.; Hotel "Zum Schwan", Karl-Liebknecht-Str. 17, Tel. (+55) 4468, 15 Betten in 6 Zi.
Jugendherberge: JH "Friedensgrenze", Goethestr. 17, Tel. (+55) 5510, 90 Betten.

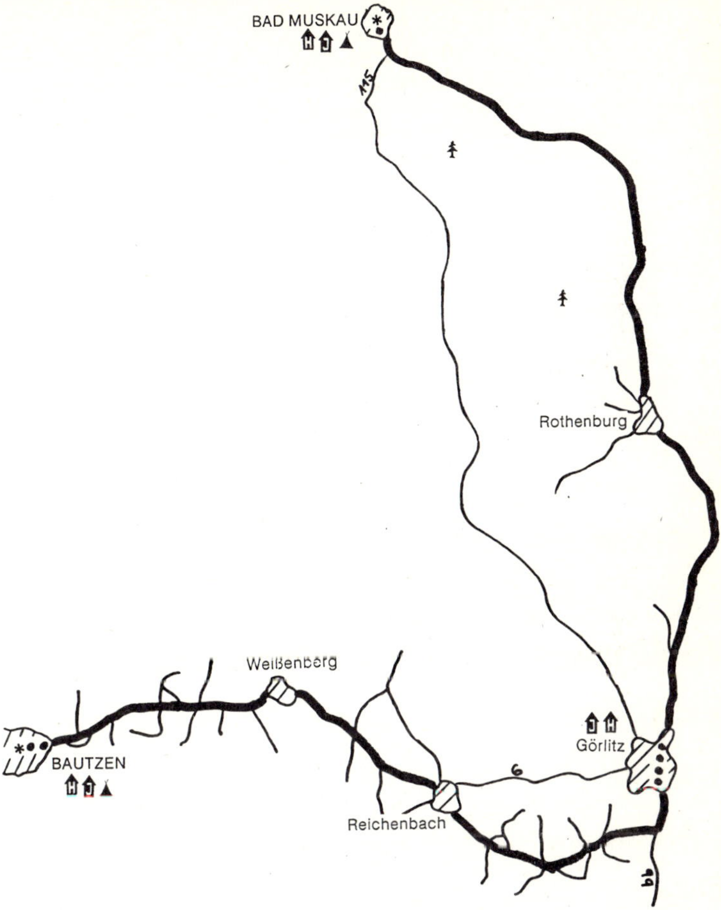

Je nach Startort in Görlitz gibt es nun zwei Varianten für die Fortsetzung der Etappe:

- entweder (vor allem vom Zentrum der Altstadt aus anzuraten, *in Gegenrichtung* auf jeden Fall) über die zum Berg "Landskrone" mit seinem Aussichtsturm (beschildert) führende "Biesnitzer Straße" und dann immer geradeaus Rchtg. Reichenbach;

- oder (vor allem vom Süden der Stadt bzw. vom Neiße-Ufer aus) mit der F 99 Rchtg. Zittau zum Nachbarort Weinhübel, dort nach Passieren einer Tankstelle an der nächsten Abzweigung rechts (deutliche Abbiegerspur) in die "Straße der Verkehrsschaffenden" nach Kunnerwitz, wo Sie links in die Landstraße Rchtg. Reichenbach einbiegen.

Nun geht es durch die sanftwelligen Ausläufer des *Lausitzer Berglandes*, die jedoch auch ein paar steile Steigungen und Gefälle bescheren, z.B. hinab nach Friedersdorf. Ohne Abzweigungen erreichen Sie so *Reichenbach* bei dessen Industriegebiet, überqueren die Bahnlinie und müssen nun wegen einer Einbahnstraßenregelung kurz rechts Rchtg. Görlitz, dann links Rchtg. Reichenbach zur F 6, erneut links wenige Meter auf der Fernstraße und dann rechts auf die Landstraße Rchtg. Weißenberg radeln.

(*In Gegenrichtung* einfacher: nur die F 6 gerade überqueren, über die Bahn und weiter Rchtg. Friedersdorf.)

Weißenberg dokumentiert mit seiner Lage auf einer Anhöhe die Berechtigung seines Namens; auf dem Marktplatz zieht das efeubewachsene Rathaus die Blicke auf sich. In *Kotitz* halten Sie sich halb rechts Rchtg. Bautzen und erreichen am Stadtrand des Etappenziels die F 6, der Sie rechts ins Zentrum folgen.

Blick auf Bautzen

Bautzen (sorb. *Budysdin*), 52000 Einw., Kreisstadt im Bez. Dresden, liegt auf einem Felsplateau oberhalb der Spree, die sich hier an ihrem Oberlauf durch ein steil eingeschnittenes Tal windet. Seit rund 1000 Jahren ist Bautzen das Zentrum der Oberlausitz, das sich aus einer Grenzfestung der Meißener Markgrafen entwickelt hat und rasch zur bedeutendsten Stadt der Lausitz wurde. Staatlich gehörte es 1067- 1635 fast ständig zu Böhmen, bis es mit dem Rest der Lausitz dem Kurfürstentum Sachsen einverleibt wurde. Abgesehen von Zerstörungen im Dreißigjährigen Krieg konnte sich die Stadt somit einerseits recht kontinierlich entwickeln und andererseits ein homogones mittelalterliches Stadtbild erhalten.
Wahrzeichen Bautzens ist die "Alte Wasserkunst" (1588), die sowohl als Festung als auch als Wasserschöpfwerk diente und heute ein technisches Museum beherbergt; ihr Pendant ist die Neue Wasserkunst (1610) einige hundert Meter südlich. Beide Bauten gehören zur auch sonst noch weitgehend erhaltenen Befestigung der mittelalterlichen Stadt, die sich fast kreisrund um den Hauptmarkt gruppiert. Der Kern der Altstadt wurde ab dem 12. Jh. planmäßig angelegt; hier steht u.a. der Dom St. Peter (13.-15. Jh.; 85 m hoher Turm), der in mehr als einer Hinsicht bemerkenswert ist: er wird seit 1524 von Katholiken und Protestanten gemeinsam genutzt! Die ältesten Teile der Stadt zeigen hingegen in ihrer unregelmäßigen Anordnung die allmähliche Entstehung im Schutz der Ortenburg. Diese über 1000jährige Festung ist zum einen im 30jährigen Krieg stark zerstört, zum anderen mehrfach umgebaut worden, so daß sie sich aus recht unterschiedlichen Teilen zusammensetzt. Ein interessanter Zeuge der Geschichte ist der Schloßturm am Nordostzugang (1486); er verfügt über ein Bildnis des ungarischen Königs Matthias Corvinus, der im 15. Jh. zwanzig Jahre lang seine Herrschaft bis in die Lausitz ausgedehnt hatte. Das Hauptgebäude der Ortenburg, das Schloß, stammt in der heutigen Form im wesentlichen aus dem 17. Jh.
Seit Anfang des 20. Jh. ist Bautzen Sitz der *Domowina*, der national-kulturellen Organisation der Sorben, die in einem Gebäude der Ortenburg ein Museum unterhält.

Information: Fleischmarkt 2/4, 8600 Bautzen, Tel. (+54) 42016.

Unterkunft: Hotel "Lubin" **, Wendischer Graben, Tel. (+54) 511114, 260 Betten in 30 Zi.; HO-Hotel "Weißes Roß" *, Äußere Lauenstr. 11, Tel. (+54) 42263, 54 Betten in 25 Zi.

Jugendherberge: JH "Am Zwinger", Am Zwinger 1, Tel. (+54) 42678, 50 Betten, in der Gerberbastei von 1503.

Camping: An der Talsperre, R/41, 330 Standpl., Zufahrt am östl. Stadtrand von der F 6 nordwärts beschildert.

Etappe 23:
Bautzen - Uyhst - Großröhrsdorf - Radeberg - Dresden (58 km)

Um hinsichtlich des Straßenzustandes einen günstigen Verlauf zu ermöglichen, schlägt diese Strecke einige Haken auf dem Weg nach Westen. Sie beginnt in Bautzen auf der F 6 Rchtg. Dresden, die erst deutlich hinter dem Stadtende und noch hinter dem angrenzenden Ort Stiebitz rechts auf die Landstraße Rchtg. Prischwitz und Kamenz verlassen wird. Auf dieser radeln Sie immer geradeaus, unter der Autobahn E 40 (Bautzen-Dresden) hindurch nach Prischwitz und weiter Rchtg. Kamenz bis nach *Siebitz*.
Jugendherberge: JH "Paul Neck", Cisinskistr. 1, 8291 Panschwitz-Kuckau, Tel. (+52596) 357, 60 Betten.

In dieser kleinen Ansiedlung treffen Sie auf die Kreuzung mit der Landstraße Crostwitz-Uyhst, der Sie links - wieder unter der Autobahn hindurch - nach *Uyhst am Taucher* folgen. Fahren Sie geradewegs durch den Ort, bis rechts die Straße durch das langgezogene Dorf Burkau abzweigt. Unmittelbar bei der Autobahnauffahrt Burkau stößt die Strecke auf die kreuzende Landstraße Kamenz-Bischofswerda und schwenkt links auf diese ein. Gleich darauf geht es in Rammenau jedoch schon wieder rechts ab Rchtg. Pulsnitz bis Hauswalde, wo Sie links auf die Landstraße einbiegen, die durch die langgezogene Bebauung von Bretnig und *Großröhrsdorf* westwärts verläuft.
Unterkunft: Hotel "Rödertal", Friedrich-Engels-Platz 1, 8512 Großröhrsdorf, Tel. (+52392) 8230; Hotel "Stadt Dresden", Thälmannplatz 6, 8514 Pulsnitz, Tel. (+5235) 2769, 10 Betten in 4 Zi.; Hotel "Wettiner Hof", Hauptstr. 11, Tel. (+5235) 2802, 12 Betten in 6 Zi.
Jugendherberge: JH "Martin Andersen Nexö", Schleißbergstr. 39, 8506 Ohorn, Tel. (+5235) 2762, 51 Betten; JH "Zur Windmühle", Ohorner Str. 26, 8295 Steina, Tel. (+5235) 2373, 54 Betten (zzgl. 16 in der Saison) & 30 Zeltstandpl.

Ohne Abzweigung setzt sich die Etappe geradeaus nach *Radeberg* (s. Etappe 18) fort, wo Sie sich bereits den Wegweisern Rchtg. Dresden anvertrauen können, denn diese leiten zuverlässig über die bewaldeten Hügel hinweg nach **Dresden** (s. Etappe 18).

Kartenskizze Etappe 23 & 24

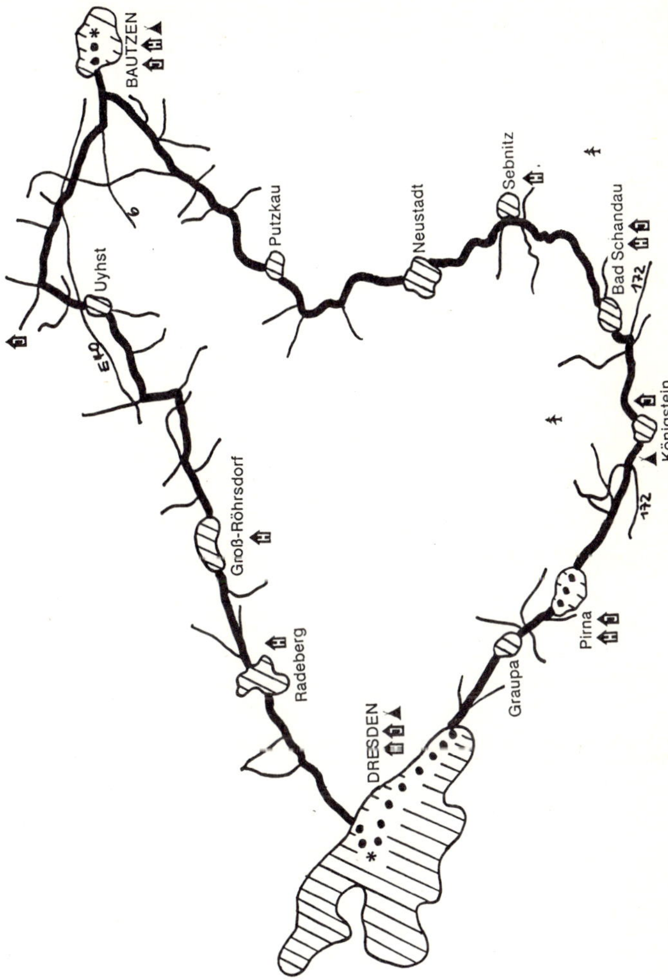

Etappe 24:

Bautzen - Putzkau - Neustadt - Bad Schandau - Königstein - Struppen - Pirna - Copitz - Graupa - Dresden (88 km)

Quer über das Lausitzer Bergland zum Elbsandsteingebirge verläuft diese Etappe, die allerlei an Kondition von den Radlern verlangt. Es geht fast ständig hinauf und hinab, und bis zu 12 %ige Steigungen sind keine Seltenheit. Sie beginnt in Bautzen auf der F 6 Rchtg. Dresden, biegt aber ca. 1½ km nach Überquerung der Spreeschlucht auf der Friedensbrücke links ab Rchtg. Neukirch und Weißnaußlitz. Sofort macht sich das Lausitzer Bergland durch Steigungen bemerkbar; nach ca. 5 km halten Sie sich an einer Gabelung der Landstraße geradeaus Rchtg. Putzkau und radeln durch *Gaußig* südwestwärts. In Putzkau trifft die Landstraße auf die F 98, auf der Sie rechts eine Weile Rchtg. Bischofswerda radeln, dann aber, wenn die Fernstraße eine Rechtsbiegung vollführt, links abbiegen Rchtg. Neustadt. Eine langgezogene Steigung schließt sich an; ab Ober-Ottendorf begleitet eine durchgehende Bebauung die Strecke nach *Neustadt*. Hier folgen Sie an einer Kreuzung der Beschilderung links Rchtg. Zittau und Sebnitz, kommen mit der links abknickenden Vorfahrt ins benachbarte Langburkersdorf und richten sich nun nach den Wegweiser Rchtg. Bad Schandau und Sebnitz (geradeaus, dann rechts abbiegen).

Die Steigungen lassen die Zerklüftungen des Elbsandsteingebirges, das hiermit erreicht wird, erahnen; von der Höhe geht's dann wieder hinab nach *Sebnitz*, wo eine riesige Brückenruine das Tal überspannt.

Information: "Reisewelt", August-Bebel-Platz 9, 8360 Sebnitz.

Unterkunft: HO-Hotel "Stadt Dresden" **, August-Bebel-Platz 7, Tel. (+5280) 3782, 46 Betten in 23 Zi.

Einen weiteren schweißtreibenden Höhenzug hat die Natur auf dem Weg durch *Lichtenhain* nach *Bad Schandau*, einem Kurort im tiefeingeschnittenen Tal der Elbe, als Barriere errichtet.

Information: Kurverwaltung, Ernst-Thälmann-Str. 3, 8320 Bad Schandau, Tel. (+5692) 2355.

Unterkunft: "Elbhotel Bad Schandau" ***, An der Elbe 2, Tel. (+5692) 2506, 90 Betten in 42 Zi.

Jugendherberge: JTH "Rudi Hempel", Rudi-Hempel-Str. 14, Tel. (+5692) 2408, 114 Betten (zzgl. 10 in der Saison).

Camping: Im Kirnitzschtal, R/29, 130 Standpl.; Am Elbufer, 130 Standpl.

Im Elbtal angekommen mündet die Landstraße auf die F 172, und die Route folgt dieser rechts zur Elbbrücke (*in Gegenrichtung* nach Überquerung der Elbe wenige hundert Meter später halblinks, wenn die Vorfahrtstraße rechts schwenkt). Bis **Königstein** gibt es nun keine Alternative zur Hauptstraße. Dieser Ort ist wegen der spektakulär oberhalb gelegenen Festung und des felsenreichen Ambientes des Elbtals auch außerhalb der DDR ein

touristischer Begriff.
Information: Kurverwaltung, Hauptstr. 108, 8305 Königstein, Tel. (+5691) 496.
Jugendherberge: JH "Julius Fuck", Halbestadt 13,. Tel. (+5692) 2432, 143 Betten.
Camping: Am Elbufer, 130 Standpl.

Nach Passieren des Bahnhofs von Königstein erklimmt die Fernstraße die nächste Anhöhe; nach ca. 2 km zweigt rechts schließlich die Landstraße durch *Struppen* (Gaststätte: "Mittelgasthof") ab zu den satellitenstadtähnlichen Ausläufern von *Pirna* ab.
Information: "Reisewelt", Friedrich-Engels-Str. 7-8, 8300 Pirna, Tel. (+56) 61103.
Unterkunft: Hotel "Schwarzer Adler" ***, Platz der Solidarität, Tel. (+56) 3488, 80 Betten in 40 Zi.; Hotel "Deutsches Haus" *, Niedere Burgstr. 1, Tel. (+56) 2854, 46 Betten in 20 Zi.
Jugendherberge: JH "Weltfrieden", Birkwitzer Str. 51, Pirna-Copitz, Tel. (+56) 2388, 160 Betten.

An der T-Mündung in F 172 geht's nun rechts Rchtg. Dresden; die Fernstraße vollführt einige enge Kurven und abknickende Vorfahrten. Die rechts abzweigende Landstraße Rchtg. Neustadt bringt Sie aufs andere Elbufer und gabelt sich nach etwa einem Kilometer, hier links halten Rchtg. Radeberg und Pillnitz. Am Ortsende ist der Nachbarort *Graupa* dann angekündigt, und nun können Sie sich dem Straßenverlauf unkritisch anvertrauen. Hinter Graupa kommt bald das Ortsanfangsschild von Dresden, und die größtenteils gepflasterte Straße führt durch eine endlose Abfolge von Vororten wie *Pillnitz*, wo ggf. das entsprechende Schloß zu besichtigen ist, Rchtg. Zentrum. (*In Gegenrichtung* wegen Straßenbahnschienen und schadhaften Belags ungunstiger zu befahren.)
Mit dem Straßenverlauf wird auf einer Brücke die Elbe zum Stadtteil Blasewitz überquert, und gleich dahinter halten Sie sich rechts, um auf der Uferstraße "Käthe-Kollwitz-Ufer" geradewegs zum Zentrum von **Dresden** (s. Etappe 18) zu gelangen.

Etappe 25:
Luckenwalde - Kemnitz - Malterhausen - Danna - Zahna - Wittenberg - Dabrun - Globig - Bad Schmiedeberg (94 km)

Luckenwalde verlassen Sie auf der von der F 101 nordwärts abzweigenden Straße Rchtg. Beelitz, die sich bald darauf gabelt (im Gegensatz zur Darstellung auf der Karte noch *vor* der Eisenbahnunterführung). Halten Sie sich links Rchtg. "Beelitz über Frankenfelde" bzw. Treuenbrietzen. An der T-Mündung in Frankenfelde knickt die Vorfahrtstraße Rchtg. Beelitz links ab, passiert die LPG für Schweinezucht "Frankenförde" und durchläuft Zülichendorf. (Es existiert keine Querverbindung via Felgentreu, da dieses Gebiet von einer Gartenbau-LPG belegt wird.) Unmittelbar vor *Kemnitz* biegen Sie links ab mit der Beschilderung Rchtg. Treuenbrietzen und gelangen so auf einer Verbindungsstrecke zur Landstraße Kemnitz-Treuenbrietzen, die sich bis zur F 102 durchgängig als (qualitativ recht gutes) Kleinsteinpflaster präsentiert.

Camping: Am Glienicksee, D/77, 1711 Dobbrikow, 350 Standpl.

Da entgegen der auf der Karte offensichtlichen Möglichkeit in Bardenitz die Nebenstrecke Rchtg. Treuenbrietzen nicht beschildert ist, können Sie sich weiterhin der geradeaus verlaufenden Landstraße anvertrauen. In dem kleinen *Klausdorf* steht links der Straße ein winziges Kirchlein mit hübschem Fachwerkturm, und bald darauf endet die Landstraße an der F 102, auf der Sie links wenige hundert Meter radeln, dann aber gleich wieder rechts abbiegen auf die Nebenstraße nach *Malterhausen*.

Hier wählen Sie die rechts abzweigende Nebenstraße (wechselnder Belag) durch Lindow, Eckmannsdorf und Danna nach Kurzlipsdorf, wo Sie rechts auf die Landstraße Rchtg. Mahrzahna einschwenken, am Ortsrand aber schon wieder links nach Klebitz und Rchtg. Zahna abzweigen. In Klebitz müssen Sie sich links halten, um nach Zahna zu gelangen (geradeaus geht es nach Rahnsdorf). Am dortigen Stadtrand folgen Sie an einer etwas kompliziert angelegten Kreuzung rechts der Beschilderung Rchtg. Wittenberg (*in Gegenrichtung* hier Rchtg. Kurzlipsdorf beschildert).

Zahna hat am zentralen *Karl-Marx-Platz* (Einbahnstraßenregelung; *in Gegenrichtung* ist Seyda beschildert) ein dekoratives Backstein-Rathaus (mit Ratskeller-Restaurant) und "erfreut" die Radfahrer mit Pflasterstraßen, bei denen ausgerechnet der mittlere Bereich gut, die Ränder hingegen holprig sind.

Zahna verlassen Sie auf der links von der Ortsdurchfahrt abzweigenden Landstraße durch Bülzig nach Wittenberg. Am dortigen Stadtrand endet die Nebenstrecke an der F 187, der Sie rechts ins Zentrum folgen; dabei ist eine recht stark befahrene Bahnlinie mit beschranktem Bahnübergang zu queren, um gleich dahinter links mit der Hauptstraße Rchtg. Bad Düben zu schwenken. Unmittelbar hinter der Bahnunterführung folgen Sie der links abknickenden Vorfahrt Rchtg. Bad Düben, falls Sie nicht ins Zentrum der Stadt wollen; ansonsten dient nach der Stadtbesichtigung die Wegweisung zur F 2 als Richtschnur.

Wittenberg, 54000 Einw., Bez. Halle, ist nach Eisleben die zweite der mit dem Zusatz *Lutherstadt* touristisch gekennzeichneten Städte der DDR. Das ist nicht nur Programm, sondern Realität, denn in die Zeit Luthers fällt der Höhepunkt des geistig-kulturellen und politischen Lebens Wittenbergs. Damals war die Stadt Residenz der sächsischen Kurfürsten, die hier 1502 die erste "landesfürstliche Universität" in Deutschland gründete - mit dieser Formulierung windet sich die DDR-Tourismuswerbung

um die Tatsache, daß die erste deutsche Universität die kaiserliche Gründung in Prag war... Jedenfalls sorgte Luther dafür, daß dank der von Wittenberg ausgehenden Reformation die Bildungsinstution Friedrichs des Weisen in Deutschland bekannt wurde.
Der Kurfürst hatte auch das obligate Schloß samt Kirche und eine Elbbrücke bauen lassen, die heute dem Fremdenverkehr zugute kommen; u.a. sind in der Schloßkirche Luther und Melanchthon beigesetzt. Luthers Vermächtnis an den Tourismus ist hingegen sein Wohnhaus (erbaut 1504, umgebaut im 19. Jh.), das zu einem bedeutenden reformationsgeschichtlichen Museum ausgebaut wurde. Genauso alt, aber original erhalten ist das Wohnhaus von Luthers Kollegen Melanchthon (16. Jh.).
Das moderne Wittenberg präsentiert sich hingegen als Industriestandort (Chemie u.a.) und leistet mit der dementsprechenden Umweltbelastung seinen Beitrag zur Zerstörung der historischen Überreste.
Information: Collegienstr. 8, 4600 Wittenberg, Tel. (+451) 2537.
Unterkunft: HO-Hotel "Wittenberger Hof" **, Collegienstr. 56, Tel. (+451) 3594, 39 Betten in 20 Zi.; HO-Hotel "Goldener Adler", Markt 7, Tel. (+451) 2053, 80 Betten in 40 Zi.
Jugendherberge: JH "Otto Plättner", Schloß, Tel. (+451) 3255, 104 Betten.

Sie verlassen Wittenberg auf der F 2 Rchtg. Bad Düben, die die Elbe über- und die Bahnlinie unterquert und gleich darauf Pratau erreicht. Hier zweigt links eine Nebenstraße ab, die unterhalb eines Deiches auf Kleinsteinpflaster ostwärts verläuft und in der Doppelsiedlung *Dabrun-Belzwig* (Gaststätte in Dabrun) Beton- und Asphaltcharakter annimmt. Eine pappelgesäumte Allee stößt kurz vor Globig-Beddin auf die Landstraße aus Rchtg. Wartenburg. Fahren Sie rechts durch den Ort und weiter Rchtg. Kemberg und Schnellin, überqueren eine Bahnlinie und die F 182 und gelangen durch Schnellin zuerst zu einer Kreuzung, direkt dahinter zu einer Gabelung. An beiden Stellen können Sie links hinein nach *Merkwitz* radeln - jeweiles unbeschildert, aber zumindest von der zweiten Abzweigung aus ist das Ortsanfangsschild von Merkwitz schon sichtbar.
Nun kann Ihnen ein ca. 3 km langes Sandstraßenstück nicht erspart werden, da die alternative Umwegregelung über Österitz entgegen der Karte schließlich ebenfalls im Sand endet. Biegen Sie deshalb am südlichen Ortsrand von Merkwitz rechts auf die Verbindung nach Meuro ab; die Abzweigung ist etwas unauffällig, ggf. vor Ort fragen. In *Meuro* dann links halten und hinunter zur Landstraße Kemberg-Bad Schmiedeberg radeln.
(*In Gegenrichtung* auf der Landstraße Rchtg. Kemberg hinein nach Meuro und kurz vor der Kirche rechts auf die als Wanderweg ausgeschilderte Strecke nach Merkwitz abbiegen.)

Kartenskizze Etappen 25 & 26

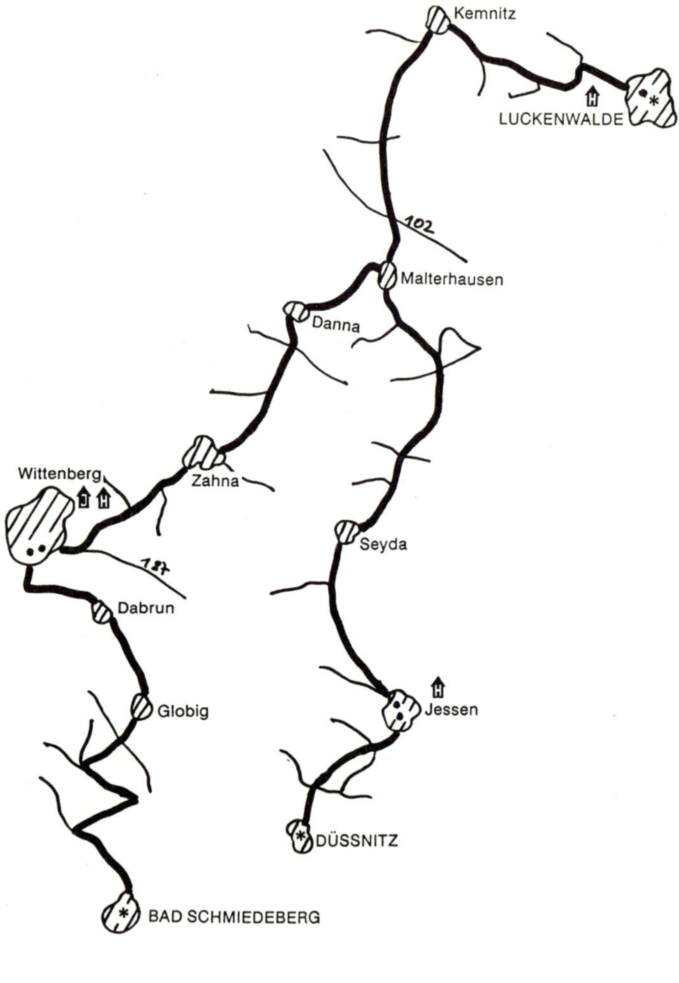

Die Landstraße durchquert auf dem Weg nach Bad Schmiedeberg das Dorf *Ogkeln*, dessen hübsches Ortszentrum mit Kirchlein und Ententeich zu einer Rast einlädt.

Bad Schmiedeberg (4500 Einw., Bez. Halle) ist ein Kurort in einer Talsenke am Ostrand der wald- und hügelreichen *Dübener Heide* und verfügt deshalb über Hotels (Deutsches Haus, Wittenberger Hof) und Gaststätten. Der Ortskern kann einige alte Häuser mit schönen, wenn auch wenig gepflegten Fassaden und ein Stadttor aufweisen. Die interessantesten Gebäude stehen an der gekrümmten Hauptstraße und am Markt.

Das Rathaus stammt in der heutigen barocken Form von 1663 und fällt durch seine asymmetrischen Portale auf. Die Stadtkirche ist ursprünglich gotisch (15. Jh.), später barock umgestaltet und erweitert.

Information: Rat der Stadt, Rathaus, Bad Schmiedeberg.

Etappe 26:
Luckenwalde - Kemnitz - Malterhausen - Seyda - Jessen - Düßnitz (72 km)

Dies ist das Mittelstück einer der relativ geradlinigen Verbindungen zwischen Berlin und Dresden. Wie Etappe 25 (s. dort) führt der Anfang von Luckenwalde über Kemnitz nach Bardenitz und weiter Rchtg. Wittenberg, über die F 102 mit Rechts/Linksschlenker hinweg und nach *Malterhausen*.

Hier verlassen Sie Etappe 25, wenn diese rechts abknickt, und bleiben stattdessen geradeaus auf der Landstraße Rchtg. Niedergörsdorf. Nach ca. 6 km bewirkt eine T-Mündung den Richtungswechsel nach rechts durch Görsdorf nach *Seyda*, wo Sie erneut (diesmal links) nach *Jessen* schwenken. Am westlichen Rand dieser Kreisstadt trifft die Landstraße auf die F 187, auf der Sie links in den Ort radeln.

Unterkunft: HO-Gaststätte "Am Leninplatz", Leninplatz 16, 7940 Jessen, Tel. (+580) 3109, 12 Betten in 6 Zi.

Im Zentrum wählen Sie die rechts abzweigende Landstraße Rchtg. Annaburg, von der gleich hinter der Überquerung der Schwarzen Elster rechts die Straße Rchtg. Preztsch abknickt. Folgen Sie den Vorfahrten durch kleine Dörfer wie Grabo, Battin, Rade und **Düßnitz**; hier haben Sie nahtlos Anschluß an Etappe 27.

Kartenskizze Etappe 27

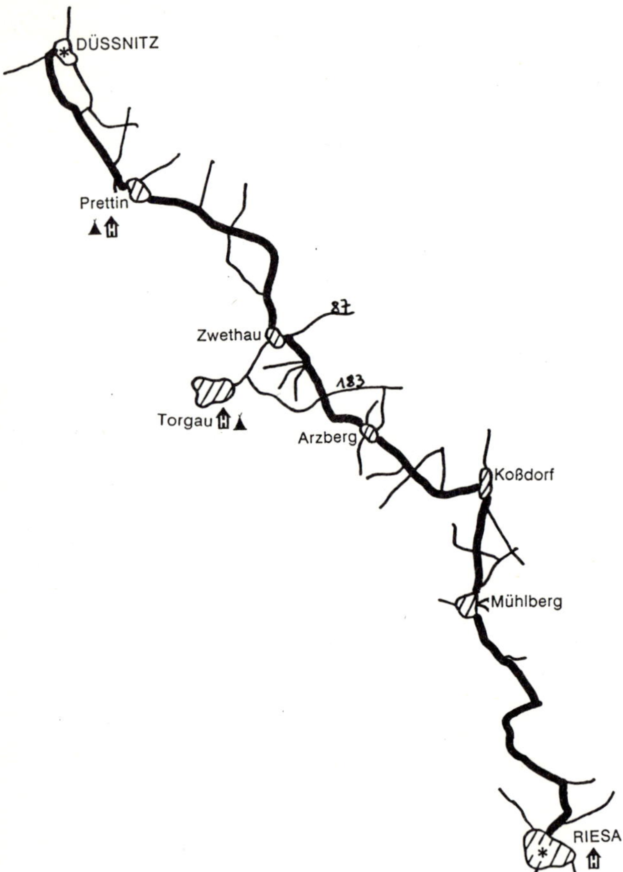

Etappe 27:
Düßnitz - Prettin - Zwethau - Arzberg - Koßdorf - Mühlberg - Riesa (66 km)

Diese elbebegleitende Strecke knüpft nahtlos an Etappe 26 an; 1½ km hinter Düßnitz schwenkt die Route links nach *Axien-Gehmen*, läßt also die Verbindung zur Elbfähre Preztsch rechts liegen.
Die Schlenker, die die Route bis zum Etappenziel vollführt, verdankt sie der Elbe, die zwischen den hügeligen Heidegebieten von Annaburg, Düben und Dahlen ihren Weg sucht. Auf dem Teilstück nach *Prettin* nimmt die Landstraße jedoch einen schnurgeraden Verlauf.
Unterkunft: Gaststätte "Zur Erholung", Annaberger Str. 1, 7901 Labrun, Tel. (+58096) 2332, 17 Betten in 6 Zi.
Camping: Im Naherholungszentrum, 7908 Prettin, 50 Standpl.
Hier halten Sie sich kurz links Rchtg. Annaberg, setzen die Fahrt jedoch gleich darauf rechts nach Großtreben fort. Die Landstraße berührt kurz die Annaburger Heide und erreicht dann *Zwethau*, wo es einige hundert Meter links auf der F 87 Rchtg. Herzberg zu absolvieren gilt, bevor rechts die Straße durch Beilrode abzweigt. Wiederum etwas später kreuzen Sie (minimal nach rechts versetzt) die F 183.
Entweder hier oder schon in Zwethau können Sie ggf. einen Abstecher nach **Torgau** (22000 Einw., Bez. Leipzig) einlegen. Diese Kreisstadt war in der frühen Neuzeit zweitwichtigste Residenz (nach Dresden) der sächsischen Kurfürsten und so Schauplatz allerlei historischer Begegnungen zwischen Herrschern, aber auch Künstlern. Den angemessenen Rahmen dafür bot und bietet Schloß *Hartenfels*, eine vollständig erhaltene Schloßanlage der deutschen Frührenaissance, zu der Besucher heute Zugang durch den Westflügel haben. Werfen Sie unbedingt einen Blick auf den Großen Wendelstein, eine freitragende Wendeltreppe im Schloßhof.
Information: "Reisewelt", Straße der OdF 9, 7290 Torgau.
Unterkunft: "Haus des Handwerks" *, Breite Str. 19, Tel. (+407) 2529, 26 Betten in 14 Zi.; Gasthof "Zur goldenen Sonne", Kurstr. 6, 15 Betten in 8 Zi.; HO-Central-Hotel, Martha-Brautzsch-Platz 8, Tel. (+407) 2423, 57 Betten in 32 Zi.
Camping: Am Großen Teich, 250 Standpl.

In jedem Fall setzen Sie Ihre Fahrt von der F 183 aus auf dem Ostufer der Elbe fort. Mit mehrfach abknickenden Vorfahrten folgen Sie den Wegweisern durch Arzberg nach Koßdorf, wo es rechts weitergeht nach *Mühlberg*. Fichtenberg-Altenau, Kreinitz und Göhlis sind die nächsten Orte auf dem Weg Rchtg. Riesa. Wenn Sie in Röderau auf die F 98 stoßen, können Sie sich ggf. den Weg über die Elbe nach **Riesa** sparen, falls Sie nahtlos auf Etappe 34 Rchtg. Dresden weiterfahren möchten.
Information: "Reisewelt", Ernst-Thälmann-Str. 59, 8400 Riesa.
Unterkunft: HO-Hotel "Am Bahnhof" **, Bahnhofstr. 31, Tel. (+524) 3919, 64 Betten in 30 Zi.; "Haus der Stahlwerker" **, Straße der DSF 40, Tel. (+524) 3646, 56 Betten in 28 Zi.

Etappe 28:
Bad Schmiedeberg - Söllichau - Authausen - Laußig - Gruna - Zschepplin - Behlitz - Merkwitz - Leipzig (52 km)

Durch das bei Etappe 25 genannte Stadttor verläuft die Straße hinaus in das hügelige Waldgebiet der Dübener Heide und erreicht schließlich *Söllichau*, wo Sie links abbiegen auf die Nebenstraße durch Durchwehna nach Kossa. Hier geht es rechts durch Authausen Rchtg. Bad Düben bis Görschlitz, wo die Straße an der F 183 endet. Rechts radeln Sie hinein in den Ort, verlassen dort aber an der rechts abknickenden Vorfahrt die Hauptstraße wieder links auf die unbeschilderte Nebenstraße nach Laußig; das gleich darauf folgende Ortsendeschild gibt Ihnen die nötige Sicherheit.
In *Laußig* sind die häßlichen Industrieanlagen gottlob schnell wieder aus dem Blickfeld verschwunden. Eine Bahnlinie wird gekreuzt, und die Straße stößt auf die Landstraße Bad Düben-Eilenburg, auf die Sie links einbiegen. Gleich hinter dem Ortsende von Laußig zweigt links die Zufahrt nach *Gruna* ab - für Autos eine Sackgasse, da die Fähre über den Fluß *Mulde* nur Fußgänger und Radfahrer transportiert. Sie verkehrt "regelmäßig", was bedeutet, daß man vorsichtshalber eine Rast während der Wartezeit einplanen sollte.

Auf der anderen Seite bringt die Zufahrt Sie hinauf zur F 107, die links nach ca. 4 km Zschepplin durchquert. Bald hinter dem Ortsende beginnt rechts die Nebenstraße nach Rödgen, wo der Schadebach überquert wird. Innerörtlich wird einmal rechts, dann links abgezweigt, um nach Behlitz-Pressen zu gelangen. Links und gleich wieder rechts schließt sich die Nebenstrecke Rchtg. Krostitz an, die Sie aber nach 1½ km wieder links verlassen und nach Mutschlena radeln; dabei wird die Landstraße Delitzsch-Eilenburg gekreuzt. Durch Mutschlena und Gottscheina erreicht die Strecke geradewegs *Merkwitz* (*in Gegenrichtung* aufpassen: gleich hinterm Ortsendeschild von Merkwitz unbeschildert rechts ab). Hier ist an der Rechtsabzweigung nun außer dem zu durchquerenden Plaußig bereits Leipzig ausgeschildert. Auf dem Weg wird die Autobahn überquert, und vom Leipziger Stadtteil Mockau aus führen Mockauer Straße und Berliner Straße geradewegs ins Zentrum (beschildert).

(*In Gegenrichtung:* Aus dem Leipzig Zentrum auf der Gerberstraße nordwärts [westlich vom Hauptbahnhof], dann rechts auf die Berliner Straße, die dabei die Eisenbahnstrecken unterquert. Immer geradeaus bis Plaußig.)

Leipzig, 556000 Einw., Bezirksstadt, ist (nach Ost-Berlin) die zweitgrößte Stadt der DDR und aufgrund der traditionellen Rolle als Messestadt das bedeutendste Handelszentrum des Landes. Bei der *Wendolution* 1989 übten die Leipziger Demonstrationen, die aus den Montagsandachten in der Nikolaikirche hervorgingen, die maßgebliche Vorreiterrolle für die gesamte DDR aus. Die Leipziger rechnen sich als Verdienst zu, daß sie trotz massiv aufmarschierter Staatsmacht den friedlichen Charakter ihres Protestes durchhalten konnten, und schmücken sich mit dem Titel "Heldenstadt der DDR" - ganz kann man wohl vom grobklotzigen Vokabular nicht lassen...
Dem seit Jahrhunderten maßgeblichen Messeplatz Leipzig ist die Stadt eindeutig untergeordnet, obwohl sie sich seit langem auch als Kulturstätte etabliert hat. Der Thomaschor, den u.a. J. S. Bach berühmt machte, ist dafür ebenso ein Beispiel wie das Gewandhausorchester und die Rolle Leipzigs als bedeutende Buchstadt.
Das zu beträchtlichen Teilen autofreie Stadtzentrum erstreckt sich einer Fläche von ca. 1 km² südlich des Hauptbahnhofs, umgeben von einer breiten Ringstraße. Hier ballen sich die wichtigsten Bauten Leipzigs: am Markt das Alte Rathaus (16. Jh.), das Messehaus und weitere alte Handelsgebäude, der berühmte Auerbachs Keller; am angrenzenden, 1969 neu angelegten Sachsenplatz die Touristeninformation; am kühl-monumentalen Karl-Marx-Platz Universitätsgebäude, das Neue Gewandhaus, das Opernhaus und die Nikolaikirche, eingesprenkelt in den Straßenring allerlei Kaufhäuser und Passagen, das Neue Rathaus, das Ägyptische Museum. Aufgrund der kompakten Abmessungen des Zentrums ist die Leipziger Innenstadt unkompliziert zu Fuß zu erkunden.
Die übrigen Sehenswürdigkeiten orientieren sich südwärts: die dekorative Russische Gedächtniskirche mit ihrer vergoldeten Zwiebelkuppel auf dem Weg zum Messegelände, beim angrenzenden parkartigen Südfriedhof das um die Jahrhundertwende errichtete Völkerschlachtdenkmal.

Information: Sachsenplatz 1, 7010 Leipzig, Tel. (+41) 79590, sonntags geschl.; zur Messezeit außerdem im Leipziger Messeamt, Markt 11/15.

Unterkunft (Auswahl): Interhotel "Merkur" *****, Gerberstraße, Tel. (+41) 7990, 700 Betten in 440 Zi.; Interhotel "Astoria" ****, Platz der Republik 2, Tel. (+41) 71710/72220, 444 Betten in 305 Zi.; Interhotel "International" ***, Tröndlinring 8, Tel. (+41) 71880, 130 Betten in 100 Zi.; ca. 20 weitere Hotels/Pensionen, zahlreiche Privatzimmer.

Jugendherberge: JH "Alfred Frank", Gustav-Esche-Str. 4, Tel. (+41) 57189, 36 Betten; JTH "Georg Schumann", Käthe-Kollwitz-Str. 64-66, Tel. (+41) 40530, 104 Betten.

Camping: Intercamping, S/8, Am Auensee, G.-Esche-Str., 7026 Leipzig-Nord, Tel. (+41) 52648, 230 Standpl.; Naherholungsgebiet "Kulkwitzer See", S/11, 10 km südwestl. bei Markranstädt.

Kartenskizze Etappen 28 - 30

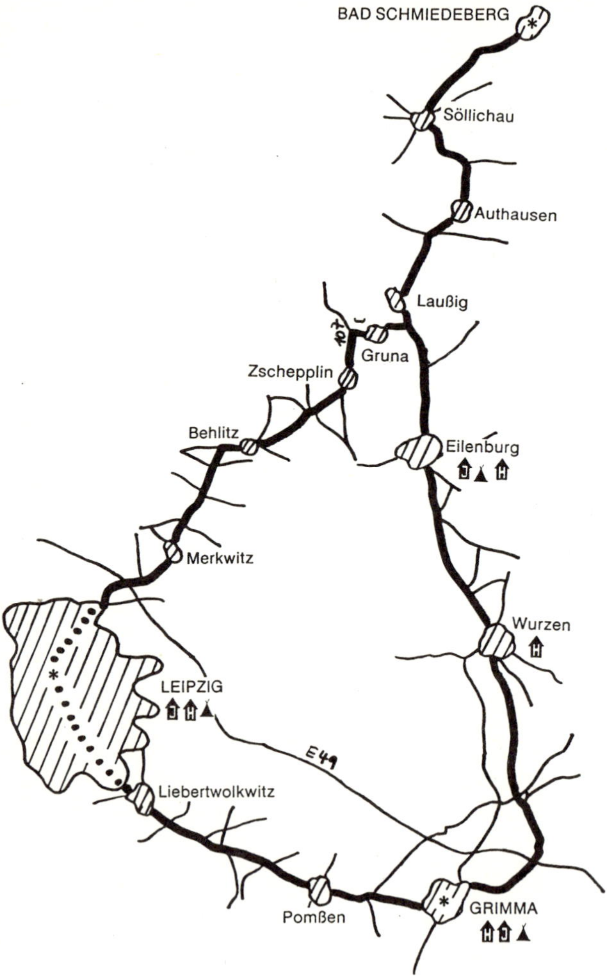

Etappe 29:
Bad Schmiedeberg - Söllichau - Authausen - Laußig - Eilenburg - Wurzen - Grimma (68 km)

Diese Route dient als östliche Umgehungsstrecke zur Vermeidung Leipzigs auf dem Weg in die südlichsten Teile der DDR. Sie entspricht bis *Laußig* dem Verlauf von Etappe 28 (s. dort).
Im Gegensatz zu jener knickt sie jedoch nicht via Gruna zur Überquerung der *Mulde* ab, sondern bleibt auf der geradlinigen Landstraße nach **Eilenburg**. Die mittelalterliche Festung, die der Stadt den Namen gibt, bewacht den seinerzeit strategisch wichtigen Flußübergang. Das Renaissance-Rathaus (1545) wurde zwar 1945 zerstört, später aber wieder aufgebaut.
Unterkunft: HO-Hotel "Roter Hirsch", Torgauer Str. 40, 7280 Eilenburg, Tel. (+408) 3488, 42 Betten in 18 Zi.
Jugendherberge: JH "Karl Marx", Dorfstr. 51, 7281 Sprotta, Tel. (+408) 3602, 37 Betten, 6 km östl.
Camping: Am Presseler Teich, S/4, 7281 Pressel, 120 Standpl., östl.

Orientieren Sie sich innerstädtisch nun kurz Rchtg. Torgau (F 87), bis davon die Landstraße über Thallwitz und vorbei am Schloß *Nischwitz* nach **Wurzen** abzweigt. Auch diese Kreisstadt entstand - wie Eilenburg - an einem Mulde-Übergang und war im Mittelalter eine Zeitlang Bischofsresidenz. Dementsprechend gibt es einen Dom (12. Jh.) und ein Schloß (15. Jh.) als Relikte jener Zeit. - Im Geburtshaus von Joachim Ringelnatz (Crostigall 14) ist eine Gedenkstätte untergebracht.
Information: Platz der DSF 6, 7250 Wurzen, Tel. (+409) 2297.
Unterkunft: Hotel "Zur Post", Bahnhofstr. 23, Tel. (+409) 2385, 15 Betten in 8 Zi.
Ignorieren Sie vorerst noch die Wegweiser Rchtg. Grimma, sondern bleiben Sie auf dem östlichen Mulde-Ufer und radeln auf der Landstraße durch Nitzschka nach Neichen, wo Sie rechts schwenken nach *Nerchau*. Anschließend wird die Autobahn Leipzig-Dresden unterquert, und im Bogen strebt die Straße nun dem Etappenziel zu. Falls Sie Anschluß Rchtg. Dresden suchen, können Sie sich die Überquerung der Mulde ggf. schenken und gleich weiter auf Etappe 31 radeln.
Grimma kann immerhin drei sehenswerte Bauwerke des 13. Jh. vorweisen: die Frauenkirche, das frühere Augustinerkloster (später als Schule genutzt) und ein Schloß. Das Renaissance-Rathaus (1585) steht mitten auf dem Marktplatz und zieht so die Blicke auf sich.
Unterkunft: Hotel "Goldenes Schiff" **, Karl-Liebknecht-Platz 6, 7240 Grimma, tel. (+406) 2543, 24 Betten in 10 Zi.; Hotel "Stadt Grimma", Am Philipp-Müller-Park, Tel. (+406) 2226, 24 Betten in 10 Zi.
Jugendherberge: JH "Erich Weinert", 7241 Grethen, Tel. (+406) 3449, 78 Betten, westl.
Camping: Am Münchteich, 50 Standpl., westl.

Etappe 30:
Leipzig - Liebertwolkwitz - Pomßen - Grimma (31 km)

Eine flach-wellige Streckenführung südostwärts aus der Messestadt hinaus. Nicht aller Anfang ist schwer: der dieser Etappe jedenfalls nicht. Vom Straßenring um das Leipziger Zentrum können Sie schlicht der Beschilderung Rchtg. Grimma und Autobahn Dresden folgen, wodurch Sie am Roßplatz automatisch auf die Straßen Grünwaldstraße, Windmühlenstraße, Philipp-Rosenthal-Straße, Leninstraße, Leipziger Straße geleitet werden; der Autobahn-Zubringerverkehr dient hingegen nicht zur Freude, auch wenn die Straße breit genug zum Ausweichen ist. Dabei kommen Sie nacheinander am Messegelände und am Völkerschlachtdenkmal vorbei; Achtung auf der Leninstraße: dort schwenkt im Ortsteil Probstheida die Vorfahrt nach rechts, während Sie samt Leninstraße geradeaus weiterfahren!
Hinter dem Stadtrand schließen sich fast lückenlos Liebertwolkwitz und Großpösna an; gleich hinter letzterem Dorf wird der Autobahn-Zubringerverkehr nach links abgeleitet, und Sie können die deutlich ruhigere Straße genießen.
In *Pomßen* geht geradeaus weiter durch Grethen nach **Grimma** (s. Etappe 29).

Etappe 31:
Grimma - Mutzschen - Oschatz - Riesa (47 km)

Grundsätzlich zielt diese Etappe auf den Raum Dresden, schlägt aber eine Nordkurve, um so Anschluß an die elbebegleitenden Routen zu finden. Dabei können Sie sich durchgängig der Beschilderung anvertrauen, da ausschließlich Landstraßen benutzt werden.

Den Anfang macht in Grimma die Verbindung nach *Mutzschen*, die zwar zuerst die Mulde überquert und dann mit diversen abknickenden Vorfahrten und einer Überquerung der Autobahn E 40 (Leipzig-Dresden) über Land und durch kleine Ortschaften führt, deren Wegweiser jedoch zuverlässig leiten.

Jugendherberge: JH "Jonny Schehr", Straße der Jugend 7, 7244 Mutzschen, Tel. (+40695) 241, 116 Betten.
Camping: Am Langen Rodaer See, 70 Standpl., nördl.

Die Landstraße Rchtg. Oschatz setzt sich nach *Wermsdorf* fort, wo Sie rechts abzweigen. Dieses Teilstück der Etappe ist von Seen und allerlei Wald freundlich flankiert.

In Lampersdorf schwenkt die Strecke erneut rechts und erreicht bald darauf *Oschatz*.

Unterkunft: Hotel "Weißes Roß", Ernst-Thälmann-Platz 20, Tel. (+405) 2195, 45 Betten in 23 Zi.

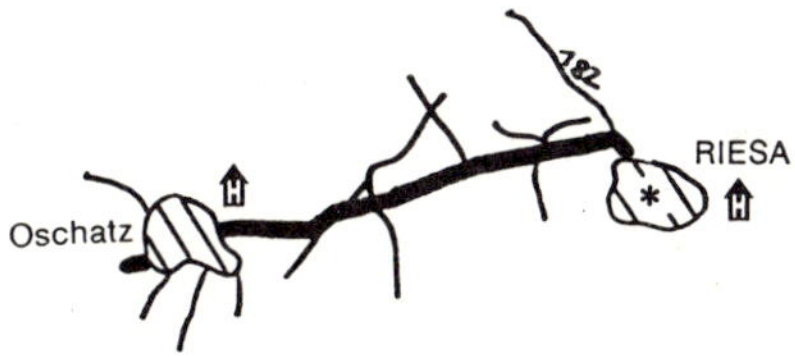

Nur wenige hundert Meter fahren Sie nach rechts auf der F 6 innerstädtisch Rchtg. Dresden, können dann aber in einer Rechtskurve der Hauptstraße geradeaus/halblinks von dieser abbiegen und die Landstraße Rchtg. Strehla und Riesa. An einer T-Mündung nach 3 km halten Sie sich links, hinter der Bahnstrecke dann rechts Rchtg. Riesa. In den nördlichen Stadtteilen von **Riesa** (s. Etappe 27) stößt die Landstraße auf die F 182, die rechts ins Zentrum führt.

Etappe 32:

Dresden - Freital - Tharandt - Freiberg - Hainichen - Rossau (63 km)

Vertrauen Sie sich in Dresden den Wegweisern Rchtg. Freiberg (anfangs identisch mit Rchtg. Pirna) an, denn angesichts der zahlreichen Einbahnstraßen, Baustellen und der miserablen Straßen ist jedes eigenständige Suchen nach sinnvollen Wegen selbst mit Stadtplan hoffnungslos. Sobald von der F 173 Rchtg. Freiberg links die Landstraße in die "Stahlwerkerstadt" **Freital** abzweigt, folgen Sie dieser in das enge, von einigen steilen Felsen gesäumte Tal. Hinter dieser Stadt zieht sich die endlose, öde und triste Bebauung zurück und schafft Platz für Wald und gibt somit *Tharandt* die Berechtigung, sich "Forststadt" zu nennen. Ein forstbotanischer Garten kann hier besucht werden (April-Okt. tägl. 8-17 h, außer di/fr).

Unterkunft: Hotel "Stadt Freital" **, Bahnhofstr. 10, 8210 Freital, Tel. (+51) 641556, 46 Betten in 29 Zi.; Hotel "Oehme", Dresdener Str. 36, Tel. (+51) 641556, 18 Betten in 10 Zi.

Jugendherberge: JH "Geschwister Scholl", Pienner Str. 55, 8223 Tharandt, Tel. (+5193) 772, 42 Betten.

Nun ist mit 16 % Steigung (!) ein Berg zu überwinden, bevor es wieder hinab nach *Grillenburg* geht, ein Dörfchen, das mit Kurheimen und Ausflugstouristen vollauf zu tun hat. Hier ignorieren Sie die Wegweiser Rchtg. Freiberg (die über Naundorf leiten), sondern biegen von der Vorfahrtstraße links ab Rchtg. Frauenstein und Klingenberg. Weitere 3 km Steigung stehen Ihnen bevor auf dem Weg nach *Klingenberg* (Gaststätte "Frauenhof").

Jugendherberge: JH "Hans Beimler", An der Talsperre 2, 8215 Klingenberg, Tel. (+51902) 4334, 38 Betten.

Bei der Gaststätte schwenken Sie rechts auf die Landstraße Rchtg. Freiberg ein, die sich als schmale, gewundene Asphaltpiste zwar vom Wald verabschiedet, jedoch zwischen Feldern hindurch nach wie vor allerlei kürzere, teils steile Steigungen und Gefälle bietet und dabei desöfteren abknickende Vorfahrten aufweist. Nachdem einige qualmende Industrieanlagen Freibergs einen negativen Vorgeschmack vermittelt haben, mündet die Landstraße in die F 173, die links ins Zentrum von *Freiberg* strebt.

(*In Gegenrichtung:* Von der Fernstraße an der Beschilderung Rchtg. Dippoldiswalde bis Klingenberg folgen.)

Information: Weingasse 9, 9200 Freiberg, Tel. Freiberg 3602.

Unterkunft: HO-Hotel "Freundschaft" **, Bahnhofstr. 19, Tel. 2325, 33 Betten in 14 Zi.; HO-Hotel "Freiberger Hof" **, Am Bahnhof 9, Tel. 2029, 51 Betten in 24 Zi.; HO-Hotel "Glück Auf" **, Poststr. 13, Tel. 3044, 43 Betten in 20 Zi.

Camping: Am Großen Teich, 50 Standpl.

Auf der F 173 Rchtg. Chemnitz/Karl-Marx-Stadt geht's durch Freiberg, bis rechts die F 101 Rchtg. Nossen abzweigt (alle anderen Beschilderungen Rchtg. Nossen ignorieren!). Von dieser Fernstraße wiederum können Sie schließlich (beschildert) abbiegen Rchtg. Hainichen und bestaunen beim Herausklettern aus Freiberg am Stadtrand noch den hochmodernen Kirchenbau der "Kirche Jesu der Heiligen der letzten Tage" - zu Deutsch der Mormonen, die ihre Importdollars in der DDR offenbar schnell und zielsicher angelegt haben. Im Ortsbereich von *Bräunsdorf* geht es lange und steil bergab, bevor Sie konsequenterweise wieder bergan fahren müssen. Dies Stadium hält mit geringer Pause bis Riechberg an, wo Sie dann etwas bergab rollen können. Die Aufzählung der stetigen Auf-und-Ab-Fahrten soll damit ein Ende haben, obwohl auf der Etappe noch weitere folgen - wappnen Sie sich mit Kondition.

Eine T-Mündung auf die bevorrechtigte Landstraße Oederan-Hainichen bringt Sie rechts in größtenteils holperpflastrige *Hainichen*, wo am Marktplatz ein Heimatmuseum besucht werden kann.

Unterkunft: Hotel "Goldener Löwe", Platz der DSF 2-4, 9260 Hainichen, Tel. (+7287) 2515, 35 Betten in 16 Zi.

Kartenskizze Etappen 32 & 33

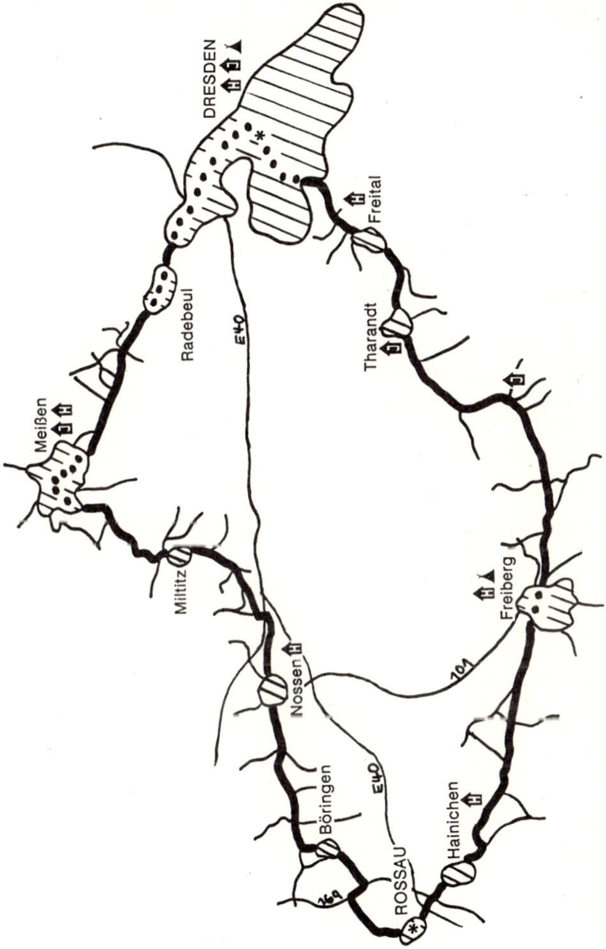

Wenn Sie das Zentrum Hainichens durchquert haben, zweigt rechts die Route Rchtg. Mittweida ab, die in die F 169 mündet und wenige Meter nach rechts versetzt gleich hinterm Gasthaus "Tivoli" wieder links abzweigt Rchtg. Mittweida. Nach Überquerung der Autobahn endet die Etappe am Ortsrand von **Rossau** und bietet hier Anschlüsse an die Etappen 33 (rechts in den Ort) bzw. die Gegenrichtung von Etappe 37 (geradeaus weiter).

Etappe 33:
Rossau - Moosheim - Böringen - Nossen - Miltitz - Meißen - Radebeul - Dresden (65 km)

Von der Landstraße Rchtg. Mittweida aus ist Moosheim als Nahziel schon beschildert. Fahren Sie ins Dorf Rossau und biegen Sie dort mit der Beschilderung rechts ab Rchtg. Moosheim.
(*In Gegenrichtung* ist direkter Anschluß an die Umkehrung der Etappe 37 möglich, wenn Sie in Rossau an der Gaststätte der LPG Pflanzenproduktion rechts zur Landstraße Rchtg. Mittweida abkürzen.)
In *Moosheim* (Gaststätte: "Forsthaus") bewirkt ein Sackgassenschild einen Linksschwenk zur etwas parallel verlaufenden Straße, die rechts nach *Greifendorf* führt. Hier mündet die Nebenstraße in die F 169, der Sie rechts Rchtg. Chemnitz/Karl-Marx-Stadt ca. 1½ km weit folgen, bis links die Landstraße Rchtg. Nossen abzweigt. Durch Böhringen strebt die Route nach Etzdorf, wo die Landstraße als T-Mündung in eine übergeordnete Straße einbiegt (*in Gegenrichtung* also links von der Vorfahrtstraße runter). Nach *Marbach* geht es tendenziell bergab (auf kürzeren Stücken 12 bzw. 16 %, allerdings dann auch 11 %ig wieder hinauf. In **Nossen** kann der Klosterpark der dazugehörigen Ruine *Zella* besucht werden.
Unterkunft: Hotel "Stadt Dresden" **, Markt 1, 8255 Nossen, Tel. (+5392) 8285, 18 Betten in 10 Zi.
Fahrradteile: an der F 175 gleich östl. des dreieckigen Platzes in Nossen.

Im Gegensatz zur Karte führt die F 101 Rchtg. Meißen aus Nossen nicht gleich nordostwärts, sondern anfangs auf der gelb gedruckten Landstraße Rchtg. Deutschenbora. Da Sie diese Route benutzen, lassen Sie sich dadurch nicht irritieren, sondern verlassen die Wegweiser der F 101 erst in Deutschenbora, wo die Hauptstraße links zur Autobahn schwenkt, während Sie geradeaus auf der nun ruhigen Landstraße Rchtg. Munzig und Meißen bleiben, die gleich darauf mit links abknickender Vorfahrt unter der Autobahn hindurch führt. Ein schmales, sehr kurviges Sträßchen befindet sich nun unter Ihren Fahrradreifen, und es ist kein Wunder, daß die tempobewußten Autofahrer lieber auf die F 101 ausweichen und den Radfahrern und ein paar Anliegern die Landstraße überlassen.

Meißen erreichen Sie schließlich über jene Straße, an der auch die Porzellanmanufaktur und das Museum liegen, *in Gegenrichtung* also ohne Probleme zu finden.

Meißen, 38000 Einw., Kreisstadt im Bez. Dresden, verdankt seine internationale Bekanntheit der 1710 auf der hiesigen Albrechtsburg etablierten Königlichen Porzellanmanufaktur, die bis heute zu den führenden Herstellern von Luxusporzellan zählt.
Die Stadt geht auf eine Burg mit angegliedertem Marktflecken zurück, die hier im 10. Jh. im Zuge der deutschen Ostkolonisation errichtet und als Bischofssitz etabliert wurden. Im 12./13. Jh. erfolgte die Ausweitung zu einer planmäßig angelegten Stadt, die auf dem Burgberg mit dem gotischen Dom, dem Bischofsschloß und der Albrechtsburg die Prunk- und Zweckbauten der kirchlichen und weltlichen Macht erhielt.
Nach der sächsischen Landesteilung wurde die Residenz nach Dresden verlegt, und zur Zeit der Reformation verabschiedeten sich mit der Auflösung des Bistums auch die klerikalen Herrscher. Im verlassenen Kloster "St. Afra" wurde 1543 die Meißner 'Fürstenschule' eingerichtet, die als sächsische Landesschule volle 400 Jahre ihren Dienst tat und so berühmte Zöglinge wie Lessing und Gellert vorweisen konnte.
Mit der Errichtung der Porzellanmanufaktur nahm Meißen im 18. Jh. wieder Aufschwung, der nur durch den Siebenjährigen Krieg unterbrochen wurde, in dem die strategisch wichtige Lage an der einzigen Elbebrücke in weitem Umkreis zu unerwünscht häufigen Besuchen bewaffneter Heerscharen führte. Im 19. Jh. erfuhr die Stadt eine Ausweitung der Industrialisierung auf andere Zweige, und auch die Porzellanmanufaktur wurde von der Albrechtsburg ins Tal verlegt. Die heutigen Räume können teilweise besichtigt werden (Schauhalle, Vorführwerkstatt, Museum).
Information: Willy-Anker-Str. 32, 8250 Meißen, Tel. (+53) 4470.
Unterkunft: HO-Hotel "Goldener Löwe" ***, Rathenauplatz 6, Tel. (+53) 3304, 19 Betten in 11 Zi.; "MITROPA-Meißen" ***, Großenhainer Str. 2, Tel. (+53) 558, 40 Betten in 18 Zi.; Hotel "Hamburger Hof", Dresdener Str. 9, Tel. (+53) 2118, 31 Betten in 16 Zi.
Jugendherberge: JH "John Schehr", Wilsdruffer Str. 28, Tel. (+53) 3065, 37 Betten (zzgl. 20 in der Saison).

Mit der Beschilderung Rchtg. Großenhain und Moritzburg überqueren Sie anschließend die Elbe und biegen dann rechts ab Rchtg. Moritzburg. Nun fahren Sie immer geradeaus auf der weitgehend nahtlos von Bebauung gesäumten Straße durch die Ausläufer von Coswig und durch **Radebeul** Rchtg. Dresden. Radebeul verfügt über eines der obskursten, von DDR-Reiseführern üblicherweise totgeschwiegenenen Museen des Landes: das Karl-May-Museum in der "Villa Shatterhand", dem letzten Wohnsitz des meistgelesenen deutschen Schriftstellers. Die Vermengung von deutschem Sen-

dungsbewußtsein, christlicher Lehre und Fernweh in Mays Büchern waren dem SED-Staat bis Anfang der 80er Jahre ein Dorn im Auge, bis im Zuge der damals angesagten Integrierung historischer Persönlichkeiten in die DDR-Geschichtsschreibung auch Winnetou wieder offiziell zur Kenntnis genommen wurde. Und so kann man heute in der Villa Shatterhand Henrystutzen und Silberbüchse bewundern und in der dahinter befindlichen Blockhütte "Villa Bärenfett" ein Indianermuseum besuchen (beides mo geschl.).
Von Radebeul geht es schließlich geradewegs nach **Dresden** (s. Etappe 18).

Etappe 34:
Riesa - Diesbar-Seußlitz - Meißen - Radebeul - Dresden (55 km)

Diese Route ist denkbar einfach zu fahren, allerdings auch ohne Genußpunkte, da von nahezu durchgehender Bebauung gesäumt.

In Riesa beginnt sie auf der F 169 Rchtg. Elsterwerda und Cottbus, zweigt jedoch schon nach wenigen Kilometern rechts von der Hauptstraße ab, um auf der Landstraße durch Merschwitz und *Diesbar-Seußlitz* immer der Elbe folgend Rchtg. Meißen zu streben.

Unterkunft: Seuslitzer Weinstuben, Elbstr. 26, 8401 Diesbar-Seußlitz, Tel. (+52497) 236, 5 Betten in 2 Zi.

Am nördlichen Stadtrand von *Meißen* (s. Etappe 33) stößt die Landstraße an einer Kreuzung auf die F 101, auf der Sie rechts ins Zentrum fahren. Erst unmittelbar vor der Elbbrücke geht's dann links ab auf die Landstraße Rchtg. Moritzburg und Coswig und wie bei Etappe 33 durch Radebeul nach **Dresden** (s. Etappe 18).

Etappe 35:

Leipzig - Liebertwolkwitz - Pomßen - Bad Lausick - Geithain - Cossen (60 km)

Die ersten zwei Drittel dieser Route sind identisch mit dem Verlauf von Etappe 30 (s. dort), erst in *Pomßen* verabschiedet sie sich davon: hier geht es nun rechts ab, und Sie folgen der Beschilderung Rchtg. Bad Lausick durch Otterwisch (zwei abknickende Vorfahrten) und erreichen in *Bad Lausick* die F 176, auf der Sie links (Rchtg. Colditz) durch den Ort radeln.

Unterkunft: Bahnhofshotel **, 7232 Bad Lausick, Tel. (+40495) 2833, 4 Betten in 3 Zi.; KG-Hotel "Grauer Wolf" *, Rochlitzer Str. 54, Tel. (+40495) 2704, 15 Betten in 7 Zi.

Am Ortsrand zweigt von der Hauptstraße rechts die Landstraße Rchtg. Geithain ab, die *Ebersbach* durchquert (Gaststätte: Tautenhain) und später auf einer Lichtung im lockeren Wald auf eine Kreuzung trifft, wo es rechts nach *Geithain* geht.

Unterkunft: HO-Hotel "Haus Altenburg", Straße des Friedens 1, 7230 geithain, Tel. Geithain 2384, 14 Betten in 6 Zi.

Hier richten Sie sich nach der Beschilderung Rchtg. Karl-Marx-Stadt/Chemnitz, die Sie zur F 7 bringt. Von der Hauptstraße können Sie nach wenigen hundert Metern Rchtg. Rochlitz am Ortsausgang (gegenüber der Gaststätte "Grüne Aue") rechts Rchtg. Narsdorf abbiegen. Die Landstraße verläuft immer geradeaus, kreuzt die F 175 und führt weiter Rchtg. *Wechselburg*. Dieses dekorativ oberhalb der Zwickauer Mulde gelegene Städtchen mit seinem Schloß (17. Jh.), das Sie nach einer längeren Abfahrt erreichen, können Sie entweder zu einem Abstecher aufsuchen oder links liegen lassen; in jedem Fall radeln Sie auf dem westlichen Flußufer weiter Rchtg. Burgstädt. Bald darauf kommen Sie unter einer riesigen steineren Eisenbahnbrücke hindurch, überqueren den Fluß und eine kleine Bahnstrecke und erklimmen die Höhe hinauf zum Etappenende **Cossen**. Hier haben Sie nahtlos Anschluß an die Etappen 36 und 37.

Kartenskizze Etappen 35 & 36

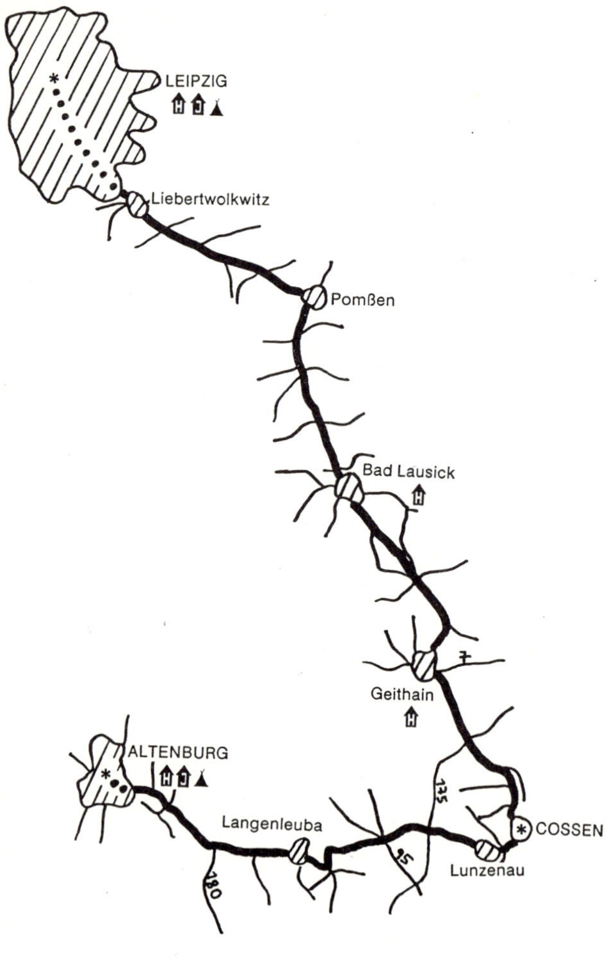

Etappe 36:
Cossen - Lunzenau - Langenleuba - Altenburg (32 km)

Am südlichen Ortsrand von Cossen beginnt die westwärts aus dem Ort strebende Nebenstraße hinab nach *Lunzenau*. Entsprechend der Beschilderung Rchtg. Penig und Langenleuba-Oberhain radeln Sie durch das Dorf und das sich nahtlos anschließende Elsdorf zur Kreuzung mit der F 175. Die Hauptstraße wird geradeaus überquert, und nun folgt eine lange gewundene Dorfstraße entlang eines Baches durch *Langenleuba-Oberhain* inkl. einer Unterquerung der F 95 und durch *Langenleuba-Niederhain*. Im Gegensatz zur Einzeichnung auf der Karte geht diese attraktive Strecke nicht bis zum Waldrand durch, sondern wird durch eine T-Mündung mit abknikkender Vorfahrt links Rchtg. Beiern abgeleitet. Sie unterqueren eine Bahnstrecke und biegen gleich dahinter rechts auf die Landstraße von Penig Rchtg. Altenburg ein, die den Fluß kreuzt, nach einer Weile die Bahnstrecke überquert und erneut in die Außenbezirke von Ll.-Niederhain einsticht. Als untergeordnete Straße trifft sie auf die Straße Altenburg-Neuenmörbitz; schwenken Sie links darauf ein (*in Gegenrichtung* Abzweigung Rchtg. Penig beschildert) und fahren westwärts zur Einmündung in die F 180, die rechts den nahtlosen Anschluß nach Altenburg herstellt.

Altenburg, 55000 Einw., Bez. Leipzig, genießt internationalen Ruf vor allem wegen seiner Spielkartenproduktion und des "Skat-Gerichts", war aber schon in vergangenen Jahrhunderten wegen seiner Baudenkmäler bekannt, die es vor allem seinem Status als Residenzstadt im 17. und 19. Jh. verdankt. Das Schloß der Herzöge von Sachsen-Altenburg (im wesentlichen 18. Jh.) erhebt sich auf einem Felsen außerhalb des Zentrums und enthält in seinem Museum u.a. eine umfangreiche Spielkartensammlung. Zum Ensemble gehören desweiteren die Schloßkirche und der frühere Schloßpark, heute "Park des Friedens" genannt.
Die Altstadt liegt unterhalb des Schloßfelsens; die imposantesten Häuser befinden sich wie üblich am Markt, so auch das Renaissance-Rathaus (1564).
Information: Markt/Ecke Weibermarkt 17, 7400 Altenburg, Tel. (+402) 311145.
Unterkunft: Hotel "Zum Wenzel" ***, Karl-Liebknecht-Str. 21, Tel. (+402) 311171, 54 Betten in 19 Zi.; Gasthaus "Gesecus", Topfmarkt 2, Tel. (+402) 315066, 10 Betten in 7 Zi., März-Okt.
Jugendherberge: JH, Pestalozziplatz 1, 7401 Windischleuba, Tel. (+402) 4837, 115 Betten.
Camping: Am Stausee, Windischleuba, 150 Standpl.

Etappe 37:
Cossen - Mittweida - Rossau (26 km)

Diese Kurzetappe stellt die Verbindung zwischen zwei ansonsten bedeutungslosen Verknüpfungspunkten her, wozu durchgängig eine Landstraße benutzt wird.
Von Cossen geht's zuerst Rchtg. Mittweida nach Göritzhain, wobei einmal kurz links auf eine kreuzende Landstraße einzubiegen ist, bevor es rechts in der gewünschten Ostrichtung weiter geht. Die F 107 wird gekreuzt, und durch die langgestreckte Siedlung Königshain folgen Sie den Wegweiser nach *Mittweida*.
Information: "Reisewelt", Rochlitzer Str. 76, 9250 Mittweida.
Unterkunft: Hotel "Deutsches Haus" **, Rochlitzer Str. 5, Tel. (+7285) 2036, 33 Betten in 16 Zi.; Hotel "Sonntag", Tel. (+7285) 2331, 15 Betten in 7 Zi.
Jugendherberge: JH "X. Weltfestspiele", Talsperrenstr. 16, 9251 Falkenhain, Tel. (+7285) 2361, 256 Betten, Mai-Okt., nördl.
Camping: An der Talsperre, 170 Standpl.

Die Landstraße Rchtg. Hainichen und Freiberg die Zschopau und erreicht nach knapp 8 km, noch vor der Autobahn E 40, in **Rossau** die Anknüpfung an die Etappen 32 und 33.

Etappe 38:
Altenburg - Schmölln - Crimmitschau (30 km)

Diese kurze Verbindungsstrecke zum Etappen-Knotenpunkt *Crimmitschau* ist recht unkompliziert. Wie bei Etappe 37 verlassen Sie Altenburg auf der Landstraße Rchtg. Lumpzig, zweigen jedoch bereits nach ca. 8 km links ab auf die Landstraße nach *Schmölln*, wo Sie auf die F 7 treffen.
Unterkunft: HO-Hotel "Russischer Hof" *, Gößnitzer Str. 4, 7420 Schmölln, Tel. (+40291) 808, 23 Betten in 15 Zi.

Radeln Sie rechts einige hundert Meter auf der Fernstraße, um dann links Rchtg. Crimmitschau abzubiegen. Durch *Brandrübel* kommen Sie so zur Unterführung der Autobahn E 40 und dann im straßenbedingten Linksschwenk nach **Crimmitschau**.

Information: "Reisewelt", Werdauer Str. 33, 9630 Crimmitschau.

Gaststätte: "Zur Sonne", am westl. Ortsende Rchtg. Glauchau.

Unterkunft: Hotel "Thüringer Hof" *, Bahnhofstr. 4, im Zentrum, Tel. Crimmitschau 2805, 37 Betten in 19 Zi.; Hotel "Haus der Einheit" **, Markt 8, Tel. 2728, 28 Betten in 12 Zi.

Camping: "Koberbachtalsperre", T/12, 9624 Langenhessen, 270 Standpl., 6 km südl.

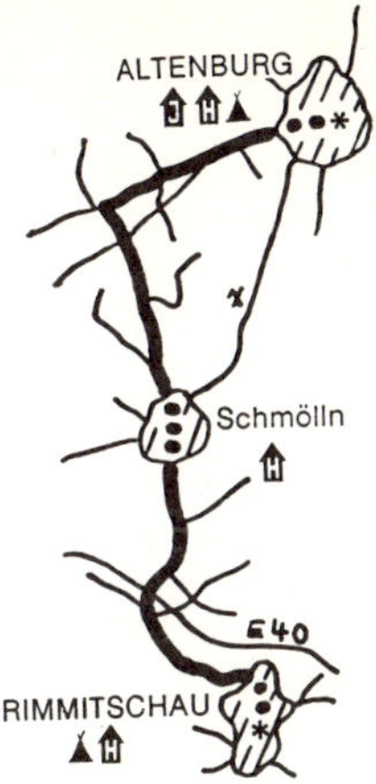

Chemnitz oder Karl-Marx-Stadt, das ist keine Frage...

Etappe 39:
Crimmitschau - Glauchau - Hohenstein-Ernstthal - Chemnitz/Karl-Marx-Stadt (59 km)

In Crimmitschau schlagen Sie die beschilderte Landstraße über Gablenz Rchtg. Glauchau ein, die einen recht steilen Hügel erklimmt und dann ostwärts strebt. Sie kreuzt geradewegs die F 93 und stößt hinter Denheritz direkt hinter einer Eisenbahnunterquerung auf die F 175 in Niederschindmaas, der Sie nach links Rchtg. Döbeln folgen. Bleiben Sie auf der Fernstraße und widerstehen Sie allen Versuchungen, rechts Rchtg. Glauchau-Zentrum abzuzweigen, und so erreichen Sie mittels einer links abknickenden Vorfahrt und zweier Ampelkreuzungen eine Abzweigung, wo es von der links über eine Brücke abknickenden Hauptstraße ab geht und Sie geradeaus und dann im weiten Rechtsbogen unter einem monumentalen Eisenbahnviadukt hindurchradeln.
Unterkunft: Hotel "Lindenhof" ***, Dr.-Wilhelm-Külz-Str. 16, 9610 Glauchau, Tel. (+731) 2505-07, 115 Betten in 52 Zi.
In *Niederlungwitz* biegen Sie rechts von der Landstraße ab nach St. Egidien, wo es nahtlos über die bevorrechtigte Landstraße Waldenburg-Lichtenstein hinweg weitergeht auf schmaler, gewundener Asphaltpiste (wahlweise auf beiden Seiten des Flüßchens; die Straßen treffen an beiden Enden zusammen) nach Hermsdorf zur Einmündung in die F 180. Rechts einbiegend gelangen Sie bald darauf zu einer Linksabzweigung, die Sie hinauf nach *Hohenstein-Ernstthal* bringt. Diese Stadt ist in der DDR vor allem wegen des benachbarten *Sachsenrings*, einer Autorennstrecke, bekannt, bietet aber mit dem Geburtshaus Karl Mays auch dem Nichtautomobilisten etwas: in dem nur 4¼ m schmalen, zweistöckigen Haus wurde eine Gedenkstätte eingerichtet (mi/do 14-18 h, so ab 12 h).
Information: Rat der Stadt, Markt, 9270 Hohenstein-Ernstthal.
Unterkunft: Hotel "Sachsenring" *, Altmarkt 19, Tel. (+723) 2221, 35 Betten in 17 Zi.; Hotel "Schweizerhaus", Weinkellerstr. 38, Tel. (+723) 2200, 16 Betten in 10 Zi.; Hotel "Der Schwan"; Hotel "Braunes Roß".

Wenn Sie nicht ins Ortszentrum wollen, können Sie am Ende der Zubringerstraße (T-Mündung) links und gleich wieder rechts Rchtg. Chemnitz/Karl-Marx-Stadt weiterfahren.
(*In Gegenrichtung* ist der Umweg durchs Zentrum wegen Einbahnstraßen erforderlich. Die Beschilderung Rchtg. Zwickau und Stollberg bringt Sie zur F 180 auf einer weiter nördlich führenden Verbindungsstraße, so daß Sie in diesem Fall *links* nach Hermsdorf und dort *rechts* abzweigen müssen.)

Nun schließt sich eine geradlinige Landstraße an, die von Hohenstein-Ernstthal durch Grüna zur Neustadt von Chemnitz/Karl-Marx-Stadt führt. Ohne Komplikationen wird das Zentrum des Etappenziels erreicht.

(*In Gegenrichtung* der Beschilderung Rchtg. Zwickau folgen, bis davon die Wegweiser Rchtg. Hohenstein-Ernstthal abzweigen. Letzteren auf ordentlichen Asphaltstraßen treu bleiben.)

Chemnitz / Karl-Marx-Stadt, 316000 Einw., Bezirksstadt, bekommt nach der Entscheidung seiner Bewohner den alten Namen zurück. Ob allerdings die Fülle von Straßen- und Ortsschildern in absehbarer Zeit vom ungeliebten "Karl Marx" befreit werden kann, darf getrost bezweifelt werden.

Den Namen des 'Religionsstifters' trägt Chemnitz seit 1953. Im Gegensatz zu vielen anderen sächsischen Großstädten hat es hier nie eine Fürstenresidenz gegeben, sondern aus der Textilproduktion entwickelte sich allmählich eine weitverzweigte Industrie. So erschien es in der DDR der 50er Jahre als folgerichtig, einer "Arbeiterstadt" in der geschehenen Form umzutaufen. Da Chemnitz im Zweiten Weltkrieg stark zerstört worden war, konnte die Stadt in einer als modern betrachteten Weise beim Wiederaufbau umgestaltet werden. Radfahrer werden als erfreuliche Konsequenz vermerken, daß das Straßennetz in überdurchschnittlich gutem Zustand ist.

Von den ursprünglich vorhandenen historischen Bauten sind der Rote Turm (ab 12. Jh.) und das Alte Rathaus (1498) rekonstruiert worden. Die einzige erhaltene Barockfassade von Chemnitz besitzt das Siegertsche Haus am Markt (1741).

Eine interessante Besonderheit weist der Theaterplatz auf, an dem eine Sammlung versteinerter Baumstämme (*Sterzeleanum*) aufgestellt ist.

Information: Straße der Nationen 3, 9010 Karl-Marx-Stadt, Tel. (+71) 62051.

Unterkunft (Auswahl): Hotel "Chemnitzer Hof" ****, Theaterplatz 4, Tel. (+71) 6840, 176 Betten in 109 Zi.; Hotel "Kongreß" ****, Karl-Marx-Platz, Tel. (+71) 6830, 588 Betten in 369 zi.; Hotel "Trabant" ***, Zwickauer Str. 452, Tel. (+71) 851012, 83 Betten in 42 Zi.; HO-Hotel "Carola" **, Otto-Grotewohl-Str. 10, Tel. (+71) 62655, 95 Betten in 57 Zi.

Jugendherberge: JH "Erich Steinfurth", Augustusburger Str. 369, Tel. (+71) 71331, 52 Betten (zzgl. 32 in der Saison).

Camping: Oberrabenstein, T/17, 100 Standpl.

Fahrradverleih: Fahrrad-Franke, Ecke Helmut Just-Str./Schloßstr.

Etappe 40:

Crimmitschau - Zwickau - Rodewisch - Auerbach/Falkenstein (44 km)

Diese geradlinige Zubringerstrecke zum Westerzgebirge beginnt in Crimmitschau auf der gemeinsamen Führung der Landstraßen Rchtg. Reichenbach/Werdau und Zwickau, die sich aber noch im Ortsgebiet aufgabelt, so daß Sie den Wegweisern nach Zwickau folgen können; die Stadt wird im Vorort Weißenborn erreicht.

Zwickau, 122000 Einw., an der Mulde gelegene Kreisstadt im Bez. Karl-Marx-Stadt, hat eine lange Tradition als Handels- und Industriestadt, deren schwacher Abklatsch heute die Fahrzeugproduktion des Sachsenring-Werkes ist: hier wurde der berüchtigte *Trabant*, auch zärtlich-herablassend "Pappschachtel" genannt, hergestellt.
Aufgrund ihrer Lage an der Handelsstraße Leipzig-Prag war die Stadt bereits im Mittelalter ein wichtiger Fernhandelsstützpunkt und gelangte im 15./16. Jh. zu besonderem Wohlstand, wozu auch der erzgebirgische Bergbau beitrug. Damals die größte Stadt Kursachsens, konnte sich Zwickau zahlreiche Repräsentationsbauten leisten, wovon im Bereich des Hauptmarkes das als Stadttheater genutzte frühere Gewandhaus (1525) und einige bemerkenswerte Bürgerhäuser einen Eindruck geben. Klerikale Kunstschätze finden sich im spätgotischen Dom St. Marien (heutiger Bau von 1453).
Zum kulturellen Selbstbewußtsein Zwickaus trägt bei, daß der Komponist Robert Schumann hier 1810 geboren wurde; in seinem Elternhaus ist eine Gedenkstätte eingerichtet worden.
Im südlichen Ortsteil *Planitz* steht ein Barockschloß in einem Park; dieses früher selbständige Dorf hat zudem eine Kirche (16. Jh.) mit reicher Ausstattung.
Information: Hauptstr. 46, 9540 Zwickau, Tel. (+74) 6007.
Unterkunft: HO-Hotel "Am Hauptbahnhof" *, Bahnhofstr. 62, Tel. (+74) 5301, 32 Betten in 25 Zi.; HO-Hotel "Zur Tanne", Karl-Keil-Str. 42, Tel. (+74) 73240, 10 Betten in 4 Zi.; HO-Hotel "Zwickauer Hof", Jahnstr. 30, Tel. (+74) 2626, 41 Betten in 20 Zi.; Hotel Merkur, Bahnhofstr. 58, Tel. (+74) 5433, 42 Betten in 28 Zi.
Jugendherberge: JH "Ernst Hänel", Wilkau-Haßlau, Culitzscher Str. 64, 9501 Culitzsch, Tel. (+74) 71615, 33 Betten.

Innerstädtisch fahren Sie in Zwickau auf der zum Stadtring ausgebauten F 93 Rchtg. Schneeberg und zweigen dann davon geradeaus ab auf den Straßenzug Humboldstraße-Planitzer Straße, der durch den Vorort Planitz (s.o.) führt und dann zur Landstraße Rchtg. Lengenfeld wird. Die Autobahn E 441 wird unterquert, und durch Irfersgrün geht es geradewegs nach *Lengenfeld*.
Unterkunft: Hotel "Deutsches Haus" *, Otto-Nuschke-Str. 4, 9802 Lengenfeld, Tel. (+62597) 2709, 28 Betten in 14 Zi.

Hier stoßen Sie auf die kreuzende F 94, auf der Sie links im Göltzschtal nach *Rodewisch* gelangen und somit im zum Westerzgebirge gehörenden *Vogtland* angekommen sind. Mit der F 169 radeln Sie rechts in die sich unmittelbar anschließende Bebauung von **Auerbach/Falkenstein**.

Kartenskizze Etappen 39 - 41

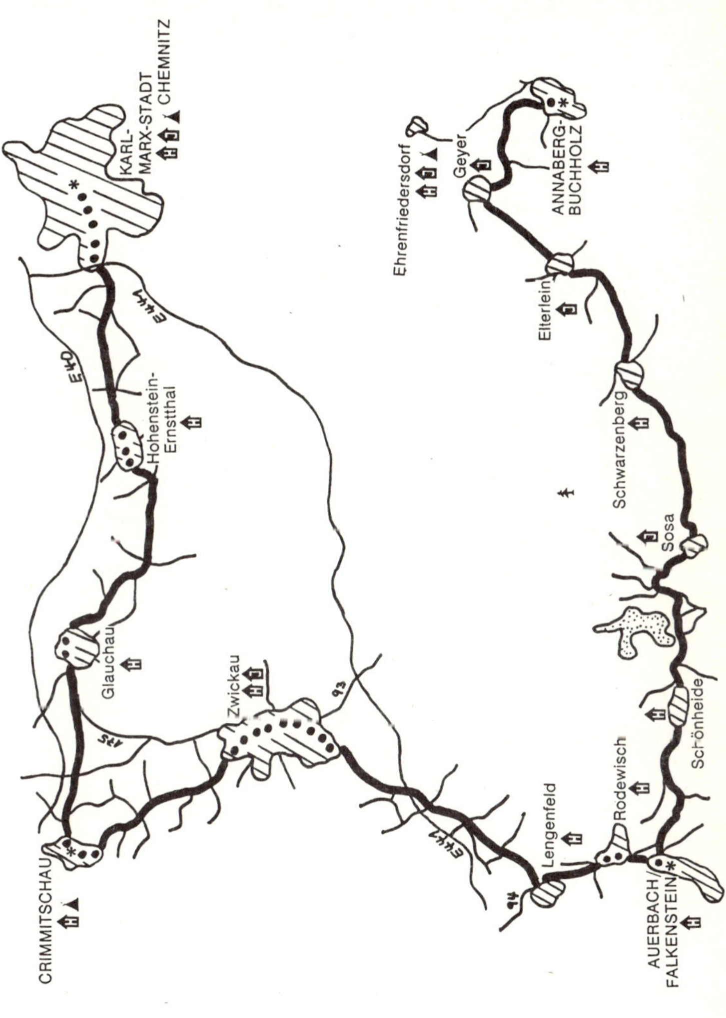

Information: "Reisewelt", Bebelstr. 2, 9700 Auerbach.
Unterkunft: Hotel "Ratskeller" *, Wernesgrüner Str. 23, 9706 Rodewisch, Tel. (+763) 37211, 20 Betten in 8 Zi.; HO-Bahnhofshotel ***, Karl-Marx-Str. 3, Auerbach, Tel. (+763) 3572, 28 Betten in 11 Zi.; Stadthotel **, Breitscheidstr. 6, Tel. (+763) 2267, 23 Betten in 10 Zi.; Gaststätte "Jägerhalle", Friedenstr. 50, 9704 Falkenstein, Tel. (+7636) 6860, 20 Betten in 14 Zi.; Gaststätte "Zur Sonne", August-Bebel-Str. 2, Falkenstein, Tel. (+7636) 5062, 13 Betten in 6 Zi.
Jugendherberge: JH "Thomas Müntzer", Thomas-Müntzer-Weg 9, 9702 Bergen, Tel. (+76393) 320, 70 Betten (zzgl. 64 in der Saison).

Etappe 41:
Auerbach - Schönheide - Sosa - Schwarzenberg - Geyer - Annaberg-Buchholz (70 km)

Zwar führt diese Route nur über die Randbereiche des Westerzgebirges, verlangt aber dennoch mit ihren Steigungen eine gewisse Kondition der Beinmuskulatur. Sie nimmt ihren Anfang auf der Landstraße, die von Auerbach durch den Stadtteil Hinterhainbrunn hinauf nach Schnarrtanne und weiter durch *Schönheide* verläuft.
Unterkunft: HO-Hotel "Schwan", Ernst-Thälmann-Str. 59, 9413 Schönheide, Tel. (+76195) 427, 8 Betten in 4 Zi.; Hotel "Carlshof", Eibenstocker Str. 31, Tel. (+76195) 557, 23 Betten in 12 Zi.

In den östlichen Ortsteilen mündet die Straße in die von rechts hinzustoßende F 283 Rchtg. Aue, die zwischen der Talsperre Eibenstock und dem gleichnamigen Städtchen hindurch ostwärts zielt und dann hinab ins Tal der Zwickauer Mulde führt. Gleich darauf zweigt rechts die Landstraße über die Mulde hinweg ins Dörfchen Blauenthal und dann bergauf nach *Sosa* ab.
Jugendherberge: JH "Hans Beimler", Rote Grube, 9414 Sosa, Tel. Johanngeorgenstadt 2824, 60 Betten; JH "Karl Marx", Am Fröhlichwald, selbes Tel., 36 Betten.

Auf ein kürzeres, aber steiles Gefälle folgt das schweißtreibende Erklimmen der Straße hinauf zum *Ochsenkopf*, die fast auf 800 m ü.N.N. steigt und dann allmählich abwärts nach **Schwarzenberg** in den tiefen Talkessel des Schwarzwasser führt. In diesem Industriestädtchen (17000 Einw.) zieht ein spätgotisches Schloß (15./16. Jh.) die Blicke auf sich; Teile sind als Museum zugänglich. Sehenswert ist auch die überdachte Holzbrücke über das Schwarzwasser.
Information: Rat der Stadt, Straße der Einheit 20, 9430 Schwarzenberg, Tel. Schwarzenberg 4141.
Unterkunft: HO-Hotel "Haus der Einheit" **, Platz der Befreiung, Tel. 3248, 33 Betten in 16 Zi.

Fahren Sie durch den Ort zur F 101, der Sie kurz rechts Rchtg. Annaberg-Buchholz folgen, bis links die Landstraße nach *Elterlein* abzweigt; auf dem

Weg dorthin ist ein Abstecher in das Örtchen *Waschleithe* möglich, wo ein Untertagemuseum in Form eines Schaubergwerkes einen Besuch lohnt.
Jugendherberge: JH "Glückauf", Grünhainer Str. 35, 9306 Elterlein, Tel. (+76599) 530, 56 Betten.

Geradlinige 7 km bringen Sie nach *Geyer*. 3 km nördlich dieses Dorfes ragt die Felsgruppe der *Greifensteine* empor, Reste eines erodierten Granitmassivs, die zum einen ein populäres Klettergebiet darstellen und zum anderen einem Naturtheater als Kulisse dienen.
Unterkunft: KG-Gaststätte "Greifensteine", Greifensteinstr. 36, 9373 Ehrenfriedersdorf, Tel. (+76591) 233, 16 Betten in 8 Zi.
Jugendherberge: JH "Wilhelm Pieck", Zechenweg B 20 H, 9307 Geyer, Tel. (+76596) 364, 103 Betten; JH "Kurt Richter", Greifensteinstr. 41, 9373 Ehrenfriedersdorf, Tel. (+76591) 253, 41 Betten.
Camping: Am Greifenbachstauweiher, T/14, Ehrenfriedersdorf, 1450 Standpl.

In Geyer biegen Sie rechts auf die Landstraße Rchtg. Annaberg-Buchholz ein, die in Tannenberg nach Überqueren der Zschopau an einer T-Mündung endet; hier geht's links am Fluß entlang weiter. Nach knapp 4 km heißt es aufpassen: nicht bis zur F 95 durchradeln, sondern schon kurz vorher rechts in die Nebenstraße einbiegen, die auf der Westseite der Eisenbahntrasse bleibt und südwärts nach *Frohnau* führt. In diesem Dorf gibt es in einer ehemaligen Getreidemühle das technische Museum "Frohnauer Hammer" als frühindustrielles Denkmal zu besichtigen. Durch den Wechsel auf die andere Seite der Eisenbahn erreichen Sie das Etappenziel.

Annaberg-Buchholz, 26000 Einw., Kreisstadt im Bez. Karl-Marx-Stadt, ist der 1945 durchgeführte Zusammenschluß zwei alter Bergbaustädte, von denen vor allem Annaberg seit Beginn des 16. Jh. zu beträchtlichem Wohlstand gelangt war. In dieser Zeit wirkte auch der berühmteste Sohn der Stadt, der "Rechenmeister des deutschen Volkes" Adam Ries (nicht Riese!), dessen Wohnhaus (Johannesgasse 23) konsequenterweise gerne vorgezeigt wird. Als Dokument der hohen Einkünfte der Annaberger dient die spätgotische St.-Annenkirche (1525), die größte Hallenkirche Sachsens. Gegenüber der Kirche werden im Erzgebirgsmuseum Exponate zur Geschichte der Stadt und des Obererzgebirges gezeigt. Am Markt stehen außer dem Rathaus zahlreiche alte Bürgerhäuser, die wie die ganze Altstadt unter Denkmalschutz stehen.
Information: "Reisewelt", Ernst-Thälmann-Str. 34, 9300 Annaberg-Buchholz.
Unterkunft: "Berghotel" *, Pöhlberg, Tel. (+765) 2081, 20 Betten in 8 Zi.; Hotel "Goldene Sonne" *, Adam-Ries-Str. 11, Tel. (+765) 2183, 32 Betten in 12 Zi.; HO-Hotel "Wilder Mann", Tel. (+765) 2122, 40 Betten in 18 Zi.

Etappe 42:

Annaberg-Buchholz - Steinbach - Rothental - Hüttengrund (40 km)

Diese Route durch das mittlere Erzgebirge verläuft weitgehend direkt an der Grenze zur Tschechoslowakei. Sie beginnt in Annaberg-Buchholz auf der Landstraße Rchtg. Marienberg, die zuerst sanft, dann serpentinenmäßig ins Tal des Pöhlbachs nach Geyersdorf und anschließend wieder gemäßigter hinauf nach *Mildenau* führt. Am dortigen Ortsende wählen Sie an der Gabelung rechts die Straße nach *Arnsfeld*, die sich der erzgebirgischen Sitte des Auf-und-Ab anschließt.

Jugendherberge: JH "Kurt Löser", Nr. 62b, 9301 Arnsfeld, Tel. (+765) 2106, 53 Betten, am westl. Berghang.

Die Straße setzt sich geradeaus fort nach *Steinbach* und trifft dort nach Überquerung der Preßnitz auf eine T-Mündung. Zuerst rechts, bald darauf links radeln Sie durch den Ort Rchtg. Satzung, halten sich aber nach 2 km links, um mit einer Querverbindung Rchtg. Reitzenhein zur F 174 zu gelangen, die unweit der Einmündung einen Grenzübergang zur CSFR anpeilt. Im Gegensatz dazu fahren Sie jedoch nach links auf der Fernstraße bis Reitzenhein und biegen dort erneut rechts auf die grenzbegleitende Landstraße ab: durch Dörfer wie Kühnhaide, Rübenau und Rothenthal wird das Etappenziel **Hüttengrund** erreicht, wo Anknüpfungen Rchtg. Osten und Westen bestehen.

Information: "Reisewelt", Grünthäler Str. 16, 9330 Olbernhau.

Unterkunft: HO-Hotel "Stadt Olbernhau", Ernst-Thälmann-Platz 15, Olbernhau, Tel. Olbernhau 2691, 3 km westl.

Jugendherberge: JH "Artur Becker", 9341 Ansprung, Tel. Zöblitz 355, 124 Betten; JH "Conrad Blenkle", Freiberger Str. 98, 9347 Zöblitz, Tel. Zöblitz 337, 23 Betten (zzgl. 5 in der Saison).

Etappe 43:

Chemnitz/Karl-Marx-Stadt - Augustusburg - Lengefeld - Olbernhau - Hüttengrund (44 km)

Eine zügige Strecke ins mittlere Erzgebirge, mit den unvermeidlichen Steigungen gewürzt. Sie beginnt höchst unkompliziert, nämlich auf der geradlinigen "Augustusburger Straße", die ihren Anfang beim *Centrum*-Warenhaus nimmt und durch den Vorort Gablenz nach Erdmannsdorf führt. Hier kreuzen Sie die F 180 und rollen hinab zur Brücke über die Zschopau, hinter der es wieder hinauf nach **Augustusburg** geht. Die Attraktion dieses Städtchens ist das viertürmige Renaissanceschloß (1573), zwar "nur" als Jagdsitz errichtet, aber immerhin das größte Schloß des Erzgebirges. Von der Innenausstattung ist im Laufe der Jahrhunderte allerdings nicht viel übriggeblieben (Ausnahme: die Schloßkapelle), so daß einer heutigen Bedürfnissen angepaßten Nutzung nichts entgegenstand. Diese besteht zum einen in den obligaten Museen - in diesem Fall für Jagdtier- und Vogelkunde, für Motorräder und Kutschen -, zum anderen in einer Jugendherberge.

Information: Kurverwaltung, Rathaus, 9382 Augustusburg, Tel. (+7291) 251.

Unterkunft: HO-Hotel "Waldhaus" **, Am Ernst-Thälmann-Platz 7, Tel. 807291) 317, 26 Betten in 14 Zi.; Hotel "Café Friedrich", Villenkolonie, Tel. (+7291) 531, 19 Betten in 8 Zi.

Jugendherberge: JH "Schloß Augustusburg", im Schloß, Tel. (+7291) 256, 155 Betten.

Kartenskizze Etappen 42 & 43

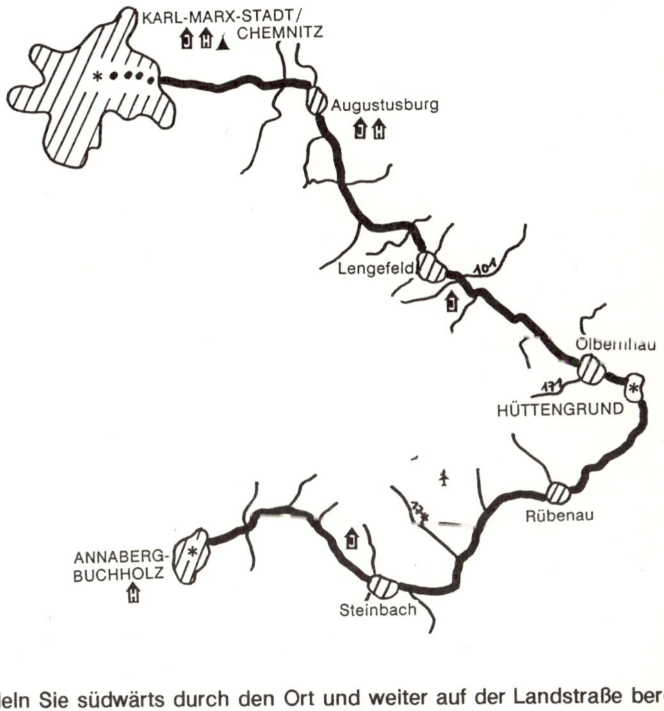

Radeln Sie südwärts durch den Ort und weiter auf der Landstraße bergan durch Waldkirchen nach Börnichen, wo Sie sich mit den Wegweisern Rchtg. Lengefeld links halten. Nun fahren Sie hinab nach Wünschendorf und dort rechts abzweigend wieder bergan nach Lengefeld. Mit der Beschilderung nach *Pockau* gelangen Sie anschließend ins Tal der Flöha.

Jugendherberge: JH "Hanno Günther", Willi-Neubauer-Str. 34, 9345 Pockau, Tel. (+62597) 9589, 42 Betten.

Dem Fluß folgt die Landstraße nach *Olbernhau*, geradewegs über die F 171 hinweg und zum Etappenende **Hüttengrund** (s. Etappe 42) mit den dort gegebenen Anknüpfungspunkten.

Etappe 44:
Hüttengrund - Rechenberg-Bienenmühle - Altenberg - Glashütte - Heidenau - Dresden (110 km)

Da diese Strecke den größten Teil des Osterzgebirges durchquert, hilft es der Wadenmuskulatur nicht viel, daß weite Teile Flüssen folgen - zum einen sind die Täler so eng, daß die Straßen häufig auf und ab führen, zum anderen harren zwischen den Tälern die unvermeidlichen Berghöhen.
Die Landstraße nach Neuhasen begleitet das Tal der Flöha und schwenkt dort links Rchtg. Cämmerswalde. In *Rauschenbach* halten Sie sich rechts, queren den Fluß und passieren dann die Talsperre auf dem Weg nach Deutschgeorgenthal, das unmittelbar an der Grenze zur CSFR liegt. Eine kräftige und lange Steigung schließt sich an, gefolgt von einer teils sehr steilen Abfahrt ins Tal der Freiberger Mulde hinab nach *Rechenberg-Bienenmühle*. Überqueren Sie den Fluß mittels einiger Meter der F 171, und radeln Sie an der T-Mündung rechts auf die Landstraße Rchtg. Altenberg.
Jugendherberge: JH "Hilde Coppi", Ringelstr. 6, 9201 Holzhau, Tel. Rechenberg-Bienenmühle 322, 52 Betten.

Die Straße klettert nun allmählich aus dem Tal der Freiberger Mulde hinaus; in Höhe der Kuppe biegen Sie rechts ab Rchtg. Altenberg und haben auf dieser grenzbegleitenden Route noch zweimal Abzweigungen (erst links, dann rechts) vor sich, bis Sie hinab nach Rehefeld-Zaunhaus ins Tal der Wilden Weißeritz gelangen. Über einen recht steilen Berg hinweg schließt sich die Landstraße nach **Altenberg** an. Dieses Städtchen (3000 Einw.) am Geisingberg hat eine lange Tradition als Bergbaustadt - bis heute wird hier Zinn gewonnen -, aufgrund seiner Lage mittlerweile jedoch zudem Renommee als Fremdenverkehrsort. Dem Bergbau ist ein Museum gewidmet. Als Folge von Grubeneinbrüchen ist die *Pinge* entstanden, ein mittlerweile 22 ha großer Trichter, der touristischer Anziehungspunkt ist.
Unterkunft: HO-Hotel "Gebirgshof", Hauptstr. 86, 8238 Schellerhau, Tel. (+52692) 4277, 19 Betten in 10 Zi.; KG-Gaststätte "Sporthäusel", Hauptstr. 42 , 8244 Geising, Tel. (+52696) 817, 16 Betten in 7 Zi.
Jugendherberge: JH "Otto Buchwitz", Rehefelder Str. 16, 8242 Altenberg, Tel. (+52696) 826, 54 Betten & 30 Zeltstandpl.; JH "Hanno Günther", Teplitzer Str. 34, Geising, Tel. (+52696) 4465, 60 Betten; JH "Grete Walter", Löwenhainer Str. 33, Geising, Tel. (+52696) 4462, 54 Betten.
Camping: Am Kleinen Galgenteich, R/2, Altenberg, 500 Standpl.

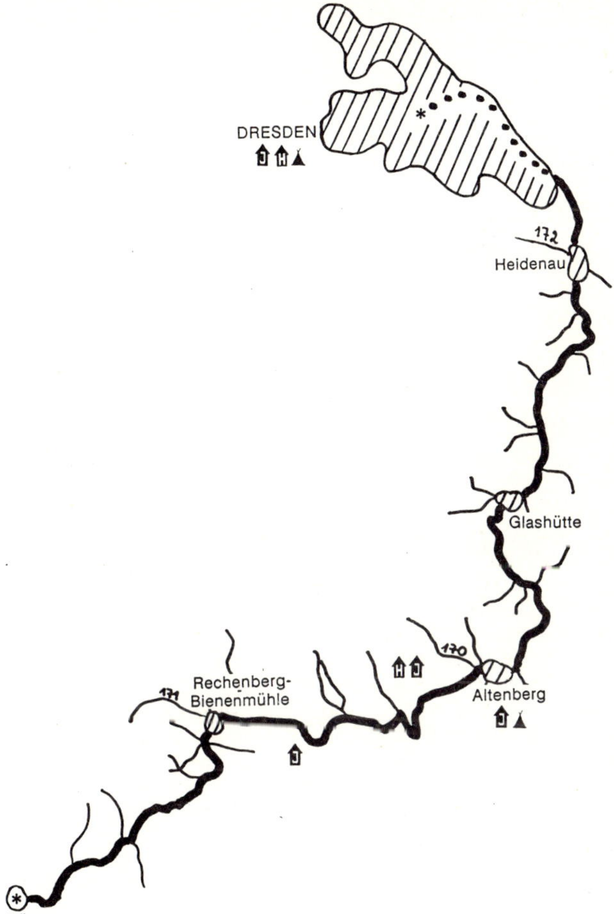
DRESDEN
172
Heidenau
Glashütte
170
Altenberg
Rechenberg-
Bienenmühle
171
HÜTTENGRUND

Nach einem kurzen innerörtlichen Stück auf der vielbefahrenen F 170/E 55 Rchtg. Prag biegen Sie gleich wieder links ab auf die Landstraße ins benachbarte Geising, wo der Höhepunkt der Erzgebirgstour erreicht ist, denn nun geht's allmählich bergab durch Lauenstein und Bärenstein nach Glashütte. Die Straße folgt nun zum einen dem Tal der Müglitz, zum anderen der parallel verlaufenden Eisenbahnstrecke, wobei sehr häufig von der einen zur anderen Seite der Trasse gewechselt wird. Durch Schlottwitz und Dohna gelangen Sie nach *Heidenau*, wo Sie über die F 172 hinweg fahren und somit die Beschilderung Rchtg. Dresden ignorieren. Radeln Sie geradeaus weiter bis zum Elbufer und folgen Sie dann nach links den uferbegleitenden Straßen ins Zentrum von **Dresden** (s. Etappe 18).
(*In Gegenrichtung:* auf dem Südufer der Elbe dem Straßenzug Käthe-Kollwitz-Ufer - Naumannstraße - Tolkewitzer Straße folgen.)

Etappe 45:
Altenburg - Lumpzig - Gera - Bad Köstritz - Wetterzeube - Zeitz - Groitzsch - Pegau - Kitzen - Leipzig (115 km)

Je nach Startpunkt in Altenburg ist der Anfang dieser Etappe nicht ganz leicht, da die Einbahnstraßenregelung um das Zentrum und die starken Steigungen innerhalb des Stadtgebietes jeden unnötigen Kilometer schmerzlich empfinden lassen.
Die richtige Ausfallstraße Rchtg. Lumpzig ist zwar prinzipiell korrekt beschildert, aber um den Anfang der Beschilderung zu finden, müssen Sie grundsätzlich zuerst den Wegweisern zur F 7 Rchtg. Gera und Schmölln folgen. Am Stadtrand beginnt von dieser abzweigend die Landstraße über Lumpzig nach Gera, die durch ihren guten Ausbauzustand dokumentiert, daß sie einmal Hauptstraßenfunktion hatte.
In *Hartha* wird eine Eisenbahnstrecke gekreuzt, die auf der Karte fehlt. Als Abkürzung zur Landstraße können Sie in Hartha ggf. über Frankenau links schwenken; ansonsten radeln Sie geradeaus auf der Landstraße bis zu einer T-Mündung, an der Sie links (nur in Rchtg. Autobahn beschildert, *in Gegenrichtung* beschildert) Rchtg. Ronneburg fahren und nach ca. 1 km zur Kreuzung kommen, an der von links die Abkürzung (s.o.) hinzustößt und Sie nun rechts Rchtg. Gera einbiegen.
Noch zwei nennenswerte Höhenunterschiede harren Ihrer: zuerst geht's tief hinab ins Tal von *Dorna*, dann lange und steil darauf wieder hinauf und dabei unter der Autobahn hinweg zur Kreuzung auf der Höhe, an der als einziges Schild das Rchtg. Trebnitz (links) steht. Ohne abzubiegen radeln Sie geradeaus nach Gera, das Sie über die "Dornaer Straße" erreichen. An der T-Mündung im Tal auf eine mit Straßenbahnschienen garnierte Straße sind Sie angekommen.

Gera, 131000 Einw., Bezirksstadt, gehört zu jenen thüringischen Städten, die unauffällig dem Handel nachgingen, sich mit Bürgerhäusern schmückten und aus der großen Politik raushielten. Dieses Bild bieten dementsprechend auch jene Bauten, die - nach dem großen Stadtbrand von 1780 meist im 19. Jh. errichtet - die Luftangriffe des Zweiten Weltkrieges überstanden haben; der heutigen Funktion Geras entsprechend überwiegen in der Industrie- und Verwaltungsstadt die Neubauten. Repräsentationsbauten älteren Datums finden sich noch am Markt, so das dekorative Rathaus und die Stadtapotheke (beide 16. Jh.).

Im Schreiberschen Haus von 1688 ist ein Naturkundemuseum zu finden; im ehemaligen Zucht- und Waisenhaus (!), einem dreistöckigen Barockbau von 1738, ist heute ein Museum für Geschichte untergebracht. Eine ständige Ausstellung von Werken des in Gera geborenen Malers Otto Dix ist in der nordwestlich des Zentrums gelegenen Orangerie (1732) zu finden.

Information: Dr.-Rudolf-Breitscheid-Str. 1, 6500 Gera, Tel. (+70) 26432.

Unterkunft: Hotel "Gera" ****, Straße der Republik 30, Tel. (+70) 22991, 370 Betten in 310 Zi.; HO-Hotel "Stadt Gera" ***, Franz-Petrich-Str. 1, Tel. (+70) 26618, 120 Betten in 61 Zi.

Jugendherberge: JH "Thomas Mann", 6502 Gera-Zeulsdorf, Tel. (+70) 36031, 77 Betten.

Im Stadtzentrum Geras halten Sie sich in Richtung der Zufahrt zur F 7 Rchtg. Jena und biegen am Friedrich-Naumann-Platz links (unbeschildert!) in die Dimitroff-Allee ab, wodurch die Nebenstrecke in den Geraer Vorort Milbitz (Schellingstr., Magnus-Poser-Str., Milbitzer Str., Thieschitzer Str.) bereits gefunden ist. In Milbitz zweigt von dieser Straße rechts die Verbindung nach **Bad Köstritz**, den Geburtsort des Komponisten Heinrich Schütz (Gedenkstätte), ab und endet dort in Sichtweite der F 7 an der Landstraße aus Rchtg. Bad Klosterlausnitz.

(*In Gegenrichtung* von der Landstraße Bad Klosterlausnitz-Bad Köstritz 15 m vor der F 7 scharflinks auf die Nebenstraße Rchtg. "Kinderferienlager Oehlsdorfmühle" abbiegen, die westlich der Weißen Elster in den Geraer Vorort *Milbitz* und von dort auf der Landstraße links nach Gera führt.)

Unterkunft: Wismut-Hotel "Goldener Löwe", Ernst-Thälmann-Str. 5, 6504 Bad Köstritz, Tel. (+7095) 755, 19 Betten in 6 Zi.

In Bad Köstritz mündet die Etappenführung nun auf die F 7 Rchtg. Eisenberg und nutzt bis Hartmannsdorf die Hauptstraße. Dort biegen Sie gleich hinter dem Bahnübergang rechts ab auf die Landstraße durch *Krossen* Rchtg. Zeitz, ein ausgesprochen freundliches, asphaltiertes Sträßchen in schöner Landschaft, durch nette Dörfer und oft in Sichtweite der Weißen Elster. In *Grana* ignorieren Sie die links zur F 180 weisende Beschilderung Rchtg.

Zeitz, sondern halten sich rechts (unbeschildert, nur auf einem alten Steinwegweiser "Zeitz" angekündigt) und sind so nach weniger als 1 km am Stadtrand.

Zeitz, 43000 Einw., Bez. Halle, ist zwar eine alte Bischofsstadt, präsentiert sich heute jedoch als integrativer Bestandteil der Industrieregion Halle-Leipzig. Der frühere Dom, eine mehrfach umgebaute ursprünglich romanische Basilika, diente im 17. Jh. als Schloßkirche der Herzöge von Sachsen-Zeitz, die 1656-1718 in Zeitz residierten und auch den Bau des Schlosses Moritzburg veranlaßten; im Schloß ist ein Museum untergebracht. Die ehemalige Stadtbefestigung ist in Form von sechs Wehrtürmen und einigen Resten der Stadtmauer erhalten.
Information: Friedensplatz 5, 4900 Zeitz, Tel. (+450) 2914.
Unterkunft: Hotel "Drei Schwäne" ***, Friedensplatz 6, Tel. (+450) 2686, 64 Betten in 30 Zi.
Jugendherberge: JH, 4901 Kretzschau, Tel. (+450) 2678, 145 Betten & 20 Zeltstandpl., westl.
Camping: Kretzschau, 50 Standpl., westl.

Wenn Sie geradeaus auf der Albrechtstraße in die Stadt und auf den anschließenden Straßen hindurch fahren, endet die Straße an einer T-Mündung, wo Sie rechts und gleich wieder links dem Wegweiser zum "Hydrierwerk Zeitz" folgen. Dieses befindet sich bei Tröglitz und wird von der Landstraße nach *Könderitz* fast durchschnitten. Durch Auligk verläuft die Etappe geradewegs nach *Groitzsch*.
Unterkunft: Hotel "Weißes Roß" **, Platz des Friedens 10, 7222 Groitzsch, Tel. (+4296) 2202, 17 Betten in 9 Zi.

Die Rchtg. Pegau sich anbietende Nebenverbindung zur F 2 (etwas links versetzt kreuzen) ist offiziell gesperrt. Wer sie dennoch nutzen möchte, muß an der Westseite des Marktplatzes von Groitzsch ("Platz des Friedens") auf der angeblichen Sackgasse nordwärts fahren. Ansonsten ist der Beschilderung Rchtg. Leipzig zur F 176 zu folgen, links auf die Hauptstraße einzubiegen und bis zur T-Mündung auf die F 2 zu fahren. Auf dieser vielbefahrenen Straße radeln Sie links aber nur über die Eisenbahn hinweg und biegen gleich darauf rechts ab hinein nach **Pegau**. Dieser alte, aber stark heruntergekommene Ort kann eine spätgotische Backsteinkirche (17. Jh.), ein Renaissancerathaus und ein Heimatmuseum aufweisen.

Leider zeigt sich das Alter des Ortes aber auch in einer recht chaotischen Straßenführung, so daß Sie wahrscheinlich auf Nachfragen angewiesen sein werden, wenn Sie nicht in die Irre fahren möchten. Im Prinzip radeln Sie ent-

Kartenskizze Etappen 45 & 46

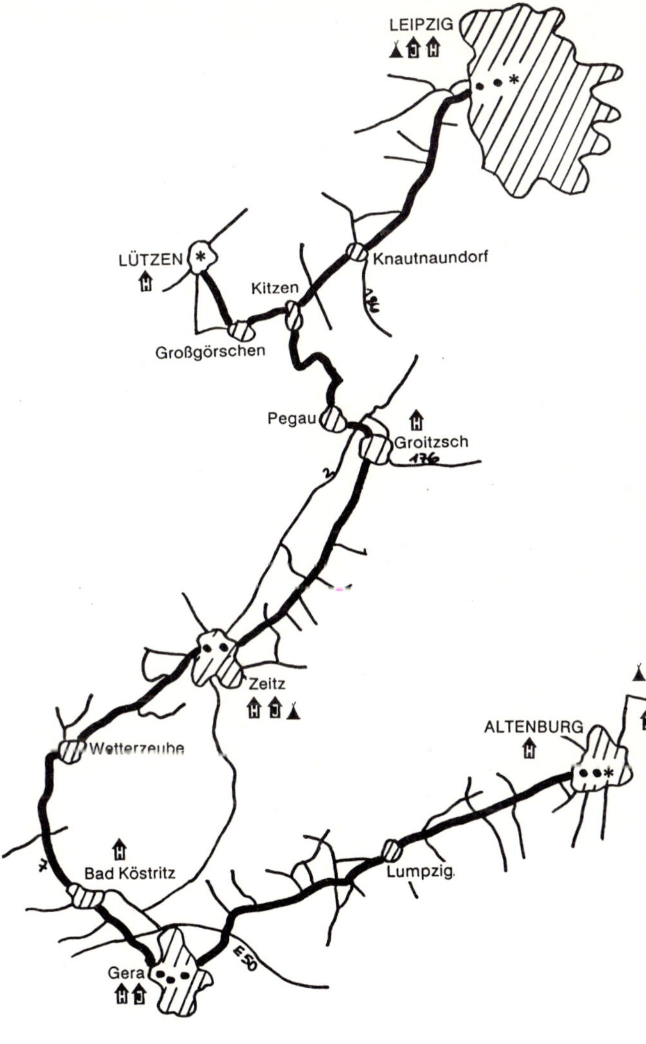

sprechend der Vorfahrtsregelung durch den Ort, bis rechts eine Bahnlinie auftaucht. Diese hat in geringem Abstand voneinander zwei Übergänge: einen schmalen, eingleisigen beim Bahnhof Pegau-Ost und einen breiteren, zweigleisigen weiter westlich bei einem Stellwerksgebäude. Letzteren wählen Sie und fahren auf der Landstraße Rchtg. Storkwitz. Am Ortseingang von Großstorkwitz biegen Sie links ab Rchtg. Werben und kommen über die bis dahin parallel verlaufende Nord-Süd-Bahnstrecke hinweg. Nach 2 km geht es beim Ort Seegel erneut links ab nach Werben, wo die abknickende Vorfahrt und eine weitere T-Mündung Sie jeweils rechts schwenken lassen nach *Kitzen*. In Umkehrung des Endes von Etappe 46 schließt sich die Landstraße über Knautnaundorf nach **Leipzig** (s. Etappe 28) an.

Etappe 46:
Leipzig - Knautnaundorf - Kitzen - Großgörschen - Lützen (33 km)

Diese Strecke kann durch Auslassen von Lützen (s.u.) direkt via Etappe 48 fortgesetzt und somit insgesamt um ca. 10 km verkürzt werden.
Sie beginnt am Westrand von Leipzig beim Zentralen Kulturpark Clara Zetkin auf der Philipp-Müller-Straße, die die Lützener Straße (=F 87 Rchtg. Lützen) kreuzt. Auf ihr radeln Sie südwärts durch die Leipziger Vororte Plagwitz, Windorf und Knauthain Rchtg. Stadtgrenze. In Knauthain wählen Sie nach dem Ende der vorher begleitenden Straßenbahn bzw. nach dem Bahnhof Knauthain die zweite Straße rechts (Knautnaundorfer Straße), wodurch Sie auf der richtigen Nebenstrecke bereits angekommen sind. Auf ihr erreichen Sie schließlich *Kitzen*, wo Sie rechts abbiegen nach Großgörschen. Eine weitere Rechtsabzweigung stellt die Verbindung nach Lützen her; falls Sie dieses Städtchen nicht besuchen wollen, kürzen Sie über die Nebenstraße via Rahna und Starsiedel zu Etappe 48 ab.

Lützen hat ein recht hübsches Rathaus und ein Schloß (13. Jh.), in dem ein Museum untergebracht ist. Ca. 1 km der Stadt nördl. an der F 87 Rchtg. Leipzig befindet sich die *Gustav-Adolf-Gedenkstätte* mit Museum, die dem schwedischen König gewidmet ist, der am 16.11.1632 in der Schlacht bei Lützen gefallen ist und einigen protestantischen Gruppen als Leitfigur dient.
Unterkunft: HO-Gaststätte "Roter Löwe", Ernst-Thälmann-Str. 9, 4854 Lützen, Tel. (+45394) 213, 12 Betten in 6 Zi.

Etappe 47:

Halle - Peißen - Döllnitz - Lochau - Merseburg - Braunsbedra - Naumburg (62 km)

Je nach Startpunkt für diese gleich zu zwei Bischofsstädten führenden Route gibt es folgende Varianten:
- als nahtloser Anschluß an Etappe 55 oder 57 wie bei Etappe 99 von Halle-Trotha aus nach Braschwitz, dort südwärts auf die Nebenstraße nach Peißen einbiegen, wobei auf diesem Teilstück die F 100 zu überqueren ist;
- vom Hallenser Zentrum aus beginnend am Thälmannplatz (am Hauptbahnhof) auf die "Straße der Deutsch-Sowjetischen Freundschaft" in den Vorort Reideburg, wo die übrige Etappenbeschreibung anknüpft.

Die Straße von der F 100 durch Peißen südwärts präsentiert sich von ihrer schlechtesten Seite: extremes Holperpflaster. In Schlängellinien wird *Peißen* durchfahren, und dann geht es rechts ab Rchtg. Reideburg durch Stichelsdorf. *Reideburg* hat kein Ortseingangsschild an dieser Strecke, dafür aber eine Einbahnstraßenregelung, die aus dieser Richtung einen Rechtsschlenker erfordert, um zur Paul-Singer-Straße zu gelangen. Im südlichen Teil von Reideburg kommt man an eine kreuzende Vorfahrtstraße (Straßenzug Delitzscher Straße - Straße der Deutsch-Sowjetischen Freundschaft), wo es optisch geradeaus auf die Äußere Leipziger Straße geht, die erneut das Gebiß zum Klappern bringt. Hinter Zwintschöna wird die Straße besser, die F 6 wird gekreuzt, und geradeaus wird *Dieskau* (Speisegaststätte "Ritter") auf dem Weg nach *Döllnitz* durchfahren.

Dort existieren sowohl in Nord/Süd- als auch in West/Ost-Richtung Einbahnstraßenregelungen, weshalb in dieser Fahrrichtung ein Rechtsschlenker erforderlich ist, bis die Landstraße Rchtg. Schkeuditz erreicht wird. Auf dem Weg nach Lochau wird eine auf der Karte nicht verzeichnete Eisenbahnstrecke (Industriegleis der Leuna-Werke) unterquert, und direkt vor dem Ortsanfang von Lochau wählen Sie die rechts abzweigende Nebenstraße durch das einmal als "schönstes Dorf" ausgezeichnete Burgliebenau (Erkennungszeichen: selbst angelegte Gehwege in den Wohnstraßen) Rchtg. Merseburg. Abseits dieser Nebenstraße wechseln sich Braunkohlenbergbau mit Landschaftsschutzgebieten ab, und schließlich endet die Straße an einer T-Mündung auf die F 181, auf der Sie rechts nach Merseburg gelangen.

Merseburg, 48000 Einw., Bez. Halle, ist eine bekannte Bischofs- und Residenzstadt mit den entsprechenden Bauwerken: dem Dom und dem Schloß. Beide sind von der Brücke über den westlichen Seitenarm der Saale sehr schön zu sehen. In der kleinen Altstadt ist das Alte Rathaus (15./16. Jh.) optisch beherrschend.
Der Dom stammt in seiner heutigen Form aus der Zeit ab dem 11. Jh. und enthält zahlreiche Kunstschätze. Das Domstiftsarchiv verfügt über eine reichliche Sammlung mittelalterlicher Handschriften, darunter die berühmten Merseburger Zaubersprüche aus dem 10. Jh.
Das dreiflügelige Schloß mit Teilen der Spätgotik und Spätrenaissance beherbergt in seinem Ostflügel ein Museum; nördlich des Schlosses erstreckt sich der Schloßgarten (1661 angelegt).
Information: Bahnhofstr. 17, 4200 Merseburg, Tel. (+442) 214170.
Unterkunft: Hotel "Dessauer Hof" ***, Straße der DSF 4, Tel. (+442) 211145, 55 Betten in 37 Zi.

Im direkten Anschluß an den bisherigen Verlauf der Etappe oder nach einer Stadtbesichtigung wählen Sie die F 91 Rchtg. Weißenfels, verlassen diese aber gleich südlich der Einmündung der F 181 rechts auf die Landstraße durch Merseburg-Süd Rchtg. Mücheln. Wenn die Strecke durch den Vorort Beuna hindurch gelangt ist, wird linkerhand freie Sicht gewährt auf die berüchtigten *Leuna*-Werke. Auch ausgebaggerte Braunkohlengruben dokumentieren die Bedeutung, die diese Industrieregion bislang hatte. In Braunsbedra biegen Sie links auf eine unbeschilderte, relativ schmale Pflasterstraße ab, deren Lage Sie an der unmittelbar vorher befindlichen Kirche erkennen. Nach einigen hundert Metern steht in einer Kurve das Sicherheit vermittelnde Hinweisschild Rchtg. Freyburg, am Ortsausgang erweitert durch die Ankündigung von Weißenfels und Leiha. Nun folgen ein ordentlicher Hügel und eine steile Abfahrt nach Leiha, wo Sie rechts auf die Landstraße Rchtg. Freiburg und Gröst einbiegen. Nach 1 km zweigt links die Straße Rchtg. Naumburg ab, führt über einen kleineren Hügel und geradeaus in eine Senke und wieder bergan. Wenn die Vorfahrtstraße links Rchtg. Weißenfels schwenkt, verlassen Sie sie geradeaus Rchtg. Naumburg. In recht stetigem Auf und Ab geht es durch ein Hügelland nach *Markröhlitz*.
Jugendherberge: JH "Arthur Weisbrodt", 4851 Goseck, Tel. (+453) 82277, 65 Betten, im Schloß, 2 km südl.

(Kurz hinter Markröhlitz besteht eine beschilderte Querverbindung über die Nebenstraße nach Freyburg [s. Etappe 49]).

Nach weiteren 10 km radeln Sie schließlich hinab nach Naumburg Henne. Das sind die nördlich der Saale befindlichen Teile des Etappenziels. An einer dreisternförmigen Einmündung in die Landstraße Freyburg-Naumburg halten Sie sich links, überqueren die Saale und unterqueren eine Eisenbahnbrücke, um schließlich hinauf nach Naumburg zu gelangen.

Naumburg, 32000 Einw., Bez. Halle, ist eine berühmte Bischofsstadt am Nordostrand des Thüringer Beckens in einer Schleife der Saale bei deren Zufluß von der Unstrut. Über die Stadtgeschichte informiert das Museum in der Grochlitzer Str. 49.

Monument der klerikalen Vergangenheit ist der Dom St. Peter und Paul, an dem vom 13. bis zum 19. Jh. fast ständig gebaut wurde. Die bekanntesten Kunstwerke des Doms sind die zwölf Stifterfiguren im Westchor, lebensgroße Kalksteinskulpturen in zeitgenössisch-modischen Gewändern.

Die Innenstadt ist vom Dom aus über einen kurzen Fußweg zu erreichen. Ihr Zentrum ist der Wilhelm-Pieck-Platz (Markt), an dem das spätgotische Rathaus (1528 fertiggestellt) steht. Zahlreiche alte Bürgerhäuser mit hübschen Giebeln befinden sich in den Nebenstraßen des Platzes.

Unter den übrigen Kirchen Naumburgs ist die Stadtkirche St. Wenzel nahe des Pieckplatzes die bedeutendste. Die spätgotische Hallenkirche (13.-16. Jh.) ist außen reich geschmückt und verfügt innen über eine alte Orgel, die schon J. S. Bach als Instrument diente.

Die Umgebung Naumburgs ist geprägt vom Weinbau an den Hängen der Saale mit den typischen an den Berg geschmiegten Winzerhäusern.

Information: Lindenring 36, 4800 Naumburg, Tel. (+454) 2514, mi geschl., aber 15.5. 15.9. auch an Wochenenden geöffnet.

Unterkunft: "Goldener Löwe" **, Salzstr. 15-16, (+454) 2380, 56 Betten in 20 Zi.; "Deutscher Hof", Raschstr. 10, Tel. (+454) 2712, 19 Betten in 10 Zi.

Jugendherberge: JTH "Werner Lambertz", Am Tennisplatz 9, Tel. (+454) 5316, 161 Betten.

Camping: Naherholungszentrum "Im Blütengrund", 290 Standpl., von der Landstraße Rchtg. Naumburg Henne bzw. Freyburg aus zugänglich.

Fahrradteile: Große Salzstraße 8 und ein paar Häuser weiter Rchtg. Wilhelm-Pieck-Platz.

Etappe 48:
Lützen - Muschwitz - Granschütz - Weißenfels - Markröhlitz - Naumburg (38 km)

Am südlichen Ortsausgang Lützens zweigt von der F 87 links die Landstraße über Starsiedel nach Muschwitz ab, wo sie sich nahtlos fortsetzt durch Taucha nach *Granschütz* zur Hauptstraße, die rechts nach Weißenfels führt und dabei die Autobahn E 49/E 51 überquert.

Kartenskizze Etappen 47 & 48

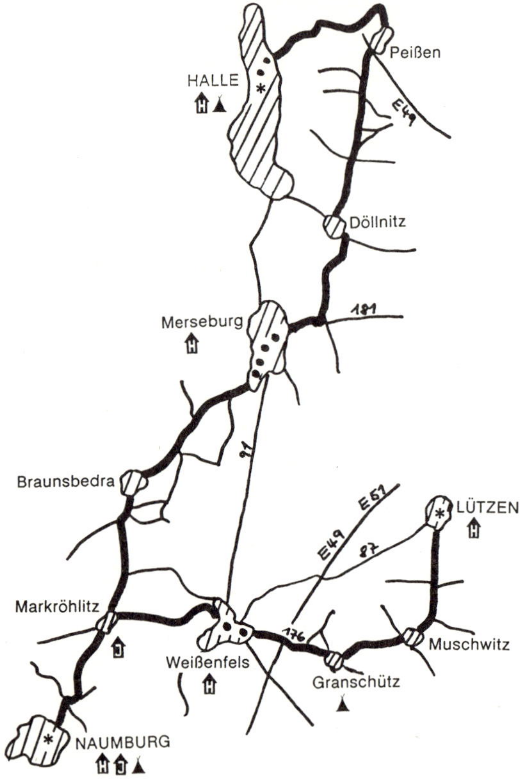

Weißenfels, 29000 Einw., Bez. Halle, ist eine ehemalige Residenzstadt an der mittleren Saale, die noch von den Ausläufern des Saale-Weinbaugebiets erfaßt wird. Die im 12. Jh. planmäßig angelegte Marktstadt war erstmals im 16. Jh. für kurze fünf Jahre sächsischer Fürstensitz, von 1680 bis 1746 hingegen ausreichend lange Residenz des Herzogtums Sachsen-Weißenfels, um mit einem repräsentativen Schloß ausgestattet zu werden (fertiggestellt 1692). Das dreiflügelige Schloß *Neu-Augustusburg* befinden sich heute das Weißenfelser Museum, das Schuhmuseum der DDR und ein Heinrich-Schütz-Gedenkraum; der Komponist lebte in der Stadt. Zum Schloßensemble gehört auch die barocke Schloßkapelle mit schönen Stukkaturen und einem reichgeschmückten Altaraufsatz.
In der Stadt ist am Marktplatz (= Karl-Marx-Platz) das Rathaus von 1670 sehenswert. Unweit davon steht das Geleitshaus, ein Renaissancebau (1522), in dem sich das Obduktionszimmer des Schwedenkönigs Gustav II. Adolf (s. Lützen, Etappe 46) befindet.
Dem romantischen Dichter Friedrich von Hardenberg, genannt Novalis, ist im Gartenpavillon seines Geburts- und Sterbehauses eine Ausstellung gewidmet.
Information: Nikolaistr. 37, 4850 Weißenfels, Tel. (+453) 3070.
Unterkunft: HO-Hotel "Goldener Ring", Friedrich-Engels-Str. 51, Tel. (+453) 3051, 32 Betten in 17 Zi.; HO-Hotel "Nelkenbusch", Friedrich-Engels-Str. 9, Tel. (+453) 2868, 24 Betten in 11 Zi.
Jugendherberge: in Goseck, 8 km westl., s. Etappe 47.
Camping: Am Auensee, K/22, 4851 Granschütz, 100 Standpl.

Die Etappe setzt sich fort auf der Landstraße Rchtg. Freyburg in leicht welliger Landschaft durch Uichteritz nach *Markröhlitz*. Hier mündet sie auf die Landstraße nach **Naumburg**, der Sie links entsprechend Etappe 47 folgen.

Etappe 49:
Naumburg - Freyburg - Laucha - Nebra - Roßleben - Allstedt (60 km)

In Umkehrung des Endes von Etappe 47 beginnt diese Strecke in Naumburg auf der Landstraße hinab ins Tal der Saale Rchtg. Naumburg Henne, woran sich nahtlos die Nebenstrecke nach Freyburg anknüpft, die allerdings auf diesem Weg einen kräftigen Hügel mit Weinbau beinhaltet.
Freyburg wird von der Neuenburg (12. Jh.) überragt, nach der Wartburg das wichtigste Schloß der Thüringer Landgrafen, derzeit wegen Restaurierungsarbeiten aber nicht zugänglich.
Unterkunft: Berghotel "Edelacker", 4805 Freyburg, Tel. (+45494) 351, 14 Betten in 7 Zi.

Jugendherberge: JH "Friedrich Ludwig Jahn", Schloßstr. 21a, Tel. (+45494) 295, 43 Betten.

Da die nördlich der Unstrut verlaufende Nebenstraße Rchtg. Laucha sich als 10 km lange Aneinanderreihung übelsten Buckelpflastern präsentiert, biegen Sie in Freyburg links auf die Hauptstraße F 176 ein, die den Fluß überquert und dann rechts immer an der Unstrut entlang nach **Laucha** führt.
In diesem Dorf befindet sich eine als Museum hergerichtete Glockengießerwerkstatt von 1790 (das einzige seiner Art in der DDR, mo geschl.) und ein sehenswertes Rathaus aus dem 16. Jh. Auch der Blick auf das Unstrut-Stauwerk ist einen Abstecher zur Brücke über den Fluß wert.
Camping: Am Schwimmbad, 4807 Laucha, 35 Standpl.

Wenn in Laucha die F 176 links schwenkt, verlassen Sie sie halbrechts auf die Landstraße nach Nebra, die durch *Kirchscheidungen* (Speisegaststätte "Am Anger") und *Tröbsdorf* (Gaststätte "Zum grünen Tal") immer der Unstrut folgt. In Wetzendorf "erfreut" eine massive Ansammlung von Schornsteinen und Silos des Radlers Auge.
Nebra wird durch ein typisches Neubaugebiet erreicht. Dieses Städtchen nennt ein beliebtes Terrassenschwimmbad sein eigen.
Kurzfristig folgt die Etappe der F 250 Rchtg. Querfurt ins Tal der Unstrut. Wenn die Hauptstraße jedoch rechts über den Fluß abknickt, verlassen Sie sie geradeaus auf die Nebenstraße, die weiter am Fluß entlang durch Wangen und Memleben (einmal rechts und links abbiegen) nach *Roßleben* führt; beim Felsen von Wendelstein wird der Fluß dabei überquert.
In Roßleben ist das Einzugsgebiet für allerlei Art von Bergbau erreicht. So türmen sich immer wieder Berge von Kies und Abräumhalden vom Schieferbergbau in der Ebene auf, die offensichtlich Jahrzehnte für ihre Entwicklung durch Menschenhand benötigt haben.
Einige Kilometer weit leitet Sie nun die Beschilderung Rchtg. Artern: durch Bottendorf und Schönewerda zu einer Kreuzung, an der Sie dieser Wegweisung adieu sagen und geradeaus weiter durch Heugendorf und Mönchpfiffel-Nikolausdeth nach Allstedt radeln.

Allstedt war im 16. Jh. Wirkungsstätte von Thomas Müntzer, dem im oberhalb der Stadt gelegenen Schloß heute ein Museum gewidmet ist, was sich der Reformator wohl kaum hätte träumen lassen, denn gerade dort wetterte er gegen die Fürsten seiner Zeit (mo geschl.). Ebenfalls sehenswert - äußerlich wie innerlich - ist das putzige Rathaus (16./17. Jh.).
Unterkunft: Hotel "Weimarischer Hof" ***, Ernst-Thälmann-Str. 2, 4702 Allstedt, Tel. (+45692) 205, 16 Betten in 8 Zi.
Gaststätte: verschiedene Gasthöfe am Ort.

Kartenskizze Etappen 49 - 51

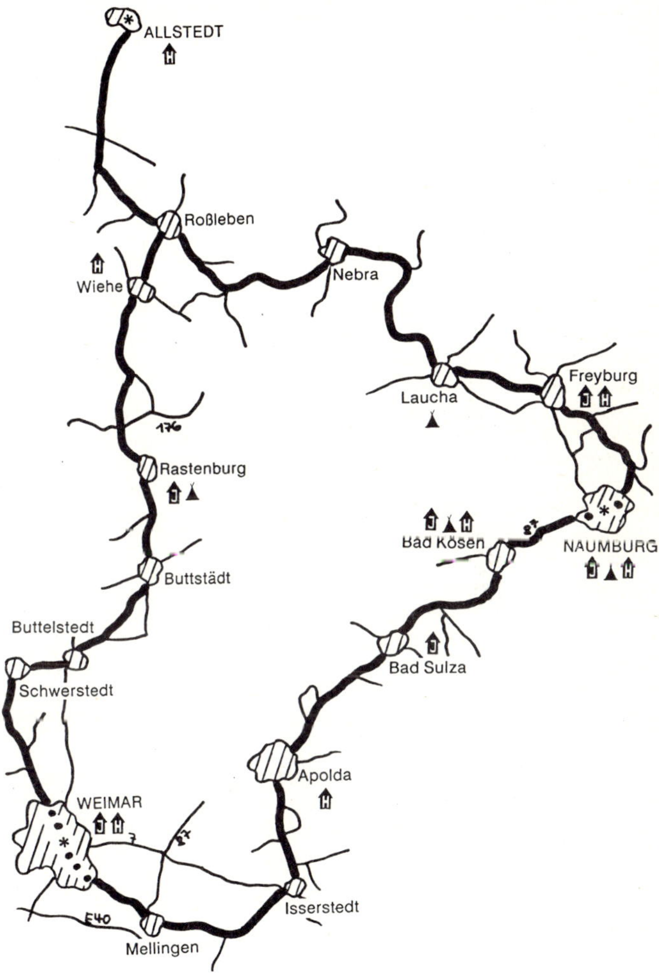

Etappe 50:
Naumburg - Bad Kösen - Bad Sulza - Apolda - Isserstedt - Großschwabhausen - Mellingen - Weimar (50 km)

Den Anfang nimmt diese Strecke zur Pilgerstätte der deutschen Klassik in Naumburg auf der F 87 Rchtg. Apolda, der Sie bis **Bad Kösen** folgen.
In diesem Kurort, dessen Solequellen schon im 18. Jh. erschlossen wurden, kann ein Gradierwerk besichtigt werden. Außerdem existiert hier mit dem Romanischen Haus (12. Jh.) das älteste romanische Gebäude der DDR.
Unterkunft: HO-Hotel "Vorwärts" *, An der Brücke, 4803 Bad Kösen, Tel. (+45493) 666, 31 Betten in 19 Zi.; HO-Hotel "Kurgarten", Eckartsberger Str. 4, Tel. (+45493) 334, 18 Betten in 10 Zi.; Landgasthof "Saaletal", Thüringer Str. 25, Tel. (+45493) 296, 20 Betten in 7 Zi.
Jugendherberge: JH "Erich Weinert", Bergstr. 3, Tel. (+45493) 597, 86 Betten.
Camping: Schwimmbad an der Saale, K/8, 100 Standpl.

Im Vorort *Schulpforta* gibt es das ehemalige Zisterzienserkloster Pforta (1137 gegründet), das nicht nur eines der reichsten mitteldeutschen Klöster war, sondern ab 1544 als sächsische Landesschule so berühmte Schüler wie Klopstock und Fichte verzeichnen konnte.
In Bad Kösen biegt die Etappe direkt vor dem Bahnübergang links ab auf die Landstraße Rchtg. Bad Sulza. Großheringen, Saaleck. Am Ortsende tauchen dann links hohe Felsen auf, über denen sich in geringem Abstand die Ruinen der *Rudelsburg* und der *Burg Saaleck* erheben. Letztere enthält zwar nur eines der obligaten Waffenmuseen, aber der Blick ist von beiden lohnend; Zugang über die Zufahrt zur Burg Saaleck.
Etwa 2 km weiter durchfahren Sie *Großheringen* (Gaststätte: "Zur Tanne", nur abends, mo/di Ruhetag), wo sich das Saaletal südostwärts verabschiedet und Sie ggf. mit ihm auf die Führung von Etappe 52 wechseln können.
Die Landstraße führt geradeaus weiter nach *Bad Sulza*, einem alten Solebad, in dem noch bis 1966 auf vorindustrielle Weise Salz gewonnen wurde; der Salinenkomplex ist als Denkmal spätmittelalterlicher Technik erhalten.
Jugendherberge: JH "August Bebel", August-Bebel-Str. 27, 5322 Bad Sulza, Tel. (+62081) 567, 65 Betten.

Mehr oder weniger nahe am Saalezufluß *Ilm* und diesen kreuzend strebt die Landstraße auf weiteren 10 km Landstraße **Apolda** zu.
Diese Kreisstadt (29000 Einw.) widmet sich seit 1722 der Glockengießerei und verfügt heute über den einzigen derartigen Betrieb der DDR, der berühmte Glocken hervorbrachte: 1923 die größte deutsche Glocke (für den Kölner Dom), nach 1945 die Glocken für die Gedenkstätte im ehemaligen KZ Buchenwald. Das Glockenmuseum in der Bahnhofstr. 41 dokumentiert die Geschichte der Glockengießerei aus drei Jahrtausenden und verfügt über zahlreiche interessante Exponate aus aller Welt. Im gleichen Haus ist

auch ein Wirker- und Strickermuseum untergebracht; die Museen sind geöffnet di-so 9-12 h, di-fr 14-17 h.
Information: "Reisewelt", Otto-Nuschke-Str. 13, 5320 Apolda.
Unterkunft: HO-Hotel "Zur Post", Bahnhofstr. 35, Tel. (+620) 2208, 47 Betten in 27 Zi.

Wenn Sie Apolda mit der Beschilderung Rchtg. Jena verlassen, kommen Sie auf die etwas ansteigende, in gutem Zustand befindliche Landstraße nach *Isserstedt*, wo sie auf die F 7 trifft (hier links ggf. über die Fernstraße [parallerer Radweg südl. der Straße am Waldrand] Anschluß nach Jena). Kreuzen Sie die Hauptstraße und radeln Sie geradeaus nach Großschwabhausen (auch als Autobahnzufahrt beschildert). Dort schließt sich die Beschilderung Rchtg. Magdala an, der Sie aber nur bis bei Kleinschwabhausen treu bleiben; wenn dort die abknickende Vorfahrt die Bahnlinie nach links kreuzt, verlassen Sie die Landstraße geradeaus auf die Nebenstraße durch Lehnstedt nach *Mellingen*. Wenn die Strecke auf die F 87 trifft, biegen Sie (entgegen der Beschilderung Rchtg. Weimar) links auf die Hauptstraße ein und gleich wieder rechts unbeschildert ab, um vorbei am Restaurant "Burgkeller Mellingen" (mi Ruhetag) in die Weimarer Straße (später Taubacher Straße) einzuschwenken. Taubach ist nur 1 km weiter erreicht, und zielsicher strebt die Nebenstraße nun Weimar zu. Sie endet an einer übergeordneten Straße, in die Sie rechts (unbeschildert) einbiegen, um ins Zentrum zu gelangen.
(*In Gegenrichtung:* in Weimar der Beschilderung zum Schloß Belvedere folgen, vorbei am Hotel Belvedere radeln; gleich darauf liegt links ein Sportplatz und sofort dahinter die links abzweigende, ebenfalls unbeschilderte Straße nach Mellingen.)

Weimar, 64000 Einw., Kreisstadt im Bez. Erfurt, zehrt erfolgreich vom Ruhm der deutschen Klassik. Seit dem 14. Jh. diente die Stadt einigen der unzähligen sächsischen Fürstenfamilien als Residenz, unterschied sich aber von vielen anderen Residenzstädten durch die Konstanz, mit der die Herzöge von Sachsen-Weimar ab 1547 hier herrschten. Unter die Regierungszeit der Herzogin Anna Amalia und ihres Sohnes Carl August fällt jene Periode, der Weimar heute die Kulturpilger verdankt. Ab 1772 kam zuerst Wieland (als Prinzenerzieher), gefolgt ab 1775 von Goethe (leitender Minister), Herder, Schiller und zahlreichen weniger berühmten Geistesgrößen ihrer Zeit. Weimar wurde zum geistig-kulturellen Mittelpunkt Deutschlands.
Wohl vor allem diesem Image als friedliche, unmilitaristische Stadt von nationalem Rang ist zu verdanken, daß das Weimarer Nationaltheater 1919 zum Tagungsort der verfassungsgebenden Versammlung ausgewählt wurde und so der Verfassung der ersten deutschen Republik den Namen gab. Ab 1920 diente Weimar dem aus etlichen Kleinstaaten zu-

sammengemixten Land Thüringen als Hauptstadt, bis zuerst die Nationalsozialisten, nach dem Zweiten Weltkrieg die DDR-Bezirksreformer dem ein Ende machten.
Die heute gern beschworene humanistische Tradition Weimars beschränkte sich allerdings auf die "herrschenden Kreise" und die von ihnen herbeigerufenen Dichter und Denker. Die Bürger hingegen verjagten das hier von Walter Gropius gegründete Bauhaus nach Dessau und bereiteten den Nazis einen freundlichen Empfang; sie wurden von Hitler 1926 dadurch belohnt, daß die NSDAP in Weimar den ersten Reichsparteitag abhielt; 1932 war Thüringen bereits voll den braunen Verführern verfallen und erhielt bald mit dem KZ Buchenwald vor den Toren Weimars ein besonders scheußliches Beispiel für den Vernichtungsapparat der Nationalsozialisten. Die im früheren Lager untergebrachte Gedenkstätte zählt auch heute zu den unbeliebten Nahzielen der Weimarer - es ist ja viel angenehmer, von den Liebschaften Goethes zu parlieren...
Den Geist der deutschen Klassik dürfen die Besucher in einer Vielzahl von Gedenkstätten atmen. Nicht nur Goethes Wohnhaus, sondern auch die von Schiller, Liszt, Wieland, Lucas Cranach d.Ä. stehen der Öffentlichkeit zur Verfügung, ergänzt durch Museen für jene Dinge, die in den historischen Bauten nicht unterzubringen waren. All dies ist in der denkmalgeschützten Altstadt auf engem Raum angeordnet, so daß die Erkundigung unproblematisch zu Fuß möglich ist. Ebenfalls in der Altstadt findet sich das Wittumspalais der Herzogin Anna Amalia, während das herzogliche Schloß im Osten der Stadt steht; es beherbergt die "Nationalen Forschungs- und Gedenkstätten der klassischen deutschen Literatur" und die Staatlichen Kunstsammlungen.
In der Umgebung: Die Gedenkstätte *Buchenwald* (s.o.) befindet sich auf dem früheren KZ-Gelände nördlich der Stadt auf dem Ettersberg.
Etwas südlich der Stadt können die Schlösser *Belvedere* und *Tiefurt* besichtigt werden, jeweils mit schönen Landschaftsparks; beide Schlösser sind in der heutigen Form im 18. Jh. entstanden.
Information: Marktstr. 4, Postfach 647, 5300 Weimar, Tel. (+621) 2173.
Unterkunft: 7 Hotels/Gasthöfe, darunter größtes und neuestes: Hotel Belvedere *, Belvederer Allee, Tel. (+621) 600 Betten in 292 Zi.
Jugendherberge: JTH "Maxim Gorki", Zum Wilden Graben 12, Tel. (+621) 3471, 52 Betten; JH "15. August", Humboldtstr. 17, Tel. (+621) 4021, 80 Betten; JH "Ernst Thälmann", Windmühlenstr. 16, Tel. (+621) 2076, 56 Betten.

Etappe 51:
Weimar - Schwerstedt - Buttelstedt - Buttstädt - Wiehe - Roßleben - Allstedt (63 km)

Diese Verbindungsstrecke zwischen dem Norden des Thüringer Waldes und dem Süden des Harzes beginnt in Weimar auf jener "Ettersburger Straße", die im Norden der Stadt von der Ringstraße (Friedrich-Engels-Ring) aus auf den Großen Ettersberg führt und gleichzeitig als Zufahrt zur Gedenkstätte im ehemaligen KZ *Buchenwald* dient (s. Weimar). Wenn Sie dieses Mahnmal des Faschismus besuchen wollen, müssen Sie allerdings von der Strekkenführung einige Kilometer westwärts abweichen.
Am Nordrand des Ettersberges passieren Sie den Ort *Ettersburg*, dessen barockes Jagdschloß über einen Landschaftspark verfügt.
Bis Ramsta folgen Sie nun den Wegweiser Rchtg. Neumark, biegen dort jedoch von der links schwenkenden Landstraße geradeaus nach Schwerstedt ab, wo es rechts auf einer Landstraße nach *Buttelstedt* geht. In diesem Städtchen nutzen Sie nach links die F 85 Rchtg. Sömmerda bis kurz hinter den Ortsrand und biegen dann rechts ab nach *Nermsdorf*, wo die Strecke links nach *Buttstädt* weiterführt; etwas südlich dieses Ortes mündet die Nebenstraße in die Landstraße aus Rchtg. Apolda.
Nun verläuft die Route fast geradlinig nordwärts: auf der Landstraße durch Hardisleben nach *Rastenberg*.
Jugendherberge: JH "Freundschaft", Wilhelm-Pieck-Str. 5, 5235 Rastenberg, Tel. (+62697) 633, 65 Betten.
Camping: Auf dem Haselberg, 80 Standpl.

Mit den Wegweiser Rchtg. Wiehe und Kölleda halten Sie sich links und gelangen so hinauf zur F 176, die Sie geradewegs kreuzen. In *Lossa Finne* folgen Sie den abknickenden Vorfahrten durch das Dorf und radeln weiter nach *Wiehe*, wodurch Sie in den Einzugsbereich der Unstrut kommen, die Sie kurz vor *Roßleben* überqueren.
Unterkunft: Hotel "Heyne", 4736 Wiehe, Tel. (+4587) 5554, 9 Betten in 5 Zi.
Hier biegen Sie links auf jene Landstraße ein, die wie bei Etappe 49 über Schönewerda nach **Allstedt** führt (s. dort).

Etappe 52:
Naumburg - Bad Kösen - Großheringen - Camburg - Dornburg - Golmsdorf - Jena (41 km)

Diese Strecke ist bis *Großheringen* identisch mit Etappe 50 (s. dort), wo es aber am Ortsanfang sofort links ab geht auf ein schmales, kurviges Sträßchen mit etwas schadhaftem Asphalt nach *Camburg*. Dort fahren Sie mit

der Beschilderung an der Kreuzung links, über die Eisenbahn hinweg und zur F 88, auf der Sie rechts bis *Dornburg* gelangen.
Hier verlassen Sie die Hauptstraße und bleiben östlich von Saale und Bahnlinie, indem Sie links auf die Nebenstraße nach *Golmsdorf* abbiegen. Dort schließt sich rechts die Verbindung nach Jena an, die am Ostrand der Stadt auf die F 7 trifft; rechts geht's ins Zentrum.

Jena, 107000 Einw., Kreisstadt im Bez. Gera, liegt in einem tiefen Talkessel der Saale und ist weltweit durch jene Produkte bekannt, die Carl Zeiss Jena herstellt: keineswegs nur optische Geräte und Spezialgläser, sondern auch Computerchips u.a. technisch-wissenschaftliche Geräte; Zeiss Jena ist ein Hochtechnologieunternehmen - möglicherweise das einzige der DDR - und setzt damit die Tradition seines "kapitalistischen" Vorgängers fort.
Aus vergangenen Zeiten ist als bedeutendstes Denkmal das Zeiss-Planetarium von 1926 erhalten, das älteste erhaltene seiner Art. Einen Querschnitt durch die Produktion des wichtigsten Werkes der Stadt bietet das Optische Museum.
Jena bemüht sich darüber hinaus, vom Weimarer Glanz der deutschen Klassik etwas mitzubekommen, und hat deshalb je eine Goethe- und Schillergedenkstätte eingerichtet, letzteres mit Berechtigung, denn Schiller hat als Professor der Jenaer Universität einen beträchtlichen Teil seines Lebens hier verbracht. Aufgrund starker Zerstörungen der Stadt im Zweiten Weltkrieg ist von den Wirkungsstätten des Dichters aber nur sein ehemaliges Sommerhaus erhalten und muß deshalb nun allein die Last der Gedenkstätte tragen.
Information: Ernst-Thälmann-Ring 35, 6900 Jena, Tel. (+78) 24671.
Unterkunft: HO-Hotel "Schwarzer Bär", Lutherplatz 2, Tel (+78) 22543, 106 Betten in 61 Zi.; Fremdenheim, Ernst-Haeckel-Platz 6, Tel. (+78) 23522,. 23 Betten in 11 Zi.; Touristenhotel "Otto Militzer", Otto-Militzer-Str. 1, 6902 Jena-Lobeda, Tel. (+78) 31711, 254 Betten in 85 Zi.
Camping: Am Badesee, N/2, 6901 Porstendorf, 130 Standpl., 7 km nördl.

Etappe 53:
Naumburg - Schkölen - Eisenberg - Bad Klosterlausnitz - Schöngleina - Lobeda - Jena (63 km)

Dies ist eine echte Berg- und Taletappe, die mit allerlei kräftigen Steigungen gewürzt ist. Abgesehen von der holperpflastrigen Ausfallstraße in Naumburg ist die Strecke jedoch in gutem Zustand.
Um die Nebenstraße Rchtg. Schkölen zu finden, folgen Sie im Naumburger Zentrum der Beschilderung der F 87 Rchtg. Zeitz und biegen mit dieser

zuerst links ab. Nach wenigen hundert Metern zweigt davon rechts eine der Zufahrten zum Jugendgästehaus "Werner Lambertz" ab, die "Bürgergartenstraße", die recht steil den Berg erklimmt und am Stadtende nahtlos in die Straße durch Neidschütz (abknickende Vorfahrt) nach *Priesnitz* übergeht. Dort mündet sie dreisternförmig in die Vorfahrtstraße von der F 85 Rchtg. Schkölen, auf der Sie links nach *Schkölen* radeln (*in Gegenrichtung* ist in Priesnitz die sonst zuverlässige Beschilderung Rchtg. Naumburg zu ignorieren, da diese zur F 88 leitet; stattdessen den Wegweisern nach Neidschütz folgen). Als Landstraße nach **Eisenberg** (13000 Einw., Bez. Gera) setzt die Strecke sich fort, wobei die Autobahn E 49/E 51 überquert wird.

Kartenskizze Etappen 52 & 53

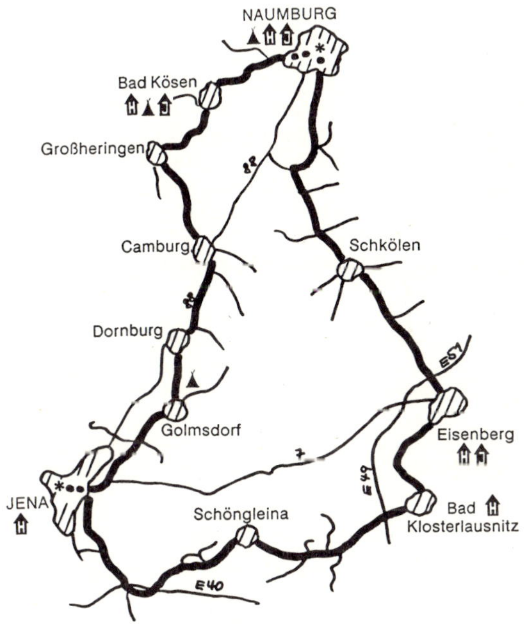

Die heutige Kreisstadt war um 1700 herum Residenz des Herzogtums Sachsen-Eisenberg und weist im Stadtzentrum am Markt eine noch weitgehend erhaltene Bebauung früherer Jahrhunderte auf. Rathaus und Pfarrkirche stammen aus dem 16. Jh., die sogen. Superintendentur von 1580 und das Schloß Christianenburg aus dem 17. Jh.; letzteres ist heute Verwaltungsgebäude. Die dazugehörige Schloßkirche und der Rosengarten des Schlosses sind jedoch zu besichtigen.

Unterkunft: HO-Hotel "Zum Löwen" **, Steinweg 30, Tel. Eisenberg 2425, 38 Betten in 20 Zi.

Jugendherberge: JH "Froschmühle", Mühltal, Tel. 3462, 107 Betten.

In Eisenberg folgen Sie innerörtlich anfangs der F 7 Rchtg. Gera, biegen aber schon im Stadtzentrum nahe der Kirche rechts ab auf die Landstraße nach **Bad Klosterlausnitz**. Dies ist ein ausgesprochener Erholungs- und Kurort mit den entsprechenden Einrichtungen. Die romanische Kirche des ehemaligen Augustinerchor-Frauenstiftes (1132 gegründet) ist nicht original, sondern Ende des 19. Jh. nach altem Grundriß rekonstruiert.

Unterkunft: HO-Hotel "Waldhaus zur Köppe" **, 6532 Bad Klosterlausnitz, Tel. (+7091) 2090, 21 Betten in 11 Zi.

(In Bad Klosterlausnitz gibt es eine Querverbindung zum Mittelpunkt der Etappe 45 nach Bad Köstritz: Aus Bad Klosterlausnitz folgen Sie anfangs der Beschilderung Rchtg. Bad Köstritz und Gera, bleiben aber nur wenige Kilometer auf der Landstraße. Durch ein locker bewaldetes Hügelgebiet haben Sie etwa 3 km weit Asphalt unter den Reifen. Sobald bei einer kleinen, brückenüberspannten Talsenke Pflasterstraße auftaucht und von links ein breiter, unbeschilderter Asphaltweg [fehlt auf der Karte] hinzustößt, biegen Sie rechts in den genau gegenüber des Asphaltwegs beginnenden Waldweg ab. Nach ca. 150 m wählen Sie die linke Abzweigung, auch wenn der Weg geradeaus ausnahmsweise einmal nicht als Sperrgebiet abgeriegelt sein sollte. Auf diese Art können Sie ohne weitere Abzweigung steigungsfrei durch den Wald nach Reichardtsdorf radeln, wo sich eine schmale Asphaltstraße nach Bad Köstritz anschließt. Da dieser Bereich ein beliebtes Ausflugs- und Picknickgebiet ist, müssen Sie sich allerdings auch im Wald evtl. auf gelegentliche Autos einstellen.
(*In Gegenrichtung* in Bad Köstritz zuerst Rchtg. Bad Klosterlausnitz fahren, dann halblinks in die Alexander-Puschkin-Straße Rchtg. Reichardtsdorf abbiegen.)

Von Bad Klosterlausnitz aus geht es nun zuerst bergauf auf eine Kuppe, die etwa bei der Überquerung der Autobahn E 49/E 51 erreicht ist. Eine lange Abfahrt wird von einem ca. 1 km langen kräftigen Anstieg im Bereich von Bobeck gefolgt, und durch hügelige, waldreiche Landschaft zielt die Route auf *Schöngleina*, wo entgegen der Karte die Verkehrsführung der Landstraße geradeaus weiter nach Schlöben verläuft. Hinter *Ilmnitz* führt die Strecke hinab ins Tal, unter der Autobahn hindurch und zur Vorfahrtstraße, die rechts im Bogen erneut unter der Autobahn hindurch in die Jenaer Trabantenstadt Lobeda verläuft. Wenn sich die Straße zur vierspurigen Rennpiste weitet, zwingt ein Radfahrverbot Sie auf den parallel verlaufenden Gegenrichtungsradweg ins Zentrum von **Jena** (s. Etappe 52).

(*In Gegenrichtung* ist der Anfang dieser Strecke nicht ganz unkompliziert, weil die südlichen Ausfallstraßen Jenas für Radfahrer gesperrt sind. Im Stadtzentrum folgen Sie der Beschilderung Rchtg. Gera und Lobeda, wobei letzterer Name der Jenaer Trabantenstadt Priorität genießt. Nach Unterquerung der Bahnlinie und Überquerung der Saale [über die "Neue Paradiesbrücke"] weist ein Radverbotsschild darauf hin, daß die folgende vierspurige Schnellstraße kein angemessenes Radlerterrain ist; schwenken Sie rechts Rchtg. Saale zum Gegenrichtungs-Rad/Fußweg, der immer zwischen Fluß und Schnellstraße südwärts läuft. In *Lobeda-Ost* endet der Radweg, und Sie fahren links zurück - mit der Beschilderung zur Autobahn - zur Schnellstraße, deren Radverbot hier endet. Gleich darauf nimmt die Autobahn den Schnellstraßenverkehr auf, und die wieder Normalformat annehmende Landstraße führt unter der Autobahn hindurch Rchtg. Stadtroda. Ca. 1 km danach, wenn die Vorfahrtstraße Rchtg. Stadtroda rechts über die Bahnlinie abschwenkt, zweigt links die Landstraße Rchtg. Bad Klosterlausnitz ab, die mit einem langen und kräftigen Anstieg hinauf nach Ilmnitz beginnt.)

Etappe 54:
Allstedt - Bornstedt - Eisleben (23 km)

In Allstedt starten Sie an der am südöstlichen Ortsrand befindlichen Kreuzung der Landstraßen Querfurt-Sangerhausen und Schönewerda-Eisleben und erklimmen den steilen Hügel oberhalb des Ortes, an dem sich auch die Zufahrt zur Burg Schloß Allstedt befindet. In Wolferstedt folgt die Strecke der Beschilderung links und dann rechts um den Ortskern herum Rchtg. Eisleben durch Mittelhausen nach *Osterhausen*, wo Sie zweimal links abbiegen nach *Bornstedt* (die zweite Abzweigung ist unauffällig beschildert, geradeaus ist die Sackgasse nach Sittenbach!).
In Bornstedt ist zweimal rechts abzubiegen Rchtg. Eisleben, bevor eine 8 %-Steigung aus dem Ort hinausführt. Nach dem Durchfahren der Orte Schmalzerode und Wolferode folgt eine links abzweigende Verbindungsstraße zur F 180, die Sie erneut links hinab nach Eisleben bringt (T-Mündung am Fuß der Straße). Der Straßenring um die Lutherstadt ist teilweise als Einbahnstraße ausgeführt, weshalb Sie in jedem Fall rechts einbiegen Rchtg. Aschersleben, im Bogen am Bahnhof vorbei und dann weiter bergab radeln. Eine weitere T-Mündung bietet Ihnen die Alternativen der F 80 Rchtg. Halle (rechts) und der F 180 Rchtg. Aschersleben (links), wovon Sie die letztere auch dann wählen, wenn Sie nahtlos Anschluß nach Halle haben möchten.

(*In Gegenrichtung* ist es aufgrund der Einbahnstraßenregelung günstiger, auf der F 80 Rchtg. Sangerhausen zwischen großen Kohle/Brickethalden hindurch nach Wimmelburg zu fahren, das nur 1 km hinter dem Stadtende erreicht wird. Hier links den steilen Berg hinauf nach Wolferode, wo Sie in die Landstraße Rchtg. Bornstedt rechts einbiegen können.)

Eisleben, 27000 Einw., Bez. Halle, seit 1946 mit dem Zusatz "Lutherstadt" versehen, verdient dieses Prädikat wohl zu Recht, denn hier wurde D. Martin Luther nicht nur geboren, sondern erlebte auch sein Ende in dieser Stadt. Konsequenterweise sind die diversen Wohn- und Wirkungsstätten des Reformators heute in irgendeiner Form touristisch genutzt: das Geburtshaus (Lutherstr. 16), das Sterbehaus (Andreaskirchplatz 7), Luthers Taufkirche St. Peter und Paul. Dem Heimatmuseum (Vikariatsgasse) benachbart ist das Naturkundemuseum; sehenswert ist auch der Marktplatz mit seiner abgeschlossenen historischen Bebauung. Einen netten Akzent setzt ein kanalisiertes schmales Flüßchen durchs Stadtzentrum.

Information: Hallesche Str. 6, 4250 Lutherstadt Eisleben, Tel. (+443) 2634, direkt neben Luthers Geburtshaus und dem dahinter befindlichen Naturkundemuseum.

Information: Eisleben-Information, Hallische Str. 6, 4250 Eisleben, Tel. (+443) 2124.

Unterkunft: HO-Hotel "Goldener Stern" *, August-Bebel-Plan 4, Tel. (+443) 2381, 24 Betten in 16 Zi.; "Parkhotel" *, Bernhard-Koenen-Str. 12, Tel. (+443) 2325, 22 Betten in 12 Zi.

Etappe 55:
Eisleben - Schwittersdorf - Salzmünde - Halle (33 km)

Aus Eisleben wählen Sie zuerst die F 180 Rchtg. Aschersleben, die Sie aber noch vor dem Stadtrand halbrechts auf die Landstraße Rchtg. Gerbstedt verlassen. Ein kräftiger und langer Anstieg bildet den Auftakt (wobei Sie sich den Rückblick auf Eisleben ersparen sollten - er bietet lediglich ausgedehnte Neubaugebiete), aber noch vor der Bergkuppe geht es direkt neben einem großen Abraum-Schuttberg rechts ab vorbei an einem kleinen Flugplatz und durch Oberrißdorf und Hedersdorf nach Schwittersdorf, wobei der mittlere (und größte) dieser Orte merkwürdigerweise nicht angekündigt wird. Diese Strecke hält sich im wesentlichen auf halber Höhe eines Hügelkamms mit geringen Steigungen und vergleichsweise solidem Straßenzustand. In *Schwittersdorf* biegen Sie rechts ab (*in Gegenrichtung* etwas unglücklich angebrachte Beschilderung, aufpassen!) nach *Salzmünde*, wobei kurz vor diesem Dorf eine kurze, aber steile Abfahrt Sie von der Kammhöhe hinabbringt. Entsprechend der Beschilderung Rchtg. Halle er-

reichen Sie das Ortseingangsschild zum Stadtgebiet und damit den Vorort Dölau. Gleich darauf folgt eine doppelte Abzweigung nach links, wo Sie die halblinks unbeschildert beginnende "Stadtforststraße" wählen. Dies ist der Anfang der nördlichen Randstraße an der *Dölauer Heide*, einem größeren Naherholungsgebiet, daß auch mit Rädern befahren werden darf; nördlich der Straße erstreckt sich zeitweise ein Militärgelände. Zugang zur Heide u.a. an der Stelle, an der die Stadtforststraße nach einigen Kilometern die Heide unmittelbar berührt (Übersichtstafel am Parkplatz, gegenüber ungarische Gaststätte "Veszprém"). Falls Sie nicht ins Zentrum von Halle fahren wollen, sondern eher Anschluß an weiterführende Strecken suchen, nutzen Sie am besten folgende Verbindung: rechts auf die Nordstraße, dann links Rchtg. Magdeburg auf die schon als F 6 ausgewiesene Schnellstraße (begleitender Radweg). Mit hinzukommender Straßenbahnlinie bis über die Saale, dann ist die nächste Abzweigung links die "Seebener Straße", die im Vorort Trotha direkte Anknüpfung an die Etappen 99, 47 und 57 bietet.

Halle, 240000 Einw., Bezirksstadt, gelegen an der Saale, ist Zentrum der wichtigsten Chemieregion der DDR und entsprechend umweltbelastet. Die Autoren vom Tourist-Verlag, die den DDR-Baedeker gedichtet haben, erklären Halle zwar zum "kulturellen und wissenschaftlichen Mittelpunkt im südlichen Teil der DDR", können dafür jedoch außer dem Umstand, daß Georg Friedrich Händel hier geboren wurde, kein Argument ins Feld führen.

Zwar ist Halle über 1000 Jahre alt, war im Mittelalter (und später) aufgrund des Salzhandels ein wohlhabendes Mitglied der Hanse und konnte mit intaktem mittelalterlichen Stadtkern den Zweiten Weltkrieg überleben, wurde dann aber das herausragendste Opfer der DDR-Regierung in Sachen Umweltzerstörung. Die dringend notwendige Altstadtsanierung wurde für 40 Jahre aufgeschoben, stattdessen Mitte der 60er Jahre am anderen Saale-Ufer die Betonplatten-Trabantenstadt *Halle-Neustadt* (kreisfrei, heute 100000 Einw.) errichtet. Die Neubauten bildeten die Wohnsiedlung für die Chemiearbeiter der Leuna-Werke und der Buna-Werke, jener schwadenvernebelten Anlagen südlich von Halle, die den weiten Umkreis mit Schwefelgestank, Staub und feuchten Lösungsmittel-Niederschlägen versorgen. Über Halle schwebt permanent ein Geruch, der im Mittelalter "Pesthauch" genannt worden wäre und von den Anwohnern nur noch wahrgenommen wird, wenn die Chemie werke einmal zu Hochform auflaufen.

Eigentlich gibt es also keinen Grund, Halle zu besuchen, schon gar nicht mit dem Fahrrad. Aber je nach konkreter Reiseroute kann es sinnvoll oder unvermeidlich sein (z.B. zur An- und Abreise per Eisenbahn), die Region zu streifen oder hier zu übernachten. Für diesen Fall sollten Sie sich die Hallenser Altstadt nicht entgehen lassen, deren Mittelpunkt der Marktplatz ist. Hier stehen die gotische Marktkirche St. Marien, das Händeldenkmal und der Rote Turm, den die Bürger der Stadt sich selbst zu Ehren im 15. Jh. errichten ließen. Zu dieser Zeit versuchte die Hansestadt verschiedentlich, die Oberherrschaft der Magdeburger Erzbischöfe abzuschütteln, die aber 1478 Halle eroberten und zur Sicherung ihrer Macht über der Stadt die *Moritzburg* errichten ließen. Nach 150 Jahren war jedoch Schluß damit, denn im 30jährigen Krieg brannte die Burg aus und wurde erst im 19. Jh. museal wieder hergerichtet.

Information: Kleinschmieden 6, 4020 Halle, Tel. (+46) 23340; Block 338, 4090 Halle-Neustadt, Tel. (+46) 656398.

Unterkunft: Interhotel "Stadt Halle" ****, Thälmannplatz 17, Tel. (+46) 38041, 380 Betten in 338 Zi.; Hotel "Rotes Roß" **, Klement-Gottwald-Str. 76, Tel. (+46) 37271, 104 Betten in 46 Zi.; HO-Hotel "Weltfrieden", Große Steinstr. 63/65, Tel. (+46) 38471, 112 Betten in 46 Zi.

Camping: Am Nordbad, 35 Standpl.

Kartenskizze Etappen 54 - 57

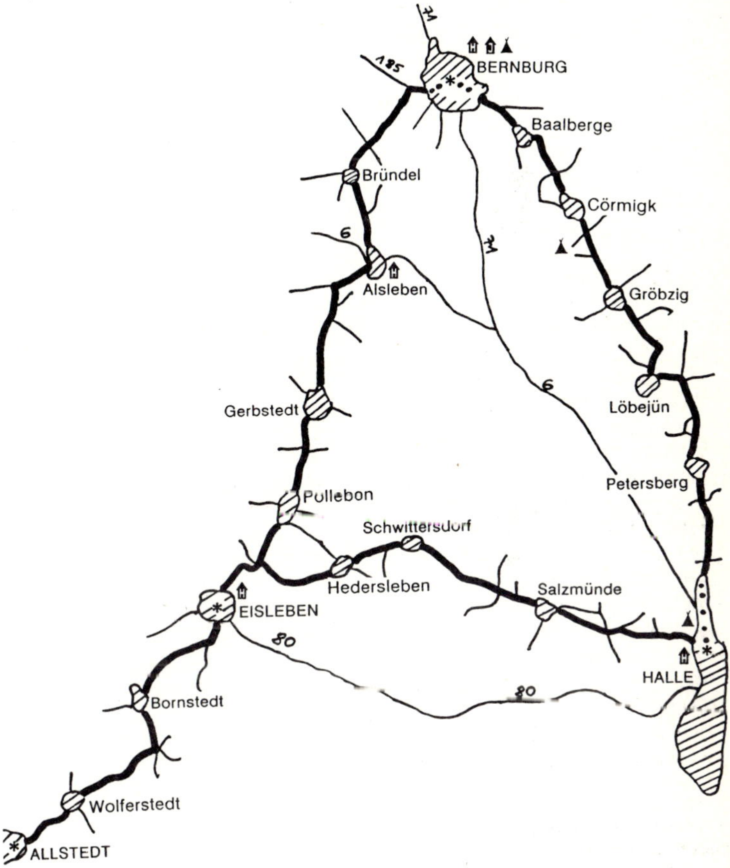

Etappe 56:
Eisleben - Gerbstedt - Alsleben - Bründel - Bernburg (40 km)

Aus Eisleben wählen Sie zuerst die F 180 Rchtg. Aschersleben, die Sie aber noch vor dem Stadtrand halbrechts auf die Landstraße Rchtg. Gerbstedt verlassen. Ein kräftiger und langer Anstieg bildet den Auftakt, und vorbei an einem großen Abraumberg erklimmen Sie die Kuppe. Wenn Etappe 55 rechts abzweigt, bleiben Sie weiter geradeaus und radeln durch Polleben nach *Gerbstedt*, wo Sie sich gleich hinter der Eisenbahnstrecke rechts halten und dann links die Landstraße Rchtg. Alsleben einschlagen. Hinter Belleben stößt die Strecke auf eine Querstraße (Sandersleben-Alsleben), auf der Sie rechts nach *Alsleben* gelangen.
Unterkunft: Kulturhaus Alsleben/Gästehaus, Karl-Liebknecht-Str. 29, 4342 Alsleben, Tel. (+46989) 255, 18 Betten in 6 Zi.

Hier mündet die Landstraße am Ortsrand auf die F 6 rechts in den Ort, wo aber gleich wieder links eine Landstraße Rchtg. Plötzkau abzweigt. Nach etwa 3 km weist diese Beschilderung allerdings rechts hinab ins Tal der Saale, während Sie geradeaus über Bründel Rchtg. Bernburg radeln. Hinter Aderstedt endet die Straße an der F 185, die rechts gleich darauf das Etappenziel erreicht.

Bernburg, 41000 Einw., Kreisstadt im Bez. Halle, liegt an der Saale und war jahrhundertelang Residenz der Fürsten bzw. Herzöge von Anhalt-Bernburg. Die Stadt besteht aus drei unterschiedlich alten Teilen: Altstadt und Neustadt - beide schon 1278 mit Stadtrecht versehen und seit 1561 zusammengeschlossen - sowie der Bergstadt, die erst 1825 das Dreigestirn komplettierte.
Wahrzeichen Bernburgs ist das Renaissanceschloß (16. Jh.) am Saaleufer, das auch das Kreismuseum enthält. Die Mauern der ehemaligen Stadtbefestigung sind noch weitgehend erhalten, während die ursprünglich dazugehörigen Türme überwiegend verschwunden sind. Zahlreiche Wohnbauten aus Renaissance und Barock befinden sich im Bereich um den Thälmannplatz.
Ein bemerkenswertes technisches Denkmal stellt die Neustädter Brücke dar, die in ihrer heutigen Form immerhin bereits von 1787 stammt.
Information: Karl-Liebknecht-Platz 1, 4350 Bernburg, Tel. (+447) 2031.
Unterkunft: HO-Hotel "Goldene Kugel", Ernst-Thälmann-Str. 2, Tel. (+447) 2371, 62 Betten in 40 Zi.
Jugendherberge: JH "X. Weltfestpiele", Krumbholzallee 2, Tel. (+447) 2967, 60 Betten.
Camping: Am Stadtbad, 50 Standplätze.

Etappe 57:
Bernburg - Gröbzig - Löbejün - Petersberg - Halle (47 km)

Diese Etappe nutzt durchgehend die alte Landstraße Bernburg-Halle, die allerdings das Manko aufweist, daß sie größtenteils in mäßigem Zustand ist. Dafür gibt es allerdings kaum Orientierungsprobleme, und der Autoverkehr hält sich an die E 49 (F 71/F 6).
Die Streckenführung beginnt in Bernburg am südöstlichen Ende des Hauptstraßen-Halbrings, wo die Landstraße nach Baalberge von der F 71 abzweigt. Immer der Vorfahrtstraße lang erreichen Sie so Gröbzig; dort folgen Sie innerörtlich der Beschilderung Rchtg. Köthen, bis es rechts abgeht Rchtg. Halle.
Camping: Am Strandbad, 4341 Gernrode, 130 Standpl., ca. 3 km südl. von Cörmigk.
Die mäßig bis schlecht gepflasterte Strecke führt durch Werdershausen nach Cettau und biegt dort rechts nach *Löbejün* bzw. Rchtg. Haale. Gleich nach der Überquerung eines einzelnen Bahngleises vor Löbejün, das auf der Karte nicht verzeichnet ist, biegen Sie links ab nach Plötz (eine ausnahmsweise gute Asphaltstraße), am dortigen Ortseingang rechts Rchtg. Petersberg und Halle. Die Straße verläuft fast schnurgerade südwärts durch Kaltenmark vorbei an Petersberg sowie weiter durch Frössnitz, Löbnitz und Sennewitz nach **Halle** (s. Etappe 55), das beim Ortsteil *Trotha* erreicht wird. Eine Einbahnstraßenregelung nötigt Sie nach rechts zur F 6, die links den Anschluß ins Zentrum bringt.

Etappe 58:
Allstedt - Nienstedt - Beyernaumburg - Riestedt - Sangerhausen (16 km)

Verlängern Sie die am grünen Rathaus vorbeiführende Straße geradlinig nordwärts, wodurch automatisch der Anfang der Strecke durch Nienstedt nach Beyernaumburg gefunden ist. Hier gibt es ggf. eine Querverbindung zur Etappe 54: über Holdenstedt nach Bornstedt, wobei allerlei Obstbauplantagen durchquert werden.
Solche Plantagen erwarten Sie auch auf der nun folgenden Abfahrt hinter der Unterquerung der Bahnlinie beim Bahnhof Riestedt hinab nach Riestedt, wo Sie links auf die F 80 nach Sangerhausen einbiegen,

Sangerhausen, 34000 Einw., Bezirk Halle, im südlichen Harzvorland gelegen, ist ein Zentrum des Kupfererzbergbaus, wovon man allerdings nicht an allen Rändern der Stadt etwas merkt. Historische Gebäude sind u.a. die spärlichen Ruinen der alten Burg (13. Jh.), das Neue Schloß am Markt (15.-18. Jh.), diverse Patrizierhäuser direkt dabei und die Klosterkirche St. Ulrich (12. Jh.).

Das Rosarium der Stadt ist mit rund 6500 Arten auf 13 ha Fläche das größte der Welt (7. Mai-1. Okt.); Zufahrt direkt an der Etappe kurz hinter dem Ortsanfang. Das Spengler-Museum ist kein Installateur-Tempel, sondern das stadtgeschichtliche Museum mit Schwerpunkt auf der industriellen Vergangenheit.

Information: Göpenstr. 19, 4700 Sangerhausen.

Unterkunft: Konsum-Hotel "Waldmühle", Walkberg 1, Tel. (+456) 3117, 59 Betten in 23 Zi., überwiegend Bungalows; "Kyffhäuser"-Hotel, Straße der OdF 15, Tel. (+456) 2494, 8 Betten in 4 Zi.

Jugendherberge: Hospitalstr. 2, Tel. (+456) 3046, 36 Betten.

Etappe 59:

Quedlinburg - Gernrode - Ballenstedt - Meisdorf - Sangerhausen (50 km)

Folgen Sie in Quedlinburg anfangs der Beschilderung Rchtg. Halle, bis Sie davon Rchtg. Harzgerode abbiegen können. An einer Gabelung hinter dem Stadtende halten Sie sich halblinks Rchtg. Harzgerode/Gernrode; in *Gernrode* an der T-Mündung links auf die Landstraße nach *Ballenstedt*, wo die Strecke optisch geradeaus in die F 185 Rchtg. Aschersleben mündet.

Unterkunft: HO-Sporthotel "Brauner Hirsch", Clara-Zetkin-Str. 16, 4305 Gernrode, Tel. (+45595) 304, 29 Betten in 15 Zi.

Jugendherberge: JH "Bremer Teich", 4305 Gernrode, Tel. (+45595) 555, 60 Betten & 35 Zeltstandplätze; "Rudi Schwarz", Trift 147, 4303 Ballenstedt-Opperode, Tel. (+45593) 8797, 60 Betten & 30 Zeltstandplätze.

Camping: Am Bremer Teich, 4305 Gernrode, 200 Standpl.

Von der Hauptstraße zweigen Sie noch innerörtlich rechts und gleich wieder links ab nach *Meisdorf*, einem Erholungsort an der Selke. Bei den beiden Einmündungen im Ort bleiben Sie jeweils rechts und radeln weiter Rchtg. Pansfelde.

Jugendherberge: Meisdorf, Falkensteiner Weg 28, 4328 Meisdorf, Tel. (+45793) 8257, 102 Betten.

In bewaldetem Auf und Ab geht es durch Pansfelde hindurch nach Abberode, wo Sie rechts abbiegen und so zur F 242 kommen, die Sie leicht nach rechts versetzt kreuzen. Nach weiteren 3 km ist *Wippra* erreicht.

Unterkunft: KG-Gaststätte "Deutsches Haus", Bahnhofstr. 45, 4720 Wippra, Tel. (+4484) 284, 5 Betten in 3 Zi.

Jugendherberge: JH "Gerhart Eisler", Schiefergraben, 4301 Königerode, Tel. (+45594) 8310, 68 Betten & 20 Zeltstandplätze, 5 km westl. der Kreuzung mit der F 242.

Camping: Im Alten Wiesental, 4720 Wippra, 70 Standpl.

Die Landstraße Rchtg. Sangerhausen fühlt sich hier genötigt, erst einmal nordostwärts, also genau entgegen der Zeilrichtung zu verlaufen, besinnt sich dann aber doch eines besseren und führt durch Gonna nach **Sangerhausen** (s. Etappe 58).

Kartenskizze Etappen 58 - 60

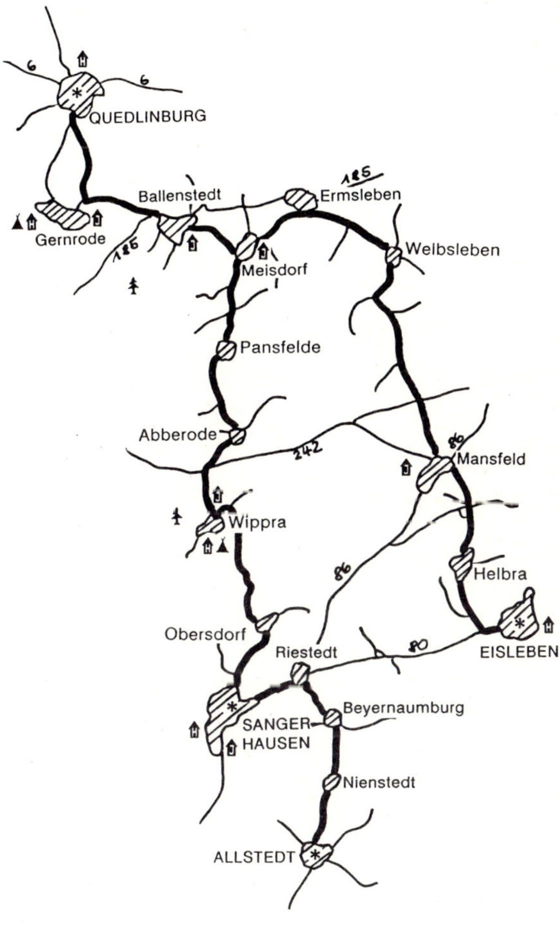

Etappe 60:
Quedlinburg - Gernrode - Ballenstedt - Meisdorf - Ermsleben - Mansfeld - Eisleben (58 km)

Der Anfang dieser Strecke ist identisch mit Etappe 59. In Meisdorf halten Sie sich an der ersten Mündung (gegenüber eines Kur- und Erholungsheims) links und radeln in den Ort. Im dortigen Zentrum befindet sich an einer Kreuzung ein Hinweis geradeaus Rchtg. Radisleben; an dieser Stelle wählen Sie die unbeschilderte *rechte* Abzweigung, die nach wenigen Metern die Selke überquert und dann spitz auf die Landstraße links Rchtg. Ermsleben trifft. Vor diesem Ort gabelt sich die Straße noch einmal; bleiben Sie rechts (Rchtg. Aschersleben), ohne aber bis zur Hauptstraße durchzufahren. Stattdessen nehmen Sie am Ortsrand rechts die Landstraße Rchtg. Hettstedt und Eisleben nach Welsleben, wo Sie rechts abbiegen (Beschilderung Rchtg. Eisleben ignorieren!) nach Harkerode. Dort schwenkt die Route nach links und führt durch Sylda südwärts, kreuzt bei Ritterode die Landstraße Hettstedt-Greifenhagen und stößt in *Mansfeld* auf die F 86. Dieses Städtchen verfügt über eine aus drei Bauten bestehende Renaissance-Schloßanlage, die heute als kirchliches Heim dient.
Jugendherberge: JH "Deutsch-Sowjetische Freundschaft", Land III, 4274 Mansfeld, Tel. (+4482) 289, 50 Betten & 150 Campingstandplätze.

Mit der Beschilderung Rchtg. Eisleben radeln Sie südwärts aus der Stadt, verlassen die in Klostermansfeld links abzweigenden Wegweiser jedoch geradeaus auf die Landstraße durch Benndorf und Hellbra, die in Wimmelburg auf die F 80 trifft. Links sind es auf der Hauptstraße keine 2 km bis nach **Eisleben** (s. Etappe 54).

Etappe 61:
Sangerhausen - Riethnordhausen - Borxleben - Bad Frankenhausen - Sondershausen (43 km)

Zwei Varianten für diese Strecke stellen unterschiedliche Anforderungen an die Ausstattung des Rades und die Einstellung des Radlers zu Verkehr und Untergrund.

Den Anfang macht in jedem Fall die F 80 Rchtg. Nordhausen, auf der Sie westwärts aus Sangerhausen hinausradeln, wobei die Fahrradfabrik MIFA passiert wird. Gleich hinter dem Ortsendeschild Sangerhausens beginnt links die Landstraße durch Riethnordhausen nach *Borxleben*, wo sich die Etappenvarianten teilen.

a) Die Straßenfassung führt geradeaus weiter nach *Ringleben*, wo die Landstraße mit einer T-Mündung eine Richtungsänderung erzwingt.
Gaststätte: im Kulturhaus.
Rechts geht es geradlinig über Esperstedt nach Bad Frankenhausen.

b) Die andere Möglichkeit biegt in Borxleben rechts ab auf die Nebenstraße durch Ichstedt nach *Udersleben*. Vom dortigen westlichen Ortsrand (Sackgasse) ist ein breiter, mit Fahrrädern befahrbarer Wanderweg nach Bad Frankenhausen beschildert (5 km).

Bad Frankenhausen, 10000 Einw., Bez. Halle, liegt am Fuße des Kyffhäuserberges in einem breiten Tal der Kleinen Wipper. Das Prädikat "Bad" verdankt die Stadt der hier vorhandenen Sole. Im Jahre 1525 war der Berghang nördlich Frankenhausens Schauplatz jener Schlacht des Bauernheeres unter Thomas Müntzer gegen ein vereinigtes Fürstenheer, bei der die Bauern eine massive Niederlage erlitten und Müntzer gefangen genommen wurde. Dem Bauernkrieg ist ein monumentales Panorama-Wandbild gewidmet, das 1975-87 in einem extra dafür errichteten Rundbau auf der Höhe des Schlachtberges entstand. Die Auffahrt zu diesem Rundbau liegt östlich der Stadt und weist im oberen Teil stolze 13 % Steigung auf.
In der Stadt selbst sind das barocke Schloß mit dem Kreis-Heimatmuseum und das ehemalige Zisterzienserkloster (13. Jh., 1710 barock umgebaut) besonders erwähnenswert.
In der Umgebung: Wichtigste Ausflugsziele sind der nördlich gelegene *Kyffhäuser* (s. Etappe 62/64) und die westlich befindliche *Barbarossahöhle* (s.u.).
Information: Poststr. 19, Postfach 35, 4732 Bad Frankenhausen, Tel. (+4586) 337.
Unterkunft: Hotel "Stolberg", Bahnhofstr. 15, Tel. (+4586) 577, 19 Betten in 10 Zi.
Jugendherberge: JTH "Käthe Kollwitz", Bahnhofstr. 6, Tel. (+4586) 291, 86 Betten, direkt an der F 85.

Sie durchqueren Bad Frankenhausen innerörtlich auf der F 85 Rchtg. Nordhausen bzw. Kyffhäuser. Am nördlichen Stadtrand zweigt davon links die Landstraße Rchtg. Sondershausen ab, wobei auch die *Barbarossahöhle* bereits avisiert wird. Die Zufahrt zu dieser Gipshöhle mit weiten Hohlräumen, Grotten und Seen (1865 entdeckt) zweigt im 4 km später erreichten Dorf Rottleben rechts ab und führt 2 km mit geringfügigen Steigungen zum Eingang. Der Abstecher läßt sich von dort aus ggf. über eine Nebenstraße nordwärts fortsetzen, die nach weiteren 2½ km rechts steil den Kyffhäuser erklimmt.
Zurückgekehrt zur Landstraße in Rottleben radeln Sie weiter westwärts Rchtg. Sondershausen. Nach einer Weile wird das Dorf *Bendeleben* ge-

streift, das allerlei alte Fachwerkbauten - allerdings dringend restaurierungsbedürftig - aufweist. Es folgt ein anfangs harmlos anmutender, dann steiler werdender Berg, dessen andere Seite über eine deutlich steilere Abfahrt nach Sondershausen verfügt.

Sondershausen, 24000 Einw., Bez. Erfurt, ist eine ehemalige Fürstenresidenz und kann die entsprechenden Bauten aufweisen: das Schloß (16. Jh.) mit Museum, in dem die ehemalige Hofapotheke, der Riesensaal und der Weiße Saal besonders sehenswert sind, das Prinzenhaus (18. Jh.) und die klassizistische Hauptwache. In jüngerer Zeit (seit 1892) hat der nordthüringische Kalibergbau von Sondershausen Besitz ergriffen. Heute befinden sich die entsprechenden ausgedehnten Industrieanlagen westlich der Stadt und garnieren den Weg Rchtg. Nordhausen.
Im Zweiten Weltkrieg legte ein alliierter Luftangriff knapp die Hälfte Sondershausens in Schutt und Asche, so daß folgerichtig nun umfangreiche Neubaugebiete das Bild der Stadt prägen.
Information: Ferdinand-Schlufter-Str. 20, 5400 Sondershausen, Tel. (+62899) 8111.
Unterkunft: Hotel "Thüringer Hof" ***, Wilhelm-Pieck-Str. 31-32, Tel. (+62899) 6051-53, 42 Betten in 23 Zi.; HO-Hotel "Franzberg", Franz-List-Str. 1, Tel. (+62899) 2112, 13 Betten in 8 Zi.; Hotel "Jagdschloß Posen", Tel. (+62899) 2884, 24 Betten in 9 Zi.

Etappe 62:
Sangerhausen - Riethnordhausen - Kelbra - Sondershausen (38 km)

Dies ist die etwas ruhigere und schnellere Alternative zur Etappe 61 für diejenigen, die Bad Frankenhausen keinen Besuch abstatten möchten. Allerdings ist auch der - mögliche - Abstecher hinauf zum Kyffhäuser von dieser Strecke aus beschwerlich, weil deutlich steiler als vom Süden des Barbarossagebirges.
Genau wie bei Etappe 61 geht es auf F 80 und anschließender Landstraße nach *Riethnordhausen*, wo aber deren Streckenführung rechts auf die Landstraße über *Tilleda*, dem Standort einer Kaiserpfalz des 10./11. Jh., nach *Kelbra* verlassen wird.
Unterkunft: HO-Hotel "Tourist", Frankenhäuser Str. 1, 4712 Kelbra, Tel. (+4560) 6293, 82 Betten in 39 Zi.
Camping: "Am Stausee", 400 Standpl.

Hier können Sie ggf. über die F 85 den steilen Anstieg zum Gipfel des Kyffhäuser-Gebirges bewältigen und dort z.B. den Blick von Kyffhäuserdenkmal aus in die Umgebung schweifen lassen (s. Etappe 64). Es gibt zwar auch einen befahrbaren Wanderweg (mit blauem "x" markiert) von Kelbra zum Denkmal, der aber wegen der beträchtlichen Steigung nur mit Mountain-Bikes sinnvoll nutzbar ist.

Über Badra geht es mit oder ohne Abstecher weiter nach **Sondershausen** (s. Etappe 61).

Kartenskizze Etappen 61 - 64

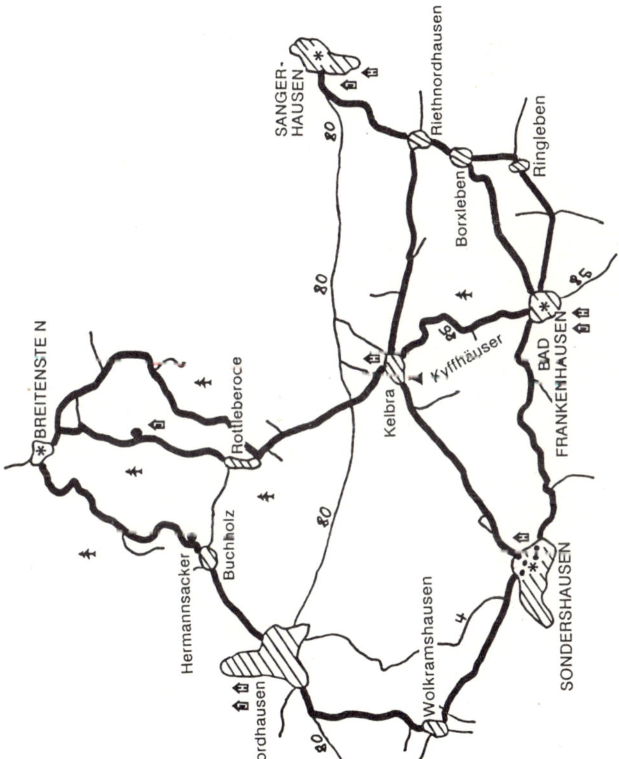

Etappe 63:
Sondershausen - Wolkramhausen - Nordhausen - Buchholz - Hermannsacker - Breitenstein (44 km)

Diese Strecke schlägt auf Nebenstraßen eine Kurve zum Verkehrszentrum des Südharz und stößt dann in den Unterharz vor.
Sie beginnt in Sondershausen auf der Landstraße Rchtg. Bleicherode, zu finden entweder ohne Stadtbesichtigung als direkten Anschluß an Etappe 61 bzw. 62 durch ständiges Parallelfahren zu Wipper und Stadtbild nördlich der Stadt bis zur T-Mündung auf die F 4, dort links über den Fluß und gleich rechts ab; oder auf der F 4 Rchtg. Nordhausen aus der Stadt bis kurz vor die Wipper-Brücke, dort links.
In Sichtweite der ausgedehnten Industrieanlagen Sondershausens radeln Sie auf Straßen wechselnder Qualität durch Großfurra und weiter Rchtg. Wipperdorf in mehr oder weniger ständigem Auf und Ab sanfter Hügel nach *Wolkramhausen*.
Camping: "Teichtal", 5501 Hainrode, L/12, 240 Standpl., 4 km südwestl. abseits der Landstraße Rchtg. Wipperdorf, beschildert.

Mit der Beschilderung Rchtg. Nordhausen biegen Sie hier auf abknickender Vorfahrt rechts ab und fahren durch Werther zur Einmündung in die F 80, die rechts nach Nordhausen führt.

Nordhausen, 47000 Einw., Bez. Erfurt, am Rand des Südharzes gelegen, war früher Freie Reichs- und Hansestadt, präsentiert sich heute aber fast ausschließlich als wichtiger Industriestandort und Verkehrsknotenpunkt. Bekanntestes Produkt der Stadt ist der Nordhäuser Doppelkorn, ein milder Kornbrand gehobener Qualität.
Da Nordhausen im Zweiten Weltkrieg zu 75 % zerstört wurde, sind die baulichen Zeugen vergangener Zeiten eher spärlich. Dazu gehören der Dom (14. Jh.), das rekonstruierte Alte Rathaus (ein Renaissancebau) mit dem Roland (1717) und einige Bürgerhäuser des 16. Jh.
Aus der unrühmlichen jüngeren deutschen Geschichte ist Nordhausen das Gelände des nationalsozialistischen KZ *Lager Dora* verblieben (Ortsteil Salza), das heute eine Gedenkstätte enthält.
Information: Rautenstr. 2, 5500 Nordhausen, Tel. (+628) 4938.
Verkehrsverbindungen: Zahlreiche Eisenbahnstrecken in alle Richtungen; Endpunkt der Harzquerbahn (Schmalspurbahn, s. Wernigerode, Etappe 81).
Unterkunft: Hotel "Handelshof" **, Karl-Marx-Str. 12, Tel. (+628) 5121, 109 Betten in 59 Zi.; Hotel "Zur Sonne" **, Hallesche Str. 8, Tel. (+628) 4433, 30 Betten in 16 Zi.
Jugendherberge: JH "Fritz Gießner", Johannes-Kleinspehn-Str. 1, Tel. (+628) 6325, 54 Betten.
Fahrradteile: Ft. Buhla, an der F 80, am Rand des Stadtzentrums.

Bei direktem Anschluß ohne Stadtbesichtigung biegen Sie bereits vor der Überquerung der Zorge rechts ab Rchtg. F 4 Halle, gleich darauf links Rchtg. Zentrum und Stolberg. Letzterer Ort ist auch bei den folgenden Abzweigungen stets beschildert, so daß Sie unkompliziert die "Stolberger Straße" finden, auf der es aus der Stadt geht.
Die Landstraße durchquert *Petersdorf* (Gaststätte: Harz-Rigi, mo/di geschl.) und erreicht *Buchholz*. Hier wählen Sie die links abzweigende Nebenstraße nach *Hermannsacker*, obwohl diese laut Beschilderung nur bis zum Ausflugslokal "Sägemühle" freigegeben ist. Ab Hermannsacker ist die Straße für Autos gesperrt, Fahrräder können sie hingegen benutzen - allerdings ist sie nicht asphaltiert. Wem ein solch langes Stück Schotter und Sand zu viel ist, der kann in Buchholz geradeaus weiter hinab durch *Stempeda* (Gaststätte: Zum alten Stolberg) nach Rottleberode radeln und dort Anschluß an eine der beiden Varianten von Etappe 64 erhalten. Ansonsten geht es autofrei unterhalb der Höhen des Unterharzes direkt nach **Breitenstein**, wo nahtlos Anschluß an Etappe 80 besteht; mit Hilfe von Etappe 64 kann auch eine Rundfahrt zusammengestellt werden.

Etappe 64:
Bad Frankenhausen - Kyffhäuser - Kelbra - Rottleberode - Breitenstein (38-44 km)

Als Auftakt zum Harz wartet diese Strecke mit einer Kleinversion dieses Mittelgebirges auf: dem **Kyffhäuser**. Von Bad Frankenhausen führt die F 85 geradewegs, wenn auch nicht geradlinig auf die Höhe dieses Gebirges, das genau wie der Harz auf der Südseite sanfter ansteigt als im steil ausgeprägten Norden. Verkarstete Ablagerungen prägen das Landschaftsbild vom Süden her. Der höchste Gipfel des 19 km langen und 7 km breiten Gebirges ist der Kulpenberg, auf dem ein 94 m hoher Funkturm mit seinem Turmcafé gute Rundumblicke gewährt. Der ca. 1½ km östl. gelegene Kyffhäuserburgberg diente früher der namensgebenden Burg, die die Kaiserpfalz Tilleda (s. Etappe 62) zu bewachen hatte, als Standort; Ende des 19. Jh. wurde auf den Grundmauern dieser Festung das Kyffhäuserdenkmal im typischen Monumentalstil der Zeit errichtet. Ähnlichkeiten des Bauwerks mit dem Leipziger Völkerschlachtdenkmal sind nicht zufällig - Architekt war in beiden Fällen Bruno Schmitz.
Im Innern des Kyffhäusers soll sich der Sage nach Kaiser Friedrich I. (*Barbarossa* [= Rotbart] genannt, 1190 auf einem Kreuzzug gestorben) aufhalten, um dort seiner Auferstehung zu harren und bei dieser Gelegenheit den Menschen gleich die diffusen "besseren Zeiten" zu bescheren. Ursprünglich entstand die Sage zwar um den Stauferkaiser Friedrich II., aber das sah man in späteren Jahrhunderten nicht mehr so genau. In jedem Fall ist verbürgt,

daß ein Rabe alle 1000 Jahre den schlafenden Kaiser weckt, damit der mal die Lage peilen kann; noch ist also etwas Zeit bis dahin...

Vom Kyffhäuser geht es dann auf der F 85 hinab ins Tal der Helme nach *Kelbra*, wo Etappe 62 gekreuzt wird, und weiter Rchtg. Stolberg und Nordhausen. An der Kreuzung mit der F 80 setzt sich die Etappe geradeaus fort auf der Landstraße Rchtg. Stolberg, die in jedem Fall bis zum Ortseingang von *Rottleberode* benutzt wird. Dort hat man die gemäßigte Qual der Wahl.

a) Dem Tal der Tyra folgend können Sie geradewegs weiter nach **Stolberg** fahren, einem Kurort (1800 Einw.), der im Mittelalter Grafenresidenz und Bergbaustadt (Silber, Kupfer, Eisen) war, dem Reformator und Bauernkriegsführer Thomas Müntzer als Geburtsort diente und sich um die Jahrhundertwende zum Fremdenverkehrsort mauserte. Die mittelalterlichen Teile der Stadt mit zahlreichen Fachwerkhäusern stehen unter Denkmalschutz; besonders interessant ist das Rathaus (1482), das innen keine Treppen besitzt - der Zugang zu oberen Etagen erfolgt über die außen vorbeiführende Kirchentreppe. In zwei Häusern des 15. bzw. 16. Jh. sind Teile des Heimatmuseums untergebracht. Das ehemalige Schloß (13., teils 16. Jh) ist nur in einigen Teilen zu besichtigen, da es heute als Ferienheim dient.
Es versteht sich von selbst, daß Thomas Müntzer in seiner Geburtsstadt diverse Stätten gewidmet sind, so gibt es eine Gedenkstätte, ein Denkmal und das - allerdings nicht originale - Thomas-Müntzer-Haus, das an der Stelle des 1851 abgebrannten Geburtshauses errichtet wurde.
Information: Kurverwaltung, Rathaus, 4713 Stolberg, Tel. (+45694) 298.
Jugendherberge: JH "Thomas Müntzer", Thyratal 11, Tel. (+45694) 332, 57 Betten.

Im Gegensatz zur farblichen Kennzeichnung auf der Karte ist die Talstrecke durch Stolberg nicht die Haupt-Autostraße; um den Kurort zu entlasten, wurde der Schwerverkehr auf die neu ausgebaute Bergstrecke über Schwenda verlagert. so wird weitgehend streßfrei **Breitenstein** erreicht (s. Etappe 63).

b) Der oben erwähnten Bergstrecke folgt die Alternative, auf der zumindest am Wochenende nicht zu viel Verkehr zu befürchten ist. Der Anfang des Anstiegs gestaltet sich recht harmlos, und bis auf ein kleineres 10 %-Teilstück zeigt der Berg erst nach einigen Kilometern, was in ihm steckt. In *Schwenda* (einige Gatshöfe, Zimmervermietung) ist die Kuppe nahezu erreicht, und Sie folgen der links abknickenden Vorfahrt Rchtg. Harzgerode hinauf zum Forsthaus Auerberg, das als Ferienheim der Dessauer Glashütte dient. Darüber hinaus sind von hier aus zahlreiche Wanderungen in alle Richtungen zu starten (Übersichtstafel am Parkplatz, Kiosk); einige Wege sind mit dem Fahrrad zu nutzen.

Weiter geht es entsprechend der Beschilderung Rchtg. Stolberg. Nach ca. 1½ km knickt die Etappe mit der Vorfahrt halbrechts ab Rchtg. Hasselfelde (auf der Karte untergeordnet eingezeichnet), nach der gleichen Entfernung folgt dann eine deutliche Schneise links und rechts der Straße, durch die ein Forstwirtschaftsweg führt, der mit dem befahrbaren Wanderweg (Markierung: rotes "x") nach Güntersberge (s. Etappe 80) identisch ist. Wer diese autofreie Strecke nicht nutzen möchte, gelangt nach einem weiteren Kilometer zur Einmündung in die untergeordnete Straße aus Rchtg. Stolberg und fährt geradeaus weiter nach **Breitenstein** (s. Etappe 63).

Etappe 65:
Erfurt - Sömmerda - Kindelbrück - Göllingen - Sondershausen (62 km)

Das Thüringer Becken wird von dieser Etappe durchquert, um so die Verbindung zum südlichen Harzrand anzupeilen.

Erfurt, 216000 Einw., Bezirkshaupstadt, ist eine an Türmen und Kirchen reiche Stadt, überragt vom Dom und von der St.-Severi-Kirche auf einem im Zentrum befindlichen Hügel. Über 1200 Jahre hat die alte Handels- und Universitätsstadt bereits überstanden, wobei diverse Höhen und Tiefen durchschritten wurden. Im 14. und 15. Jh. lag die Haupt-Blütezeit, als Erfurt nicht nur durch Handel mit pflanzlichen Farbstoffen reich wurde, sondern sich ab 1392 auch die zweitgrößte Universität Mitteleuropas (nach Prag) leistete; die Hochschule wurde erst 1816 durch Preußen geschlossen. Im 16./17. Jh. verlor die Stadt ihre Rolle als Handelsmetropole teils an Leipzig, teils wegen des einsetzenden billigeren Indigoimports aus Übersee auch eine Hauptgrundlage des Wohlstandes. Im 18. Jh. wurde Erfurt allmählich zu einem Vorreiter modernen Feld- und Gartenbaus und hielt 1838 schließlich die erste Gartenbauausstellung ab; als Folge dieser Tradition findet bis heute jährlich die Internationale Gartenbauausstellung "iga" statt.
Der Zweite Weltkrieg ging vergleichsweise milde mit der alten Bausubstanz Erfurts um, so daß die recht intakte Altstadt nach wie vor ein reizvolles Zentrum bildet. Wichtigste Bauten sind dort auf dem Domberg die durch eine Freitreppe verbundenen Gotteshäuser des Doms und der Severikirche, beide im 12. Jh. errichtet, später aber mehrfach erweitert und umgebaut. Dem Domberg gegenüber steht auf dem Petersberg die Peterskirche, ursprünglich zum gleichnamigen Kloster gehörig, das aber 1813 bei der Beschießung der Zitadelle Petersberg ausbrannt; umfangreiche Reste der Zitadelle (1707 fertiggestellt) sind erhalten.
In der inneren Stadt verdient die Krämerbrücke besondere Aufmerksamkeit, eine mit Fachwerkhäusern bebaute Brückenstraße an einer Gera-

furt. Zur Einkaufszone wurde die alte Straße "Anger" ausgebaut, an der sich zahlreiche historische Bauten des 18.-19. Jh. befinden.
Information: Trommsdorffstraße, 5020 Erfurt, Tel. (+61) 26267.
Unterkunft (Auswahl): Hotel "Erfurter Hof" ****, Am Bahnhofsvorplatz 1/2, Tel. (+61) 51151, 224 Betten in 163 Zi.; HO-Hotel "Vilnius-Tourist", Vilniuser Str. 2, Tel. (+61) 721012, 361 Betten in 177 Zi.
Jugendherberge: JH "Karl Reimann", Hochheimer Str. 12, Tel. (+61) 26705, 80 Betten; JTH "Völkerfreundschaft", Juri-Gagarin-Ring, Tel. (+61) 26705, 430 Betten.

Die Route beginnt in Erfurt auf der ostwärts geradlinig aus der Stadt führenden Landstraße Rchtg. Buttelstedt, die als ersten Ort Kerspleben und dann in dichter Folge Töttleben und Kleinmölsen erreicht. An der Kreuzung bei Kleinmölsen wählen Sie die links abzweigende Landstraße durch das Dorf Rchtg. Sömmerda, die geradewegs durch Udestedt führt und in Eckstedt links schwenkt. In Schloßvippach folgen Sie der links abknickenden Vorfahrt geadewegs nach *Sömmerda*.
Unterkunft: HO-Hotel "Roter Hirsch" *, Lange Str. 53, 5230 Sömmerda, Tel. (+626) 21327, 27 Betten in 17 Zi.; HO-Hoteletage "Neue Zeit", Straße der Einheit 17, Tel. (+626) 22043, 32 Betten in 16 Zi.

In dieser touristisch unbedeutenden Kreisstadt richten Sie sich nach den Wegweisern Rchtg. Bad Langensalza und radeln so auf der F 176 westwärts aus dem Ort. Bald darauf beginnt rechts die Landstraße nach *Weißensee*, die dort auf die F 86 trifft. Die Hauptstraße dient nun bis *Kindelbrück* und hindurch Ihren Reifen als Untergrund und wird erst (nach links) verlassen, wenn das Flüßchen *Wipper* überquert ist. Die folgende Nebenstraße ist zwar von häufigen Abzweigungen und Richtungswechseln sowie Überquerungen der Wipper gekennzeichnet, aber die einzig sinnvolle Möglichkeit, auf brauchbaren Straßen zum Ziel zu gelangen.
Bilzingsleben wird als erstes durchradelt; von der weiterführenden Straße Rchtg. Oberbösa biegen Sie kurz hinter dem Dorfrand rechts ab nach Günserode. Immer dicht an die Ufer der Wipper geschmiegt geht's nun weiter nach Seega, wo Sie links nach Göllingen schwenken. Hier biegt die Route links ab nach Hachelbich, wo Sie sich den Wegweisern Rchtg. Sondershausen anvertrauen, um so zur Landstraße zu gelangen, die links ohne weitere Abzweigungen **Sondershausen** (s. Etappe 61) erreicht.

Etappe 66:
Erfurt - Gotha (27 km)

5 km länger als die geradlinige Hauptstraße ist diese Landstraßenverbindung nach Gotha. Verlassen Sie die thüringische Metropole auf der "Binderslebener Landstraße", die durch die Peterbornsiedlung aus der Stadt führt, den

Kartenskizze Etappen 65 - 67

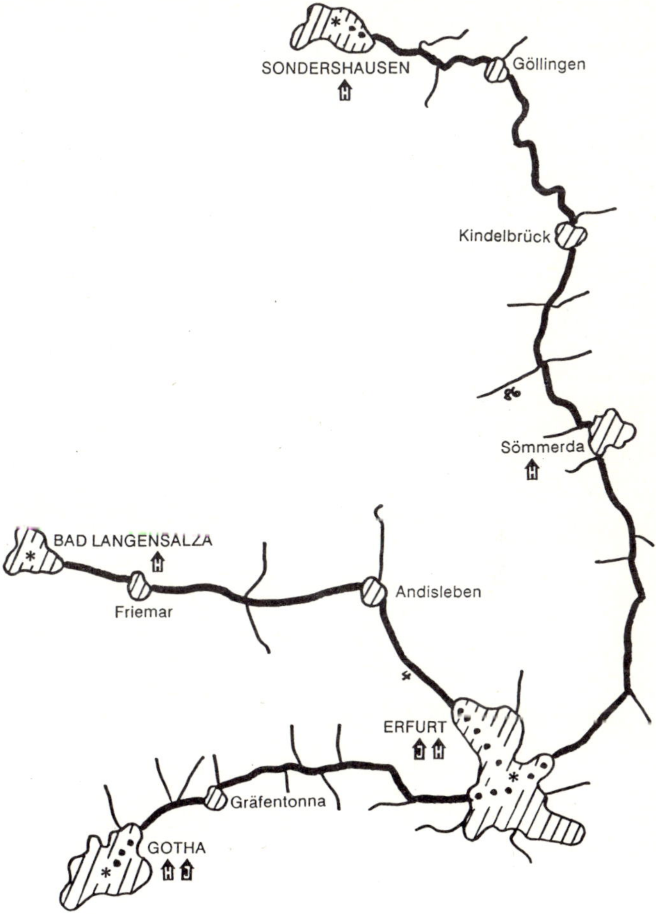

Erfurter Flugplatz streift und *Bindersleben* erreicht. Hier zweigt die Landstraße rechts ab nach Alach, wo es nahtlos weitergeht nach Zimmernsupra. Auf dem Weg nach Tröchtelborn ist ein Linksschwenk zu beachten, und schließlich kommen Sie zu einer T-Mündung, an der es links hinein nach *Friemar* geht. Dort halten Sie sich rechts und sind somit auf der geradlinigen Strecke zum Etappenziel angekommen.

Gotha, 58000 Einw., Kreisstadt im Bez. Erfurt, liegt im nördlichen Vorland des Thüringer Waldes. Wie viele Städte dieses Raums war auch Gotha zeitweise Residenzstadt eines der zahlreichen sächsischen Herzogtümer, in diesem Fall ab 1640 die von Sachsen-Gotha. Aus dieser Zeit stammt das Prunkstück des Ortes, das frühbarocke Schloß *Friedenstein*. Der imposante Bau beherbergt im Schloßmuseum wertvolle Kunstschätze, eine kaum weniger bedeutsame Forschungsbibliothek von einer halben Million Bände und ein regionales Volkskundemuseum. Im früheren Pagenhaus ist ein Kartographisches Museum eingerichtet, das sich auf die diesbezügliche Tradition Gothas bezieht: hier legte die Verlegerfamilie Perthes einen der Grundsteine der europäischen Kartographie.

Im Zentrum Gothas setzt der Hauptmarkt mit seinem freistehenden Renaissancerathaus den maßgeblichen optischen Akzent; er ist flankiert von zahlreichen restaurierten Bürgerhäusern.

Information: Hauptmarkt 2, 5800 Gotha, Tel. (+622) 4036.
Unterkunft (Auswahl): Hotel "Slovan" ***, Hauptmarkt 20/21, 36 Betten in 14 Zi.; HO-Hotel "Stadt Gotha", Huttenstr. 9, Tel. (+622) 3148, 36 Betten in 21 Zi.
Jugendherberge: JH "Freundschaft", Mozartstr. 1, Tel. (+622) 4008, 110 Betten.

Etappe 67:
Erfurt - Andisleben - Bad Langensalza (34 km)

Die Erfurter Stadt-Ringstraße ist in Teilen für Fahrräder verbotenes Terrain, deshalb sollten Sie sich ggf. am Stadtplan auf der Rückseite der Karte orientieren; verlassen wird die Stadt auf der "Nordhäuser Straße" (= Beschilderung Rchtg. Stadtteil Nord). Durch lückenlose Vorortbebauung Erfurts geht es auf (zu) breit ausgebauter Straße nordwärts. Schließlich verabschiedet sich immer mehr Autoverkehr in Wohngebiete bzw. zur parallel verlaufenden F 4, so daß die schmaler werdende Landstraße nun angenehm zu beradeln ist. Durch Kühnhausen (Zimmerservice im Ort, beschildert) erreichen Sie Elxleben, Walschleben und schließlich Andisleben, wo Sie links mit der Beschilderung Rchtg. Bad Langensalza abzweigen, die als Schnellstraße ausgebaute F 4 auf einer Brücke überqueren und auf einer Landstraße durch flachwellige Landschaft weiterfahren. Dachwig, Döllstädt und *Gräfentonna* (Gaststätten: "Zum Kellerhof", "Spartenheim") werden gestreift bzw. durchfahren, bis am östlichen Stadtrand von Bad Langensalza die Landstraße an der F 84 endet.

Bad Langensalza, Kreisstadt im Bez. Erfurt, verfügt über eine umfangreiche, gut erhaltene Altstadt mit zahlreichen Bürgerhäusern vor allem des 18. Jh. Fassadenschmuck, verzierte Eingangstüren gehören hier zur Norm. Beim Stadtbummel sollten Sie dem barocken Rathaus (1752) und dem Marktbrunnen (1582) besondere Beachtung schenken. Ein Heimatmuseum (Thälmannplatz) kann ebenfalls besucht werden; umrahmt wird das Ganze von den Resten der alten Stadtbefestigung (12.-14. Jh.) mit immerhin noch 17 Türmen und dem sogen. Klagetor.
Information: Neumarkt 9, 5820 Bad Langensalza, Tel. Bad Langensalza 2568.
Unterkunft: HO-Hotel "Zum Schwan" **, Rathausstr. 9, am Markt, Tel. 6205, 36 Betten in 16 Zi.; HO-Hotel "Bürgerhof", Steinweg 11, Tel. 2327, 9 Betten in 6 Zi.

Fassaden-Wappen in Bad Langensalza

Etappe 68:
Bad Langensalza - Langula - Mühlhausen - Keula - Nohra - Wolkramhausen - Sondershausen (77 km)

Diese Strecke zieht sich anfangs hakenschlagend über das Randgebiet des Thüringer Waldes zu einer der hübschesten Städte des Thüringer Beckens und strebt dann in einem weiten Bogen dem Südrand des Harzes zu.
In Bad Langensalza ist den Wegweisern Rchtg. Gotha, dann Rchtg. Eisenach aus der Stadt zu folgen, bis von der links schwenkenden Hauptstraße geradeaus die Nebenstraße nach Zimmern abzweigt. Nach dem Durchqueren dieses Dorfes knickt die Vorfahrt rechts ab, Alterstedt wird durchradelt und eine T-Mündung auf freiem Feld erreicht, an der Sie links nach Weberstedt fahren. Nahtlos schließt sich die Verbindung nach *Mülverstedt* an, wo Sie links auf die Vorfahrtstraße nach Flachheim einschwenken. In *Oppershausen* können Sie ggf. Rchtg. Mühlhausen etwas abkürzen, indem Sie rechts der Nebenstraße durch Niederdorla zur Landstraße folgen; ansonsten bleiben Sie auf der Strecke nach Langula, wozu auf halbem Weg an einer Kreuzung rechts abzubiegen ist.
Die Landstraße nach Mühlhausen verläuft vollkommen geradlinig über das Land; durch die Stadt hindurch nutzen Sie dann die F 247.

Mühlhausen, 44000 Einw., Kreisstadt im Bez. Erfurt, ist eine ehemalige freie Reichs- und Hansestadt, die im ausgehenden Mittelalter ausgesprochen wohlhabend war. 1524/25 wurde sie zur letzten Wirkungsstätte des Bauernkrieg-Führers, dem zu Ehren sie seit 1975 das Prädikat "Thomas-Müntzer-Stadt" trägt. Und da der Bauernkrieg außer ein paar verwitterten Knochen nichts Handfestes an die Nachwelt hinterlassen hat, wurde in Mühlhausen etwas nachgeholfen, indem gleich drei Gedenkstätten dem Krieg und seinem Führer gewidmet sind.
Abgesehen davon verfügt die Stadt jedoch über ein sehenswertes Ambiente aus zahlreichen imposanten Bürgerhäusern und der im 13. Jh. errichteten Pfarrkirche. Die mittelalterliche Stadtbefestigung ist in Teilen erhalten und kann - ebenfalls teilweise - betreten werden: Zugang zum Wehrgang mit seinen drei Türmen ist am Inneren Frauentor möglich (mi/sa/so).
Information: Görmarstr. 57, 5700 Mühlhausen, Tel. (+625) 2912.
Unterkunft: Hotel "Stadt Mühlhausen" ***, Wilhelm-Pieck-Platz, Tel. (+625) 5512, 102 Betten in 59 Zi.; Hotel "Stadtberg" ***, Goetheweg 52, Tel. (+625) 3377, 29 Betten in 10 Zi.; HO-Hotel "Grüne Linde" **, Görmarstr. 49/50, Tel. (+625) 3385, 43 Betten in 23 Zi.
Jugendherberge: JH "Heinrich Pfeiffer", Auf dem Tonberg 1, Tel. (+625) 3318, 75 Betten.

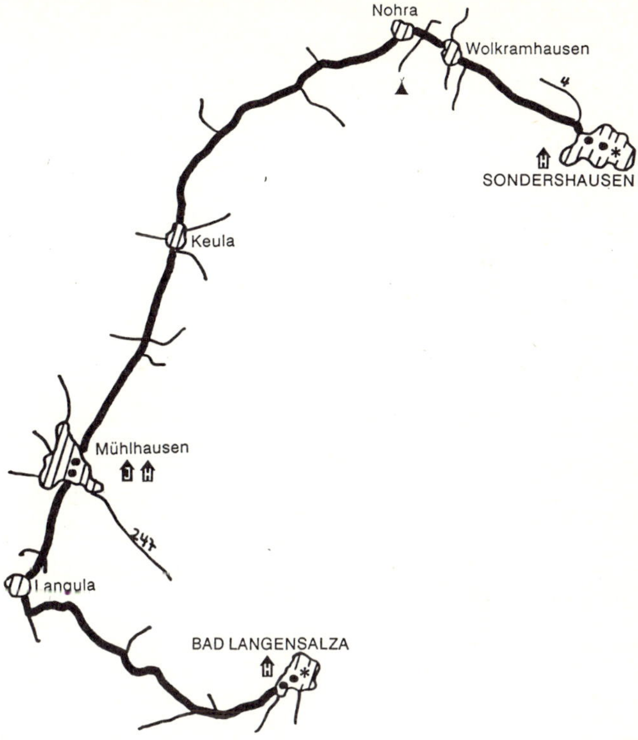

Den Wegweisern Rchtg. Nordhausen und Bleicherode folgen Sie nordwärts aus der Stadt. Erst in Keula gabelt sich die Landstraße fast unmerklich, und noch weitere 13 km geht's nun durch hügeligen Wald, bis südlich von Bleicherode eine T-Mündung einen Linksschwenk bewirkt. Lassen Sie jedoch das im Tal befindliche Bleicherode links liegen, radeln Sie durch *Großlohra* geradewegs weiter nach *Nohra*, wo Sie rechts auf die Landstraße nach *Wolkramhausen* einbiegen. Von dort nach **Sondershausen** (s. Etappe 61) sind es lediglich noch 9 km geradlinige Kilometer.

Etappe 69:

Bad Langensalza - Eisenach - Wutha - Ruhla - Bad Liebenstein - Seligenthal (87 km)

In weitem Bogen vom Thüringer Becken auf die Höhen des Thüringer Waldes führt diese Route. Wie bei Etappe 68 (s. dort) radeln Sie zuerst im Zickzack über Land nach *Langula*, biegen dort aber links ein und folgen der Landstraße Rchtg. Eisenach südwärts, wobei Sie sich schlicht der Beschilderung (mit allen abknickenden Vorfahrten etc.) anvertrauen können. In allmählich bergiger werdender Landschaft durchradeln Sie so Nazza und *Mihla* (Gaststätte: "Graues Schloß") und spüren nun die Anforderungen des Thüringer Waldes in den Wadenmuskeln, als es über einen kräftigen Buckel hinweg nach Eisenach geht.

Eisenach, 51000 Einw., Kreisstadt im Bez. Erfurt, lebt touristisch voll und ganz von der Wartburg, die südlich der Stadt auf dem Wartberg thront. Etwa um 1100 u.Z. entstand die Burganlage als Sitz der thüringischen Landgrafen und diente entsprechend nicht nur Trutzburg, sondern auch als Repräsentationsbau. Im Hochmittelalter trugen die größten deutschen Minnesänger hier ihren "Sängerkrieg" aus und lieferten damit noch im 19. Jh. Richard Wagner Stoff für seinen *Tannhäuser*. Anfang des 13. Jh. machte die damalige Landgräfin Elisabeth, eine ungarische Königstochter, die Pflege der Armen und Kranken auf der Burg zu ihrer Hauptbeschäftigung und sicherte sich damit 1235 die Heiligsprechung.
Unter kurfürstlichem Schutz und dem Pseudonym "Junker Jörg" übersetzte Martin Luther 1521/22 auf der Wartburg das Neue Testament aus dem griechischen Urtext; bald nach Luthers Aufenthalt verlor die Burg ihren ursprünglichen Sinn und verfiel allmählich. Erst in der zweiten Hälfte des 19. Jh. begannen Restaurierungsmaßnahmen, die ab 1952 intensiviert wurden. Die weitläufige Anlage ist nur über eine Zugbrücke zugänglich; die Zufahrt ist gewöhnlich für Autos gesperrt, für Radfahrer aber nutzbar. Wer sich die Steigung ersparen möchte, kann auch zu Fuß oder mit einem touristischen Bähnchen hinauffahren.
Eisenach selbst verfügt zwar auch über eine Altstadt am Markt, deren Bauten jedoch im Vergleich mit der Wartburg klar den Kürzeren ziehen, zumal das dort befindliche barocke Stadtschloß recht schlicht ausgefallen ist.
Da nicht nur Luther zu den kulturell bedeutenden Gästen Eisenachs gehörte, sondern auch Bach, Richard Wagner und Fritz Reuter, gibt es heute Gedenkstätten für Luther und Bach sowie ein gemeinsam (!) Wagner und Reuter gewidmetes Museum.
Bedeutendes wirtschaftliches Standbein der Stadt ist schon seit 1898

der Automobilbau, u.a. von BMW, der durch die Produktion des DDR-"Mittelklassewagens" *Wartburg* fortgesetzt wurde (und wird?). Im Ausstellungspavillon des Werkes an der Wartburgallee sind außer den jüngsten Nostalgieprodukten auch einige seltene Oldtimer zu sehen.
Information: Bahnhofstr. 3-5, 5900 Eisenach, Tel. (+623) 4895 & 6161.
Unterkunft: ein rundes Dutzend Hotels/Gasthöfe, darunter als Auswahl: HO-Hotel "Auf der Wartburg" ***, Auf der Wartburg, Tel. (+623) 5111, 47 Betten in 27 Zi.; HO-"Parkhotel" ***, Wartburgallee 2, Tel. (+623) 5291, 100 Betten in 41 Zi.; Hotel "Stadt Eisenach", Luisenstr. 11/13, Tel. (+623) 5371, 100 Betten in 51 Zi.
Jugendherberge: JH "Artur Becker", Mariental 24, Tel. (+623) 3613, 105 Betten; JH "Erich Hohenstein", Bornstr. 7, Tel. (+623) 2012, 52 Betten.

Um den Hauptstraßenanteil und die Steigungsstrecken auf dem folgenden Teilstück zu minimieren, müssen Sie nun auf der F 7 Rchtg. Gotha 5 km bleiben, dann rechts auf der F 88 Rchtg. Ilmenau weitere 8 km zurücklegen und schließlich von der links schwenkenden Hauptstraße geradeaus auf die Landstraße nach *Ruhla* abbiegen. Damit sind Sie definitiv in den Bergen des Thüringer Waldes angekommen.
Unterkunft: Fremdenheim "Kehr", Straße der DSF 18, 5906 Ruhla, Tel. (+6238) 3184,, 8 Betten in 4 Zi.
Camping: "Alte Ruhl", 180 Standpl., südl. von Ruhla.

Mit der Beschilderung Rchtg. Bad Liebenstein fahren Sie weiter und kommen so geradewegs, wenn auch mit den unvermeidlichen Serpentinen nach **Bad Liebenstein**. Dies ist das älteste Kurbad Thüringens, das schon im 17. Jh. diese Funktion erfüllte und vor allem der *High Society* diente. Die historischen Kuranlagen und zahlreichen imposanten Zweckbauten bieten heute auch den Nicht-Kurenden einiges fürs Auge, z.B. ist das örtliche Postamt leicht mit einem Stadtschloß zu verwechseln.
Unterkunft: Hotel "Zum Löwen", Ernst-Thälmann-Str. 1, 6202 Bad Liebenstein, Tel. (+6737) 2360, 20 Betten in 9 Zi.

Nun biegen Sie links ab auf die Landstraße Rchtg. Trusetal, die gleich zwei steile und lange Anstiege und Gefälle bietet. "Gruß und Dank unseren deutschen Landsleuten", so empfängt *Trusetal* den arglosen Touristen massiv plakatiert und zeigt, woher der Spruch vom "schwarzen Süden der DDR" stammt. Radeln Sie geradewegs durch das Ort und weiter Rchtg. Schmalkalden; am Ortsende gabelt sich die Landstraße, und Sie bleiben links auf der über einen weiteren kräftigen Höhenzug serpentinenmäßig nach **Seligenthal** strebenden Route.
Jugendherberge: JH "Werner Seelenbinder", Weidmannsruh 1, 6081 Schnellbach, Tel. (+670) 4124, 34 Betten & 20 Zeltstandpl., östl.

Kartenskizze Etappen 69 & 70

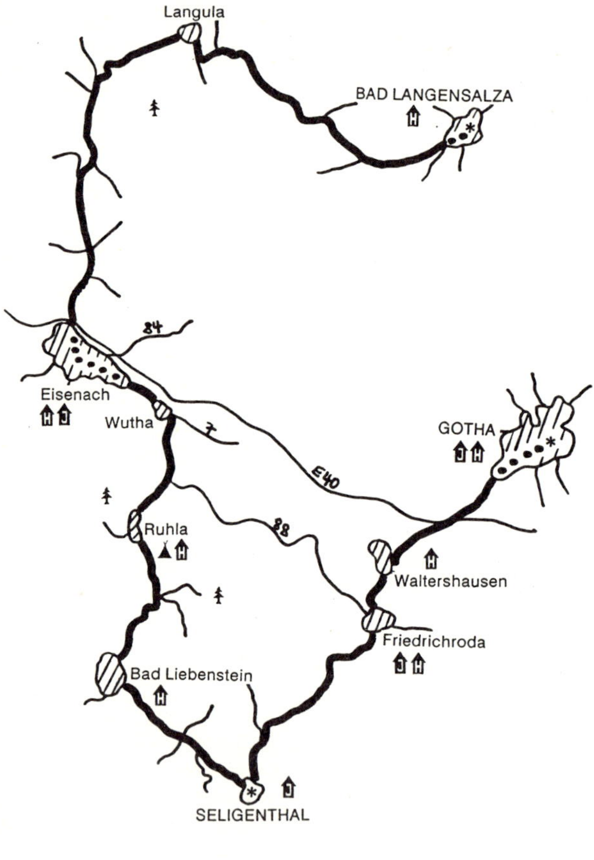

Etappe 70:
Gotha - Waltershausen - Seligenthal (32 km)

Vom Rand des Thüringer Waldes gelangen Sie auf dieser Strecke schnell auf die Höhen (und in die Täler) des "grünen Herzens Deutschlands", wie die Thüringer ihre Heimat so gern bezeichnen.
Wenn Sie eine der südlich des Parks von Schloß Liebenstein verlaufenden Straßen aufsuchen, kommen Sie so südwestwärts korrekt auf die Landstraße nach *Waltershausen*. Dies ist das traditionelle Zentrum der thüringischen Puppenproduktion; dem Gewerbe ist konsequenterweise im Heimatmuseum (in Schloß Tenneberg, 16. Jh.) eine Ausstellung gewidmet.
Unterkunft: Hotel "Zum Hirsch" *, Wilhelm-Pieck-Str. 11, 5812 Waltershausen, Tel. (+6228) 2441, 18 Betten in 6 Zi.; HO-Hotel "Thüringer Hof", Beckengasse 3, Tel. (+6228) 2735, 4 Betten in 4 Zi.
Wenn Sie den Wegweisern Rchtg. Schmalkalden folgen, erreichen Sie zielsicher *Friedrichroda*, wo Sie innerörtlich kurz nach links auf der F88 fahren müssen. Das hiesige Schloß Reinhardsbrunn dient heute als Hotel, aber der dazugehörige Landschaftspark ist auch Nicht-Gästen zugänglich. Unweit des Städtchens kann die *Marienglashöhle* besucht werden, die ungewöhnliche, farblose Kristalle aufweist.
Information: "Reisewelt", Hauptstr. 32-34, 5804 Friedrichroda.
Unterkunft: Schloßhotel "Reinhardsbrunn" ***, Tel. (+6227) 4253, 75 Betten in 36 Zi.; HO-Hotel "Tourist", Ernst-Thälmann-Str. 2, Tel. (+6227) 4227, 19 Betten in 10 Zi.
Jugendherberge: JH "Rudolf Breitscheid", Waldstr. 25, Tel. (+6227) 4410, 74 Betten.

Auch weiterhin sind die Schilder Rchtg. Schmalkalden für Sie maßgeblich, denn dadurch werden Sie auf die Landstraße geleitet, die über die Höhen des Thüringer Waldes führt, *Pappenheim* durchquert und in Hohleborn bereits die ausufernde Bebauung von **Seligenthal** (s. Etappe 69) erreicht.

Etappe 71:
Seligenthal - Oberhof - Schmiedefeld - Schleusingen - Gießübel (73 km)

In Seligenthal und dem angrenzenden Dorf mit dem verheißungsvollen Namen *Floh* folgen Sie den Wegweisern Rchtg. Tambach-Dietharz. Im nächsten Ort *Schnellbach* (JH s. Seligenthal, Etappe 69) fahren Sie rechts abzweigend Rchtg. Steinbach-Hallenberg und haben nun ein kräftiges Auf-und-Ab der Straße vor sich, bis **Steinbach-Hallenberg** erreicht ist. Das ist eine in alle Richtungen stark ausufernde Siedlung, die aufgrund ihrer Häuserzahl wohl den Status "Stadt" beanspruchen könnte, wenn es es ansonsten ein paar Anhaltspunkte für urbanes Leben gäbe.
Der Eindruck der Reihensiedlung verstärkt sich noch, wenn Sie links abbiegend Rchtg. Oberhof weiterfahren, denn die Orte Unter- und Oberschönau

schließen sich nahtlos an. Nun geht's kontinuierlich bergauf in Richtung auf das Wintersportzentrum der DDR. Einige Kilometer vor Oberhof zeigt die *Schanze am Rennsteig* rechterhand, welche Jahreszeit hier die wichtigste ist.

Oberhof, 3000 Einw., Bez. Suhl, mußte bislang jährlich etwa 100000 Besucher verkraften und darf jetzt mit Öffnung des innerdeutschen Tourismus eine Vervielfachung erwarten. Der Ort selbst verdient dies nicht, aber die reizvolle Umgebung ist den Besuch wohl wert.

Information: Kurverwaltung, Haus der Freundschaft, 6055 Oberhof, Tel. (+6682) 397.
Unterkunft: Hotel "Panorama" ****, Theo-Neubauer-Str., Tel. (+6682) 501, 850 Betten in 350 Zi.; Hotel "Ernst Thälmann" ***, Alte Suhler Str., Tel. (+6682) 255, 94 Betten in 58 Zi.
Jugendherberge: JTH "Etkar André", Tambacher Str. 20, Tel. (+6682) 249, 54 Betten.
Camping: An der Lütschetalsperre, 5213 Frankenhain, 250 Standpl., nordöstl.

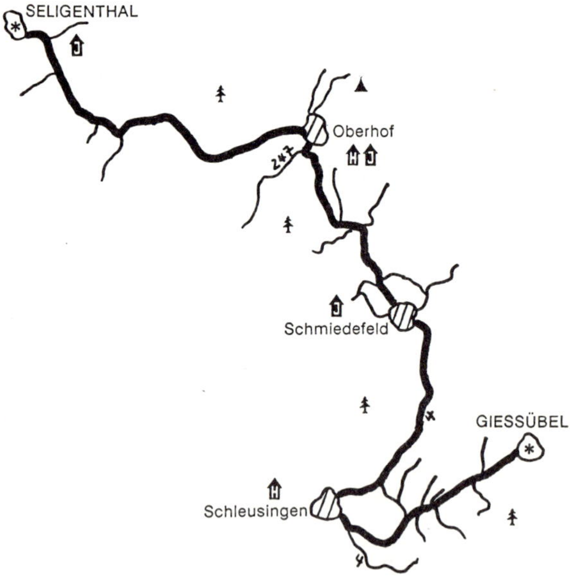

Nun radeln Sie auf der F 247 Rchtg. Suhl etwa 1 km weit, bis links die Landstraße Rchtg. Schmiedefeld abzweigt. Diesen Wegweisern können Sie über die folgende Berg- und Talstrecke folgen und gelangen so mit einer Rechtsabzweigung nach *Schmiedefeld*.

Jugendherberge: JH "Am Rennsteig", Rennsteig 5, 6304 Schmiedefeld, Post Frauenwald, Tel. (+672) 164, 35 Betten.

Die theoretisch attraktive Nebenstrecke durch das Vessertal via Breitenbach lassen Sie nun rechts liegen, da die Straßen dort die Ansprüche eines Reiseradlers nicht erfüllen können. Stattdessen nutzen Sie nun für 15 km die F 4, auf der Sie *Schleusingen* geradewegs erreichen. Hier ist ggf. *Schloß Bertholdsburg* (16. Jh.) zu besichtigen, das die Stadt mit seinen vier Türmen überragt und heute das Heimatmuseum beherbergt.

Unterkunft: HO-Hotel "Frieden" **, Markt 19, 6056 Schleusingen, Tel. (+6681) 492, 34 Betten in 13 Zi.; Hotel "Schloßkeller", Ernst-Thälmann-Str. 27, Tel. (+6681) 539, 17 Betten in 9 Zi.

Nach weiteren 2 km auf der Hauptstraße Rchtg. Eisfeld zweigt links die Landstraße ab, die durch fast ständig aneinander grenzende Orte wie Waldau und Schönbrunn nach **Gießübel** nordostwärts strebt.

Etappe 72:
Gießübel - Mellenbach - Bad Blankenburg - Rudolstadt-Schwarza (44 km)

Als Fortsetzung von Etappe 71 beginnt die Route in Gießübel auf der Landstraße Rchtg. Oberweißbach, die bei Oelze links abknickt und *Katzhütte* durchquert. Damit ist das landschaftlich reizvolle *Schwarzatal* erreicht, in dem die Etappe bis zu ihrem Ende verläuft.

Jugendherberge: JH "Helmut Just", Bahnhofstr. 82, 6424 Katzhütte, Tel. Großbreitenbach 785, 60 Betten.

Die bewaldeten Hänge zu beiden Seiten des Tals laden zu Wanderungen ein, und in *Obstfelderschmiede* fährt die steilste Normalspur-Seilzugeisenbahn der Welt, die Oberweißbacher Bergbahn, auf einer 1400 m langen Steilrampe zu einer 323 m höher gelegenen Bergstation hinauf, wofür sie angesichts dieser Anforderungen auch volle 18 Minuten bracht.

Die Landstraße Rchtg. Rudolstadt macht nun zwar noch einige Windungen, orientiert sich aber grundsätzlich am Schwarzatal. Durch *Mellenbach* geht's so nach *Schwarzburg*.

Unterkunft: Hotel "Zur Linde", Hauptstr. 50, 6826 Sitzendorf, Tel. (+9290) 235, 29 Betten in 12 Zi.

Jugendherberge: JH "Georgi Dimitroff", Am Buschbach 2, 6825 Schwarzburg, Tel. (+9290) 223, 90 Betten (zzgl. 108 in der Saison).

Hier beginnt der am tiefsten eingeschnittene und attraktivste Teil des Tals. Bei *Unterwirbach* mündet die Landstraße schließlich in die F 88, die rechts Rchtg. Rudolstadt führt. In *Bad Blankenburg*, dem touristischen Zentrum des Schwarzatals, kann das Fröbel-Museum besichtigt werden (neben der Schwarzatal-Information).

Kartenskizze Etappen 72 & 73

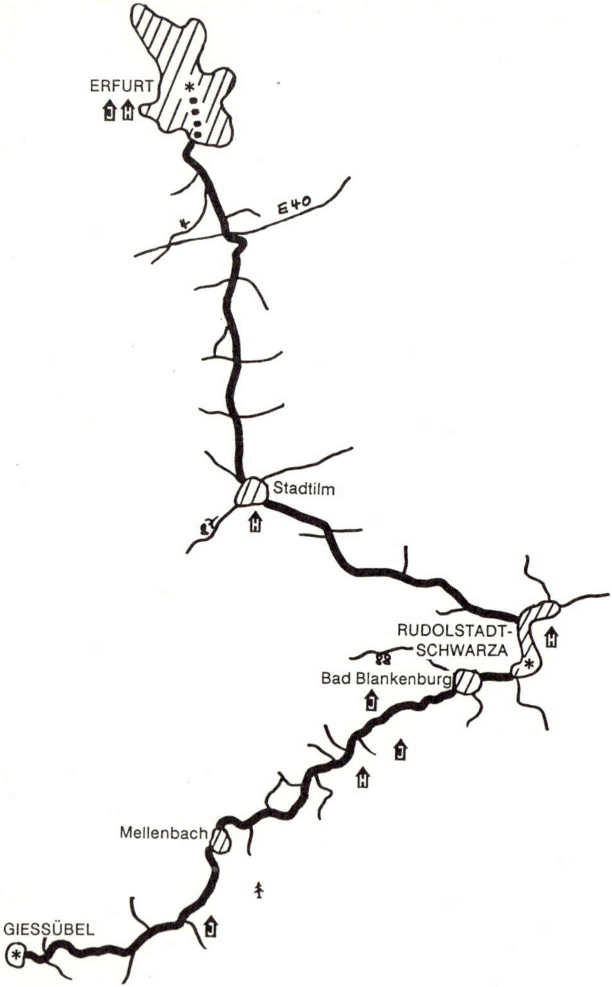

Information: Schwarzatal-Information, Kurverwaltung am Bahnhof, 6823 Bad Blankenburg.
Jugendherberge: JH "Wendolin Schaller", Am Kesselberg, Tel. (+927) 2528, 59 Betten (zzgl. 21 in der Saison).
Gleich hinter diesem Ort erreicht die F 88 den Ortsteil *Schwarza* des Etappenziels und damit den Endpunkt der Etappe.

Rudolstadt, 32000 Einw., Kreisstadt im Bez. Gera, hat als ehemalige Residenzstadt im 18. und 19. Jh. eine große Zahl von Geistesgrößen und Künstlern in seinen Mauern empfangen; der berühmteste war Schiller, dem deshalb heute gleich mehrere Gedenkstätten gewidmet sind.
Überragt wird die von bewaldeten Bergen umgebene Stadt von Schloß *Heidecksburg*, das im 18. Jh. als Prunkschloß errichtet wurde und in seinem barocken Bau eine reiche Rokoko-Ausgestaltung enthält.
Typische Bauernhäuser der Umgebung sind im Freilicht-Volkskundemuseum im Heinrich-Heine-Park zugesammengetragen.
Information: Ernst-Thälmann-Straße, 6820 Rudolstadt, Tel. (+926) 23633.
Unterkunft: Hotel "Zum Löwen" **, Markt 5, Tel. (+926) 2059, 75 Betten in 36 Zi.; HO-Hotel "Thüringer Hof", Bahnhofstr. 3, Tel. (+926) 2438, 32 Zi.

Etappe 73:
Erfurt - Stadtilm - Rudolstadt-Schwarza (46 km)

Diese Nord-Süd-Strecke, die durch eine Senke zwischen den Höhenzügen bei Erfurt und dem Thüringer Wald verläuft, nutzt für die ersten 4 km die vierspurige F 4 Rchtg. Arnstadt, zweigt dann aber von der rechts schwenkenden Hauptstraße halblinks auf die Landstraße Rchtg. Stadtilm ab. Hinter Egstedt wird die Autobahn E 40 überquert, und allerlei kleine Orte wie Elxleben und Bösleben sind zu durchradeln, bevor die Route in *Wüllersleben* mit abknickenden Vorfahrten um ca. 100 m nach links über eine kreuzende Landstraße hinweg versetzt. Nach **Stadtilm** sind es nun nur noch 4 km.
(*In Gegenrichtung:* Von der F 87 aus zuerst der Beschilderung Rchtg. Arnstadt, dann der Rchtg. Erfurt folgen.)
Unterkunft: KG-Hotel "Stern" **, Markt 6, 5217 Stadtilm, Tel. (+6199) 2236, 10 Betten in 3 Zi.
Kurzfristig müssen Sie nun links Rchtg. Bad Berka auf der F 87 radeln, um dann gleich wieder rechts auf die Landstraße Rchtg. Rudolstadt abzubiegen. Durch Nahwinden geht es nach Eichfeld, wo sich links die Zubringerstraße nach **Rudolstadt** (s. Etappe 72) anschließt. Der Anknüpfungspunkt an weitere Etappen liegt südlich an der F 88 im Ortsteil Schwarza.

Etappe 74:
Rudolstadt - Saalfeld - Kaulsdorf - Moxa - Ziegenrück - Remptendorf - Saalburg (54 km)

Diese Etappe folgt prinzipiell dem Verlauf der Saale (entgegen deren Fließrichtung), wobei allerdings die Berge zu beiden Seiten des Saaletals nach dem ersten Drittel keine direkte Begleitung des Flusses mehr ermöglichen. Zudem gibt es anfangs keine Alternativen zur F 85, die als ersten Ort die Kreisstadt *Saalfeld* erreicht, wo sie auf das östliche Saale-Ufer wechselt.

Information: Obere Str. 24, 6800 Saalfeld.

Unterkunft: HO-Hotel "Goldener Anker" **, Markt 26, Tel. (+792) 2654, 68 Betten in 44 Zi.; Hotel "Weltrich" **, Saalstr. 44, Tel. (+792) 2732, 10 Betten in 4 Zi.; Ho-Hotel "Zapfe" *, Sonneberger Str. 1, Tel. (+792) 3165, 57 Betten in 24 Zi.; Ho-Hotel "Tanne" *, Saalstr. 35, Tel. (+792) 2670, 31 Betten in 20 Zi.

Jugendherberge: JH "Anton Saefkow", Am Schieferhof 4, Tel. (+792) 2802, 36 Betten (zzgl. 8 in der Saison).

Ebenfalls auf der Fernstraße geht's nun weiter nach *Kaulsdorf*. Falls Sie zumindest etwas ruhigere Saaletal-Strecke erleben möchten, bleiben Sie hier bis zum südlichen Ortsende auf der Hauptstraße und biegen dort links ab auf die Landstraße durch Hohenwarte nach *Bucha*, wo Sie wieder auf die Etappenführung treffen. (Der mögliche weitere Weg südlich der Saale via Drognitz bringt keinen Vorteil, da er genau so steigungsreich und abseits der Saale verläuft und zudem von der Nutzung einer Personenfähre bei Altenroth abhängig ist.)

Im übrigen biegen Sie jedoch in Kaulsdorf links ab Rchtg. Pößneck auf die Steigung hinauf nach Kamsdorf, wo Sie scharf rechts abknicken Rchtg. Ziegenrück, weiter die Höhen erklimmen und so Goßwitz streifen und nach *Bucha* (Gaststätte: "Goldene Gabel") gelangen. Hier knickt die Streckenführung mit den Wegweiser Rchtg. Ziegenrück links ab und führt geradewegs mit schönen Ausblicken auf die beiderseits liegenden Täler und Höhenzüge nach Schmorda, wo es rechts weiter geht über einen Buckel nach Moxa. Die bevorrechtigte Landstraße Pößneck-Ziegenrück stellt rechts den kurvenreichen, steilen Anschluß hinab nach **Ziegenrück** her. Dieser spektakulär im tief eingeschnittenen Saaletal gelegene Ort bietet Urlaubern und Naherholungssuchenden allerlei Zerstreuung und mit dem Wasserkraftmuseum im ehemaligen Kraftwerk Fernmühle auch ein in der DDR einzigartiges technisches Denkmal (im Sommerhalbjahr tägl.). Ein besonderes optisches Kleinod ist zudem das gelb-schwarze Fachwerkrathaus (16. Jh.).

Unterkunft: Gasthof Wagner ****, Obere Str. 13, 6557 Ziegenrück, Tel. (+7958) 223, 14 Betten in 6 Zi.; Pension Breternitz, Marktstr. 1, Tel. (+7958) 541, 12 Betten in 5 Zi.

Jugendherberge: JH "Dr. Theo Neubauer", Schloß, Tel. (+7958) 255, 54 Betten (zzgl. 8 in der Saison), im Wohnturm des früheren Schlosses, Zufahrt nördl. des Ortes an der Etappenführung.

Camping: Im Plothental, N/8, 180 Standpl.

Fahrradverleih: bei den Bootsverleihern am Saale-Ufer.

Kartenskizze Etappen 74 & 75

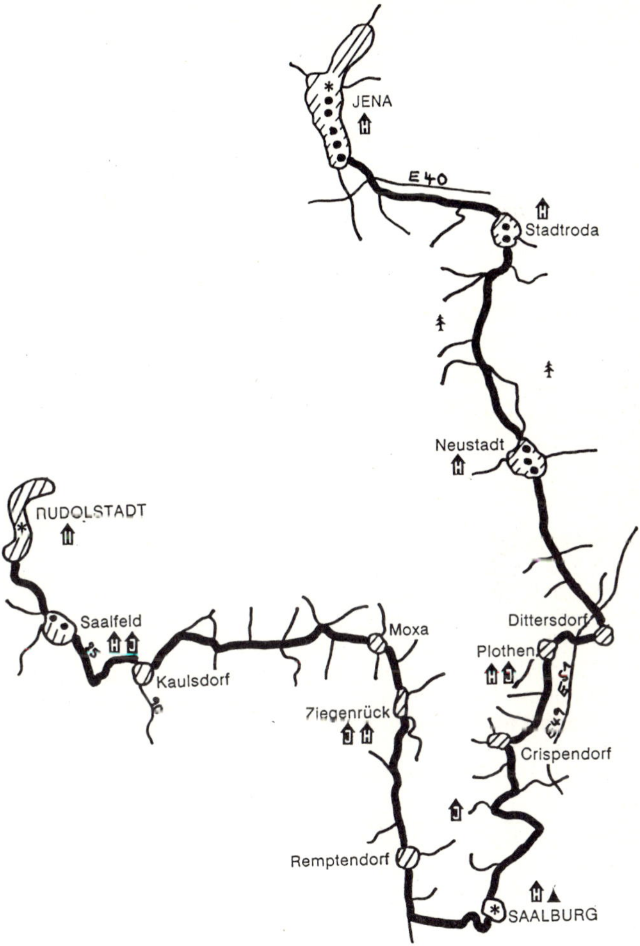

In Ziegenrück haben Sie die Möglichkeit, über die bergige und kurvenreiche Landstraße Rchtg. Schleiz via Eßbach nach Crispendorf zur Führung von Etappe 76 zu verzweigen.
Ansonsten folgen Sie südwärts Rchtg. Moorbad Lobenstein der Landstraße durch Liebschütz nach *Remptendorf*, wo Sie links/rechts versetzen. 4 km hinter Remptendorf zweigt an einer Kreuzung links die geradlinige Landstraße nach **Saalburg** ab.
Dieses Städtchen am Ufer der Bleilochtalsperre verfügt über eine teilweise erhaltene Stadtmauer, eine spätgotische Stadtkirche und (im Ortsteil Kloster) über einige Klosterruinen.
Unterkunft: HO-Hotel "Kranich", Am Tor, 6555 Saalburg, Tel. Saalburg 227, 12 Betten in 6 Zi.
Camping: An der Bleilochtalsperre, 230 Standpl.

Etappe 75:
Jena - Stadtroda - Neustadt - Dittersdorf - Plothen - Crispendorf - Saalburg (68 km)

Der Anfang dieser Strecke ist nicht ganz unkompliziert, weil die südlichen Ausfallstraßen Jenas für Radfahrer gesperrt sind. Im Stadtzentrum folgen Sie der Beschilderung Rchtg. Gera und Lobeda, wobei letzterer Name der Jenaer Trabantenstadt Priorität genießt. Nach Unterquerung der Bahnlinie und Überquerung der Saale (über die "Neue Paradiesbrücke") weist ein Radverbotsschild darauf hin, daß die folgende vierspurige Schnellstraße kein angemessenes Radlerterrain ist; schwenken Sie rechts Rchtg. Saale zum Gegenrichtungs-Rad/Fußweg, der immer zwischen Fluß und Schnellstraße südwärts läuft. In *Lobeda-Ost* endet der Radweg, und Sie fahren links zurück - mit der Beschilderung zur Autobahn - zur Schnellstraße, deren Radverbot hier endet. Gleich darauf nimmt die Autobahn den Schnellstraßenverkehr auf, und die wieder Normalformat annehmende Landstraße führt unter der Autobahn hindurch Rchtg. Stadtroda. Bald darauf wird nach rechts die Bahnstrecke überquert, und durch Gernewitz geht es nach *Stadtroda*.
Unterkunft: Gasthof "Hainbücht", Ortsstr. 14, 6541 Hainbücht, Tel. (+786) 21503, 13 Betten in 4 Zi.
Fahren Sie geradeaus hindurch nach Tröbnitz, wo Sie mit den Wegweiser Rchtg. Neustadt zuerst rechts durch Geisenhain und dann links nach *Wolfersdorf* radeln. Hier schließt sich geradeaus die Landstraße nach *Neustadt/Orla* an. Dieses Städtchen verfügt über ein Schloß des 17. Jh.
Unterkunft: Hotel "Goldener Löwe" *, Ernst-Thälmann-Str. 72, Tel. (+956) 3895, 22 Betten in 11 Zi.
An der dortigen Einmündung in die F 281 halten Sie sich links, wählen jedoch nach wenigen hundert Metern bereits die rechts abzweigende Land-

straße Rchtg. Schleiz, der Sie bis über die Autobahn E 49/E 51 hinweg nach *Dittersdorf* folgen. Nun biegen Sie rechts ab nach *Plothen*, wobei auf dem Weg dorthin erneut die Autobahn überquert wird.

Unterkunft: Gasthaus "Zum Plothenteich", 6551 Plothen, Tel. Dittersdorf 243, 22 Betten in 10 Zi.

Jugendherberge: JH "Philipp Müller", Tel. Dittersdorf 311, 200 Betten, Mai-Sept.

Links setzt sich die Route durch Pahnstangen und Neundorf Rchtg. Crispendorf fort, führt aber nicht in letzteren Ort hinein, sondern zweigt noch vor dem Ortseingang links ab nach Möschlitz. Biegen Sie dort auf die von links (aus Rchtg. Schleiz) kommende Landstraße rechts ein und radeln Sie ca. 2 km auf ihr, bis Sie an eine Kreuzung gelangen. An dieser Stelle können Sie ggf. rechts einen Abstecher nach *Burgk* machen, wo das spätgotische Schloß (1403, in späteren Jahrhunderten ausgebaut) zu besichtigen ist.

Jugendherberge: JH "Dr. Richard Sorge", Burgk, 6850 Isabellengrün, Post Lobenstein, Tel. Remptendorf 231, 48 Betten (zzgl. 48 in der Saison) & 25 Zeltstandpl.

Ansonsten biegen Sie jedoch rechts ab Rchtg. Saalburg, überqueren beim Bahnhof Burgk die Eisenbahn und treffen nach weiteren 2½ km auf die kreuzende Landstraße Schleiz-Saalburg, der Sie rechts nach **Saalburg** (s. Etappe 74) folgen.

Etappe 76:
Saalburg - Plothen - Zeulenroda - Triebes (53 km)

Aus dem tief eingeschnittenen Saaletal bringt Sie diese Strecke nordostwärts durch hügeliges, anfangs steiles Vorland von Thüringer Wald und Erzgebirge. Den Anfang nimmt sie auf der Landstraße Rchtg. Schleiz, die zweifach die Bahnstrecke überquert, bis nach etwa 6 km links die Nebenstraße Rchtg. Burgk und Möschlitz abzweigt. Beim Bahnhof Burgk kreuzen Sie die Bahnschienen und biegen nach weiteren 1½ km rechts ab Rchtg. Schleiz nach Möschlitz. An dieser Stelle können Sie ggf. einen Abstecher nach *Burgk* machen, wo ein Schloß (s. Etappe 75) zu besichtigen ist.
In Möschlitz schwenkt der Etappenverlauf links von der Landstraße Rchtg. Schleiz ab und erreicht nach 3 km Crispendorf. Vor dem dortigen Ortseingang biegen Sie rechts auf die bevorrechtigte Landstraße Rchtg. Schleiz ein und radeln auf ihr nach Neundorf. Hier verlassen Sie die rechts abknickende Vorfahrtstraße an einer Kreuzung geradeaus auf die Nebenstraße durch Pahnstangen nach *Plothen* (s. Etappe 75).
An der T-Mündung bei der Kirche in Plothen geht's nun rechts nach *Dittersdorf*, wobei auf diesem Teilstück die Autobahn überquert wird. Etwa 100 m nach rechts versetzt über die Landstraße Neustadt-Schleiz hinweg strebt die Route durch Dragensdorf nach Tegau, wo die F 2 gekreuzt wird, und weiter durch Pahren, hinab zum Damm der Talsperre Zeulenroda und

wieder hinauf durch Kleinwolschendorf nach *Zeulenroda*, wo Sie rechts ins Zentrum zur F 94 radeln. Das Städtchen verfügt über ein Museum (Aumaische Str. 30) mit Exponaten zu Kunstgewerbe und Heimatgeschichte.
(*In Gegenrichtung* den Wegweisern Rchtg. Pahren folgen.)

Information: "Reisewelt", Karl-Marx-Platz 9, 6570 Zeulenroda.

Unterkunft: Gaststätte "Goldener Löwe", Oststr. 6, 6571 Pahren, Tel. Zeulenroda 3443, 20 Betten in 8 Zi.; HO-Hotel "Thüringer Hof", Karl-Marx-Platz 14, Zeulenroda, Tel. 2391, 21 Betten in 13 Zi.; Hotel "Goldener Löwe", Zeulenroda, Tel. 2518, 40 Betten in 22 Zi.; Ferienhotel "Talsperre Zeulenroda", zwischen Zeulenroda und Triebes von der Etappenführung aus beschildert.

Jugendherberge: JH "Philipp Müller", Pfefferleite 4, Zeulenroda, Tel. 2568, 42 Betten (zzgl. 7 in der Saison).

Fahrradteile: nördl. des zentralen Platzes an der Straße Rchtg. Triptis.

Nach links fahren Sie auf der Hauptstraße Rchtg. Greiz zum Stadtrand und biegen dort links ab auf die Landstraße Rchtg. Gera nach **Triebes**.

Unterkunft: HO-Gaststätte "Goldener Löwe", 6576 Triebes, Tel. Triebes 871, 15 Betten in 8 Zi.

Kartenskizze Etappen 76 & 77

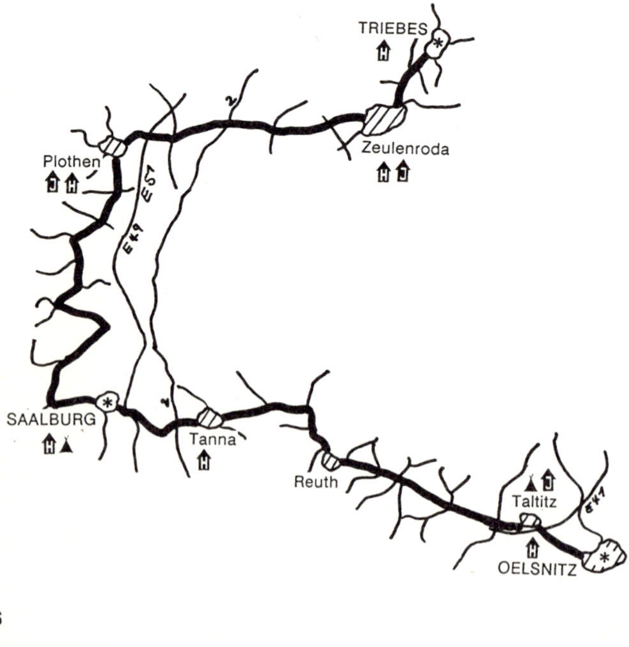

Etappe 77:
Saalburg - Tanna - Reuth - Taltitz - Oelsnitz (36 km)

Von den Saaletalsperren ins Vogtland führt diese Route, die fast ständig Hügel hinauf und hinunterläuft. Sie beginnt in Saalburg auf der Straße Rchtg. Tanna, die über die Kuppe von Kulm nach Wernsdorf verläuft. Hier biegen Sie rechts ab Rchtg. Schilbach und Tanna, überqueren die Autobahn E 51 und kommen in Schilbach zu einer T-Mündung, an der Sie links nach *Tanna* radeln; auf der zu überquerenden Kuppe kreuzen Sie dabei die F 2.
Unterkunft: Gerhard Stosche, 6556 Tanna-Frankendorf, Tel. Tanna 323, 21 Betten in 10 Zi.

Auf der Landstraße Rchtg. Plauen geht es geradeaus weiter nach Unterkoskau, wo Sie rechts nach Stelzen einschwenken. Durch die Ränder von Reuth führt die Straße Rchtg. Oelsnitz nun fast geradlinig durch Tossen und Weischlitz nach *Taltitz* und knickt dort rechts nach **Oelsnitz** ab. Dieses Kreisstädtchen hat ein Heimatmuseum im Schloß *Voigtsberg*, in dem sich eine original eingerichtete Weberstube befindet.
Unterkunft: Hotel "Altdeutsche Bierstube" **, Feldstr. 9, Oelsnitz, Tel. (+756) 2248, 33 Betten in 11 Zi.
Jugendherberge: JH "Hermann Matern", Dobeneck 8, 9921 Taltitz, Tel. (+756) 3019, 68 Betten.
Camping: Talsperre Pirk, T/10, Dobeneck, 800 Standpl.

Etappe 78.
Oelsnitz - Grünbach - Auerbach/Falkenstein (23 km)

Als Fortsetzung von Etappe 77 dient dieses kurze Verbindungsglied zum Westerzgebirge, das durchgehend Landstraßen benutzt und dabei fast ununterbrochen Ortschaften durchquert.

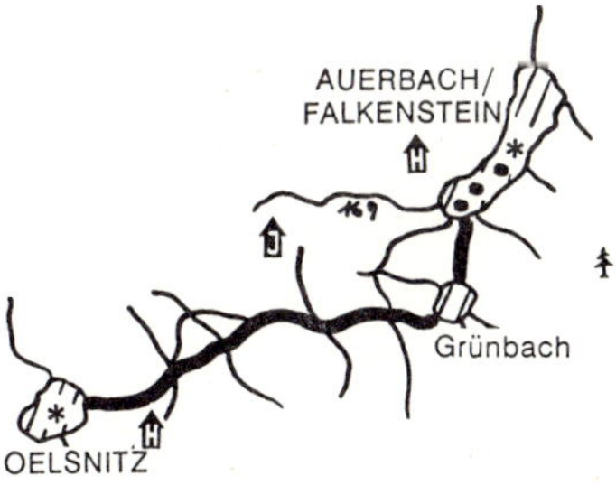

So geht es mit den Wegweisern Rchtg. Auerbach/Falkenstein u.a. durch Tirpersdorf und Werda nach *Grünbach*, wo die Route nordwärts schwenkt und hinab nach **Auerbach-Falkenstein** führt (s. Etappe 40).

Etappe 79:
Triebes - Neumühle - Crimmitschau (30 km)

Die Fortsetzung von Etappe 76 beginnt in Triebes mit abknickenden Vorfahrten (links und rechts) Rchtg. Hohenleuben auf der Landstraße nach Mehla; hier geht's geradeaus weiter nach *Langenwetzendorf*.
Jugendherberge: JH "Clara Zetkin", 6574 Langenwetzendorf, Tel. (+52596) 305, 48 Betten (zzgl. 15 in der Saison) & 50 Zeltstandpl.
Anfangs leitet die Beschilderung Rchtg. Greiz aus dem Ort, die aber dann verlassen wird, wenn die Wegweiser und die Vorfahrtstraße am Ortsrand nach rechts weisen; radeln Sie stattdessen geradeaus Rchtg. Neumühle und Teichwolframsdorf weiter. Über die F 92 führt die Route geradeaus hinweg, und nach Durchquerung von Nitschareuth gelangen Sie auf einer steilen Abfahrt hinab nach *Neumühle*.
(*In Gegenrichtung* im Zentrum von Neumühle rechts Rchtg. Nitschareuth halten.)

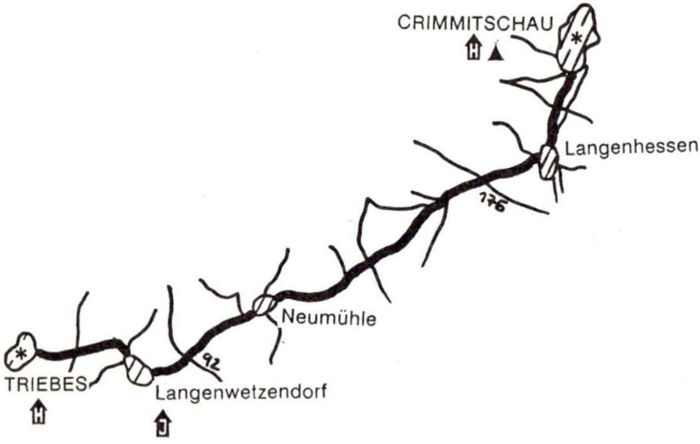

Mit der links abknickenden Vorfahrt folgen Sie der schmalen, gewundenen und von Fachwerkhäuser-Dörfern flankierten Landstraße weiter durch Teichwolframsdorf immer geradeaus nach *Langenbernsdorf*. Bei der dortigen Gaststätte "Weißes Roß" kreuzen Sie etwas nach rechts versetzt die F 175 und erreichen so nach weiteren 3 km *Langenhessen*; bei diesem Ort existiert ein Agrarmuseum (beschildert, Zufahrt wie Camping Koberbach-Talsperre, s. Crimmitschau, Etappe 38).
(*In Gegenrichtung:* In Langenhessen hinter dem Ortseingang nahe der

links liegenden Kirche rechts abbiegen Rchtg. Ronneburg.)
Die Landstraße Werdau-Crimmitschau bringt Sie links direkt nach **Crimmitschau** (s. Etappe 38).

Kartenskizze Etappen 80 & 81

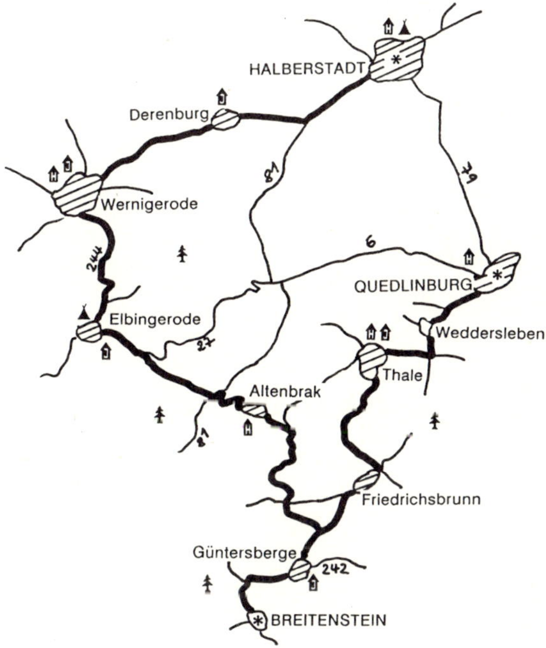

Etappe 80:
Breitenstein - Friedrichsbrunn - Thale - Weddersleben - Quedlinburg (31 km)

Drei schnelle Kilometer bringen Sie hinab von Breitenstein nach *Friedrichsbrunn*; kurz vor der dortigen T-Mündung auf die F 242 kreuzen Sie die Kleinbahnstrecke der *Selke-Bahn*, die hier mit Dampflokomotiven verkehrt.
Die Hauptstraße erreicht nach rechts nach weiteren 3 km den Ferienort *Gün-*

tersberge, wo der mit rotem "x" markierte Wanderweg von der zweiten Variante der Etappe 64 hinzustößt (*in Gegenrichtung* direkt gegenüber der Auskunftstafel im Ort bzw. der Jugendherberge neben dem Handwerker-Erholungsheim zur Selke hinab und darüber hinweg; beschildert).
Jugendherberge: JH "Ernst Thälmann", Marktstraße, im Ortszentrum; 3721 Stiege, 81 Betten, 8 km westl. an der F 242.

Nun verlassen Sie mit der Beschilderung Rchtg. Quedlinburg die F 242 links auf die Landstraße zum Luftkurort *Friedrichsbrunn* (diverse Restaurant, Hotel "Brockenblick", Gasthöfe), durch den die Straße fast permanent ansteigt. Wenn die Bergspitze in etwa erreicht ist, biegen Sie links ab Rchtg. Thale.

Diese Straße führt nach einigen Kilometern an der steilen Zufahrt links hinauf zum Hexentanzplatz (s.u., Thale) vorbei und erreicht nach einer steilen Abfahrt Thale.

Thale, 17000 Einw., Bez. Halle, weist fast 300 m Höhenunterschied innerhalb des Stadtgebietes auf. Der höchste Punkt ist allerdings in freier Natur anzutreffen: der **Hexentanzplatz**, eines der beliebtesten Ausflugsziele der DDR. Dies ist der Name einer 451 m ü.NN. gelegenen Felsplatte mit einem Steilhang ins Bodetal, direkt gegenüber der auf der anderen Talseite emporragenden *Roßtrappe* (403 m ü.NN.). Am Steilhang des Hexentanzplatzes wurde 1903 das 1400 Sitzplätze umfassende "Harzer Bergtheater" erbaut, eine der schönsten Naturbühnen der DDR.
Beide Felsen waren vorgeschichtliche Kultstätten, und wer sich in der Walpurgisnacht vom 30. April zum 1. Mai hierhin traut, kann vielleicht Zeuge werden, wie die nun wieder privatwirtschaftlich tätigen Hexen der DDR auf ihren Besen die wilde Jagd hinauf zum Brocken starten, wie sie es der Sage nach seit endlosen Zeiten tun, um mit dem Teufel ihr Fest zu feiern. Tagsüber kann man Hexentanzplatz und Roßtrappe auch mit Kabinenbahn bzw. Sessellift vom Bodetal aus erreichen.
Die Lage Thales im Tal der Bode ist zweifellos die größte Attraktion des Ferienortes, gegen die die beiden kleinen Museen und die Burgruine zu vernachlässigen sind.
Information: Rathausstr. 1, 4308 Thale, Tel. (+4550) 2597.
Unterkunft: HO-Berghotel "Roßtrappe" ***, Roßtrappe, Tel. (+4550) 3011, 44 Betten in 25 Zi.
Jugendherberge: JH "Hertha Lindner", Waldkater, Tel. 804550) 2881, 65 Betten.

Aus Thale weist die Beschilderung Rchtg. Quedlinburg und Halle den Weg ostwärts nach Neinstedt, wo Sie links abbiegen auf die Nebenstraße durch *Weddersleben* (925jähriges Jubiläum war 1988) nach Quedlinburg.

Quedlinburg, 30000 Einw., Bez. Halle, ist eine der mittelalterlichen Perlen der DDR: rund 1000 Jahre alt, mit hervorragend erhaltenem Grundriß und einer großen Zahl von Fachwerkbauten aus sechs Jahrhunderten. Zwar haben auch hier die letzten 40 Jahre durch Vernachlässigung kräftig an der Bausubstanz genagt, aber mit Geduld, viel gutem Willen und noch mehr Geld dürfte es wohl gelingen, dieses Schmuckstück vollwertig wiederherzustellen. Ein umfangreicher Stadtrundgang ist auch jetzt schon lohnend.
Optisch absolut beherrschend ist der Schloßberg mit seinem Gebäudeensemble, das als Wahrzeichen der Stadt das Renaissanceschloß enthält. Das Schloßmuseum ist in den Stiftsgebäuden untergebracht; zu letzteren gehört die romanische Stiftskirche (12. Jh.) mit reichhaltigem Domschatz.
Unterhalb des Schloßberges steht das prachtvolle Klopstockhaus, ein Patrizierhaus (16. Jh.), in dem 1724 der Dichter Friedrich Gottlieb Klopstock geboren wurde und das konsequenterweise heute ein Literaturmuseum beherbergt.
Im Stadtzentrum verdienen das Renaissancerathaus und das Fachwerkmuseum (im Ständerbau, 14. Jh., Wordgasse 3) Beachtung. Abgerundet wird das Bild durch einige alte Kirchen und nicht zuletzt das schmale kanalisierte Flüßchen, das quer durch die Stadt fließt.
Information: Markt 12, 4300 Quedlinburg, Tel. (+455) 2866.
Unterkunft: Hotel "Zum Bär", Markt, Tel. (+455) 2224/2678, 68 Betten in 32 Zi.; KG-Hotel "Quedlinburger Hof", Leninstr. 1, Tel. (+455) 2276, 70 Betten in 35 Zi.

Etappe 81:
Breitenstein - Güntersberge - Altenbrak - Elbingerode - Wernigerode - Derenburg - Halberstadt (67 km)

Diese Strecke schlägt eine Kurve durch den östlichen Teil des Oberharzes. Sie beginnt wie Etappe 80 in Breitenstein auf der Landstraße nach Friedrichshöhe, wo die F 242 die Verbindung nach *Güntersberge* (s. Etappe 80) herstellt. Mit der Beschilderung Rchtg. Quedlinburg geht's nun links von der Hauptstraße ab, nach 2 km jedoch erneut links über die Hochfläche von *Allrode* und dann hinab ins Bodetal nach *Altenbrak*, einem vor allem bei Wanderern populären Ferienort. Bis zur oberen (= westlichen) Bodebrücke bleiben Sie auf der Landstraße, radeln über die Brücke und dann rechts auf den Wanderweg (markiert mit blauem Dreieck) Rchtg. Wendefurth. Dieser recht ordentliche Weg folgt ohne nennenswerte Steigungen dem Bodetal und endet nach 5 km im zu Altenbrak gehörigen Dorf *Wendefurth*.

Unterkunft: HO-Hotel "Bodeheim", 3721 Altenbrak, Tel. (92796) 330, 17 Betten in 7 Zi.
(Wer unbefestigte Wege nicht mag, muß den Umweg über die Landstraße Rchtg. Hüttenrode und ein knapp 2 km langes Stück der F 81 auf sich nehmen, was eine zusätzliche längere Steigung hinaus aus Altenbrak beinhaltet.)
In Wendefurth biegen Sie links auf die F 81 Rchtg. Hasselfelde ein, erklimmen auf ihr eine Anhöhe und biegen nach etwa 1 km rechts auf die Landstraße Rchtg. Rübeland und Elbingerode ab. Diese Straße führt zwischen der Wendefurth- und der Rappbodetalsperre hindurch; die Staumauer der zur Trinkwassergewinnung errichteten *Rappbodetalsperre* ist mit 106 m die höchste der DDR.
Nach Passieren der Stauseen radeln Sie durch den Wald nach **Rübeland**, einem bedeutenden Ausflugsort des Oberharzes. Der Ruhm des Dorfes gründet sich auf die Tropfsteinhöhlen, die eine halbe Million Besucher jährlich anziehen. Die *Baumannshöhle*, nach ihrem Entdecker (bereits 1536!) benannt, erinnert an ihren dreimaligen Besucher Goethe mit der Bezeichnung "Goethesaal" für ihre größte Steinhalle, die konsequenterweise zu Theateraufführungen herhalten muß. Noch auf der südlichen Seite der Bode befindet sich der Eingang zur 1866 entdeckten *Hermannshöhle*, die nicht minder sehenswert ist. Die Berge um Rübeland enthalten insgesamt noch ein rundes Dutzend weiterer Tropfsteinhöhlen.

Die F 27 dient den Fahrradreifen bis *Elbingerode* als Untergrund, einem Zentrum des Kalk- und Zementbergbaus, zunehmend aber auch Urlaubsgebiet.
Jugendherberge: "Brigades Internationales", Unter den Birken 14, 3703 Elbingerode, Tel. (+92794) 349, 40 Betten.
Camping: "Auf der Heide", 160 Standpl.
Hier wechseln Sie auf die F 244 hinab nach Wernigerode.

Wernigerode, 36000 Einw., Kreisstadt im Bez. Magdeburg, am Nordrand des Harzes gelegen, ist eine touristische Perle allererster Güte: der mittelalterliche Stadtkern strotzt vor malerischen Fachwerkhäusern, überragt von einem allerdings weniger historischen Schloß auf einem Bergsporn.
Schon der kleine Marktplatz wäre einen Aufenthalt in Wernigerode wert; das erkerturmgeschmückte Rathaus und das Waaghaus sind lediglich Höhepunkte der flankierenden mittelalterlichen Bebauung. Ein Bummel durch die Altstadtgassen vervollständig den anheimelnden Eindruck.
Im Harzmuseum hinter dem Rathaus (Klint 10) werden Exponate zur Geschichte der Stadt und der sie umgebenden Burgen gezeigt. Gleich nebenan verdient die Oberpfarrkirche St. Sylvester einen Besuch.
Das hoch über der Stadt gelegene Schloß ist in der heutigen Form weit-

gehend eine Imitation, im Ritterburgstil erst zu Ende des 19. Jh. errichtet; es beherbergt ein Feudalmuseum.
Starker Beliebtheit bei Touristen erfreut sich die in Wernigerode beginnende *Harzquerbahn* nach Nordhausen, eine Schmalspur-Dampfstrecke, die zusätzlich Umsteigemöglichkeit auf die ebenso dekorative *Selkebahn* bietet.
Information: Breite Str. 12, 3700 Wernigerode, Tel. (+927) 3035.
Unterkunft: Hotel "Weißer Hirsch" **, Am Markt 5, Tel. (+927) 32434, 45 Betten in 20 Zi.; Hotel "Zur Post" *, Marktstr. 17, Tel. (+927) 32436.
Jugendherberge: Karlshaus, Tel. (+927) 2061, 26 Betten; JTH "Ernst Grube", Am Großen Bleck 27, Tel. (+927) 3059, 118 Betten; JTH "Ernst Lehmann", Leninstr. 53, Tel. (+927) 2061, 40 Betten.

Orientieren Sie sich in Wernigerode mit der F 6 Rchtg. Quedlinburg und Halberstadt, biegen aber noch im Stadtgebiet davon links (mit gleichbleibendem Straßennamen "Halberstädter Straße") auf die Landstraße durch Silstedt nach *Derenburg* ab, die auf diesem Stück dem Holtemme-Fluß folgt.
Jugendherberge: Im Rehtal, Friedenstr. 25, 3722 Derenburg, Tel. (+92793) 330, 56 Betten.
Am Ortsrand von Derenburg radeln Sie links ins Zentrum und biegen dort rechts entsprechend der Beschilderung Rchtg. Halberstadt ab. Nach 5 km stößt diese Landstraße auf die F 81 zum Etappenziel.

Halberstadt, 47000 Einw., Kreisstadt im Bez. Magdeburg, liegt als Mittelpunkt des Harzvorlandes an der Holtemme und könnte hinsichtlich der mittelalterlichen Bauten vielleicht sogar mit Wernigerode wetteifern, wenn nicht 1945 Bomben 80 % der Stadt vernichtet hätten. Die Restaurierung hat sich auf die wichtigsten Bauten beschränkt, und das sind im Falle Halberstadts vor allem Heimstätten des Klerus, denn die Stadt ist seit dem frühen Mittelalter Bischofssitz gewesen. So ist der Dom St. Stephanus (13.-15. Jh.), eine gotische Basilika, ihr Wahrzeichen, dessen oberer Kreuzgang einen berühmten Domschatz enthält. Dagegen muß sich die benachbarte Liebfrauenkirche mit dem zweiten Rang begnügen.
In der ehemaligen Domkurie, einem 1782 beendeten Barockbau, ist das Städtische Museum zu finden, dessen Schwerpunkt aber nicht die klerikale Vergangenheit Halberstadts ist. Ein etwas aus dem Rahmen fallender Kulturtempel ist das Museum für Bürgerliche Wohnkultur um 1900 im Haus Nr. 38 der sogen. Vogtei, eines Viertels nördlich des Dombezirks mit zahlreichen Fachwerkhäusern.
Information: Spiegelstr. 12, 3600 Halberstadt, Tel. (+926) 21603.
Unterkunft: Hotel "Haus Sankt Florian" ***, Gerberstr. 10, Tel. (+926) 21033/21037, 41 Betten in 19 Zi.; HO-Hotel "Weißes Roß" **, Johann-Sebastian-Bach-Str. 26, Tel. (+926), 39 Betten in 15 Zi.
Camping: Am Halberstädter See, 50 Standplätze.

Etappe 82:

Halberstadt - Oschersleben - Drackenstedt - Haldensleben (62 km)

Gelebt wird offenbar viel in diesem Teil der DDR: jeder zweite Ortsname endet auf "-leben". Den Anfang macht Harsleben, das 4 km südöstl. von Halberstadt über die F 79 Rchtg. Quedlinburg erreicht ist. Hier verlassen Sie die Hauptstraße nach links auf die Landstraße durch Wegeleben nach *Gröningen* an der Bode, wo die F 81 gekreuzt wird und sich die Route geradeaus nach Großalsleben fortsetzt. Hier knickt die Strecke links ab, um weiter nordwärts nach *Oschersleben* zu streben.

Information: "Reisewelt", Halberstädter Str. 1, 3230 Oschersleben.

Unterkunft: Gaststätte und Hotel "Goldene Henne", Hornhäuserstr. 1, Tel. (+935) 2002, 25 Betten in 12 Zi.; HO-Hotel, Berliner Str. 1, Tel. (+935) 3078, 13 Betten in 8 Zi.

Innerörtlich richten Sie sich kurzfristig nach der Beschilderung Rchtg. Magdeburg, bis davon die Landstraße Rchtg. Wanzleben und Seehausen abknickt. In Schermcke, 5 km weiter nordöstlich, gabelt sich diese Strecke, und Sie halten sich links nach *Seehausen*. Dort ist die F 246a zu kreuzen, damit die Etappe über Dreileben nach *Drackenstedt* gelangen kann. Radeln Sie rechts in dieses Dorf, biegen bei der Kirche links ab nach Bornstedt, und kreuzen Sie dort die F 1 sowie bald darauf auf einer Brücke die Autobahn E30 (Magdeburg-Hannover). In Rottmersleben wählen Sie von den aus dem Ort führenden Straßen die links durch Hundisburg und Haldensleben II nach **Haldensleben** bringt (*in Gegenrichtung* sind der Vorort "Haldensleben II" und bereits Oschersleben beschildert). Die einzige offizielle Sehenswürdigkeit des Etappenziels ist der im 19. Jh. angelegte Landschaftspark, aber das Stadtzentrum mit seinen relativ zahlreichen Fachwerkhäusern verdient durchaus einen Bummel.

Unterkunft: KG-Hotel "Roland" ***, Straße der DSF 2-6, 3240 Haldensleben, (+933) 53411-14, 44 Betten in 18 Zi.

Jugendherberge: "Herbert Zschäpe", Bornsche Str. 90, (+933) 3284, 30 Betten & 40 Zeltstandpl.

Etappe 83:

Quedlinburg - Hedersleben - Kröppenstedt - Hadmersleben - Wanzleben - Magdeburg (50 km)

Dies ist eine durchgehend auf Landstraßen verlaufende Verbindung vom Tal der Bode in jenes der Elbe. Wie bei Etappe 82 wird auch hier viel "gelebt", aber außer Ortsnamen auf "-leben" enden zahlreiche mit "-stedt".

Den Anfang nimmt die Route in Quedlinburg auf der F 6 Rchtg. Aschersleben. Nach Überquerung der Bode und Kreuzung der Bahnlinie halten Sie sich an der Gabelung links, um so auf der Landstraße durch Wedderstedt nach Hedersleben tendenziell noch der Bode zu folgen.

Kartenskizze Etappen 82 & 83

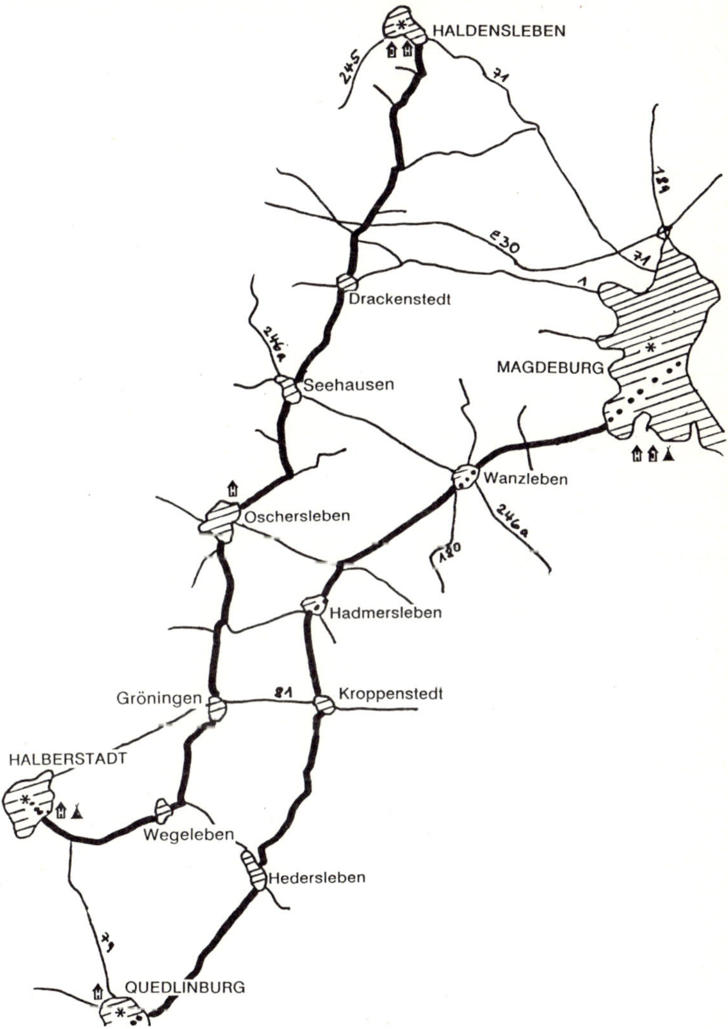

Nun verabschieden Sie sich bis auf weiteres von diesem Harzflüßchen und fahren über Heteborn nach *Kroppenstedt*. Entweder durch das Zentrum oder über die als Umgehungsstraße ausgeführte F 81 gelangen Sie links zur Fortsetzung der Etappe auf der Landstraße nach *Hadmersleben*. Dort schwenkt die Route rechts, durchquert das Dorf, kreuzt beim Bahnhof Hadmersleben die Eisenbahn und gelangt westlich von Klein Oschersleben zu einer Kreuzung, an der rechts die Schilder nach *Wanzleben* den Weg weisen; am dortigen Stadtrand mündet die Landstraße auf die F 180.
Entweder durch das Ortszentrum oder über die Ringstraßenkombination von F 180 und F 246a kommen Sie zur anderen Seite des Kreisstädtchens, wo beim Bahnhof die Landstraße nach Magdeburg beginnt; das Etappenziel wird durch die Ortsteile Ottersleben und Sudenburg erreicht.
(*In Gegenrichtung:* Über die "Halberstädter Straße" aus Magdeburg radeln.)

Magdeburg, 290000 Einw., Bezirksstadt, wird in dem Bemühen, positive Formulierungen zu finden, gern als "Wirtschafts- und Verkehrszentrum" bezeichnet. Und genau das ist es auch: eine ausgedehnte Industriestadt mit Schwerindustrie, ein Verkehrsknotenpunkt der Eisenbahn und größter Binnenhafen der DDR (am Wasserstraßenkreuz von Mittellandkanal, Elbe und Elbe-Havel-Kanal). Handel und Wandel waren schon seit dem Mittelalter die Grundlagen des Magdeburger Lebens, wozu damals selbstverständlich auch die klerikale Obrigkeit zählte: die Stadt war seit 968 Sitz eines Erzbischofs, brachte aber das seltene Kunststück zustande, gegenüber den Purpurträgern ein gewisses Maß an Bürgerfreiheit durchzusetzen, das als "Magdeburger Recht" Vorbild für andere Städteverfassungen wurde. So ist es wohl kein Wunder, daß Magdeburg während der Reformation zum Protestantismus wechselte.
Der 30jährige Krieg sorgte für den Niedergang der Stadt, der mit der Auflösung der Hanse und der Einsetzung als preußische Festungsstadt besiegelt wurde. Zum Trost der Magdeburger fällt in jene Zeit jedoch das Wirken des größten Sohnes der Stadt, Otto von Guericke, der nicht nur ein bedeutender Physiker und Ingenieur, sondern ebenso ein geschickter Ratsherr und Bürgermeister war.
Die spärlichen Reste vergangener Zeiten entsprechen der üblichen mittelalterlichen Aufteilung in die geistlichen und weltlichen Bereiche. Ersterer arrangiert sich um den Domplatz im Süden der heutigen Innenstadt. Am gotischen Dom wurde 300 Jahre lang gebaut; das Innere der dreischiffigen Basilika ist tägl. zugänglich vom Kreuzgang aus 9-12 und 14-16 h, so nur nachm., und beherbergt mehrere bedeutende Kunstwerke, deren jüngstes ein Kriegsmahnmal von Ernst Barlach (1929) ist. Am anderen Ende des Domplatzes steht das Kloster Unserer Lieben Frau (12. Jh.), das als Museum dient (mo geschl.); die Klosterkirche erfüllt heute

die Funktion einer Konzerthalle.
Das Magdeburger Bürgertum hatte seine Domäne weiter nördlich am Alten Markt, allerdings sind nur wenige Bauten erhalten: außer zwei barokken Bürgerhäusern vor allem das Rathaus (1698), das die Ostseite des Platzes abgrenzt. Der ca. 1240 entstandene "Magdeburger Reiter", das älteste freistehende Reiterstandbild Deutschlands, ist in doppelter Hinsicht nicht mehr das Original; jenes ist 1966 ins Städtische Museum verfrachtet worden, und der auf dem Marktplatz aufgestellten Kopie hat man außerdem noch einen Baldachin verpaßt.
Für Radfahrer ist Magdeburg ein unfreundliches Terrain. Ausgedehntes Holperpflaster oder löchriger Beton, kreuz und quer verlaufende Straßenbahnschienen und die sich über viele Kilometer an der Elbe entlangziehende Bebauung lassen für Radelgenuß keinen Spielraum.

Information: Alter Markt 9, 3010 Magdeburg, Tel. (+91) 31667.

Unterkunft: HO-Hotel "Zur Ratswaage" ****, Ratswaagerplatz 1-3, Tel. (+91) 5837, 165 Betten in 55 Zi.; "Haus des Handwerks" **, Gareisstr. 10, Tel. (+91) 51422, 44 Betten in 16 Zi.; Hotel "Grüner Baum" **, Wilhelm-Pieck-Allee 38/40, Tel. (+91) 30862/32166/33150, 60 Betten in 30 Zi.

Jugendherberge: JTH Magdeburg, Leiterstr. 10, Tel. (+91) 33881-6, 186 Betten; JH "Hugo Launicke", Lüttgen-Ottersleben 19a, Tel. (+91) 42909, 65 Betten.

Camping: "Am Barleber See", H/5, 1400 Standpl.; "Berliner Chaussee", 70 Standpl.

Etappe 84

Haldensleben - Calvörde - Rätzlingen - Miesterhorst - Klötze - Beetzendorf (67 km)

Durch die westlichsten Teile der *Altmark* verläuft diese Strecke, und weil diese Gegend über ausgesprochen sandige Böden verfügt, verbietet sich hier noch mehr als anderswo das Befahren von unbefestigten Wegen mit dem gepäckbeladenen Reiserad. Es werden ausschließlich Landstraßen benutzt, die aber wegen der dünnen Besiedelung hier kaum verkehrsbelastet sind.
Um den Autoabgasen zu entfliehen, muß nur innerhalb von Haldensleben der F 245 kurzfristig gefolgt werden. Gleich nach Kreuzung der Eisenbahn, aber noch vor Überquerung des Mittellandkanals zweigt davon rechts die Landstraße Rchtg. Süplingen ab, die Sie nach wenigen hundert Metern, nach Überquerung des Kanals, jedoch erneut rechts auf die Straße nach *Calvörde* verlassen; bis dahin orientiert sich der Streckenverlauf am Mittellandkanal.
Hier knickt die Route links ab auf die Landstraße durch Wegenstedt nach *Rätzlingen*, wo gleich am Ortsanfang rechts die Straße nach *Miester-*

horst die Fortsetzung bildet. Links auf die F 188 Rchtg. Oebisfelde und Wolfsburg einbiegend bleiben Sie 1 km weit auf der Hauptstraße, bis rechts die Landstraße Rchtg. Klötze beginnt; sie erreicht durch Dannefeld und Wenze nach 17 km die Kreisstadt *Klötze*.

Unterkunft: HO-Gaststätte "Stadt Klötze", Salzwedeler Str. 7, 3580 Klötze, Tel. (+937) 2416, 17 Betten in 8 Zi.

Hier zweigen Sie im Zentrum links mit der Beschilderung Rchtg. Beetzendorf und Salzwedel ab, kreuzen die Eisenbahn und radeln parallel zur Bahnlinie nordwärts nach *Beetzendorf*, wobei in Jeeben die rechts abknickende Vorfahrt zu berücksichtigen ist.

Etappe 85:

Haldensleben - Klüden - Gardelegen - Neuendorf - Kalbe - Güssefeld - Zierau (Jeggeleben) (75 km)

Im Vergleich zu Etappe 84 verläuft diese Route stärker zum Innern der Altmark hin und durchquert dabei größere Anteile von Wald- und Heidegebiet. Wenn Sie in Haldensleben auf der F 71 Rchtg. Gardelegen dem Ortsende zustreben, zweigt gleich nach Überquerung der Ohre links von der Hauptstraße die baumgesäumte Nebenstraße ab, die zwischen Wiesen hindurch nach *Satuelle* und weiter nach Uthmöden führt, hier rechts mit der Vorfahrt Rchtg. Gardelegen abknickt und über Klüden und Roxförde sowie durch einen Ausläufer der Colbitz-Letzlinger Heide schließlich auf die übergeordnete Landstraße aus Rchtg. Letzlingen stößt, die links nach ca. 3 km **Gardelegen** erreicht. Am dortigen Ortsanfang folgen Sie der abknickenden Vorfahrt nach links, biegen an der folgenden T-Mündung rechts ein, überqueren die Bahnlinie und sind auf der "Letzlinger Straße" zum Zentrum vorgestoßen. Die Kreisstadt nennt eine veritable Fußgängerzone ihr eigen und kann allerlei nette Fachwerkhäuser aufweisen.

Information: Bahnhofstr. 1, 3570 Gardelegen, Tel. (+932) 2043.

Unterkunft: HO-Hotel "Deutsches Haus" ***, Rathausplatz 1, Tel. (+932) 2281, 34 Betten in 17 Zi.

Ein kurzes Stück rollen Sie nun nach links auf der F 71, richten sich dann nach der Beschilderung der F 188 Rchtg. Stendal, verlassen die Hauptstraße aber bald darauf wieder links auf die Landstraße Rchtg. Bismark (an der Ekke Gaststätte "Bauernschenke"). Diesen Wegweisern folgt die Route mit mehrfach abknickenden Vorfahrten durch Hemstedt und Algenstedt nach Kremkau. Während die Beschilderung Rchtg. Bismark hier rechts abknickt, bleiben Sie geradeaus Rchtg. Kalbe und kommen so nach Neuendorf. Hier beginnt noch vor der Bahnlinie links die Landstraße Rchtg. Salzwedel, die nach 4 km das Städtchen *Kalbe* erreicht.

Unterkunft: KG-Gaststätte "Ratsstuben", Rathausstr. 1, 3590 Kalbe, Tel. (9327) 203, 20 Betten in 9 Zi.

Kartenskizze Etappen 84 & 85

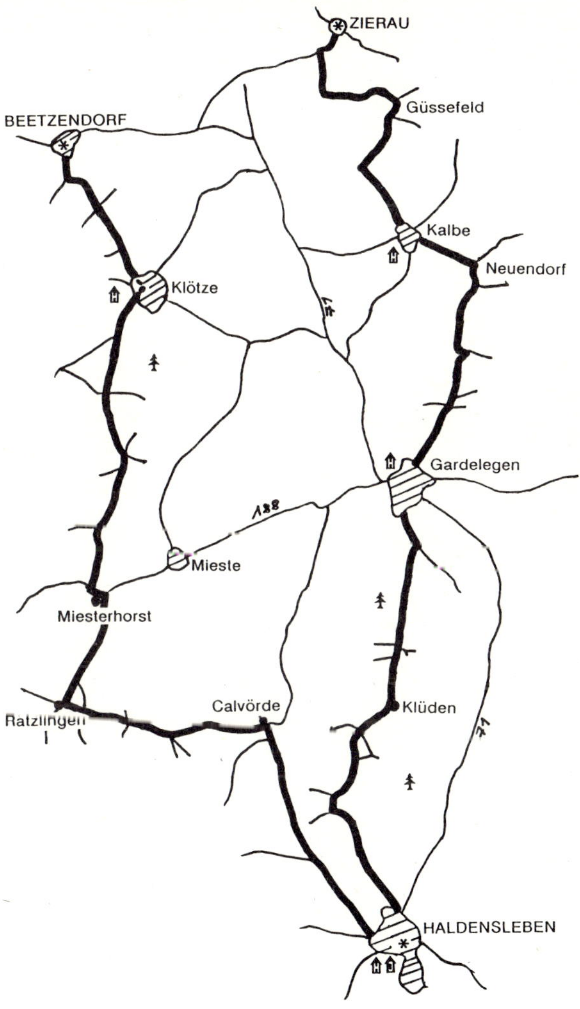

Wenn in Kalbe links die Beschilderung Rchtg. Gardelegen und Stendal weist, fängt genau gegenüber (also rechts) bei einer Tankstelle die Nebenstraße nach *Bühne* an. Diese Strecke ist überraschenderweise keine sandige oder schottrige Dorfstraße, sondern ordentlich befestigt und somit angenehm zu befahren. In Bühne knickt die Vorfahrt rechts Rchtg. Brunau ab, und nach Durchradeln von Güssefeld folgt eine Gabelung, wo rechts (Rchtg. Brunau) eine Querverbindung zur Etappe 87 (nach Jeetze) besteht, Sie aber ansonsten links nach *Badel* radeln. Hier schwenkt die Etappe rechts und stößt bei **Zierau** auf eine Landstraße, auf der Sie rechts ca. 2 km Rchtg. Fleetmark fahren, bis an einer Kreuzung links die Beschilderung Rchtg. Mahlsdorf und Salzwedel weist.
Diese Kreuzung ist Schalt- und Anknüpfungspunkt zu den Etappen 86, 87 und 88.

Etappe 86:
Beetzendorf - Diesdorf - Dähre - Wallstawe - Salzwedel - Zierau (60 km)

Diese Strecke vollführt einen zu Zweidrittel geschlossenen Halbkreis durch die Nordwestecke der Altmark und nutzt dabei durchgängig befestigte Landstraßen.
Der Anfang ist identisch mit der Zufahrt zur F 248 (Wolfsburg-Salzwedel) und erreicht diese Hauptstraße nach 3 km in Rohrberg.
Camping: "Am Ahlumer See", 3581 Ahlum, 80 Standpl., ca. 2 km südwestl. von Rohrberg.

Auf der Fernstraße radeln Sie geradeaus ein Stück durch den Ort und verlassen sie dann ebenfalls geradeaus wieder auf die Landstraße durch Stöckheim, Mehmke und Abendorf nach *Diesdorf*. Hier schwenkt die Etappenführung rechts und durchquert ein Waldgebiet auf dem Weg nach *Dähre*.
Camping: Am Waldbad, 50 Standpl.
Nun richten Sie sich mit der Beschilderung Rchtg. Salzwedel und kommen so nach 9 km nach *Wallstawe*, wo die Bahnlinie gekreuzt wird und die Landstraße sich durch Eversdorf nach Ziethnitz fortsetzt. An einer etwas kompliziert angelegten Fünfer-Kreuzung stoßen Sie auf die F 248, die hier einen scharfen Knick vollführt, biegen aber gleich wieder links ab auf die Zufahrt zum Salzwedeler Zentrum.

Salzwedel, 23000 Einw., Bez. Magdeburg, war im Mittelalter dank eines florierenden Tuchhandels ein wohlhabendes Mitglied der Hanse, wurde jedoch durch den Dreißigjährigen Krieg in den Bankrott getrieben und lebte seitdem lange Zeit in einer Art Dornröschenschlaf. 1705 sorgte ein Stadtbrand für Anlässe zu Neubauten, und so entstand auf dem mittelalterlichen Stadtgrundriß eine reiche Fachwerkbebauung, die heute der Stadt als Schmuck dient. Es gibt jedoch auch noch einige ältere Bauten, so die St.-Katharinenkirche (13.-15. Jh.), die Pfarrkirche St. Marien und ein paar dekorative Bürgerhäuser. Da Salzwedel erst seit Ende des 19. Jh. wieder wirtschaftlichen Aufschwung genommen hat, blieben die älteren Teile der Stadt weitgehend vor städtebaulichem Eifer verschont. Exponate zur Stadt- und Regionalgeschichte können im Friedrich-Danneil-Museum (In der früheren Propstei) betrachtet werden.
Information: "Reisewelt", Straße der Freundschaft 41, 3560 Salzwedel.
Unterkunft: HO-Hotel "Union" ***, Goethestr. 11, Tel. (+923) 2097, 46 Betten in 21 Zi.

Aus Salzwedel radeln Sie 7 km weit auf der F 71 Rchtg. Gardelegen, bis links die Landstraße Rchtg. Brunau abzweigt. Die Route knickt in Benkendorf mit der Vorfahrt links ab, durchquert Liesten und erreicht bei **Zierau** den Etappenendpunkt und die Anknüpfung zu den Etappen 85, 87 und 88.

Etappe 87:
Zierau - Brunau - Meßdorf - Bismark - Stendal (46 km)

Rchtg. Brunau ist diese südostwärts durch die Nordteile der Altmark verlaufende Etappe beschildert. Vor *Jeetze* ist dabei an einer Kreuzung mit der Vorfahrt links abzubiegen, und eine Steigung führt hinauf in den Ort, wo es nahtlos weitergeht nach *Brunau*.
Unterkunft: KG-Gaststätte "Auetal", 3591 Jeetze, Tel. 477, 5 Betten in 3 Zi.
Camping: "Ziegeleiteiche", 3591 Packebusch, 40 Standpl., ca. 2 km nordwestl. von

Brunau.

Hier weisen Schildern und abknickende Vorfahrten zuerst rechts, am Ortsrand links den Weg Rchtg. Bismark. Die Landstraße durchquert das gepflegte Dorf *Beese* und stößt in *Meßdorf* auf eine übergeordnete Straße, auf derem anfänglich gepflasterten Untergrund Sie rechts einbiegend durch Büste (nur abknickende Vorfahrten, keine Wegweiser!) nach *Bismark* gelangen.
Nun lenkt die Beschilderung Sie zuverlässig links Rchtg. Stendal und durchläuft (ggf. mit abknickenden Vorfahrten) Kläden, Steinfeld und Schernikau, bis das Etappenziel erreicht ist.

Stendal, 52000 Einw., Kreisstadt im Bez. Magdeburg, ist ein trauriges Beispiel für die Folgen irregeleiteter Stadtbaupolitik. Als größte Stadt der Altmark und frühere Hansestadt verfügt sie einerseits über eine große Menge historischer Bausubstanz, andererseits sowohl über einen erschreckend großen Anteil verfallener Gebäude als auch über seelenlose Neubauviertel am Stadtrand, hochgezogen für die Bauarbeiter eines Atomkraftwerks, das nach dem immer noch existierenden Willen der Stadt den Stendalern eine "strahlende" Zukunft sichern soll. Aufkommende Kritik wurde mit aus dem Westen importiertem Zweckoptimismus hinweggefegt, und so besteht wenig Hoffnung, daß die zahlreichen leerstehenden Fachwerkhäuser des historischen Zentrums gerettet werden können.
Herausgeputzt sind allerdings ein paar Repräsentationsbauten der Backsteingotik, vor allem im Bereich des Marktplatzes. Hier steht auch das Rathaus (14. Jh., spätere Umbauten). Der davor stehende *Roland* ist nicht mehr das für norddeutsche Städte typische Original von 1525, sondern eine Kopie, da ein Orkan 1972 den verwitterten Stein in Einzelteile zerlegt hatte. Wirklich imposant ist das Unglinger Tor der früheren Stadtbefestigung, im 15. Jh. aus Backsteinen errichtet, das im Nordwesten der Altstadt den Besucher Stendals empfängt.
In den erhaltenen Resten des früheren Katharinenklosters ist heute das Altmärkische Museum zu finden.
Berühmtester Sohn der Stadt ist der Kunstwissenschaftler J.J. Winckelmann (1717-1768), dem deshalb die üblichen Ehrungen in Form eines Denkmals, einer nach ihm benannten Straße und eines Museums zuteil werden.
Information: Kornmarkt 8, 3500 Stendal, Tel. (+921) 216186.
Unterkunft: Bahnhofshotel **, Bahnhofstr. 30, Tel. (+921) 213200, 45 Betten in 30 Zi.; Hotel "Stadt Stendal", Bahnhofstr. 15, Tel. (+921) 212403, 34 Betten in 19 Zi.; Hotel "Schwarzer Adler" *, Kornmmarkt 5/7, Tel. (+921) 212265, 35 Betten in 17 Zi.
Camping: Am See, 3501 Hassel, 80 Standpl., ca. 10 km nordöstl.

Kartenskizze Etappen 87 - 89

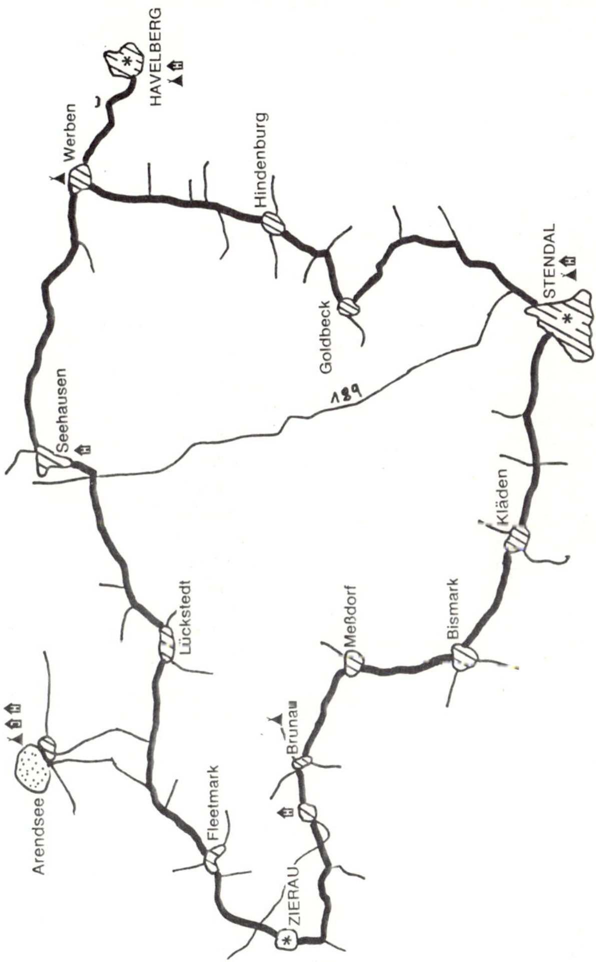

Etappe 88:
Zierau - Fleetmark - Lückstedt - Seehausen - Werben - Havelberg (65 km)

Als Anschluß an die Etappen 85-87 beginnt diese Strecke an der Kreuzung bei Zierau auf der Landstraße Rchtg. Abendsee und Seehausen, die nach 5 km *Fleetmark* erreicht. Hier knickt die Etappenführung mit der gleichen Beschilderung links ab und führt durch Sanne nach Kerkuhn, wo sich die Landstraße gabelt: während links die Zufahrt zum Luftkurort *Arendsee* beginnt, halten Sie sich halbrechts Rchtg. Lückstedt, Seehausen und Osterburg.
Unterkunft: HO-Hotel "Stadt Arendsee", Friedensstr. 113, 3552 Arendsee, Tel. (+92287) 234, 21 Betten in 7 Zi.; KG-Gaststätte "Deutsches Haus", Friedensstr. , Tel. (+92287) 500, 14 Betten in 5 Zi.
Jugendherberge: JH "Jonny Schehr", 3552 Arendsee, Tel. (+92287) 201, 30 Betten & 200 Campingstandpl.
Camping: "Am Strandbad", H/6, Kat. 2, 600 Standpl.

Am Ortsende von *Lückstedt* schwenken Sie mit der Landstraße Rchtg. Seehausen halblinks, radeln durch Bretsch und gelangen schließlich zu einer Kreuzung mit der F 189, an der Sie geradeaus/halblinks über die Hauptstraße hinweg nach **Seehausen** fahren.
Unterkunft: Hotel "Zum Altmärker", Bahnstr. 8, 3550 Seehausen, Tel. (9226) 2514, 27 Betten in 11 Zi.
Im Zentrum des Städtchens setzt sich die Route rechts auf der Landstraße durch Neukirchen nach *Werben* fort, von wo es nahtlos zur Kreisstadt **Havelberg** weitergeht; zur Überquerung der Elbe wird eine Autofähre genutzt. Stolz des an der Havel kurz vor deren Mündung in die Elbe gelegenen Etappenziels ist der sich auf einem Hügel erhebende Dom St. Marien (12.-14. Jh.), der gotische Glasmalerei, allerlei Skulpturen, ein schmuckes Chorgestühl sowie (aus barocker Zeit) einen Hochaltar und eine Orgel vorweisen kann. In der Nachbarschaft des Domes kann das Prignitz-Museum besucht werden.
Unterkunft: HO-Hotel "Stadt Havelberg", Am Camps 5, 3530 Havelberg, Tel. (+9227) 377, 26 Betten in 13 Zi.
Camping: Auf der Spülinsel, H/18, Havelberg, 130 Standpl.; Am Bad, Werben, 35 Standpl.

Etappe 89:
Stendal - Goldbeck - Werben - Havelberg (49 km)

Ähnlich wie die etwa 8-10 km entfernte Elbe hier nordwärts strebt, so eröffnet auch diese Route den Weg aus der Altmark in nördlichere Gefilde. Die ersten 4 km verlaufen auf der F 189 Rchtg. Osterburg/Wittenberge; wenn die Hauptstraße links schwenkt, verlassen Sie sie halbrechts auf die Landstraße

Rchtg. Arneburg, biegen jedoch nach weiteren rund 4 km wieder links ab auf die Nebenstraße, die Rindtorf streift, durch Lindtorf und Baben (zwei abknikkende Vorfahrten) führt und in *Goldbeck* auf eine kreuzende Landstraße trifft, der Sie rechts durch Bertkow folgen und dann mit der Vorfahrt rechts nach *Hindenburg* abknicken. Von dort geht's nun schnurgerade weiter nach *Werben*, wo Sie wie bei Etappe 88 rechts zur Elbfähre nach **Havelberg** (s. dort) radeln.

Etappe 90:
Magdeburg - Wolmirstedt - Rogätz - Burgstall - Tangerhütte - Tangermünde - Heeren - Stendal (82 km)

Im großen und ganzen der Elbe folgend zielt diese Route auf zwei der alten ehemaligen Hansestädte, deren der Norden der DDR einige aufzuweisen hat.
Der Anfang dieser Etappe ist dank der Abriegelung durch die Elbe etwas umständlich und kann ggf. mit etwas größerer Hauptstraßennutzung verändert werden: auf der F 1 nach Burg. Zudem kann in Magdeburg Rchtg. Norden nicht der Beschilderung gefolgt werden, da diese den Verkehr zum "Magdeburger Ring" leitet, einer Schnellstraße mit 50 km/h-Mindestgeschwindigkeit, somit nicht für Sie gedacht.
Stattdessen wählen Sie jenen Straßenzug, der das Zentrum westlich flankiert, also zwischen Eisenbahn und der teils als Fußgängerzone gehaltenen Karl-Marx-Straße verläuft: auf der "Otto-von-Guericke-Straße" am Kulturhistorischen Museum und dem Hotel "International" vorbei, geradeaus auf der "Erzbergerstraße" zum Boleslaw-Bierut-Platz, wo das Maxim-Gorki-Theater steht, um den Platz herum und auf der anderen Seite von der kreuzenden Walther-Rathenau-Straße nordwärts über Gareisstraße, Lüneburger Straße, Lübecker Straße usw. zum Stadtrand, wo Sie dann auf die F 189 Rchtg. Stendal einbiegen. Auf der Hauptstraße werden weitere ca. 9 km absolviert, bis in *Wolmirstedt* rechts die Landstraße durch Zielitz nach *Rogätz* abzweigt.
Camping: "Am Jerslebener See", 3210 Wolmirstedt, H/13, Kat. 1, 500 Standpl.

In Rogätz wählen Sie die links schwenkende Landstraße durch *Angern* und Sandbeiendorf nach *Burgstall*, wo Sie rechts durch Uchtdorf (Abkürzung ggf. ab Sandbeiendorf zu nutzen) nach *Tangerhütte* abzweigen.
Für die Fortsetzung der Etappe können Sie sich nun der Beschilderung Rchtg. Tangermünde anvertrauen, die Sie durch Briest, Weißewarte und Bölsdorf bringt, bis am westlichen Stadtrand von Tangermünde im Vorort Pappelhof die kreuzende Landstraße Lüderitz-Tangermünde einen Richtungswechsel nach rechts bewirkt.

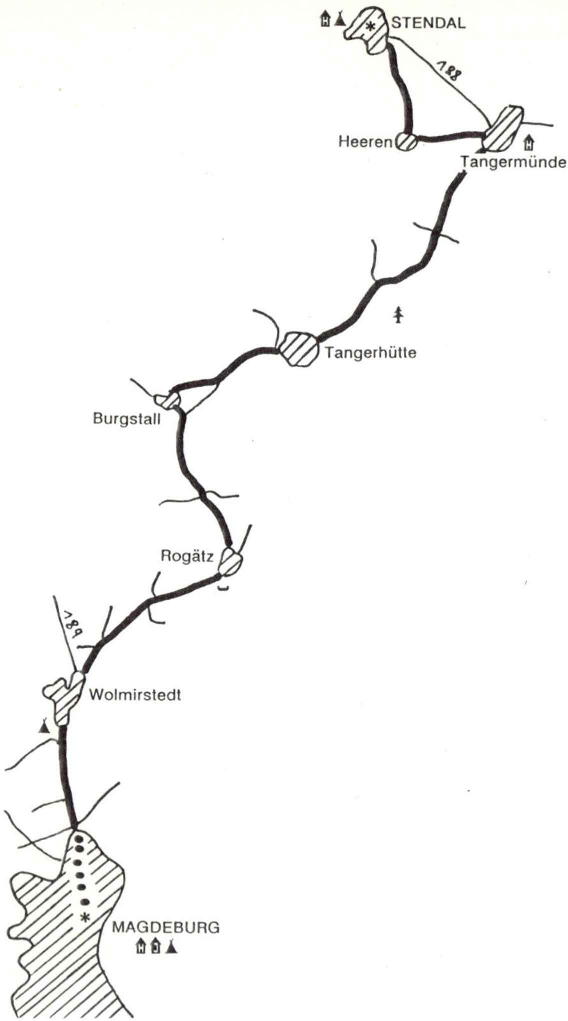
STENDAL
188
Heeren
Tangermünde
Tangerhütte
Burgstall
Rogätz
189
Wolmirstedt
MAGDEBURG

Tangermünde, 12000 Einw.. Bez. Magdeburg, war im Mittelalter Mitglied der Hanse, fiel aber nach dem Dreißigjährigen Krieg in die vielzitierte Bedeutungslosigkeit, die als positiven Nebeneffekt mit sich brachte, daß sowohl die mittelalterliche Stadtbefestigung als auch die Fachwerkbauten des 17. Jh. weitgehend erhalten sind. So bieten sich dem touristischen Auge Stadtmauern, Wehrtürme, Stadttore, das Rathaus (15. Jh., mit Heimatmuseum), mehrere Kirchen und nicht zuletzt die Burganlage, die nördlich des Stadtzentrums am Steilhang der Elbe liegt.
Information: Rat der Stadt, Abt. Kultur, 3504 Tangermünde.
Unterkunft: Hotel "Utescher" **, Leninstr. 5, Tel. (+9218) 2401, 14 Betten in 8 Zi.; HO-Hotel "Schwarzer Adler", Leninstr. 52, Tel. (+9218) 3642, 27 Betten in 13 Zi.

Wenn Sie für den Rest der Etappe nach **Stendal** (s. Etappe 87) nicht auf der F 188 radeln möchten, ist ein Umweg über *Heeren* erforderlich, der etwa 2 km ausmacht.

Etappe 91:
Bernburg - Nienburg - Calbe - Schönebeck - Magdeburg (45 km)

Von der Saale an die Elbe führt der von dieser Etappe geschlagene sanfte Bogen auf der alten Landstraße Bernburg-Magdeburg, die von zahlreichen Orten gesäumt ist - diese Strecke bietet somit kaum Naturerlebnisse.
Von Bernburg nach **Nienburg** sind es nur fünf geradlinige Kilometer. Dieser Ort an der Einmündung der Bode in die Saale verfügt über eine ehemalige Benediktiner-Klosterkirche (13. Jh.), die als ein Hauptwerk der deutschen Hochgotik gilt. Zu den Ausstattungsdetails zählt u.a. ein Gemäde von Lucas Cranach d.Ä.
Unterkunft: "Hotel der Zementwerker", Schloßstr. 27, 4352 Nienburg, Tel. (+4470) 2234, 17 Betten in 7 Zi.
Weitere 8 km nordwärts an der Saale entlang erreichen Sie das 1050 Jahre alte **Calbe**, wo außer der spätgotischen Pfarrkirche einige Wohnhäuser am Markt einen Blick verdienen.
Unterkunft: Hotel "Central", Leninstr. 11, 3310 Calbe, Tel. (+9387) 2464, 20 Betten in 19 Zi.
Nun verläßt die Etappenführung die Saale und strebt via Klein Mühlingen **Schönebeck** zu, wo sie geradeaus in die F 246a mündet.
Diese Kreisstadt an der Elbe war das erste deutsche Solbad (1802), dessen Gradierwerk und Solturm noch bestehen. Im Kreismuseum kann man Näheres über die Schönebecker salzige Vergangenheit erfahren.
Information: "Reisewelt", Platz der DSF 14, 3300 Schönebeck.
Unterkunft: HO-Hotel "Salzturm" *, Salzer Str. 9, Tel. (+938) 2346, 29 Betten in 16 Zi.; Hotel "Grüner Baum", Karl-Marx-Str. 2, Tel. (+938) 2095, 19 Betten in 10 Zi.

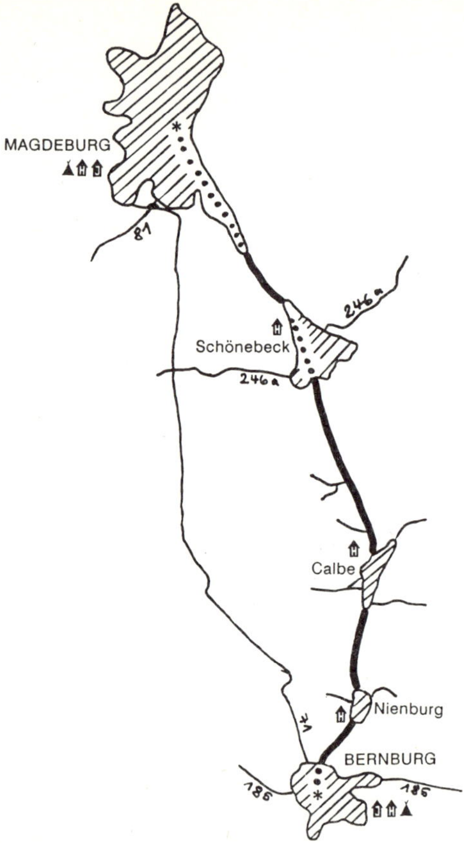

Die F 246a führt Rchtg. Magdeburg geradewegs durch die Stadt und überquert unweit der Elbe die Eisenbahn auf einer Brücke. Wenn die Hauptstraße gleich darauf einen scharfen Rechtsknick vollzieht, verlassen Sie sie geradeaus/links auf die Straße, die zwischen Elbe und Bahnstrecke nach Magdeburg (ab Schönebeck korrekt beschildert) führt und dabei schon bald in nahtloser Bebauung und unerfreulicher Mischung von Straßenbahnschienen und Holperstrecke einen Eindruck von nahenden Etappenziel **Magdeburg** (s. Etappe 83) gibt.

Kartenskizze Etappe 92

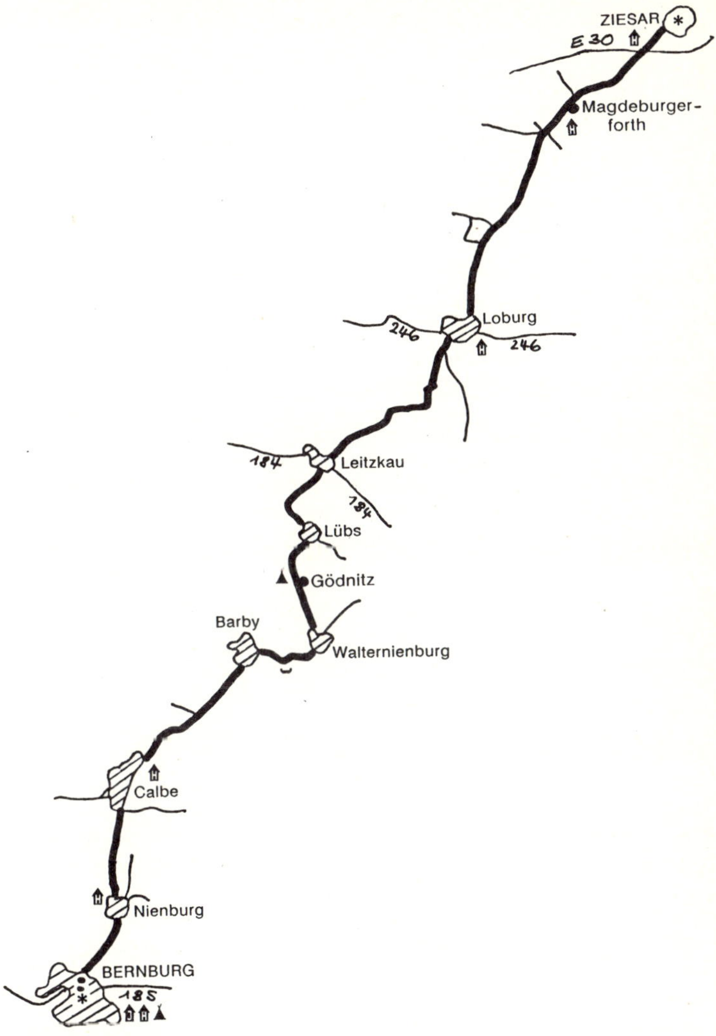

Etappe 92:
Bernburg - Nienburg - Calbe - Barby - Walternienburg - Lübs - Leitzkau - Loburg - Ziesar (80 km)

Der Anfang dieser nordöstwärts zielenden Strecke ist identisch mit Etappe 91, erst in Calbe verlassen Sie deren Verlauf, indem Sie rechts auf die Landstraße Rchtg. Barby und Zerbst abzweigen. Im angeblich 1025jährigen *Barby* (Gaststätte im Klubhaus der LPG Pflanzenproduktion am Marktplatz) biegen Sie rechts ab zur Elbfähre Walternienburg, überqueren damit die Elbe (im Sommer tägl. 6.00-19.45 h) und radeln durch eine winzige Häuseransammlung namens Ronnei nach *Walternienburg*. An der Kreuzung bei der dortigen Kirche biegen Sie links ab auf die Nebenstraße nach *Gödnitz* (*in Gegenrichtung* hier nur kleiner Hinweis "Elbfähre").

Camping: 100 Standpl., nordwestl. des Dorfes.

Hinter Gödnitz wird die Nebenstraße gleich schottrig, erreicht ein Waldgebiet und dort ca. 1 km von Gödnitz entfernt eine Kreuzung mit anderen Schotterwegen (unbeschildert, nach links Einfahrverbot für Kraftfahrzeuge); hier macht die Route einen Rechtsknick nach *Lübs*, wo Sie nach Kreuzung der Bahnstrecke sofort links (unbeschildert) über Prüdel nach *Leitzkau* weiterfahren. In Leitzkau leitet ein Wegweiser Rchtg. Magdeburg Sie zur F 184 (*in Gegenrichtung* in Leitzkau anfangs nicht beschildert: von Loburg kommend rechts kurz auf der F 184 fahren, erste Abzweigung links ["Teichstraße"], dann rechts und wieder links auf die "Mühlenstraße" mit Beschilderung Rchtg. Dornburg und Güterglück).

Nun wird um ca. 50 m rechts versetzt die F 184 (Magdeburg-Zerbst) gekreuzt, und die zwischen Rapsfeldern hindurchführende Landstraße über Hobeck nach *Loburg* schließt sich an.

(*In Gegenrichtung* hinter Loburg die Rechtsabzweigung Rchtg. Leitzkau nicht verpassen!)

Unterkunft: Hotel "Erholung", Bahnhofstr. 13, 3404 Loburg, Tel. (+92595) 493, 6 Betten in 3 Zi. (!).

Innerörtlich folgt die Etappe dort anfangs der F 246 Rchtg. Belzig, verläßt aber bald darauf die Hauptstraße schon wieder links auf die Landstraße Rchtg. Ziesar (= Autobahnzufahrt), die nun ein sanftwelliges Wald- und Wiesengebiet durchquert. In Lübars vollführt die Straße zwei Abknickungen; in *Drewitz*, das über eine interessante Kirche mit orientalisch wirkendem Holzturm auf Steinunterbau verfügt, geht es an der innerörtlichen Kreuzung mit abknickender Vorfahrt rechts nach *Magdeburgerforth*.

Unterkunft: HO-Gaststätte "Drei Linden", Altengrabow 333, 3271 Magdeburgerforth, 10 Betten in 4 Zi.

Die Straße unterquert schließlich hinter Schopsdorf die Autobahn E30 und erreicht damit den Bezirk Potsdam und endlich **Ziesar**.

Unterkunft: HO-Gaststätte "Zur Burg", Frauentor 5, 1807 Ziesar, Tel. (+3890) 311, 13 Betten in 7 Zi.

Kartenskizze Etappe 93

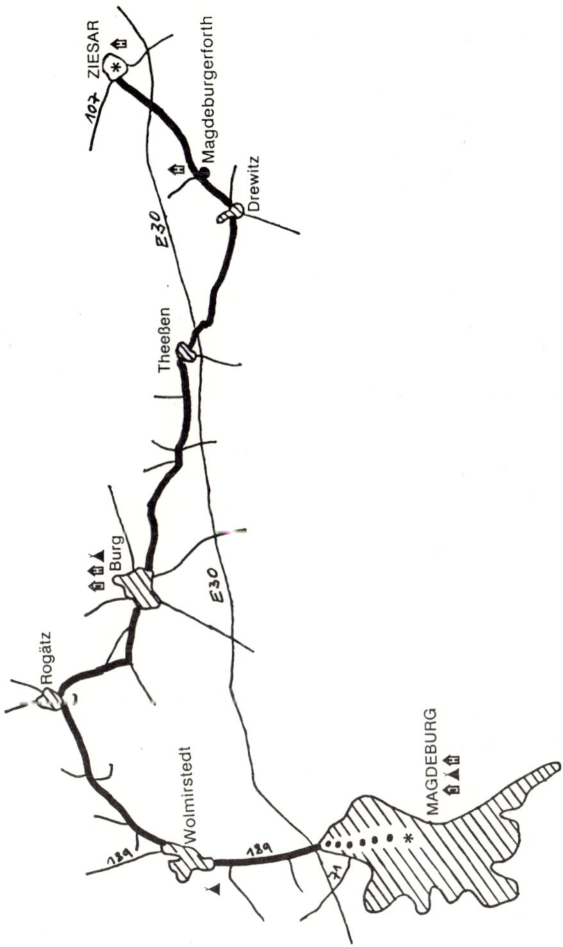

Etappe 93:
Magdeburg - Rogätz - Burg - Theeßen - Drewitz - Ziesar (60 km)

Durch Wolmirstedt bis Rogätz ist die Streckenführung identisch mit Etappe 90. Eine Autofähre stellt hier die erste Möglichkeit zur Elbüberquerung nördlich Magdeburgs her, und über Schartau erreichen Sie nach ca. 8 km *Burg*.
Information: "Reisewelt", Leninstr. 2, 3270 Burg.
Unterkunft: Hotel "Stadt Burg" **, Rohlandplatz 1, Tel. (+931) 2454-55, 58 Betten in 29 Zi.
Camping: "Am Niegripper See", 90 Standpl.
Radeln Sie geradewegs durch diese Kleinstadt, kreuzen Sie die F 1 und verlassen Sie den Ort dann auf der Landstraße über Gabrow nach Theeßen. Kurz hinter letzterem Ort wird die Autobahn E 30 unterquert, und nach weiteren 7 km ist *Drewitz* erreicht. Wie bei Etappe 92 findet die Strecke via Schopsdorf nach **Ziesar** (s. dort) ihren Abschluß.

Etappe 94:
Ziesar - Brandenburg (28 km)

Diese umkomplizierte Kurzetappe stellt eine Verbindung her, die grundsätzlich Rchtg. Berlin zielt.
Es wird durchgehend die Landstraße nach Brandenburg benutzt, die durch Glienecke ostwärts verläuft, sich "hautnah" der Autobahn E30 nähert, mit dieser nordostwärts schwenkt und sich erst hinter Grüningen allmählich wieder von der Schnellstraße entfernt - allerdings verhindert zu großen Teilen der Strecke Wald den unmittelbaren Sicht- und Hörkontakt. Durch den Vorort mit dem beziehungsreichen Namen "Eigene Scholle" wird schließlich **Brandenburg** (s. Etappe 42) erreicht.
(*In Gegenrichtung* auf der "Otto-Nuschke-Straße" geradewegs südwestwärts aus der Stadt fahren.)

Etappe 95:
Ziesar - Bensdorf - Milow - Rathenow (47 km)

Trotz der auf den ersten Blick etwas verschlungenen Straßenführung folgt diese Strecke durchgängig der Landstraße Rchtg. Rathenow - die Havel mit den von ihr gebildeten Seen und die Abfolge von Ortschaften bewirkt diese relativ häufigen Richtungswechsel.
In Ziesar nimmt die Etappe den Anfang auf der Straße durch Bücknitz und Rogäsen nach *Wusterwitz*. Zwischen diesem Dorf und der Kreisstadt Brandenburg erstrecken sich mehrere aneinandergrenzende Havelseen.

Kartenskizze Etappen 94 - 96

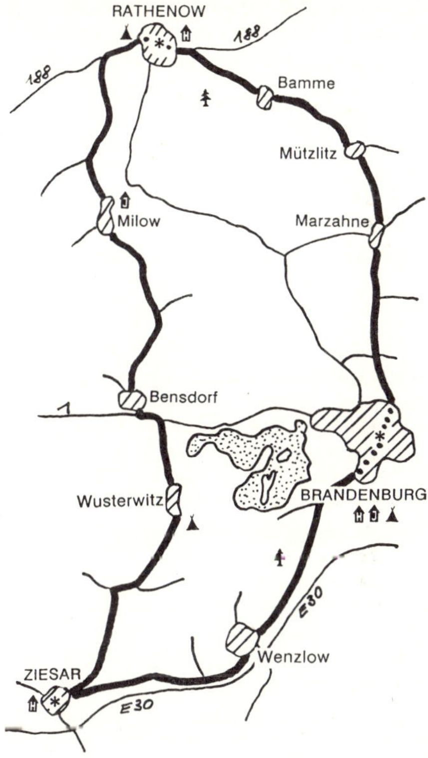

Camping: Am Südufer des Wusterwitzer Sees, 200 Standpl.

Nach weiteren ca. 4 km nordwärts stößt die Landstraße auf die F 1 (Genthin-Brandenburg), der Sie links etwa 2 km folgen (*in Gegenrichtung* von der F 1 Abkürzung über für Autos gesperrte Zufahrt nach Woltersdorf möglich), um dann rechts wieder auf die Landstraße Rchtg. Rathenow und Milow abzubiegen, die sich durch Ortschaften unterschiedlicher Größe wie Knoblauch, Nitzahn, Milow und Bützer schlängelt.

Jugendherberge: JH "Freundschaft", Friedenstr. 21, 1831 Milow, Tel. (+3227) 361, 63 Betten.

Schließlich mündet die Strecke in die Landstraße Genthin-Rathenow, die rechts durch Böhne führt und am Westrand von Rathenow auf die F 188 trifft, auf der Sie rechts ins Zentrum radeln.

Rathenow ist eine Kreisstadt im Bez. Potsdam, die zum einen mit einer romanischen Stadtkirche aufwarten kann, zum anderen im Heimatmuseum (Rhinower Str. 12b) u.a. die Geschichte der örtlichen optischen Industrie darstellt.

Information: "Reisewelt", Wilhelm-Pieck-Str. 23, 1830 Rathenow.
Unterkunft: "Hotel der Optik" ***, Bahnhofstr. 13, Tel. (+322) 2486, 66 Betten in 36 Zi.
Camping: Am See, 1831 Steckelsdorf, 240 Standpl.

Etappe 96:
Brandenburg - Marzahne - Mützlitz - Bamme - Rathenow (33 km)

Sie müßten sich schon recht viel Mühe geben, wenn Sie sich auf dieser Etappe verfahren möchten. Die bezeichnenderweise "Brielower Landstraße" heißende Straße beginnt im Norden des Stadtzentrums und führt durch Brielow, Marzahne, Mützlitz, Gräningen und Bamme; sie weist zwar in den Ortschaften einige abknickende Vorfahrten auf, ansonsten erreicht sie aber ohne Umwege am Ostrand von **Rathenow** (s. Etappe 95) die F 188, die links ins Zentrum der Kreisstadt führt.

Etappe 97:
Rathenow - Schollene - Warnau - Havelberg (38 km)

In etwa parallel zur Havel strebt diese Route deren Mündung in die Elbe zu, wobei das Waldgebiet von Schollene durchquert wird. 3 km weit ist dazu der F 188 Rchtg. Tangermünde zu folgen, bis rechts die Landstraße Rchtg. Schollene beginnt; nur minimal vorher stößt Etappe 95 von links zur Hauptstraße. Durch Steckelsdorf (Camping s. Rathenow, Etappe 95) radeln Sie nun auf die bewaldeten Hügel von *Land Schollene* und dann durch das namensgebende Dorf nach Molkenberg. Fast in Tuchfühlung mit der hier recht schmalen Havel schwenkt die Straße links und durchläuft schließlich die Siedlung Rehberg.

Camping: Am Kamerschen See, H/4, 3521 Kamern, 200 Standpl., 4 km westl. von Rehberg.

Bald hinter diesem Örtchen ignorieren Sie die geradeaus weisende Beschilderung Rchtg. Havelberg und biegen stattdessen rechts ab auf die Nebenstrecke durch Warnau und Garz nach *Kuhlhausen*. Hier schwenkt die Etappe westwärts und erreicht durch Jederitz nach 9 km **Havelberg** (s. Etappe 88).

Kartenskizze Etappen 97 & 98

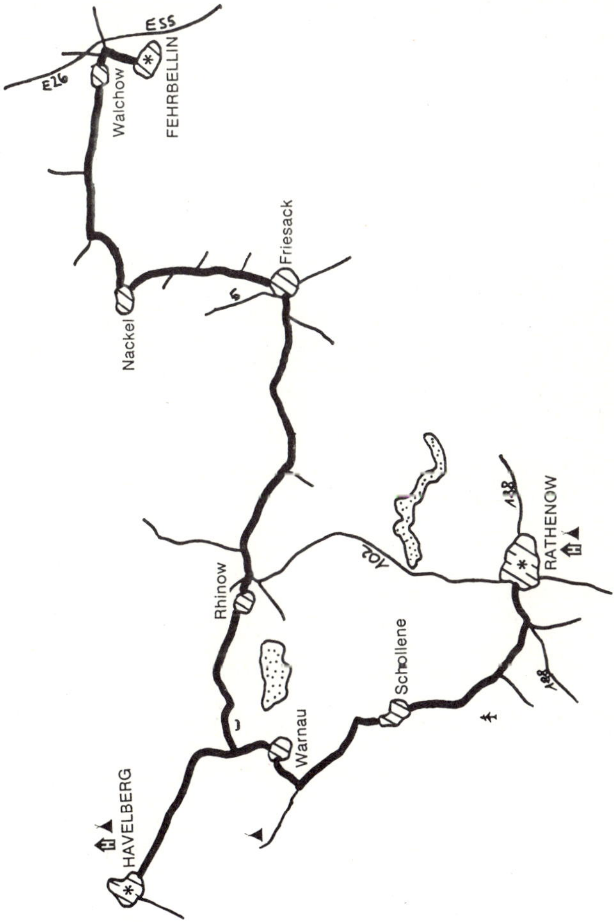

Etappe 98:
Havelberg - Rhinow - Friesack - Nackel - Walchow - Fehrbellin (68 km)

Der Anfang dieser Route entspricht der Umkehrung des Endes von Etappe 97: auf der südlich der Havel ostwärts strebenden Landstraße durch Jederitz und Kohlhausen. Nach 11 km jedoch biegen Sie links ab zur Havelfähre nach Strodehne, wo Sie mit der Vorfahrt links abknickend nach *Rhinow* fahren.
Die F 102 (links) Rchtg. Neustadt wird nun 1 km weit benutzt, bis rechts die Landstraße nach *Friesack* abzweigt, wo Sie über die als Umgehungsstraße ausgestaltete F 5 hinweg in den Ort radeln. Im Zentrum biegen Sie links ab auf die Nebenstraße durch Zootzen nach *Nackel*. Dort wählen Sie an der innerörtlichen Kreuzung eine weitere Nebenstraße, die immer am Nordrand des *Rhinluch*, des Wiesen- und Sumpfgebiets um das Flüßchen Rhin, entlang rechts durch Vichel, Gartz, Manker und Protzen nach *Walchow* führt. Hinter dem letzten Dorf stoßen Sie auf die Landstraße Neuruppin-Fehrbellin, die rechts das Etappenziel erreicht; alternativ können Sie jedoch auch gleich links entsprechend Etappe 104 nach Neuruppin radeln.
Fehrbellin war 1675 der Schauplatz einer Schlacht, bei der das Heer des Kurfürsten Friedrich Wilhelm von Brandenburg über die Schweden siegte, quasi als Vorläufer für Preußens Gloria. Auf dem *Hakenberg* beim oben genannten Ort steht ein Denkmal zur Erinnerung an dieses Ereignis.

Etappe 99:
Halle - Braschwitz - Niemberg - Schwerz - Zörbig - Löberitz - Salzfurthkapelle - Tornau - Quellendorf - Dessau (56 km)

Den Anfang dieser Rchtg. Nordosten gerichteten Route auf wechselndem Belag (viel Pflaster, größtenteils ordentlich) finden Sie im Norden Halles, ggf. als direkten Anschluß an Etappe 55 oder 57: Im Stadtteil Trotha biegen Sie von der Throthaer Straße ostwärts auf die Seebener Straße ab. Die dritte Straße rechts ist die Mötzlicher Straße, die beim Haltepunkt Wohnstadt Nord die S-Bahngleise überquert. Weiter: rechts in die Gottfried-Keller-Straße, immer geradeaus und dem Rechtsbogen der Straße folgend, dann links in die Helmut-Just-Straße. Leicht nach rechts versetzt über die Dessauer Straße hinweg (bei einer Straßenbahnendhaltestelle) in die "Frohe Zukunft", am Ende links in den Mühlrain und nun immer geradeaus durch Mötzlich und Zöberitz nach *Braschwitz*, wo Sie links einbiegen auf die Nebenstraße Rchtg. Zörbig.
Es geht geradewegs durch Niemberg nach Schwerz; hier links, rechts und wieder links abbiegen nach *Zörbig*. Dort kreuzen Sie die F 183 halbrechts und radeln weiter Rchtg. Dessau nach Salzfurtkapelle (einmal rechts mit,

einmal links ohne abknickende Vorfahrt). Ab hier haben Sie endlich Asphalt unter den Reifen.
An der Fünferkreuzung in *Tornau* halten Sie sich links auf der Landstraße nach Hinsdorf, wo es rechts Rchtg. Köthen nach Quellendorf geht. Sie radeln dort links in den Ort und rechts wieder hinaus Rchtg. Dessau.
Am Etappenziel bringt Sie links die F 184 ins Zentrum.

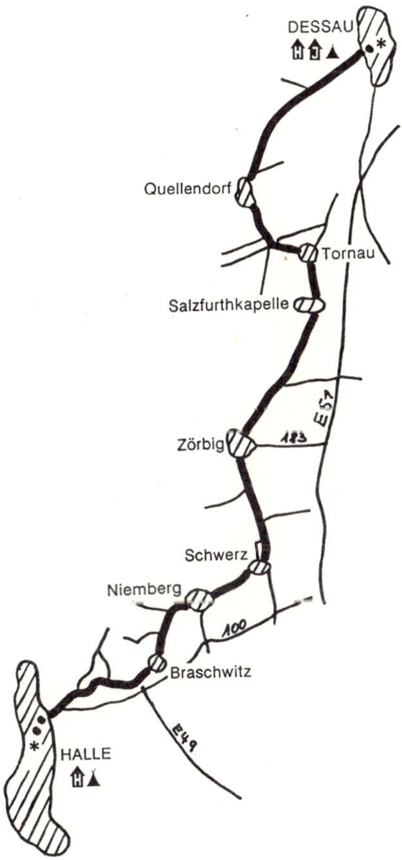

Dessau, 104000 Einw., Kreisstadt im Bez. Halle, liegt an der Mündung der Mulde in die Elbe und präsentiert sich durchweg modern. Das liegt weniger an dem Umstand, daß hier das berühmte *Bauhaus* nach seiner Vertreibung aus Weimar 1925-1932 seinen Sitz und seinen Wirkungskreis hatte, sondern an der besonders effektiven "Flächensanierung" im Zweiten Wekltkrieg. Somit ist von der jahrhundertelangen Rolle als Residenzstadt der Fürsten von Anhalt-Dessau (1471-1918) nur noch wenig zu sehen: das klassizistische Schloß Georgium (1781) im Georgengarten, einem englischen Park, die Barockkirche St. Georg (1717) und das Gebäude des Naturkundemuseums (1750) an der Kreuzung im Stadtzentrum.

Da sind die Überbleibsel des Bauhauses schon interessanter; das Haus selbst ist eine originalgetreue Rekonstruktion, und im südöstlichen Stadtteil Törten können Architekturfreunde die Villensiedlung von Walter Gropius besuchen.

In der Umgebung: In **Wörlitz**, 15 km östl., lockt der erste Englische Park Deutschlands (im 18. Jh. errichtet) beträchtliche Besucherscharen. Der in vier Gärten und zahlreiche Inseln und Bauwerke gegliederte Landschaftspark entstand als Sommersitz des Fürsten Leopold Friedrich Franz von Anhalt-Dessau etwa von 1765 bis 1810; etliche der hier errichteten Bauten sind verkleinerte Nachbildungen von Vorbildern aus allen europäischen Ländern.

Information: Friedrich-Naumann-Str. 12, 4500 Dessau, Tel. (+47) 4661; Ammergasse 131, 4414 Wörlitz, Tel. (+4795) 216.

Unterkunft: HO-Hotel "Stadt Dessau" **, Wilhelm-Pieck-Str. 35, Tel. (+47) 7285, 123 Betten in 51 Zi.; Hotel "Central" *, Dimitroffplatz, Tel. (+47) 4864, 82 Betten in 39 Zi.; drei kleinere Hotels, zwei Gasthöfe in Wörlitz.

Jugendherberge: JH "Jupp Angenfort", Waldkaterweg 11, Tel. (+47) 3312, 45 Betten & 20 Zeltstandpl.

Camping: "An der Adria", K/20, 170 Standpl., nahe der Autobahnauffahrt Dessau-Ost.

Etappe 100:
Dessau - Roßlau - Hundeluft - Medewitz - Wiesenburg - Görzke - Gräben - Ragösen (75 km)

Von Dessau bis ins 6 km entfernte Städtchen Roßlau radeln Sie auf dem Radweg neben der F 184. Gleich nach der Elbe-Überquerung schwenken Sie mit der F 187 Rchtg. Wittenberg. Am Ortsrand von Roßlau zweigt davon links die Strecke Rchtg. Luko und Hundeluft ab, die sich unmittelbar darauf teilt; halten Sie sich erneut links Rchtg. Wiesenburg. Nach Durchquerung

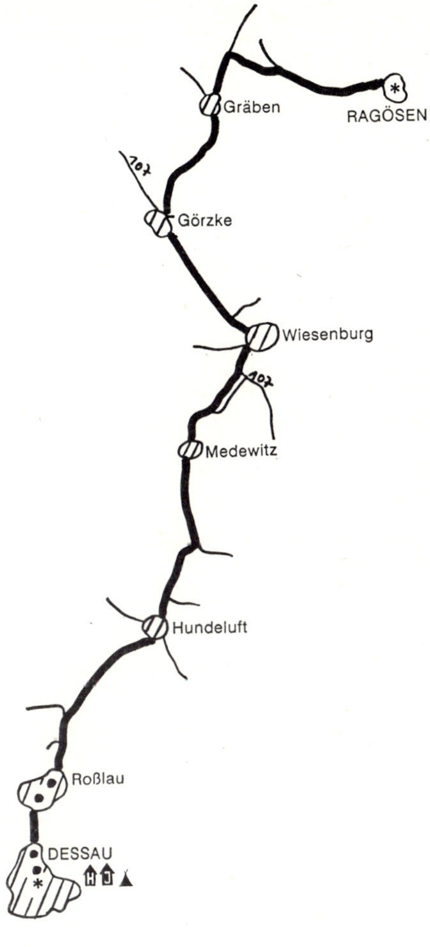
RAGÖSEN
Gräben
107
Görzke
Wiesenburg
107
Medewitz
Hundeluft
Roßlau
DESSAU

Thießens und eines kurzen Waldstücks biegen Sie links auf die F 187a Rchtg. Zerbst ab, die gleich darauf *Hundeluft* erreicht, wo die Fernstraße rechts Rchtg. Wiesenburg aber gleich wieder verlassen wird. Durch waldreiches flachwelliges Land geht es nun auf nicht vollständig asphaltierter Straße (ein "Sommerweg" ist jungfräulich belassen worden...) weiter nordwärts durch Stackelitz und Medewitz. Südlich von Wiesenburg mündet die Landstraße geradeaus in die hier eine Rechtskurve vollführende F 107, die Sie links in das Städtchen bringt. In Wiesenburg biegen Sie mit dieser Fernstraße links ab Rchtg. Ziesar und bleiben bis Görzke darauf; die scheinbar als Nebenstraßenabkürzung sich anbietenden Strecken via Lübnitz und Weitzgrund sind entweder übelstes Holperpflaster oder reine Sandwege, die von anderen Pfaden durch den Hohen Fläming nicht zu unterscheiden sind, wodurch ein Verirren vorprogrammiert wäre.
Verlassen Sie also erst in Görzke die ohnehin wenig befahrene Hauptstraße rechts auf die gut asphaltierte Landstraße Rchtg. Brandenburg und Wenzlow. In *Gräben* sollten Sie dem Kirchlein mit dem interessanten Fachwerkturm einen Blick gönnen, bevor dann 2 km hinter diesem Dorf auf freiem Feld rechts die Nebenstraße nach Groß Briesen abzweigt. Geradeaus führt die Strecke bis **Ragösen**, dessen Kirchturm erneut die Blicke auf sich zieht.
Unterkunft: Gasthaus "Zur Erholung", Brandenburger Str. 29, 1801 Golzow, (+3895) 263, 7 Betten in 3 Zi., nördl., an der Führung von Etappe 101.

Etappe 101:
a) Ragösen - Golzow - Lehnin - Busendorf - Glindow - Potsdam - Berlin (60 km)
b) Ragösen - Golzow - Lehnin - Busendorf - Caputh - Potsdam - Berlin (57 km)

Links auf die F 102 Rchtg. Brandenburg einbiegend radeln Sie von Ragösen nach *Golzow* (Hotel s. Etappe 100), wo eine achteckige Kirche mit hölzernem Turm im Zentrum umradelt wird. Kurz darauf beginnt rechts die Landstraße nach Lehnin.

Lehnin ist eine Gründung der Zisterzienser, die den Ort wie auch seine Umgebung im 12. Jh. urbar machten. Ihr Marienkloster Lehnin entwickelten sie binnen weniger Jahrzehnte zu einem der größten Anwesen östlich der Elbe und hinterließen der Nachwelt nach der Klosterauflösung im Jahre 1542 immerhin 4500 ha Ackerland und Wälder mit über 60 Dörfern. Die Klosterkirche zählt zu den ältesten noch erhaltenen Backsteinkirchen und wurde 1262 eingeweiht, präsentiert sich heute aber im restaurierten Zustand von 1877. Die übrigen Klostergebäude wurden in den vergangenen Jahrhunderten stark überarbeitet und ausgebaut, nur ein Teil des

Ostflügels ist original erhalten - die Nutzung als Diakonissenhaus durch die evangelische Kirche duldete eben nicht die Ruhe der Ruinen.
Camping: "Am Colpinsee", D/8, 130 Standpl., ca. 4 km östlich von Lehnin; "See-Eck am Klostersee", D/7, 50 Standpl., ca. 2 km nördl. von Lehnin.

Nun wählen Sie die rechts anfangende Nebenstraße durch Emstal und Busendorf Rchtg. Fichtenwalde und Beelitz, bis in Klaistow von der rechts abknickenden Vorfahrtstraße geradeaus die Straße Rchtg. Glindow abzweigt. Hier teilen sich die Varianten.

a) Wenn Sie auf gut befestigten Untergrund für Ihre Fahrradreifen Wert legen, bleiben Sie auf dieser Straße, die nach ca. 2½ km die Autobahn *Berliner Ring* unterquert. Hinter *Glindow* biegen Sie rechts auf die leider vielbefahrene F 1 ein, die nach Passieren des Großen Plessower Sees die Ausläufer des Städtchens Werder durchquert.

Werder, heute überwiegend auf dem Festland angesiedelt, wurde auf der Havelinsel gegründet. 1458 erhielt das Örtchen sogar Stadtrechte und verdiente sein Brot zunächst aber noch mit der Fischerei. Ein paar der Häuser konnten aus jener Zeit erhalten werden, doch sind sie so stark verfremdet worden, daß der Status als Baudenkmal ihnen nur zu einem geringen Teil zusteht.
Seit gut 200 Jahren ist Werder aber auch nicht für die Fischerei, sondern für den Obstanbau bekannt. Heute umfaßt das Anbaugebiet zusammen mit dem des Nachbarörtchens Glindow über 5000 ha. Aber der Boden und das örtliche Klima sind auch gut genug, um noch edleren Pflanzen günstige Bedingungen zu bieten; schon seit Jahrhunderten kann Werder stolz auf einen Weinberg verweisen (am südlichen Stadtrand).
Bei den Berlinern gilt Werder seit jeher als ein nettes Ausflugsziel, vor allem, wenn im Frühjahr die Obstbäume blühen. Dazu trägt aber sicherlich auch die "touristische Mischung" mit der Fischerinsel und der Friedrichshöhe (mit gleichnamigem Gasthof) am nördlichen Rand des Städtchens bei, denn von dort kann ein hervorragender Ausblick auf die gesamte Umgebung genossen werden.
Unterkunft: Hotel "Melodie", Am Markt 6, Tel. (+3352) 2591, 48 Betten in 21 Zi.
Jugendherberge: JH "Havelland", Berliner Str. 113a, 1512 Werder, Tel. (+3352) 2440, 60 Betten, an der F 1; JTH "Theodor Fontane", Am Schwielowsee 110, Tel. (+3352) 2850, 220 Betten, zwischen Potsdam und Werder.

Die F 1 überquert auf einer Brücke eine Engstelle des Schwielowsees und strebt zielsicher Potsdam zu.

b) Die Alternative zweigt in Klaistow auf einen halbrechts beginnenden, anfangs mit Schlacke befestigten Waldweg ab, gleich nachdem die Nebenstraße Rchtg. Glindow von der rechts abknickenden Vorfahrt geradeaus nach Norden zielte und eine sanfte Linkskurve vollführt. Dieser breite, später etwas sandige Weg führt schnurgerade durch den Wald, überquert die Autobahn "Berliner Ring" mittels gepflasterter Auffahrten und trifft bei *Ferch* auf die Südspitze des Schwielowsees.
Ferch darf sich rühmen, eine Dorfkirche zu besitzen, die sich vom Backsteineinerlei abhebt; der Fachwerkbau mit seiner bemalten Holzdecke stammt aus der zweiten Hälfte des 17. Jh. und glänzt vor allem durch seine vielen Totentafeln.

Immer am Ostufer des Sees entlang radeln Sie nun Rchtg. Potsdam und kommen dabei zuerst durch die Siedlung Flottstelle, dann am Übergang zum Templiner See nach **Caputh**. Dieses Dorf hat außer einem Schloß aus dem 17. Jh., das heute einer Fachschule dient, als Sehenswürdigkeit ein Landhaus in der Waldstraße 7 zu bieten. Während das Schloß vielfach verändert und umgebaut wurde und dabei der ursprüngliche Kern verloren ging, ist der Landsitz fast original erhalten. Unter Denkmalschutz steht das 1929 fertiggestellte Objekt aber nicht aus architektonischen Erwägungen, sondern weil es für vier Jahre die Wohnstätte von Albert Einstein war, bevor er 1933 in die USA emigrieren mußte.
Camping: "Flottstelle", D/131, 50 Standpl., ca. 2½ km südwestl. von Caputh; "Himmelreich", D/132, 400 Standpl., auf der "Insel" unweit des Bahnhofs Caputh-Geltow.

Ein Betonplattenweg setzt die Route am Ostufer des Templiner Sees fort, passiert das Forsthaus Templin (Gaststätte) und trifft schließlich auf eine Verbindungsstraße zur F 2 und deren Brücke über die Havel beim S-Bahnhof Potsdam-Stadt.

Potsdam, 130000 Einw., Bezirksstadt, wurde von den Slawen gegründet und kurz vor der ersten Jahrtausendwende erstmals urkundlich erwähnt. Zwar erschien den deutschen Kolonisatoren der Ort wichtig genug, um Anfang des 13. Jh. eine Burg für die brandenburgischen Vögte zu errichten, doch blieb Potsdam, da es fern der Handelswege lag, weiterhin bedeutungslos.
Die Wende trat durch die Entscheidung des Großen Kurfürsten Friedrich Wilhelm (1620-1688) ein, seinen Amtssitz nach Potsdam zu verlegen. Er wählte das Stadtschloß als Residenz und erließ dort 1685 ein Edikt, mit dem er in die Geschichte eingehen sollte. Hierin gestattete er unter Zusicherung der Glaubensfreiheit die Ansiedlung französischer Hugenotten, die in ihrem Heimatland nach der Aufhebung des Ediktes von Nantes (1598) verfolgt wurden, das die freie Ausübung ihres reformierten Glau-

bens und Schutz garantiert hatte.
Hintergrund des Ediktes von Potsdam war aber nicht die Menschenfreundlichkeit und Toleranz des Großen Kurfürsten, sondern der Wunsch des Regenten nach einem machtvollen Staat. Denn die "Streusandbüchse" Mitteleuropas war alles andere als ein attraktives Siedlungsgebiet, und es mußte schon ein wenig nachgeholfen werden, um Menschen hierher zu locken. Für Potsdam bedeutete diese Einwanderungspolitik einen ebenso wichtigen Anschub der Entwicklung wie für Berlin, das Zentrum der Hugenotten, der eifrigsten Gewerbetreibenden unter den Immigranten. Schon die erste Stadterweiterung in Potsdam beruhte auf der Anlage eines französischen Quartiers, und den Hugenotten verdankte die Residenzstadt gut drei Dutzend Gewerbezweige.
Trotz des kaufmännischen Eifers dieses Bevölkerungsteils blieb Potsdam zunächst einmal in erster Linie Residenzstadt. Unter König Friedrich Wilhelm I. wurde das Gemeinwesen aber gezwungen, eine neue Funktion zu übernehmen - der Soldatenkönig machte Potsdam zur Soldatenstadt. Sein Sohn Friedrich II. (der "Alte Fritz", 1740-86) forcierte ebenfalls den Ausbau der soldatischen Einrichtungen.

Friedrich II. widmete sich aber nicht nur dem Ausbau der Bataillone, sondern auch dem der Stadt und vor allem der Residenz der Herrscher. Um einen angemessenen Rahmen für seine "Tafelrunden" genannten Diskussionskreise zu schaffen, ließ der "Philosoph auf dem Thron" ab 1744 das Schloß *Sanssouci* samt Garten und Weinberg errichten bzw. anlegen. Hier wünschte der Monarch, "ohne Sorge" seiner spektakulären Freundschaft auf Zeit mit Voltaire zu frönen und die Mißlichkeiten des Alltags wie Verschärfung der Strafen für ungehorsame Soldaten usw. zu verdrängen.
Es ist im Rahmen dieses Buches weder möglich noch gewollt, sämtliche Details, wie Baustile, Einrichtungen etc. der diversen Schlösser und Gärten der fast 3 km^2 bedeckenden Gesamtanlage vorzustellen. Es soll nur exemplarisch auf einige wenige Objekte hingewiesen werden, z.B. das Chinesische Teehaus, ein in ostasiatischen Formen gestalteter Pavillon aus der Mitte des 18. Jh., in dessen Innern chinesisches und europäisches Porzellan zu bewundern ist. Außen gibt sich das Gebäude kaum weniger luxuriös und schmückt sich mit vergoldeten lebensgroßen Skulpturen.
Trotz des verlustreichen Siebenjährigen Kriegs (1756-63) oder vielleicht gerade wegen dieser Schlappe verfügte Friedrich II. unmittelbar nach dem Kriegsende die Grundsteinlegung zum *Neuen Palais*. Binnen sechs Jahren wurde der aufwendige und völlig unverhältnismäßig große Bau (213 m lang; zahlreiche Räume standen noch jahrzehntelang leer und blieben ungenutzt) errichtet, und selbst der König sah ein, daß damit

über das Ziel hinausgeschossen worden sei, und nannte es eine "Fanfaronade", also Prahlerei.
Zusammen mit diversen Nebengebäuden bzw. -objekten (z.B. Obelisk, Neptungrotte, Bildergalerie, Neue Kammern) war ein Rokoko-Ensemble entstanden, das unter dem Einfluß der bürgerlichen Aufklärung nicht mehr die unumschränkte Macht des absoluten Fürsten repräsentieren sollte. Vielmehr schufen die Baumeister relativ kleine Gebäude, die leichter in die Landschaft zu integrieren waren und mehr den privaten Interessen des Herrschers als der Darstellung der Macht dienen sollten. Deutlich wird dies auch daran, daß der Hauptweg nicht mehr auf das Hauptschloß (Sanssouci) zuläuft, sondern parallel zu dessen Längsachse durch die Gärten führt. (Einen Bruch stellt aber das Neue Palais dar; auf dessen Front sinnigerweise auch die Hauptallee zuläuft.)
Während die Nachfolger von Friedrich II. zunächst kein Interesse an den Potsdamer Schlössern fanden, wendete sich ab 1840 Friedrich Wilhelm IV., der als Romantiker verschrien war, wieder den weitläufigen Anlagen zu. Unter seiner Ägide wirkten Schinkel und Lenné und definierten das Erscheinungsbild der königlichen Gemächer und Gärten unter dem Einfluß des Klassizismus. Musterbeispiele hierfür sind der Charlottenhof, die Friedenskirche und der Sizilianische sowie Nordische Garten.

Mit dem Beginn des 19. Jh. verlegten die Kurmärkische Regierung und die Oberrechnungskammer ihren Sitz in die Stadt, so daß der Ort nun auch zur Beamtenstadt wurde.
Zu einem 'normalen' städtischen Gemeinwesen mauserte sich Potsdam schließlich, nachdem 1838 die erste preußische Eisenbahn von Berlin nach Potsdam in Betrieb genommen worden war. Wie sehr die Technik sodann in den Vordergrund gestellt wurde, aber auch gleichzeitig getarnt werden mußte, verdeutlicht beinahe im Übermaß das *Wasserwerk Sanssouci* (mitten in der Stadt unweit südlich des Brandenburger Tors am Ufer des Templiner Sees). Einerseits wurde für die Fontänen in den königlichen Gärten eine 80 PS-Dampfmaschine gebraucht, andererseits durfte 'natürlich' in der Residenzstadt keine Industriearchitektur entstehen. Der Baumeister Persius löste das Problem perfekt und sorgte nebenbei noch für den Eindruck einer weltoffenen Stadt (in der sogar Moslems leben), indem er die Anlage als Moschee entwarf, deren Minarett als Schornstein dient!

Mehr über die Geschichte Potsdams und die Baudenkmäler erfahren Sie bei einem Besuch im Potsdam-Museum, Wilhelm-Külz-Str. 13 (di-so 10-17 h). Neben der ständigen Ausstellung, die sich mit der Entwicklung der Stadt beschäftigt, können Sie sich auch gleich noch in der Ökologie des Havellandes sachkundig machen - publikumswirksam werden in einem aus 16 Becken bestehenden Aquarium typische Vertreter der hiesigen Wasserlebewesen präsentiert.

Information: Friedrich-Ebert-Str. 5, 1500 Potsdam, Tel. (+33) 23385.

Unterkunft: Hotel "Am Jägertor" ***, Hegelallee 11, 1500 Potsdam, Tel. (+33) 21834-35 & 36, 64 Betten in 25 Zi.; Hotel "Cecilienhof" ****, Neuer Garten, Tel. (+33) 23141, 72 Betten in 42 Zi.; Hotel "Potsdam" *****, Lange Brücke, Tel. (+33) 4631, 362 Betten in 187 Zi.

Jugendherberge: "Karl Liebknecht", Pirschheide, 1500 Potsdam, Tel. (+33) 94988, 190 Betten, Mai-Sept., am Westufer des Templiner Sees unweit südlich des Eisenbahndamms; "30. Jahrestag der DDR", Eisenhardtstr. 5, 1500 Potsdam, Tel. (+33) 22515, 46 Betten, unweit des südwestlichen Eingangstors zum Neuen Garten.

Für das abschließende Teilstück der Etappe nach Berlin bietet sich die Strecke durch den Neuen Garten Potsdams an, da diese Parkanlage sich am Weg zur Glienicker Brücke befindet. Dazu folgen Sie den Wegweisern "Cecilienhof".

Zu den Hauptgebäuden des Neuen Gartens zählt der **Cecilienhof**, der 1913-17 für den Kronprinzen Wilhelm im englischen Landhausstil errichtet wurde, da der älteste Sohn von Kaiser Wilhelm II. für die Lebensart seines Onkels, des britischen Königs Edward VII., so sehr schwärmte. Den damit verbundenen Stilbruch - ab dem Ende des 18. Jh. waren die Neuen Gärten angelegt und überwiegend mit klassizistischen Bauten (z.B. dem Marmorpalais) geschmückt worden - vermochte der Kronprinz wohl nicht wahrzunehmen.
Wieso die Hohenzollern mitten im 1. Weltkrieg zusätzlich zu ihren 13 Palästen und Landhäusern allein im Bereich Potsdam noch ein weiteres monströses Wohnhaus mit immerhin 176 Räumen erbauen lassen mußten, war selbst konservativen Zeitgenossen unverständlich. So fragte beispielsweise die monarchenfreundliche Vossische Zeitung seinerzeit, ob es sich denn wirklich mit 13 Schlössern nicht auskommen ließ. Augenscheinlich konnte derlei vorsichtige Kritik die hochnäsigen Hohenzollern aber nicht irritieren, und der Kronprinz zog mit seiner Gemahlin Cecilie, der das "Wohnprojekt" seinen Namen verdankt, im Sommer 1917 in das Landhaus ein.

Der im Verhältnis zu englischen Landhäusern nicht sonderlich prächtige Sitz wurde im Sommer 1945 für ein paar Tage zum Mittelpunkt der Weltgeschichte. Denn die drei Mächte der Anti-Hitler-Koalition trafen sich am Round-Table im Sitzungszimmer des Cecilienhofs, um das Potsdamer Abkommen zu entwerfen und zu unterzeichnen, in dem die Teilung in zwei Deutschländer vorbereitet wurde.
Über die historischen Hintergründe des Abkommens informiert die Gedenkstätte im Hause (im Sommer tägl. 9-17 h). Bei dem Besuch können Sie auch die Arbeitsräume und das Konferenzzimmer besichtigen, in dem Jossif Wissarionowitsch Dschugaschwili, der sich Stalin (der Stählerne) nannte, Harry S. Truman und Winston Churchill, der sich von seinem Nachfolger Clement Attlee unterstützen ließ, um die Aufteilung Deutschlands stritten.
Die übrigen Gemächer stehen der Öffentlichkeit nicht zum Beschauen offen, denn sie dienen einem Hotel.

Vom Cecilienhof bis zur Glienicker Brücke ist es nur noch ein besserer Katzensprung, und so erreichen Sie das Stadtgebiet von **Berlin**.

Kartenskizze Etappen 101 & 102

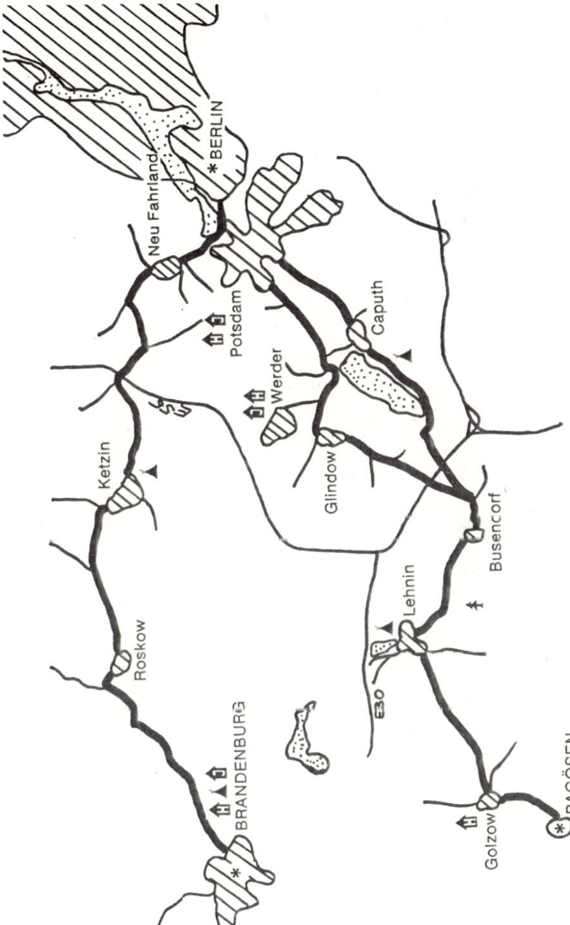

Etappe 102:
Berlin-Wannsee - Neu Fahrland - Ketzin - Roskow - Brandenburg (60 km)

Diese Etappe ist auch von Spandau/Staaken bzw. von Kladow aus erreichbar (via Groß Glienicke, dann F 2 nach Neu Fahrland), angenehmer zu fahren ist sie jedoch vom südwestlichsten Zipfel West-Berlins.
Von der Berliner Stadtgrenze an der Glienicker Brücke aus folgt die Route rechts dem brüchigen Asphalt entlang des Jungfernsees. Die Straße setzt sich geradewegs fort auf einem festgrundigen Sandweg und dieser wiederum auf einem schmalen, glatten Asphaltsträßchen - den See zur Rechten immer greifbar nahe. Der Asphalt schlängelt sich an der Rückfront des Cecilienhofs vorbei und endet an einer kleinen architektonischen Augenweide aus Ziegel- und Terrakottaformstein in normannischem Burgenstil; dem zwar nicht mehr intakten, aber in seinen äußeren Festen gut erhaltenen ehemaligen Pumpwerk des Neuen Gartens (so heißt der Park, der den Cecilienhof umgibt). Es geht durch die Ummauerung des Cecilienhofs hindurch und links auf Asphalt bis zur folgenden Kreuzung. Geradewegs führt das Holperpflaster den steilen Hang hinauf. Oben präsentiert sich die "Am Pfingstberg"-Straße dann in glattem Asphaltkleid und leitet durch eine Datschenkolonie zur F 2 (Nedlitzer Straße), auf den letzten 200 m noch einmal auf Kleinsteinpflaster wechselnd. Rechts führt die F 2 vorbei an den Heimstätten der russischen Militärs nach Neu Fahrland.
(*In Gegenrichtung:* Etwa 1½ km hinter der zweiten Brücke, wenn zur Rechten die Bebauung endet und eine Bushaltestelle erreicht ist, zweigt links die Straße "Am Pfingstberg" ab, mit Kleinsteinpflaster beginnend).

Am Nordrand von Neu Fahrland zweigt von der F 2 links die Landstraße durch Fahrland nach *Marquardt* ab. Falls Sie in dieses am Schlänitzsee gelegene Dorf nicht hineinfahren möchten, biegen Sie vorher rechts auf die F 273 Rchtg. Nauen ein, überqueren so auf einer Brücke den äußeren Berliner S-Bahn-Ring und unterqueren gleich darauf die Autobahn E 55 (Berliner Ring). Sofort danach beginnt links die Landstraße durch Paretz nach *Ketzin*, einem Städtchen am Ostrand eines verzweigten Havel-Seen-Gebietes.
Camping: An der Havel, Strandbad, 1554 Ketzin, 70 Standpl.
Von Ketzin folgt die Etappe dem Dorfpflaster gen Nauen bis zum Hinweis nach Brandenburg, wo sie links abzweigt. Die Asphaltstraße schlängelt sich zwischen zahlreichen kleinen, schilfgesäumten Seen hindurch, die eingebettet in lichten Baumbestand sind. Hinter dem sumpfigen Gebiet radeln Sie durch eine weite Blicke ermöglichende Ebene über Zachow und Gutenpaaren (das über ein Storchenpaar verfügt) nach *Roskow*, dessen Kirchturm schon bald nach dem Storchennest am Horizont auftaucht. Hinter Roskow stößt die Strecke an eine Vorfahrtstraße, wo Sie links dem Hinweis Branden-

burg folgen. (*In Gegenrichtung:* Hinweis Ketzin).
Abgesehen von einer abknickenden Vorfahrt in Weseram geht es nun auf der Landstraße geradewegs zum Etappenziel.
(*In Gegenrichtung:* Über die Dominsel hinweg und dann auf der Krakauer Straße aus der Stadt.)

Brandenburg, 95000 Einw., Kreisstadt im Bez. Potsdam, war im ausgehenden Mittelalter und in der frühen Neuzeit Hauptstadt der gleichnamigen Markgrafschaft, die bis heute der Region um Berlin ihre Bezeichnung gibt. Mit Beginn der Hohenzollernherrschaft über Brandenburg und Preußen verlor Brandenburg seinen Rang an Berlin. Die in der Folge unbedeutende ländliche Garnisonsstadt wuchs erst mit der Industrialisierung wieder, deren heutiger Schwerpunkt auf der metallverarbeitenden Industrie liegt.
Die ältesten Gebäude Brandenburgs sind wie üblich Kirchen, deren Steinkonstruktion auch durch Feuer, Krieg und Pestilenz nicht so ohne weiteres zerstört werden konnte. Bedeutendstes Gotteshaus ist der 1165 begonnene Dom St. Peter und Paul, dessen Inneres reich ausgestattet ist und in den Klausurgebäuden zudem über ein Dommuseum verfügt (u.a. mit dem sogenannten Brandenburger Hungertuch [13. Jh.]).
Weitere interessante Kirchen befinden sich in der westlich der Dominsel gelegenen Altstadt am Havelufer, deren architektonische Perle aber ein Profangebäude ist: das Altstädtische Rathaus von 1470. Das städtische Museum ist im Freyhaus (Hauptstr. 96) untergebracht, einem Barockbau von 1723. Diverse Wohnhäuser aus Spätgotik und Renaissance setzen weitere historische Akzente.
Die südlich der Dominsel gelegene sogenannte Neustadt ist so neu nicht mehr: sie entstand bereits im 16./17. Jh. und wurde 1715 mit der Altstadt vereinigt. Abgesehen von der sehenswerten Pfarrkirche St. Katharinen (um 1400 errichtet) sind hier jedoch die meisten erhaltenen alten Häuser im 18. Jh. entstanden.
Der jüngeren ruhmlosen Vergangenheit ist eine Gedenkstätte im ehemaligen Konzentrationslager Brandenburg-Görden gewidmet (am Nordrand der Stadt).

Information: Plauer Str. 4, 1800 Brandenburg, Tel. (+38) 23743.
Verkehrsverbindungen: Eisenbahn Rchtg. Berlin, Magdeburg, Rathenow und Dessau.
Unterkunft: 6 Hotels, größtes Hotel "Haveltourist" ***, Katharinenkirchplatz 1, Tel. (+38) 522402, 79 Betten in 42 Zi.
Jugendherberge: JH "Walter Husemann", Hevellerstr. 7, Tel. (+38) 521040, 50-80 Betten.
Camping: 4 Plätze im südwestl. Seengebiet, darunter: "Malge", D/15, Am Südufer des Breitlingsees, 400 Standpl.

Etappe 103:
Berlin - Schönwalde - Pausin - Börnicke - Fehrbellin (50 km)

Über eine der vorhandenen Straßenverbindungen in Nordwesten Berlins (Falkenseer Chaussee, Schönwalder Allee, Ruppiner Chaussee) oder über den äußeren S-Bahn-Ring gelangen Sie zum Dorf *Schönwalde*. Gleich nördlich des Havelkanals bei Schönwalde halten Sie sich links und fahren auf der geradlinigen Landstraße durch Pausin, kreuzen die Autobahn E 55 (Berliner Ring) und erreichen durch Grünefeld das Dorf *Börnicke*, wo Sie

rechts einige Meter auf der F 273 Rchtg. Kremmen zurücklegen, ...nks die Landstraße nach *Tietzow* abzweigt. Etwa 2 km hinter jenem Ort wird die Autobahn E 26 (Berlin-Rostock) unterquert, und nach weiteren 1½ km stößt die Strecke auf die Landstraße Kremmen-Fehrbellin, in die Sie links einbiegen. Immer am Südrand des wasserdurchzogenen Wiesengebietes *Rhinluch* entlang strebt die Etappe durch Linum, Hakenberg und Tarnow **Fehrbellin** (s. Etappe 98) zu, wobei kurz vorher die Autobahn E 26 noch einmal überquert wird.

Etappe 104:
Fehrbellin - Neuruppin - Katerbow - Fretzdorf - Herzsprung - Wittstock - Wredenhagen (75 km)

Durch die Kyritz-Ruppiner Heide strebt diese Route nach Norden. Sie beginnt in Fehrbellin auf der direkten Landstraße nach Neuruppin, die auf dem Wege dorthin nach 4 km die Autobahn E 26/E 55 (Berlin-Rostock/-Hamburg) überquert.

Neuruppin, 27000 Einw., Kreisstadt im Bez. Potsdam, liegt am Ruppiner See und somit am Südrand der *Ruppiner Schweiz*, wie das Wald- und Seengebiet der Ruppiner Rinne im regionalpatriotischen Überschwang getauft wurde. Die Stadt ist Geburtsort Theodor Fontanes und Karl Friedrich Schinkels. Während Fontane in den "Wanderungen durch die Mark Brandenburg" seiner Heimat Tribut zollte, zeichnet Schinkel für die Restaurierung (1836-41) der Klosterkirche (13. Jh.) des früheren Dominikanerklosters verantwortlich. Konsequenterweise ist beiden Persönlichkeiten je ein Gedenkraum in Heimatmuseum gewidmet, das in einem Bürgerhaus von 1790 (August-Bebel-Str. 14/15) untergebracht ist. Hier findet sich auch die weltgrößte Sammlung der "Neuruppiner Bilderbogen". Die Neuruppiner Innenstadt zeichnet sich durch eine einheitliche frühklassizistische Bebauung aus.
Information: Rat der Stadt, Wichmannstr. 8, 1950 Neuruppin, Tel. (+362) 2631.
Unterkunft: Hotel "Märkischer Hof" **, Karl-Marx-Str. 51/52, Tel. (+362) 2801, 34 Betten in 15 Zi.; HO-Hotel "Stadt Neuruppin", Karl-Marx-Str. 90/91, Tel. (+362) 3030, 60 Betten in 26 Zi.; Hotel "Berliner Hof", Karl-Marx-Str. 96, Tel. (+362) 2939, 12 Betten in 9 Zi.
Fahrradteile: an der Landstraße rechts kurz hinter dem ersten Bahnübergang.

Auf der Landstraße Rchtg. Rheinsberg und Zechlin, die von der innerörtlichen Hauptstraße (bzw. auch der nördlich verlaufenden F 167) abzweigt, radeln Sie nordwärts aus Neuruppin. Nach 5 km zweigt links die alte Landstraße Rchtg. Wittstock ab, die in Katerbow rechts schwenkt, Rägelin durchläuft und in Rossow den parallel verlaufenden Trassen von Eisen- und Autobahn recht nahe kommt. Auf dem Weg nach Fretzdorf entfernt sie sich wieder etwas davon, führt im Bogen um das Dorf herum, kreuzt die Eisenbahn und überquert kurz darauf die Autobahn E 26/E 55 an deren Anschlußstelle "Herzsprung". Das entsprechend benannte Örtchen wird nach weiteren 4 km erreicht und ist Anlaß, im Zentrum rechts nach *Wittstock* abzubiegen. Auf dem 11 km weiten Weg dorthin ist erneut in Autobahn zu überqueren.

Unterkunft: Gasthaus "Zur Post", Poststr. 30, 1930 Wittstock, Tel. (+363) 3429, 10 Betten in 5 Zi.

Jugendherberge: 1901 Bork, Tel. (+36586) 437, 25 Betten, 8 km südwestl. von Herzsprung am Nordrand der Kyritzer Seenkette.

In Wittstock fahren Sie zuerst rechts hinein ins Zentrum und biegen dort erneut rechts ab, um an einer Gabelung einige hundert Meter weiter links Anschluß auf die Landstraße nach **Wredenhagen** zu finden, die auf den 15 km zum Etappenziel noch ein größeres Waldgebiet durchquert. Damit haben Sie dann die Bezirksgrenze von Potsdam nach Neubrandenburg überschritten.

Gaststätte: Am Burgberg.

Etappe 105:
Fehrbellin - Neuruppin - Rheinsberg-Glienicke - Rheinsberg (40 km)

Die erste Hälfte dieser Route ist identisch mit Etappe 104 (s. dort): durch Neuruppin und weiter Rchtg. Rheinsberg und Zechlin. Dann bleiben Sie jedoch auf der nordwärts zum Rheinsberg-Fürstenberger Wald- und Seengebiet führenden Landstraße, die eine westliche Tangente zur *Ruppiner Schweiz* bildet. Hier liegen die Seen dicht an dicht, und die meisten davon können einen oder mehrere Campingplätze aufweisen (insgesamt über 20, auf die Aufstellung wird deshalb verzichtet).

Das winzige Dorf *Kunsterspring* kann einen vielbesuchten Heimattierpark vorweisen (direkt an der Straße). Ca. 2 km nachdem Sie Gühlen-Glieicke durchradelt haben, biegt von der Landstraße rechts die Nebenstraße ab, die durch Rheinsberg-Glienicke und Zühlen zum Etappenziel führt. Falls Sie diesen Ort nicht besuchen und stattdessen die Umkehrung von Etappe 106 nahtlos anknüpfen möchten, radeln Sie alternativ auf der Landstraße geradeaus weiter Rchtg. Flecken Zechlin. Letzteres ist als Umweg aber auch ansonsten anzuraten, denn das Teilstück von Zühlen nach Rheinsberg ist allergröbstes Feldstein-Holperpflaster!

Kartenskizze Etappen 104 - 106

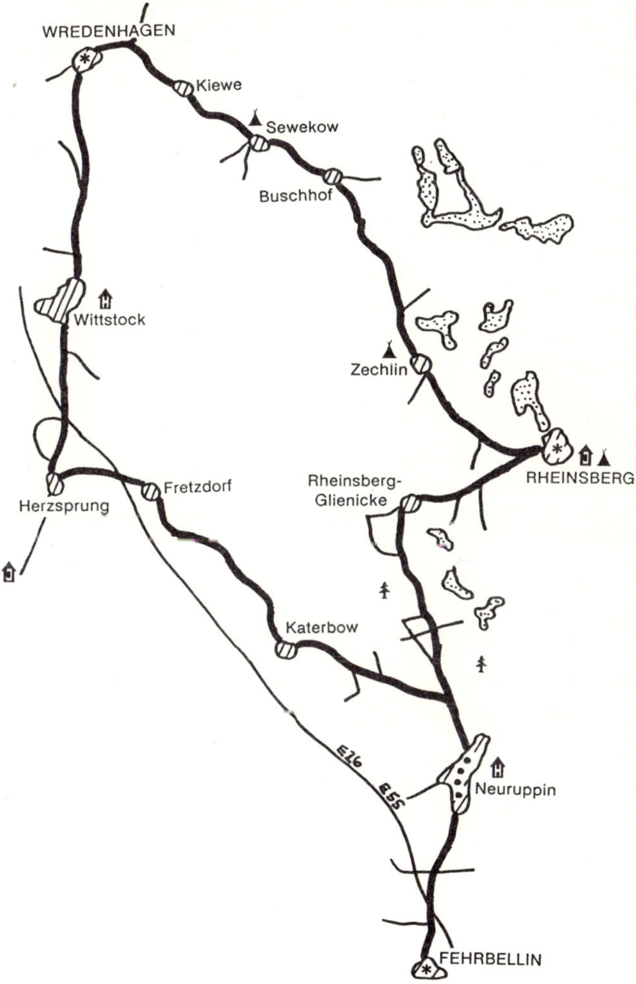

Rheinsberg, 5600 Einw., Bez. Potsdam, weckt touristisch ambivalente Gefühle: die prachtvolle Landschaft reizt ebenso wie das eindrucksvolle, wenn auch vernachlässigte Schloß, aber das erste, somit älteste und wohl kaum "sicherste" (soweit in diesem Zusammenhang von Sicherheit überhaupt die Rede sein kann) Atomkraftwerk der DDR befindet sich in unmittelbarer Nachbarschaft. Die erholungssuchenden DDR-Urlauber lassen sich von der "strahlenden Zukunft" zwar nicht abschrecken und frequentieren eifrig Wald und Seen, aber nicht jeder wird so unbefangen-hartgesotten sein.
Als der Alte Fritz noch ein junger (Kronprinz) Friedrich war, diente ihm das ab 1734 erbaute Schloß Rheinsberg als Wohnsitz. Es ist an der Stelle erbaut, an der sich früher eine Wasserburg befand, d.h. am bzw. im Grienericksee. Ab 1991 soll die bislang als Sanatorium genutzte barocke Dreiflügelanlage stückweise als Museum eingerichtet gemacht werden. Zum Schloß gehört ein frei zugänglicher Park, dessen ursprünglich ebenfalls barocke Gestaltung Ende des 18. Jh. zu einem englischen Landschaftspark umgewandelt wurde.
Die Stadt Rheinsberg entstand in Nachbarschaft des Schlosses in ihrer heutigen Form ebenfalls erst im 18. Jh., da sie 1740 vollständig abgebrannt war. Der große Städtebauer G.W. von Knobelsdorff zeichnete für den Wiederaufbau verantwortlich und stattete den Ort mit einem geometrisch-regelmäßigen Straßennetz aus.
Literaturfreunden wird Rheinsberg aufgrund des Romans "Rheinsberg - Bilderbuch für Verliebte" von Kurt Tucholsky ein Begriff sein. Quasi als Dank der Stadt für diese Art von Werbung ist dem Dichter in der Langen Str. 30 eine Ausstellung gewidmet.
Information: Rat der Stadt, Seestr. 21, 1955 Rheinsberg, Tel. (+36284) 2088.
Jugendherberge: JH "Prebelow", Post Zechliner Hütte, 1951 Prebelow, 31 Betten (zzgl. 20 in der Saison) & 30 Campingstandpl., 9 km nördl.
Camping: 3 Plätze mit insgesamt 210 Standpl. am Rheinsberger See, ca. 4-6 km nördl.

Etappe 106:
Wredenhagen - Kiewe - Sewekow - Buschhof - Zempow - Zechlin - Rheinsberg (42 km)

Diese Diagonalroute ist nicht ganz ohne Probleme und kann im Grunde nur hartgesottenen Pflaster- und Geländeradlern empfohlen werden, da ein unvermeidbares, längeres Teilstück diese Form von Qual beschert.
Der Anfang ist jedoch unkompliziert. Die Landstraße Rchtg. Rödel wird aus

Wredenhagen hinaus genutzt, bis 200 m hinter dem Ortsendeschild rechts die Nebenstraße nach *Kiewe* beginnt. Bei der dortigen Kirche biegen Sie rechts auf ein kleines Sträßchen ab (mit einem verwitterten Holzwegweiser Rchtg. Buchholz und Sewekow markiert), das anfangs gepflastet ist, aber am Dorfrand in einen 6 km langen Sandweg übergeht. Der Fahrweg führt ohne Abzweigungen durch den Wald; beim Kinderferienlager "Ernst Thälmann" wird er breiter und vorübergehend fester, und ein Hinweisschild bestätigt Ihnen die Richtigkeit Ihrer Orientierung. Weiterhin radeln Sie geradeaus, aber nach einigen hundert Metern gabelt sich die Sandpiste, und Sie halten sich rechts (unbeschildert). Nun wird der Weg ausgesprochen tiefsandig, was die automobilen Gelegenheitsnutzer dazu veranlaßt hat, zusätzliche Spuren parallel zu den ausgefahrenen Trassen zu ziehen, so daß hier teils zwei bis drei Fahrspuren nebeneinander und kreuz und quer verlaufen. (Dies dient *in Gegenrichtung* zur Orientierung: nach dem breiten und tiefsandigen Teilstück erste markante Gabelung links.)

Camping: Am Glambecksee, 1931 Sewekow, 100 Standpl.

An der T-Mündung auf die Landstraße in Sewekow fahren Sie links Rchtg. Buschhof (*in Gegenrichtung* an der Landstraße Rchtg. Röbel beschildert, nach 100 m halbrechts halten, nicht geradeaus zum Campingplatz fahren!). Hinweise Rchtg. Buschhof, Mirow und Zechlin leiten Sie aus Sewekow; in *Buschhof* folgt eine Abbiegung nach rechts Rchtg. Zempow und Zechlin. Nach wie vor auf überasphaltierten Feldsteinstraßen mit hohem Sommerweg-Anteil biegen Sie in Zempow erneut rechts ab Rchtg. Rheinsberg und Flecken Zechlin. Das schmale und holprige Asphaltsträßchen ist ungeachtet seines schlechten Zustandes vor allem an Sommerwochenenden mit automobilem Ausflugsverkehr arg belastet.

In *Flecken Zechlin* erfolgt eine Einmündung in eine bevorrechtigte Straße. Dieses Dorf verfügt zum einen über eine Kirche von 1775, zum anderen über einige Mauerreste der ehemaligen Klostergebäude (13. Jh.).

Unterkunft: Ferienhotel "Adolf Giesecke", Auf dem Weinbergsring, 1956 Flecken Zechlin, Halb- und Vollpension.

Camping: Schookablage, 150 Standpl., am Nordufer des Zechliner Sees; Siedlitz-Ablage, am Großen Zechliner See, 70 Standpl.

Im nächsten Ort *Zechlin Dorf* kann eine spätgotische Dorfkirche (1549) einen sehenswerten hölzernen Altaraufsatz vorweisen; die Straße führt allerdings am Dorf vorbei geradewegs weiter nach **Rheinsberg** (s. Etappe 105).

Etappe 107:
Berlin - Stolpe Süd - Hohen Neuendorf - S-Bahnhof Birkenwerder - Lehnitz - Oranienburg - Friedrichsthal - Fähre Oder-Havel-Kanal - Bernöwe - Liebenwalde - Zehdenick (63 km)

Für den Anfang dieser Strecke gibt es zusätzlich die Variante der direkten Zufahrt über die B 96/F 96 (Oranienburger Chaussee, Frohnau) nach Birkenwerder (*in Gegenrichtung* aufpassen: die DDR hat die F 96 Rchtg. Osten umgeleitet!).

Von der Berliner Stadtgrenze an der Ruppiner Chaussee leitet der Asphalt zur Kreuzung mit dem Hinweis Hohen Neuendorf (*in Gegenrichtung:* Hinweis Stolpe Süd.); die Route folgt diesem nach rechts auf die Landstraße, die die Autobahn überquert, im Bogen um das Dorf Stolpe herumführt und in Hohen Neuendorf an einer T-Mündung (unbeschildert, *in Gegenrichtung* Hinweis Stolpe und Potsdam) endet. Wenn Sie rechts einbiegen, taucht nach 100 m der Wegweiser links Rchtg. Oranienburg auf, dem Sie folgen. (*In Gegenrichtung:* gleich nach der Bahnüberquerung folgt die Etappe dem Hinweis Potsdam nach rechts auf die Vorfahrtstraße.)
Fahrradservice: An der Kreuzung in Hohen Neuendorf, wo die Etappe links nach Birkenwerder abzweigt (Leninstr. 1).

Eine Kopfsteinpflasterstraße in gutem Zustand überbrückt gleich die Bahngleise und geleitet ca. 2 km nach Birkenwerder; es gibt auch einen Radweg, der aber stellenweise von den Wurzeln der Bäume arg hochgestellten Asphalt aufweist. An der ersten großen Kreuzung in Birkenwerder führt das Pflaster nach rechts, sanft ansteigend, zum Bahnhof, der schon nach ca. 500 m erreicht ist.

Birkenwerder, Bez. Potsdam, 1355 erstmalig urkundlich erwähnt, bietet heute eine Möglichkeit zur Auseinandersetzung mit dem Leben und Wirken von Clara Zetkin. Die gleichnamige Gedenkstätte in der Summter Straße 4 (an der Etappenführung, s.u.; geöff. di-so 9-12 & 13-16 h) wurde in dem Haus eingerichtet, in dem die frühe Vorkämpferin für die soziale und politische Gleichberechtigung der Frauen von 1929-32 wohnte und arbeitete. Zu bestaunen sind ihre Handbibliothek, Dokumente und Originalmöbel.

Am S-Bahnhof überqueren Sie die Gleise mittels der Brücke auf der F 96 (Rchtg. Berlin) und zweigen gleich wieder links ab - hölzerner Hinweis auf die Clara-Zetkin-Gedenkstätte. Nun radeln Sie parallel zu der Eisenbahntrasse, bis Sie die "Straßen"-Führung zwingend sanft nach rechts lenkt und sich in einer asphaltierten Piste fortsetzt, mittels derer Sie die Autobahn überqueren. Etwa 2 km später stoßen Sie in einer Rechtskurve auf die erste Abzweigung nach links, wo es vorbei am Gasthof "Briesekrug" auf einer schmalen asphaltierten Straße weitergeht. Durch den südwestlichen Zipfel des Forstes "Oranienburger Heide", der militärisches Sperrgebiet ist, führt die Etappe nach *Borgsdorf* (*in Gegenrichtung* aus Borgsdorf Rcht. Briesekrug). In diesem Ort stoßen Sie auf das gewohnte brutale Pflaster und können auch nicht auf einen Seitenstreifen ausweichen - sondern höchstens den Fußgängern ihren Raum streitig machen. Über die S-Bahn-Gleise, vorbei an Kirche, Schule und Sportplatz radeln Sie auf der Dorfstraße bis ans westliche Ortsende, wo es auf der Höhe des Ortsendeschildes rechts weitergeht. Diese asphaltierte einspurige Verbindungsstraße bringt Sie zur vielbefahrenen Landstraße nach Oranienburg (*in Gegenrichtung* existiert hier ein Einfahrverbot [Einbahnstraße], das entweder Gesetzes-Untreue oder einen Umweg von ca. 1 km erfordert), die zum Ausgleich für das Getöse aber einen guten Belag bietet.

Nach ca. 2 km erreichen Sie *Lehnitz* und können dem derben Pflaster durch die Benutzung des Randstreifens entgehen. Am neuen S-Bahnhof von Lehnitz bedienen Sie sich der Fußgängerunterführung, wechseln somit auf die Nordseite des Schienenstranges und biegen dort sogleich links ab. Noch in Sichtweite des Bahnhofes stoßen Sie an einer Linkskurve auf eine T-Mündung, wo Sie rechts abbiegen und der so erreichten Straße schnurstracks nach Norden folgen. Noch in der Siedlung mit vielen 20er-Jahre-Villen gelangen Sie an eine sanfte Rechtskurve, wo Sie sich geradeaus halten, also in die Sackgasse fahren. An deren Ende geht es steil hinunter zum Lehnitzsee und parallel zu seinem Ufer weiter nordwärts. Für rund 200 m ist der Uferweg offiziell noch eine den Fußgängern vorbehaltene "Promenade", danach aber auch für Radler offen. Quer über ein großes Strandbad der Jugendherberge und des Campingplatzes hinweg führt die Etappe auf dem Waldboden entlang des Ufers bis zur Nordspitze des Sees, wo die Fernstraße 273 erreicht wird. Die an den Bäumen zahlreich vorhandenen Wanderwegmarkierungen erleichtern Ihnen die Orientierung, auch dann wenn Sie in Gegenrichtung unterwegs sind.

(*In Gegenrichtung:* Nach der Überquerung der Brücke des Oder-Havel-Kanals geht es in den zweiten, breiteren Waldweg halbrechts.)
Nun radeln Sie auf der F 273 vorbei an monströsen Kasernen Rchtg. Zentrum; falls Sie weder auf den Besuch Oranienburgs Wert legen noch die ruhige Waldstrecke des weiteren Etappenverlaufs einer stärker befahrenen Asphaltstraße vorziehen, haben Sie rechts - ebenfalls auf der F 273 - die Möglichkeit zu einer direkten Fortsetzung der Route: auf der Hauptstraße bis Schmachtenhagen, dort links nach Zehlendorf und erneut links nach Liebenwalde.

Oranienburg, 24000 Einw., Kreisstadt im Bez. Potsdam, ist seit 1232 anerkannte Stadt und trug bis in die Mitte des 17. Jh. in vornehmer Zurückhaltung den schlichten Namen Bötzow. 1652 war es aber mit dem einfachen Leben auf dem Lande vorbei, da der Neubau des Schlosses abgeschlossen war und nun im pompösen Stil des Barock weltläufiges Niveau präsentiert werden sollte. Der Name leitet sich übrigens von der Frau des Großen Kurfürsten ab, denn sie stammte aus dem niederländischen Adelshaus Oranien.

Der Neubau entstand an der Stelle einer mittelalterlichen Wasserburg der Askanier, die in der Mitte des 16. Jh. zu einem Jagdschloß ausgebaut worden war, das dann wiederum - wie der gesamte Ort - der barocken Planung weichen mußte. Eine Besichtigung ist übrigens nicht möglich, da das Schloß von der Nationalen Volksarmee (NVA) genutzt wird.

Inspizieren können Sie zwar den Schloßpark, doch befindet er sich in einem bemitleidenswerten Zustand. Vom ehemaligen barocken Lustgarten ist eh nichts mehr zu sehen, da er im 19. Jh. zum Landschaftspark umgestaltet wurde; aber selbst dies ist nur zu erahnen.

Das Heimatmuseum ist im ehemaligen Haus des örtlichen Verwaltungschefs, des Amtshauptmanns, in der Breitestr. 1 (geöff. di-do & sa 10-16 h) untergebracht und widmet sich neben der Ortsgeschichte in einem Raum dem Chemiker Friedlieb Runge, der in den 30er Jahren des vergangenen Jahrhunderts das Anilin (Grundstoff für Farben und Heilmittel), das Koffein und das Atropin (Gift der Tollkirsche) entdeckte.

Der jüngeren Vergangenheit wendet sich am nordöstlichen Stadtrand auf dem Gelände des ehemaligen Konzentrationslagers Sachsenhausen die gleichnamige Mahn- und Gedenkstätte zu, die an die über 200000 Häftlinge aus 47 Nationen erinnern soll, die unter den Nazis für die Rüstungsproduktion mißbraucht wurden. Gleich zwei Museen widmen sich dem Gedenken; im ersten (in der ehemaligen Häftlingsküche) wird die Geschichte des Konzentrationslagers, im zweiten die des Widerstands behandelt. Die roten Dreiecke auf dem oberen Teil des Mahnmals verweisen übrigens auf die "Einstufung" der hier geknechteten Menschen; denn die Nazis verwendeten diese Zeichen für die politischen Gefangenen.

Zum Gedenken an das unendliche Leid wurden 20000 rote Rosen gepflanzt, die für das Blut der Opfer stehen.

Die Gedenkstätte ist di-fr 8.30 h-16.30 h, sa & so bis 17.30 h; bei vorhandener Nachfrage aber teils auch mo geöffnet.

Unterkunft: HO-Hotel "Melniker Hof", Straße des Friedens 48, 1400 Oranienburg, Tel. (+3271) 510-6 & 7, 62 Betten in 33 Zi.

Jugendherberge: JH "X. Weltfestspiele", Magnus-Hirschfeld-Str. 38, Tel. (+3271) 1407 Lehnitz, 104 Betten, in der Saison zusätzlich 125 Schlafgelegenheiten.

Camping: Am Lehnitzsee, D/164, 110 Standpl.

Die ruhige Fortsetzung der Etappe beginnt in Oranienburg auf der F 273 Rchtg. Osten, unterquert die S-Bahn und zweigt wenig später gemäß dem Hinweis zur Mahn- und Gedenkstätte links ab. Wo zu dieser ein Schild nach rechts weist, halten Sie sich geradeaus (leicht halblinks) und radeln auf der "Straße der Einheit" stadtauswärts (nach einem Besuch der Gedenkstätte ggf. direkt über die reguläre Ausfahrt erreichbar). Alsbald bietet die Straße dann einen guten Belag, und vorbei am Bahnhof Sachsenhausen kommen Sie zum Ortsanfang von *Friedrichsthal*. Dort zweigt die Etappe gemäß dem Hinweis nach Malz halbrechts ab und führt auf dem halbwegs anständig radelbarem Randstreifen der grob gepflasterten Nebenstraße weiter gen Nordosten. An der Einmündung in eine asphaltierte Straße (auf der Höhe einer scharfen Kurve derselben) erblicken Sie rechts eine ruinöse Brücke und eine "Mini"-Häuser-Ansammlung. Zwischen den Häuschen befindet sich der Weg zur Fähre, die Sie zum anderen Ufer des *Oder-Havel-Kanal*s bringt - je nach Verkehrsaufkommen mit der "großen" Auto- oder eben kleinen Fußgängerfähre, für deren Bewegung die menschliche Körperkraft genügt.

Am anderen Ufer angelangt geht es zunächst geradeaus auf einem Weg (in Sichtweite des Grabowsees) weiter, dessen Zustand die Bezeichnung "Straße" nicht verdient, der sich aber dort als Straße fortsetzt, wo rechts eine Kaserne der Roten Armee ist. Ca. 100 m nach der ersten Zufahrt zur Kaserne münden von links zwei Waldwege in die Straße - den linken hiervon wählen Sie. Auf diesem wegen eines uralten Plasters teilweise etwas hoppeligen, aber durch aufgetragene Erde, Sand und Schlacke doch gut beradelbaren Weg führt die Etappe nach *Bernöwe*. Durch dieses Dorf radeln Sie geradewegs hindurch, freuen sich über ca. 1½ km bestens aufbereiteten Wegs und stoßen schließlich unweit südlich der Brücke über den Oder-Havel-Kanal auf die leidlich asphaltierte wie mäßig befahrene Landstraße nach *Liebenwalde*, der Sie bis in den Ort folgen.

(*In Gegenrichtung:* Kurz nach der Kanalbrücke sehen Sie rechter Hand abseits der Straße ein paar kleine Datschen und biegen dann rechts in den Waldweg nach Bernöwe ab, der an dieser Datschensiedlung vorbeiführt.)

Im Ortszentrum stößt die Route an einem kleinen Platz auf die kreuzende F 167, die Sie leicht nach rechts versetzt kreuzen und so den nahtlosen Anschluß nach **Zehdenick** finden, das nach weiteren 10 km erreicht ist. Im Etappenziel sind einige Ruinen eines Zisterzienserklosters (13. Jh., 1803 abgebrannt) zu sehen.

Unterkunft: Herberge "Zur Heimat", Rahmenstr. 4, 1434 Zehdenick, Tel. Zehndenick 2585, 12 Betten in 4 Zi.; Hotel "Klement", Karl-Marx-Str. 29, Tel. 2532, 12 Betten in 5 Zi.; KG-Hotel, Klosterstr. 9, 11 Betten in 5 Zi.

Kartenskizze Etappen 107 & 108

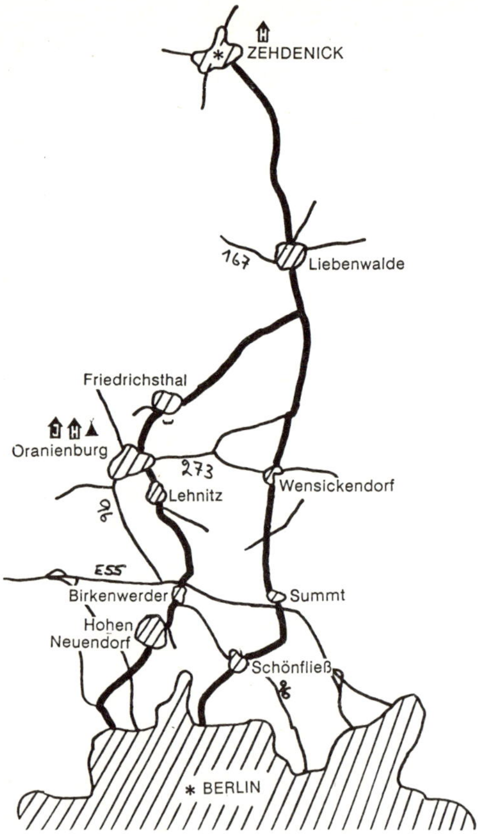

Etappe 108:
Berlin-Hermsdorf (Berliner Straße)/Glienicke - Schönfließ - Summt - Wensickendorf - Liebenwalde - Zehdenick (45 km)

Von der Berliner Stadtgrenze führt das Grobpflaster Glienickes im Rechts-Links-Zickzack zu Kirche und Teich des Dorfes, wo Sie die Vorfahrtstraße gen Nord aus dem Ort leitet. Vom Ortsrand an rollt es sich dann komfortabel

auf Asphalt nach Schönfließ.
An dessen Dorfkirche können Sie nun einerseits rechts auf die F 96 einbiegen, die Hauptstraße aber gleich wieder links auf die Landstraße nach Mühlenbeck verlassen, wo Sie links Rchtg. Wensickendorf abzweigen und so nach Summt gelangen.

Andererseits besteht die Möglichkeit, hier über die querende Vorfahrtstraße F 96 hinweg zu fahren; nun wechselt der Rollgrund zwar auf festgrundigen Sand, bleibt aber gut radelbar. Von der folgenden Häuseransammlung an führt der weiterhin nahezu schnurgerade gegen Norden weisende Weg in den Wald und wird für ca. 800 m losegrundig. Dann erreichen Sie eine Kreuzung mit drei asphaltierten schmalen Sträßchen, von denen wiederum die gen Norden gerichtete, der mittlere Weg, die Wahl für die Etappe ist. Auf glattem Grunde überbrücken Sie somit die Autobahn E 55 und treffen bald darauf an einer T-Gabelung auf eine Asphaltstraße, die Sie rechts nach Summt bringt.

Durch das waldreiche Landschaftsschutzgebiet "Briesetal und Mühlenbekker See" zielt die Landstraße nun schnurgerade (nach einer Halbrechtsgabelung kurz hinter Summt) nordwärts Rchtg. Zehdenick nach Wensickendorf, nutzt im dortigen Ortszentrum rechts ein kurzes Stück der F 273 und setzt sich links (immer noch beschildert Rchtg. Zehdenick) nach Zehlendorf fort. Hier leitet die Beschilderung nach *Liebenwalde* (s. Etappe 107) Sie zuverlässig rechts und dann links durch den Ort zur Landstraße und wie bei Etappe 107 unkompliziert weiter nach **Zehdenick** (s. dort).

Etappe 109:
Zehdenick - Gransee - Rheinsberg (31 km)

Diese Ost-West Strecke nutzt durchgängig Landstraßen, deren erster Teil ohne Abzweigung von Zehdenick mit der Beschilderung in die 13 km entfernte Kreisstadt **Gransee** führt. Dieses Städtchen verfügt über Reste der Stadtbefestigung aus dem 14./15. Jh., eine ebenso alte Pfarrkirche (St. Martin) mit wertvollem Inventar und die frühere Spitalkirche St. Spiritus (14. Jh.), die heute als Museum dient.
Unterkunft: Hotel "Gesellschaftshaus" **, Wilhelm-Pieck-Str. 60, 1430 Gransee, Tel. 2274 (keine Durchwahl), 25 Betten in 10 Zi.
Am westlichen Ortsende des Granseer Vororts Schönermark gabelt sich die Landstraße, und Sie wählen den rechten Weg Rchtg. Rheinsberg. Sonnenberg und Schulzendorf werden geradewegs durchradelt, und beim Bahnhof des winzigen Fleckens Köpernitz wird die Straße zu einer unmittelbar neben der Bahntrasse herführenden Route nach **Rheinsberg** (s. Etappe 105).

Kartenskizze Etappen 109 & 110

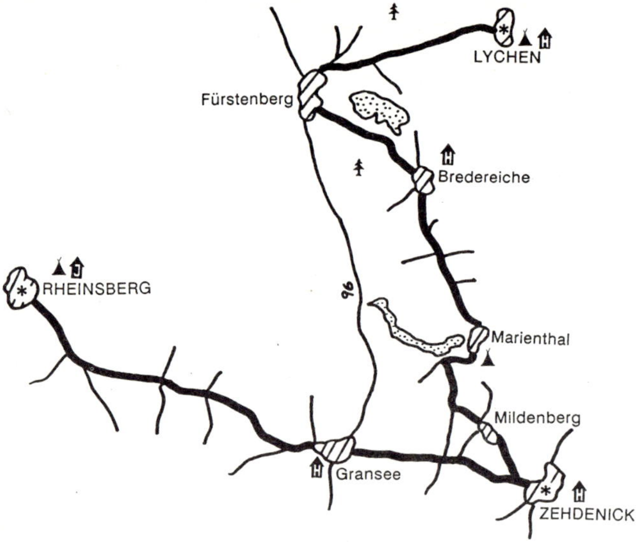

Etappe 110:
Zehdenick - Mildenberg - Marienthal - Bredereiche - Fürstenberg - Lychen (47 km)

Wasser, Wald und Wiesen prägen die Landschaft, durch die sich diese Route bewegt. 2 km weit folgt sie wie Etappe 109 der Beschilderung Rchtg. Gransee, verläßt dort aber die Landstraße nach rechts auf die Nebenstraße, die einen kleinen Hügel erklimmt und durch Mildenberg zur T-Einmündung in die Landstraße führt, die nordwärts nach Zabelsdorf verläuft und dort rechts nach *Marienthal* abzweigt, wodurch das Ostende des Großen Wentowsees umradelt wird.

Camping: Am Wentowsee, 1431 Tornow, 130 Standpl.; Am Tornower See, Tornow, 120 Standpl.

Im benachbarten Dorf Tornow folgen Sie dem links schwenkenden Straßenverlauf Rchtg. Fürstenberg durch Blumenow, streifen bei *Bredereiche* die Havel und stoßen in Fürstenberg zur F 96, die hier als innerörtliche Hauptstraße dient.

Fürstenberg, 6000 Einw., Bez. Potsdam, ist ein populärer Ferienort in wald- und seenreicher Umgebung. Außer der Havel tragen noch allerlei andere Flüsse und Bäche zur Bildung von Seen bei, und es ist oft schwierig festzustellen, ob ein Ort auf "Festland" oder auf Inseln liegt. Fürstenbergs Fläche verteilt sich so auf drei Inseln in drei direkt aneinandergrenzenden Seen.
Im Ortsteil Ravensbrück ist eine Nationale Mahn- und Gedenkstätte der Erinnerung an das größte Frauen-KZ des Nationalsozialismus gewidmet, in dem über 130000 Menschen während des Zweiten Weltkrieges eingesperrt waren.
Information: Rat der Stadt, 1432 Fürstenberg.
Unterkunft: Gasthof "Herm", Bredereiche, Tel. 347 (Handvermittlung), 15 Betten in 6 Zi., 10 km südöstl.
Camping: Am Röblinsee, 80 Standpl., westl. des Ortes.

Eine geradlinige Landstraße, deren Anfang von der F 96 die Zufahrt zur Gedenkstätte Ravensbrück darstellt, bildet die direkte Verbindung nach **Lychen**, wo am Ortsrand die Ruine des Fürstenberger Tores gleich einen Teil der Reste der Stadtbefestigung präsentiert.
Unterkunft: Hotel "Ratseck" *, Am Markt 39, 2093 Lychen, Tel. (+9988) 335, 35 Betten in 14 Zi.; Ferienzentrum des VEB Baumwollspinnerei, Steindamm 3, Tel. (+9988) 259, 83 Betten in 27 Zi.
Camping: Am Wurlsee, 240 Standpl.; Am Großen Lychensee, 80 Standpl.

(Über die geradlinige Landstraße Rchtg. Prenzlau besteht in Lychen die Möglichkeit einer Querverbindung zu Etappe 111; Anschluß in Boitzenburg.)

Etappe 111:
Zehdenick - Templin - Boitzenburg - Prenzlau (61 km)

Quer durch den südwestlichen Teil des wald-, wiesen- und wasserreichen Hügellandes der *Uckermark* strebt diese Route den nordöstlichen Teilen der DDR zu. Die Wasserläufe und Seen zeigen es schon beim Blick auf die Landkarte: es geht öfters bergauf und -ab, auch mal steil, aber meist kurz. Erfreulich oft präsentieren sich die Straßen als ausgesucht schöne Alleen.
Von Zehdenick bis in die Kreisstadt Templin wird dafür eine durchgehende Landstraße (beschildert auch Rchtg. Prenzlau) genutzt, die parallel zu einer Eisenbahntrasse verläuft, allerdings einmal auf deren andere Seite wechselt, und zwar etwas vor dem Dorf *Hammelspring*.
Im Ortsbereich von **Templin** steht überwiegend ein Gegenrichtungsradweg neben der Straße zur Verfügung; auf der anderen Seite wird u.a. ein großer

Güterbahnhof passiert. Die Kreisstadt kann noch zwei alte Stadttore im Stil norddeutscher Backsteingotik aufweisen, eines davon an der Etappenführung, das andere an der Ausfallstraße Rchtg. Lychen.

Information: "Reisewelt", Wilhelm-Pieck-Str. 78, 2090 Templin.

Unterkunft: Hotel "Uckermärker Hof", Obere Mühlstr., Tel. (+998) 2405, 34 Betten in 15 Zi., am Hauptplatz des Ortes (Straße Rchtg. Lychen).

Camping: Am Fährsee, 90 Standpl.; Am Gleuensee, C/84, 2091 Klosterwalde, 160 Standpl., Zufahrt von der weiteren Etappenführung.

Anfangs können Sie sich nun nach der Beschilderung Rchtg. Prenzlau richten, allerdings nur noch ca. 3 km. Gleich hinter der Brücke über die Verbindung zwischen Templiner See und Fährsee verlassen Sie die Landstraße links auf die hügelige Nebenstrecke durch *Klosterwalde* (schlimmes innerörtliches Holperpflaster, aber zur Erholung Gaststätte "Uckermark") nach Jakobshagen, wo Sie sich rechts halten, um die Fortsetzung der Etappe auf schmalem Asphalt (mit Sommerweg) durch Klaushagen nach *Boitzenburg* zu erreichen.

In diesem nett wirkenden Ort existiert ein Museum in der sogen. Klostermühle (mo geschl.), und im Zentrum trifft die Nebenstraße (nach abknickender Vorfahrt links) auf die Landstraße Lychen-Prenzlau, auf die Sie rechts (mit der Vorfahrt) einbiegen. Nach ca. 9 km, in Gollmitz, knickt die Vorfahrtbeschilderung Rchtg. Prenzlau zuerst links ab (was Sie nachvollziehen), später rechts, wo Sie die Wahl haben, entweder mit der Beschilderung zur F 109 nach Prenzlau zu radeln oder geradeaus auf die Nebenstraße Rchtg. Horst abzubiegen. Letztere entwickelt allerdings nach halber Strecke Rchtg. Güstow unangenehmen Holperpflaster-Charakter. Von Güstow haben Sie dann die aus Rchtg. Schönermark/Fürstenwerder kommende Landstraße nach Prenzlau zur Verfügung (in Güstow unbeschildert, *in Gegenrichtung* ist Horst angekündigt), der Sie rechts zum Etappenziel folgen.

Prenzlau, 2400 Einw., Kreisstadt im Bez. Neubrandenburg, wurde in den letzten Tagen des Zweiten Weltkriegs fast vollkommen zerstört und präsentiert sich somit heute als moderne Industriestadt in DDR-typischer Plattenbauweise. Historische Substanz ist außer in ein paar Resten der Stadtbefestigung nur in einigen Kirchen erhalten, aber selbst davon ist das bemerkenswerteste Beispiel, die Marienkirche, eine Rekonstruktion des Originals aus dem 14. Jh. Der prächtige Ostgiebel der Backsteingotik-Kirche ist jedoch allemal sehenswert; das Innere ist hingegen noch nicht zugänglich, da hier ein Museum eingerichtet werden soll.

Information: Uckermark-Information, Langer Markt 12, 2130 Prenzlau, Tel. (+992) 2791.

Unterkunft: Hotel "Uckermark" **, Ernst-Thälmann-Platz 4, Tel. (+992) 3061, 30 Betten in 19 Zi.; HO-Parkhotel, Grabowstr. 14, Tel. (+992) 2219, 30 Betten in 15 Zi.

Kartenskizze Etappen 111 & 112

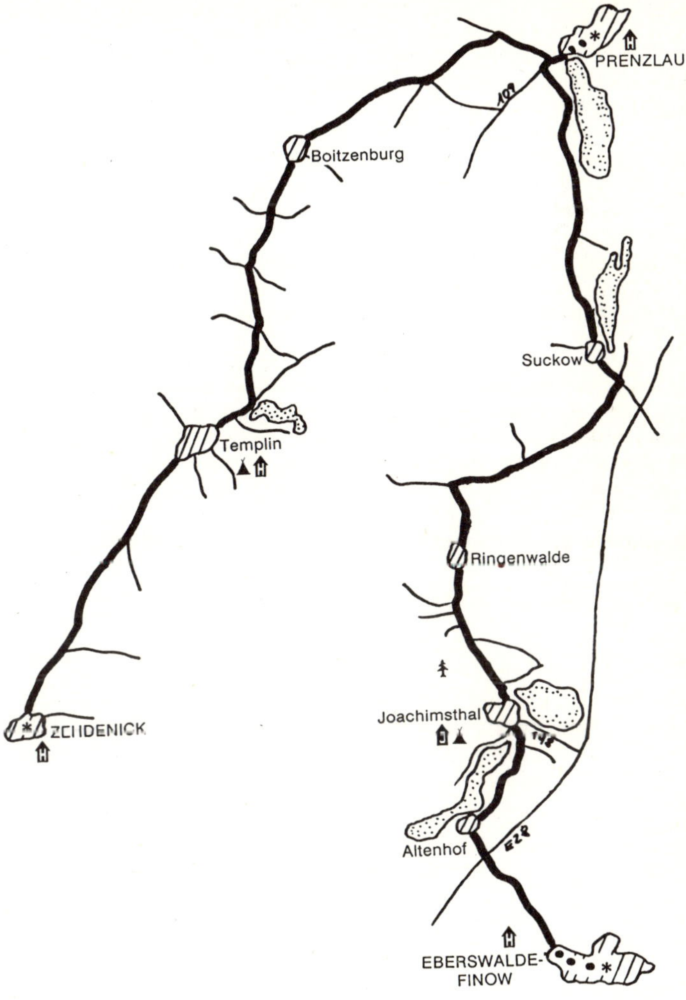

Etappe 112:
Prenzlau - Suckow - Ringenwalde - Joachimsthal - Altenhof - Eberswalde-Finow (77 km)

Diese Nord-Süd-Etappe schlängelt sich an den Seen der Uckermarck entlang, kann dabei aber auf den nördlichen Teilstücken nicht auf Nutzung teils unbefestigter Straßen verzichten.
Verlassen Sie Prenzlau auf der F 109 Rchtg. Berlin; jedoch schon etwa 1 km hinter dem Stadtende biegen Sie links ab auf die Nebenstraße nach Röpersdorf. Damit haben Sie die seebegleitende Strecke bereits gefunden: 2 km hinter Röpersdorf geht's geradeaus über eine Kreuzung hinweg, nach Strehlow und von dort weiter nach Potzlow. Während die Vorfahrt hier links Rchtg. Seehausen abknickt, bleiben Sie auf der geradeaus weiterführenden Straße westlich des Großen Potzlowsees. Nach einem Kilometer zweigen Sie links ab auf einen Fahrweg, der geradewegs nach Fergitz führt. Hier wird der Untergrund wieder fester, und entlang des Oberuckersees erreicht die Straße bald *Suckow*.
In Suckow mündet die Strecke geradeaus in die Landstraße Rchtg. Angermünde (= Autobahnzubringer) an, von der Sie nach 2 km jedoch rechts Rchtg. Templin abbiegen. Durch Stegelitz und Temmen geht es nun 12 km weit südwestwärts, bis links die Abzweigung nach Ringenwalde die Kurskorrektur hervorruft. In Ringenwalde lehnt sich die Route an den Verlauf der Eisenbahnlinie an, durchquert Friedrichswalde und erreicht das Städtchen *Joachimsthal* im Einzugsbereich von Grimnitzsee und Werbellinsee.
Jugendherberge: JTH "Hermann Matern", Seerandstr. 10, 1304 Joachimsthal, Tel. (+37191) 227, 153 Betten (zzgl. 33 in der Saison).
Camping: "Voigtswiese", 50 Standpl., am Nordostufer des Werbellinsees.

Nun fahren Sie kurz rechts auf der F 198 Rchtg. Eberswalde, verlassen die Hauptstraße gleich darauf auf die Landstraße Rchtg. Britz und Altenhof und biegen nach wenigen hundert Metern rechts ab Rchtg. Altenhof. Diese Straße verläuft oberhalb des Ostufers des Werbellinsees nach *Altenhof*, knickt dort links ab, unterquert die Autobahn und erreicht durch Lichterfelde schließlich **Eberswalde-Finow** (s. Etappe 4).

Etappe 113:
Prenzlau - Züsedom - Pasewalk - Torgelow - Ueckermünde - Bugewitz - Neu Kosenow (55 km)

Tendenziell im Einzugsbereich der *Uecker* verläuft diese Route zur Mündung des Flusses in die Ostsee und dann an der Küste enlang wieder westwärts.

An der zentralen Kreuzung in Prenzlau wählen Sie die ostwärts aus der Stadt strebende Landstraße Rchtg. Brüssow, auf der die ersten ca. 10 km zurückgelegt werden. Nachdem Sie Ludwigsburg passiert haben, zweigt links die Nebenstraße nach Klockow ab. Radeln Sie rechts ins Dorf und dann links mit den Wegweisern Rchtg. Schönfeld wieder hinaus; am Ortsrand beginnt dann rechts die Nebenstraße durch Neuenfeld nach Züsedom. Hier schwenkt die Etappe ostwärts und folgt den Schildern nach Fahrenwalde, wo Sie gleich am Ortsanfang hart links auf die Landstraße nach Pasewald einbiegen.

Pasewalk, 16000 Einw., Kreisstadt im Bez. Neubrandenburg, wurde 1944/45 durch Bomben und Brände zu vier Fünfteln zerstört und präsentiert sich somit heute als weitgehend moderne Handelsstadt. Freunde historischer Gemäuer müssen sich an die zwei Pfarrkirchen und ein paar Reste der mittelalterlichen Stadtbefestigung halten.

Information: "Reisewelt", Leninstr. 51, 2100 Pasewalk.

Unterkunft: HO-Hotel "An der Uecker", Bahnhofstr. 10, Tel. (+995) 3047, 57 Betten in 22 Zi.; HO-Hotel, Schulstr. 1, 2104 Viereck, Tel. (+99588) 368, 8 Betten in 7 Zi., an der weiteren Streckenführung.

Gegenüber der Stelle, wo die Landstraße aus Fahrenwalde auf die F 104 gestoßen ist, beginnt die nordostwärts nach *Viereck* führende Nebenstraße, die sich dort nahtlos nach *Torgelow* fortsetzt.

Unterkunft: "Haus der Schaffenden", Bahnhofstr. 28, 2110 Torgelow, Tel. (+999) 2163, 17 Betten in 9 Zi.; HO-Gaststätte "Goldener Adler", Pasewalker Straße, Tel. (+999) 2045, 4 Betten in 2 Zi.; HO-Gaststätte "Waldfrieden" **, Straße der Freundschaft, Drögerheide, Tel. (+999) 3617, 20 Betten in 11 Zi.

Fahren Sie hier links auf einer Brücke über die Uecker und gleich danach rechts auf die Landstraße Rchtg. Ueckermünde, die ein Waldgebiet der Ueckermünder Heide durchquert und durch Liepgarten *Ueckermünde* erreicht.

Der Südflügel des ehemaligen Renaissanceschlosses dieses Kreisstädtchens beherbergt heute den Rat der Stadt und das Stadtmuseum.

Unterkunft: HO-Hotel "Stadt Plauen" *, Straße der Befreier 85, 2120 Ueckermünde, Tel. (+9996) 3212, 32 Betten in 10 Zi.; HO-Gaststätte "Haffküste", Tel. (+9996) 2413, 17 Betten in 5 Zi.

Camping: "Am Oderhaff", 2111 Grambin, 270 Standpl.

Die Wegweiser Rchtg. Anklam leiten Sie in Ueckermünde auf die westwärts aus der Stadt führende Landstraße, die nacheinander die Dörfer Grambin, Mönkebude und das langgestreckte Leopoldshagen durchläuft und dann hinter einer Birkenallee südwärts schwenkt. Um die Hauptstraßennutzung zu minimieren, verlassen Sie in Heidemühl die Landstraße und radeln auf einer Nebenstraße rechts nach Bugewitz, dort links schwenkend durch Alt Kosenow nach **Neu Kosenow**, wo die Einmündung (rechts) in die F 109 erfolgt. Hier gibt es nahtlos Anschluß an die Etappen 118 und 119.

Unterkunft: Gaststätte "Mühlenstein", 2142 Ducherow, Tel. (+9946) 7 Betten in 4 Zi., südl.

Kartenskizze Etappen 113 & 114

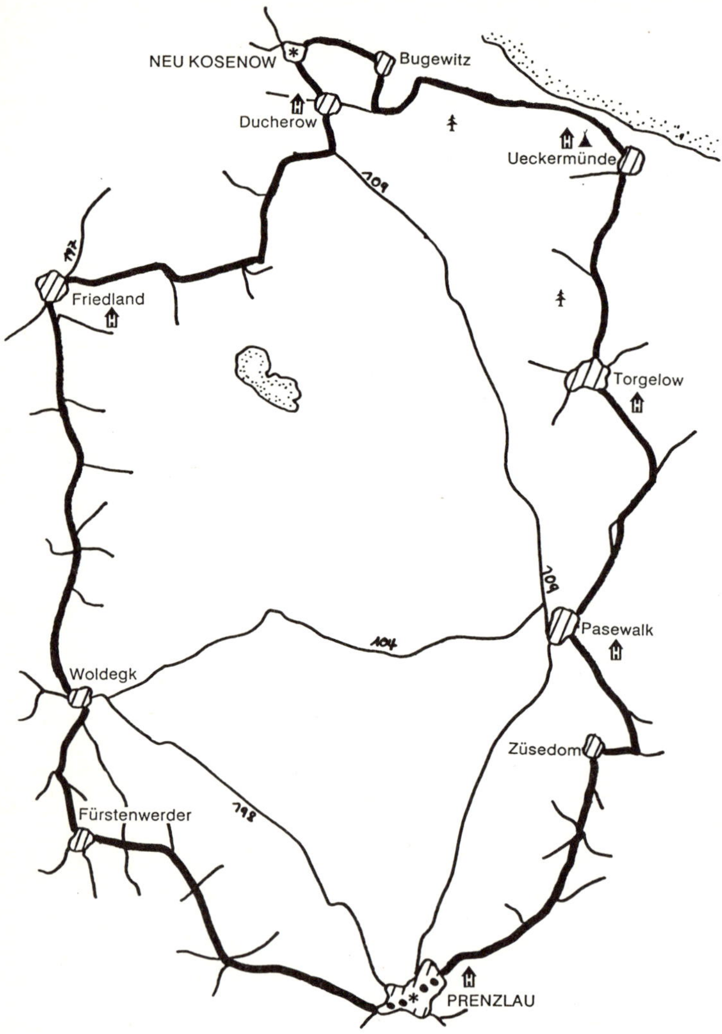

Etappe 114:
Prenzlau - Fürstenwerder - Woldegk - Friedland - Ducherow - Neu Kosenow (76 km)

Dies ist die Variante zu Etappe 113 und orientiert sich deutlich weiter westlich.
Während der Autoverkehr die als Transitstraße ausgwiesene F 198 benutzt, stellt sich die hier präsentierte Alternative recht idyllisch dar.
In Prenzlau folgen Sie anfangs der Beschilderung der F 109 Rchtg. Berlin, verlassen die Hauptstraße aber schon bald hinterm Stadtende rechts auf die Landstraße Rchtg. Güstow und Fürstenwerder. Ersterer Ortsname steht auf den Eingangsschildern des schon bald erreichten Dorfes (s. Etappe 111), das geradewegs durchradelt wird. Auf gut asphaltierter Straße geht es nun durch flach-welliges, landwirtschaftlich genutztes Gebiet nach *Fürstenwerder*. Ohne abzubiegen passieren Sie am Ausgang dieses Städtchens den Rest einer Stadtbefestigung.
Die laut Karte scheinbar direkt benachbarten Seen beiderseits der Straße halten sich diskret im Hintergrund; nur der westliche (Großer See) taucht ab und zu in Sichtweite auf.
In *Göhren* biegt die Etappe mit der Vorfahrt rechts ab und trifft am Südrand von *Woldegk* auf die Vorfahrtstraße aus Rchtg. Hildebrandshagen, in die sie gerade einmündet. Bald darauf meldet sich der Autoverkehr vehement zu Wort, denn die Landstraße mündet in die F 104/F 198, die links als offizielle Transitstrecke (Rchtg. Skandinavien) ausgewiesen ist.
Am Stadtrand von Woldegk sagen Sie diesem Streß jedoch Lebewohl und biegen rechts ab Rchtg. Friedland. Diese Landstraße läßt Sie nicht im Ungewissen und führt durch kleine Orte wie Schönebeck geradewegs nach *Friedland*; am dortigen Ortsrand mündet sie in die F 197.
Unterkunft: Hotel "Vredeland", Karl-Liebknecht-Str. 87, 2003 Friedland, Tel. (+9081) 291, 14 Betten in 8 Zi.

Innerörtlich radeln Sie kurz auf der F 197 Rchtg. Anklam, verlassen aber noch im Stadtgebiet die Hauptstraße nach rechts auf die Nebenstraße Rchtg. Kotelow. An der Gabelung nach 1 km halten Sie sich halblinks und folgen den Wegweisern durch Sandhagen und Schwichtenberg. Wenn Sie geradeaus durch letzteres Dorf hindurchfahren sind, kommen Sie zu einer T-Mündung, an der die Route links nach Löwitz schwenkt, wo sie rechts auf die Vorfahrtstraße nach Rathebur einbiegt. Den Rest der Etappe absolvieren Sie auf der F 109 Rchtg. Anklam, die *Ducherow* durchquert und in **Neu Kosenow** den Endpunkt sowie nahtlosen Anschluß an Etappe 118 und 119 erreicht.

Etappe 115:
Lychen - Möllenbeck - Neubrandenburg (53 km)

Neubrandenburg als Fernziel ist bei dieser Süd-Nord-Strecke eindeutig. Als Nahziel ist jedoch in Lychen auf der maßgeblichen Landstraße *Feldberg* angekündigt, das allerdings nicht direkt an der Strecke liegt.
Nach etwa 15 km knickt jedoch die Beschilderung dorthin rechts ab, und falls Sie nicht (z.B. zu Übernachtungszwecken) den Wegweisern folgen wollen, radeln Sie stattdessen geradeaus weiter durch *Dolgen*.
Unterkunft: HO-Gaststätte "Mecklenburger Hof", Fürstenberger Str. 13, 2082 Feldberg, 12 Betten in 6 Zi.
Jugendherberge: JH "Katja Niederkirchner", Am Ziegelberg, 44 Betten.
Camping: "Am Breiten Luzin", 2 Plätze mit zusammen 400 Standpl.
Mit oder ohne Abstecher treffen die beiden Varianten 2 km nördlich von Dolgen zusammen und führen gemeinsam nach *Möllenbeck* zur F 198. Rechts fahren Sie 2½ km auf der Hauptstraße Rchtg. Woldegk, nutzen dann aber die linke Abzweigung Rcht. Burg Stargard und Neubrandenburg. In *Burg Stargard* mündet diese Landstraße geradeaus in die hier abknickende Vorfahrtstraße aus Leppin und folgt den Wegweisern Rchtg. Neubrandenburg nicht nur bis zur Einmündung in die F 96, sondern auf dieser vierspurig ausgebauten Schnellstraße zum Etappenziel, das sich etwas verfrüht durch Ortseingangsbeschilderung gleich auf der F 96 ankündigt.

Neubrandenburg, 85000 Einw., Bezirksstadt, ist die "Stadt der vier Tore". Dieser touristische Titel erweist sich trotz der prinzipiell neuen Gestaltung der Stadt (nach weitgehender Zerstörung im Zweiten Weltkrieg) als effektiv, denn die umfangreichen (restaurierten) Reste der alten Stadtbefestigung (13./14. Jh.) mit den vier Backsteintoren sind imposant. Da der Autoverkehr auf einer Ringstraße im Gegenuhrzeigersinn um die Innenstadt herumgelenkt wird, ist somit Neubrandenburgs City fast autofrei, stattdessen mit brauchbaren Radwegen gut versorgt. Ein Bummel durch dieses - rekonstruierte - Ambiente ist lohnend, obwohl der erste Eindruck von den Ringstraßen abschreckend ist. Zudem kann der Ring von Radfahrern auch gegen die vorgesehene Fahrtrichtung benutzt werden - Gegenrichtungsradwege machen es möglich.
Information: Ernst-Thälmann-Str. 35, 2000 Neubrandenburg, Tel. 6187, nahe des Stargarder Tores.
Unterkunft: Hotel "Vier Tore" ****, Treptower Str., Tel. (+90) 5141, 450 Betten in 248 Zi.
Jugendherberge: JH "Neubrandenburg", Ihlenfelder Str. 73, Tel. (+90) 3761, 92 Betten.
Gaststätte: ausnahmsweise ein Tip; wegen der unauffälligen Lage wird das Restaurant "Forsthaus" des Hotels "Viertore" (gleich neben dem [südl.] Stargarder Tor), spezialisiert auf Wildgerichte, unsinnigerweise ignoriert.

Kartenskizze Etappen 115 & 116

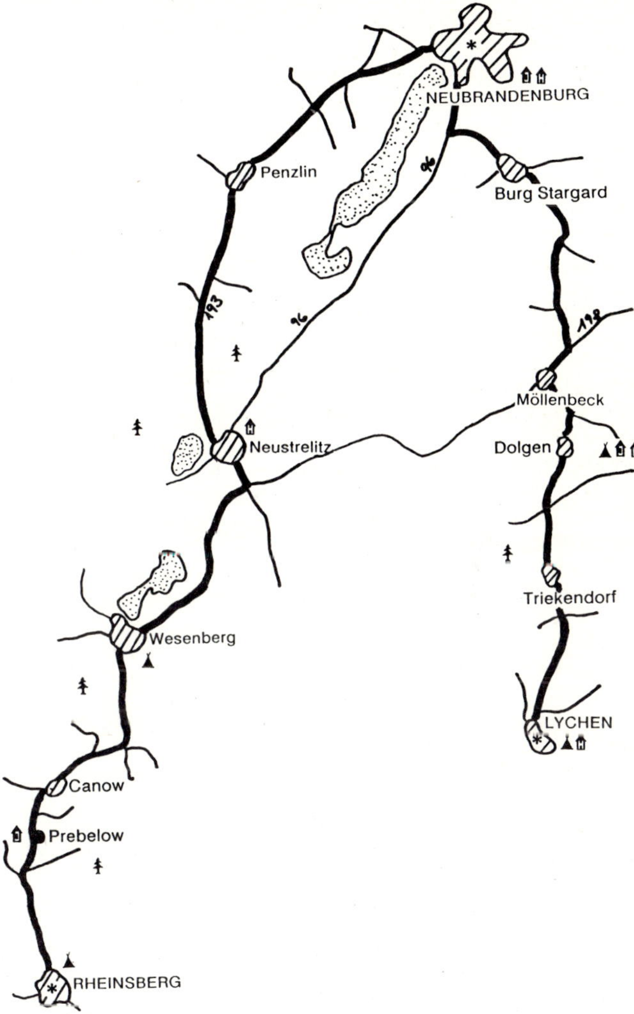

Etappe 116:
Rheinsberg - Wesenberg - Neustrelitz - Penzlin - Neubrandenburg (74 km)

Diese Route wird nur mit einem tränenden Auge empfohlen, denn für das lange Hauptstraßenstück Wesenberg-Neubrandenburg gibt es keine sinnvollen Alternativen. Alle sich scheinbar anbietenden Nebenstraßen stellen sich über weite Strecken als Tiefsand- oder Feldsteinbuckelpflaster-Straßen heraus. Erste Empfehlung deshalb: lieber woanders her fahren...
Der Anfang ist noch harmlos, entspannend und mit schönen Landschaftsblicken gewürzt. Die direkte Landstraße von Rheinsberg nach *Wesenberg* bietet Wald, Wiesen und Seen vom Feinsten - genießen Sie es.
Unterkunft: HO-Gaststätte "Stadtkrug", Markt 1, 2084 Wesenberg, Tel. (+99196) 234, 16 Betten in 5 Zi.
Camping: "Am Weißen See", 160 Standpl.

In Wesenberg ist jedoch Schluß damit, denn die geradeaus sich scheinbar offerierende Strecke via Userin endet nach einer Weile in Sand und Schotter - Aufwand und Nutzen stehen in keinem effektiven Verhältnis zueinander. Also bleibt nur die leider vielbefahrene Hauptstraße am Südrand der Neustrelitzer Kleinseenplatte: zuerst die F 198, dann links in die Stadt die F 96.

Neustrelitz, 27000 Einw., Kreisstadt im Bez. Neubrandenburg, war im 18./19. Jh. Residenz der Herzöge von Mecklenburg-Strelitz und anschließend bis 1933 Hauptstadt des gleichnamigen Freistaates innerhalb der Weimarer Republik.
Dieser Vergangenheit entsprechend präsentiert sich die Innenstadt um den Markt spätbarock-klassizistisch. Das Schloß der Herzöge wurde 1945 zerstört, so daß der Schloßpark seiner Bestimmung enthoben wurde; er dient heute als Stadtpark. Die schon im 19. Jh. zum Landschaftspark umgestaltete Anlage enthält aus früheren, "ruhmreichen" Zeiten noch einige Statuen, eine Gedenkhalle und vor allem die Orangerie, deren Innenausstattung in den 80er Jahren restauriert worden ist.
Unterkunft: Gaststätte "Zur Klause", Strelitzer Str. 53, 2080 Neustrelitz, Tel. (+991) 2570, 14 Betten in 7 Zi.; HO-Gaststätte "Haus der Werktätigen", Kastanienallee 3, Tel. (+991) 201, 14 Betten in 6 Zi.

Hier gibt es keine sinnvolle Alternative zur mäßig befahrenen F 193 nach **Penzlin**; der Autoverkehr bevorzugt die F 96. Jener Ort offeriert sich recht freundlich; alte Bausubstanz scheint vorzuherrschend. Als Ausflugsziel sind die "Alte Burg" und der "Hexenkeller" (Gaststätte) ausgeschildert.
Biegen Sie nun rechts auf die F 192 Rchtg. Neubrandenburg ein. Kurz hinterm Ortsrand könnten Sie theoretisch links auf eine Nebenstrecke via Lapitz abbiegen, wovon jedoch abgeraten wird, weil sich das Mittelstück dieser Nebenstraße als ausgesprochene Sand-, Schotter- und Holperpflaster-

strecke darstellt. Der vertretbare Autoverkehr auf der Fernstraße ist da das kleinere Übel. Hinter *Wulkenzin* verabschiedet sich die Beschilderung der F 192 zwar nach links, die geradlinige, breit ausgebaute Verbindung nach **Neubrandenburg** (s. Etappe 115) ist jedoch eindeutig die von allen Verkehrsteilnehmern bevorzugte Strecke. Am Westrand der Bezirksstadt trifft diese Straße schließlich auf die F 104 rechts ins Zentrum.
(*In Gegenrichtung:* Die Beschilderung Rchtg. Mallin und Penzlin weist zuverlässig den Weg.)

Etappe 117:
Neubrandenburg - Brunn - Friedland - Ducherow - Neu Kosenow (57 km)

Diese Route eröffnet eine Möglichkeit, aus dem Binnenland günstig in Richtung auf die Insel Usedom vorzustoßen.

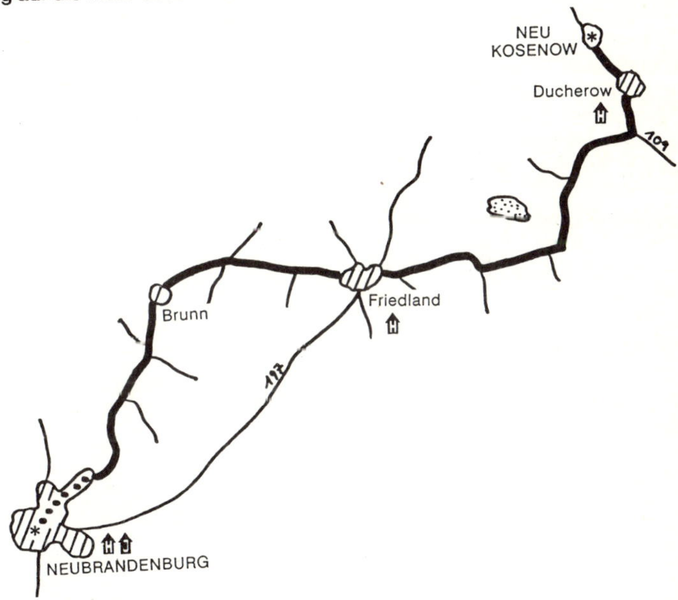

Sie beginnt in Neubrandenburg auf der nordwärts von der Ringstraße abzweigenden F 96 Rchtg. Greifswald. Kurz hinter der Brücke über die Eisenbahn biegen Sie rechts ab, gleich darauf links auf die "Ihlenfelder Straße", die vorläufig noch durch nahtlose Bebauung aus der Stadt strebt. In Ihlenfeld schwenkt die Landstraße links, durchquert Neverin, dann Brunn und führt ohne Abzweigungen im sanften Bogen durch Dahlen und Salow nach *Friedland*. Von hier an entspricht die Streckenführung der von Etappe 114 (s. dort).

Etappe 118: Insel Usedom

Neu Kosenow - Anklam - Usedom - Wolgast (77 km)

Diese Route umrundet auf der Insel Usedom den Peenestrom und dessen Ausbuchtung, das Achterwasser. Nach 10 km erreicht die F 109, die zum Auftakt genutzt wird, Anklam.

Anklam, 20000 Einw., Kreisstadt im Bez. Neubrandenburg, ist eine alte Hanse- und Hafenstadt an der Peene unweit deren Einmündung in den von der Insel Usedom umschlossenen Peenestrom. Weitgehende Zerstörungen im Zweiten Weltkrieg haben der Stadt jedoch eine "Flächenbereinigung" der alten Bebauung eingetragen, so daß sie sich heute im wesentlichen auf ihre Funktion als Verkehrsknotenpunkt beschränken muß; erhalten sind jedoch die Marienkirche (13. Jh.), ein Pulverturm als Rest der ehemaligen Wehranlagen und das Wahrzeichen der Stadt: das Steintor aus dem 14. Jh. Renommieren kann Anklam noch mit der Tatsache, Geburtstadt von Otto Lilienthal zu sein, und hat dem Flugpionier deshalb am Markt ein Denkmal gesetzt sowie dem örtlichen Heimatmuseum seinen Namen gegeben.

Unterkunft: HO-Bahnhofshotel, Pasewalker Str. 18, 2140 Anklam, Tel. (+994) 2384, 37 Betten in 23 Zi.

Jugendherberge: JH "Hans Nahlik", Dorfstr. 1, 2141 Murchin, Tel. (+994) 2732, 30 Betten & 40 Campingstandplätze.

Auf der gemeinsamen Streckenführung von F 109 und F 110 radeln Sie nordwärts 3 km und biegen dann mit der F 110 rechts ab durch *Murchin* (JH s. Anklam) sowie weiter zur Brücke nach Usedom.

Usedom, Bez. Rostock, ist die östlichste Insel der DDR, durch die die Grenze zu Polen verläuft, da die Insel direkt im Mündungsgebietes des Grenzflusses, der Oder, liegt. Die diagonal von Nordwesten nach Südosten sich erstreckende Außenküste ist fast geradlinig und durchgehend von feinen Sandstränden gesäumt, während die westliche "Landseite" nicht nur vom Oderhaff, vom Peenestrom und dem Achterwasser vielfältig aufgegliedert ist, sondern zudem durch mehrere Binnenseen eine ständige Wechselwirkung von Land und Wasser entsteht.

Die traditionelle Fischereiwirtschaft wurde im 19. Jh. allmählich vom

Fremdenverkehr in ihrer Bedeutung verdrängt, die Aufteilung der Orte an der Außenküste zeigt jedoch noch deutlich diesen Vorgang: die alten Fischerorte haben ihren Kern durchweg an der Innenseite, zum Achterwasser bzw. den Binnenseen hin ausgerichtet, während der Badebetrieb den Sandstränden Sinn zu geben versucht.
So ist Usedom samt dem namensgebenden Städtchen (3000 Einw.) im Süden der Insel heute vollkommen dem Tourismus verschrieben.
Unterkunft: HO-Gaststätte "Usedomer Hof", Platz des Friedens 4, 2250 Usedom, 14 Betten in 7 Zi.; weitere Zimmer in allen Badeorten.
Jugendherberge: JH "Hertha Lindner", Johann-ter-Morsche Str. 24, 2238 Zinnowitz, Tel. (+8267) 2227, 38 Betten & 60 Campingstandpl.
Camping (Auswahl): 2226 Koserow, 0151, 700 Standpl.; "Am Ortsrand", 2238 Zinnowitz, 0148, 400 Standpl.; "Am Strand", 2236 Ückeritz, 0153, 2000 Standpl.

Die hier vorgeschlagene Umrundung der Insel Usedom kann lediglich eine Schnellvariante darstellen, da sich zahlreiche Abstecher auf Nebenstraßen und Dünenwege anbieten - allerdings wohl besser ohne Gepäck.
Für nahezu die gesamte Etappe werden deshalb Hauptstraßen genutzt - zumindest auf der schmalen Landbrücke bei Zinnowitz gibt es ohnehin keinen Platz für Nebenstrecken.

Bäckereischild in Mecklenburg

Kartenskizze Etappen 118 - 120

Radeln Sie also auf der F 110, das Städtchen *Usedom* streifend, Rchtg. Heringsdorf. Etwa 17 km nach Überqueren der Brücke zur Insel zweigt links die Landstraße über Neppermin und Pudagla ab, die auf der Nordostseite auf die F 111 trifft. Links einbiegend fahren Sie nun durch die stetige Folge der Badeorte wie Ückeritz, Koserow, Zinnowitz zur Brücke, mittels der Sie den Peenestrom nach Wolgast überqueren.

Wolgast, 17000 Einw., Kreisstadt im Bez. Rostock, ist der Hauptdurchgangsort für Eisenbahn- und Straßenverkehr zur Insel Usedom. Der im 16./17. Jh. als Residenzstadt dienende Ort ist von der DDR zu einer ausgesprochenen Industriestadt ausgebaut worden und kann dem Touristen (außer etwas "Infrastruktur") somit nichts bieten.
Information: Wilhelm-Pieck-Str. 3, 2220 Wolgast, Tel. (+826) 4317.
Unterkunft: Hotel "Am Peeneshorn", Am Fischmarkt 10, 2220 Wolgast, Tel. (+826) 3422, 28 Betten in 13 Zi.

Etappe 119:
Neu Kosenow - Anklam - Zemitz - Wolgast (35 km)

Dies ist die Kurzstreckenvariante für diejenigen, die auf dem Weg nach Wolgast keine Umrundung Usedoms einbauen möchten, und sei es nur, weil ein längerer Aufenthalt z.B. im Norden der Insel eingeplant ist.
Wie bei Etappe 118 radeln Sie nach Anklam und auf der F 109/F 110 aus der Stadt hinaus. Wenn sich die beiden Hauptstraßen teilen, fahren Sie geradeaus auf die Nebenstraße nach Rubkow, wo es zuerst links durch das Dorf, dann rechts weiter nach *Zemitz* geht. Hinter letzterem Dorf trifft die Strecke auf die Landstraße Lassan-Wolgast, der Sie links bis zur Kreuzung mit der F 111 folgen; rechts erreichen Sie auf der Hauptstraße nach 3 km **Wolgast** (s. Etappe 118). *Ausnahme:* Falls Sie gleich westwärts weiter Rchtg. Greifswald möchten, biegen Sie stattdessen links auf die Fernstraße ein und nach 1 km wieder rechts ab auf die geradlinige Landstraße Rchtg. Neu Boltenhagen, die eine Abkürzung zu Etappe 120 hrrstellt.

Etappe 120:
Wolgast - Wusterhusen - Greifswald (32 km)

Sofern Sie diese Strecke nicht als direkt Verlängerung von Etappe 119 einsetzen, verlassen Sie Wolgast auf der nordwestwärts aus der Stadt führenden Landstraße nach *Wusterhusen*, die auf dem Weg dorthin u.a. das Dorf Rubenow durchläuft. Weiter geht es durch Brünzow und Neuendorf nach

Kemnitz, wo diejenigen Radler zur Strecke hinzustoßen, die ab Etappe 119 nahtlosen Anschluß gesucht haben.
An der Südseite der Meeresbucht *Dänische Wiek* entlang führt die Landstraße durch den Greifswalder Vorort Eldena (s.u.) geradewegs zum Etappenziel, wo sie nördlich des Stadtzentrum auf die F 96a mündet.

Greifswald, 64000 Einw., Kreisstadt im Bez. Rostock, war wie so viele bedeutende Handelsstädte des deutschen Nordens im Mittelalter Mitglied der Hanse, ab 1456 jedoch zunehmend eher eine Stätte der Gelehrsamkeit, da die damals gegründete Universität bis weit ins 19. Jh. für die Entwicklung der Stadt bestimmend war. Im Zweiten Weltkrieg hatte Greifswald das Glück im Unglück, einen vernünftig denkenden Stadtkommandanten zu haben, der durch kampflose Übergabe an die Alliierten die Zerstörung durch Bomben zu vermeiden wußte.
So präsentiert sich die Altstadt nach wie vor als organisch gewachsene Mischung aus Fachwerk und norddeutscher Backsteingotik, in der der Dom St. Nikolai, das Rathaus und das frühere Hospital St. Spiritus (alles 13./14. Jh.) besondere Akzente setzen. Weitere alte Kirchen, einige Reste von Befestigungsanlagen ergänzen das Bild.
In der Umgebung: Im Ortsteil *Eldena* kann die Ruine des früheren Zisterzienserklosters besichtigt werden. Den hiesigen Mönchen verdankte Greifswald im 13. Jh. seine Gründung.
Information: Straße der Freundschaft 126, 2220 Greifswald, Tel. (+822) 3460.
Unterkunft: HO-Hotel "Boddenhus" ***, Am Volksstadion, Tel. (+822) 5241, 200 Betten in 96 Zi.
Jugendherberge: JH "Hertha Lindner", Pestalozzistr. 11/12, Tel. (+822) 3133, 80 Betten & 60 Campingstandpl.

Etappe 121:
Neubrandenburg - Woggersin - Groß Teetzleben - Altentreptow - Beggerow - Demmin (52 km)

Der Anfang dieser Route ist einfach zu finden, da die Transitstrecke der F 104 (Rchtg. Rostock bzw. Gedser/Dänemark) einen üppigen Schilderwald erzeugt hat. Ca. 200 m nachdem links die Verbindungsstraße Rchtg. Waren abgeknickt ist, beginnt rechts nach einer kurzen Steigung die Nebenstraße Rchtg. Woggersin. Die direkte Fortsetzung erfolgt auf Straßen gleicher (gemäßigter) Qualität via Groß Teetzleben (rechts abbiegen). In *Altentreptow* überqueren Sie die Eisenbahn und kommen an eine T-Mündung, wo Sie rechts, gleich aber wieder links Rchtg. Tützpatz abbiegen.
Diese Straße führt durch Tützpatz, Altenhagen, Törpin und *Beggerow* in

Windungen durch die Landschaft und stößt mit einer T-Mündung schließlich auf die Landstraße, die links **Demmin** erreicht; in den südlichen Ausläufern des Städtchens endet sie an der F 194, die rechts ins Zentrum führt. Dieses Kreisstädtchen im Bez. Neubrandenburg dient als Etappen-Anknüpfungspunkt, ist ansonsten touristisch jedoch unbedeutend.
Information: "Reisewelt", Clara-Zetkin-Str. 9, 2030 Demmin.
Unterkunft: HO-Hotel "Schweriner Hof", Am Markt 24, Tel. (+990) 2062, 26 Betten in 10 Zi.
Jugendherberge: JH "Gustav Possekel", Rudolf-Breitscheid-Str., Luisentor, Tel. (+990) 3388, 32 Betten.

Etappe 122:
Demmin - Dargun - Neukalen - Malchin - Dahmen - Cramon (65 km)

Mecklenburgische Schweiz steht gesperrt gedruckt auf den Landkarten im Bereich dieser Etappe. Und so ist sie denn auch: stark hügelig, mit Wald und Seen reich gesegnet, abwechslungsreich und nicht ganz anspruchslos, auch wenn "Schweiz" in Norddeutschland nie ganz ernst zu nehmen ist.
Der Anfang ist unkompliziert: auf der F 110 Rchtg. Rostock geradewegs nach *Dargun*.
Camping: Am Klostersee, 2042 Dargun, 100 Standpl.
Wenn die Fernstraße an einer T-Mündung in Dargun rechts schwenkt, verlassen Sie sie links auf die Landstraße Rchtg. Teterow und Neukalen. Schnurgerade strebt diese Asphaltpiste *Neukalen* zu, einem netten kleinen Landstädtchen. Nach Umrundung der Kirche auf dem Hauptplatz geht's geradewegs weiter Rchtg. Malchin. An der T-Mündung bei Pisede lassen Sie die nach rechts weisende Beschilderung Rchtg. Malchin unbeachtet und radeln stattdessen links auf der Nebenstrecke, die zwei Bahnstrecken kreuzt, nach **Malchin**.
(*In Gegenrichtung:* Unbeschildert; von der F 104 Rchtg. Rostock rechts abbiegen, wenn diese an einem beschrankten Bahnübergang eine links abknickende Vorfahrt vollführt, zusätzlicher Hinweis: direkt neben dem Bahnübergang steht ein Schild mit den Öffnungszeiten der Mülldeponie Pisedeer Chaussee.)
Der Stolz dieser zwischen Malchiner und Kummerower See gelegenen Stadt ist die größte Getreidesiloanlage der DDR (!), 48 m hoch und somit von aufdringlicher Präsenz. Literaturfreunde werden deshalb wohl einen Abstecher zum nordöstlich gelegenen Dorf *Kummerow* vorziehen und dort in Reminiszenzen an Ehm Welks "Heiden" schwelgen.
Camping: Am Kummerower See, 2041 Kummerow, 80 Standpl.

Die in Malchin vor dem Rathaus und der danebenstehenden Kirche entlangführende Straße weist geradewegs hinaus Rchtg. Malchow. Das Ambiente

Kartenskizze Etappen 121 & 122

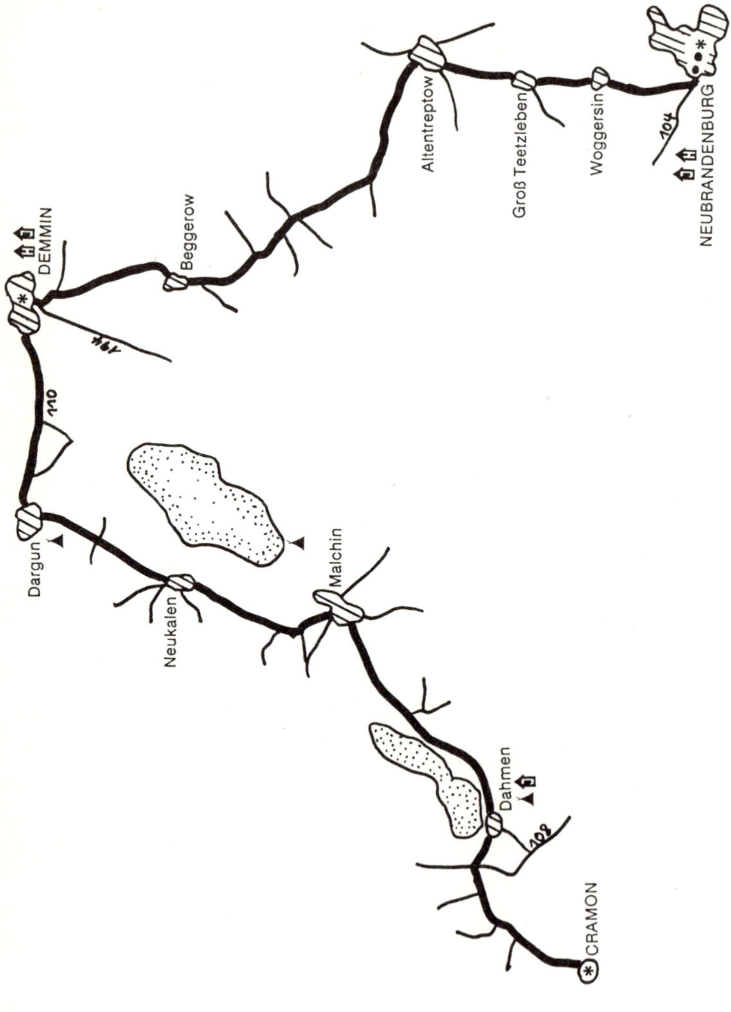

der Mecklenburgischen Schweiz bleibt erhalten, und kleine Urlaubsorte wie *Seedorf* und *Dahmen* säumen die Strecke.

Jugendherberge: JH "Ernst Schneller", Dorfstr. 53, 2051 Dahmen, Tel. (+99393) 552, 116 Betten.

Camping: Am Malchiner See, C/87, Dahmen, 150 Standpl.

Wenn die Landstraße auf die F 108 trifft, kreuzen Sie etwa 20 m nach rechts versetzt die Hauptstraße und folgen weiterhin den Wegweisern Rchtg. Malchow. Nach dem Durchqueren der etwas holperpflastrigen Teile von Kirch Grubenhagen kommen Sie bei **Cramon** zu jener Straßenkombination, die Anschluß an die Etappen 123 (in Gegenrichtung) und 124 bietet.

Etappe 123:

Wredenhagen - Malchow - Cramon (48 km)

Beim Blick auf die Karte sieht diese Strecke viel komplizierter aus, als sie dann tatsächlich ist. Das liegt zum Teil an der (fehlerhaften) Karte, zum Teil an der eindeutigen Beschilderung. Auf geht's.

Von der als innerörtliche Hauptstraße dienenden Landstraße Wittstock-Röbel zweigt an der Kirche die gut asphaltierte, freundlich gewundene Nebenstraße zum netten Dorf *Zepkow* ab, wo es in der Ortsmitte rechts nach *Bütow* geht, das im Grunde nur aus einer einzigen großen LPG besteht. Kurz vor *Dambeck* wird die F 198 überquert, und am anderen Ende der kleinen Ansiedlung geht es ebenfalls geradewegs über die kreuzende Landstraße aus Rchtg. Röbel hinweg.

Unterkunft: HO-Hotel "Weißes Roß", Karl-Marx-Str. 8, 2070 Röbel, Tel. (+99391) 2503, 35 Betten in 14 Zi.

Jugendherberge: JH "Philipp Müller", Am Mühlenberg, Tel. (+99391) 2241, 30 Betten.

Camping: "An der Müritz", 240 Standpl.

In *Minzow* stößt die Route gleich nach dem Passieren eines linkerhand gelegenen kleinen Sees an einer T-Mündung auf eine bevorrechtigte Straße, in die Sie links nach *Woldzegarten* einbiegen. Dort ist vorerst ein Ende der Asphaltstraße erreicht, und grobes Pflaster mit nebenher laufendem Sandweg führt nun nach *Walow*. Dort verdient die pittoreske Kirche mit weißem Steinunterbau, Fachwerkgiebel und Holzturm einen Blick, bevor Sie an der gleich darauf folgenden kreuzungsähnlichen Gabelung links Rchtg. Malchow radeln. Bald wird der Untergrund wieder durch Asphalt verbessert, die Nebenstraße endet an einer T-Mündung auf die Landstraße, die rechts nun zielsicher Malchow zustrebt. Die F 192 kurz vor diesem Städtchen wird nicht, wie die Karte vorgaukelt, gekreuzt, sondern rechts einige hundert Meter benutzt, bis links die Zufahrt hinein nach Malchow beginnt. Nach dem Passieren der Klosterkirche kommen Sie zu einer T-Mündung, an der Sie links ins Zentrum radeln.

(*In Gegenrichtung*: In Malchow der Beschilderung zur F 192 Rchtg. Waren folgen, gleich nach Überquerung des Damms zwischen den beiden Seen noch vor dem Ortsendeschild unbeschildert rechts zur Klosterkirche und weiter zur Fernstraße.)

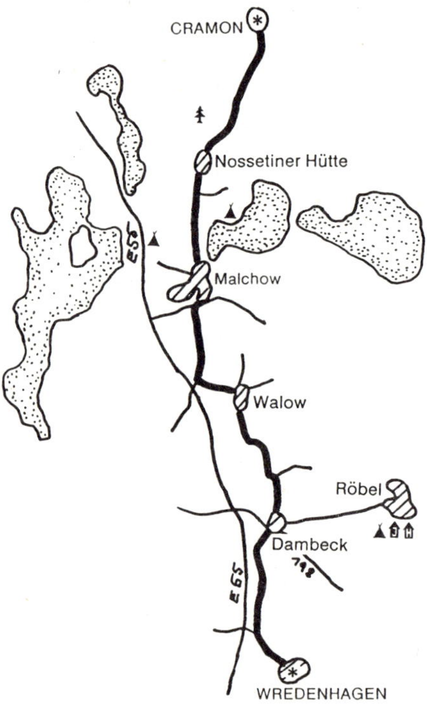

Malchow, 8000 Einw., Bez. Schwerin, liegt sehr dekorativ am Übergang vom langgestreckten, schmalen Petersdorfer See zum Malchower See, die beide zu größeren Teilen der Mecklenburgischen Seenplatte Verbindungen haben. Für Wassersportler ist diese Lage nahezu ideal, was dem schon 1235 mit Stadtrechten versehenen Ort einige Betriebsamkeit einträgt.

Im Städtchen selbst setzen das Fachwerkrathaus (18. Jh.) und die neugotische Klosterkirche (im Ortsteil Kloster Malchow) optische Akzente.

In der Umgebung: In *Alt-Schwerin*, 8 km nordwestl., ist ein Agrarhistorisches Museum zu besichtigen, das eine für den Norden der DDR einzigartige Ausstellung enthält.
Camping: "Am Plauer See", C/96, 250 Standpl., nordwestl.; "Am Fleesensee", 2061 Silz, 280 Standpl., nordöstl.

Nach Überqueren der schmalen Stahlbrücke an der Schleuse zwischen den beiden Seen biegen Sie mit der Beschilderung Rchtg. Teterow dreimal (rechts, rechts, links) ab - *in Gegenrichtung* nur einmal links in den Ort, da die Einbahnstraßenregelung hier günstiger ist. Der Fichtenwald, in den die Route hinter *Nossentiner Hütte* eindringt, ist nicht nur ein wichtiges Ausflugsgebiet, sondern diente auch der ehemaligen SED-Spitze als Jagdrevier. Diesem Umstand ist zu verdanken, daß die Autobahn E 55 einen so merkwürdigen Bogen um den Drewitzer See schlägt - die Herren wollten sich ihre Keiler schließlich nicht von Autolärm verscheuchen lassen.
Endlich gelangen Sie zu einer Abzweigung auf freier Strecke, an der links die Beschilderung Rchtg. Hohen Wangelin weist. Diese beim Dorf **Cramon** gelegene Abzweigung ist Etappenendpunkt mit nahtlosem Anschluß an Etappe 124 und 122 (in Gegenrichtung).

Etappe 124:
Cramon - Krakow - Zehna - Güstrow (35 km)

Von der Abzweigung der Landstraße Malchow-Teterow bei *Cramon* fahren Sie geradewegs durch diese winzige Siedlung nach *Hohen Wangelin*. Hier biegen Sie links ab auf die Nebenstraße nach Linstow, die sich erfreulicherweise nicht als Fahrweg (wie auf der Karte vermerkt), sondern als einwandfrei ausgebaute Asphaltstraße entpuppt. In Linstow knickt die Strecke mit der Vorfahrt rechts ab, überquert die Autobahn und führt ohne Abzweigungen geradewegs vorbei an Dobbin nach Krakow.

Krakow am See, 3600 Einw., Bez. Schwerin, behauptet von sich, ein Kurort zu sein, bietet dafür aber keinerlei Anhaltspunkte. Richtig ist jedoch, daß das Städtchen sehr schön am Krakower See liegt und gerade ausreichend infrastrukturell versorgt ist.
Information: Rat der Stadt, Bereich Erholungswesen, Markt 2, 2602 Krakow, Tel. (+85197) 320.
Unterkunft: nur diverse Privatzimmer, das in Unterkunftslisten enthaltene "Seehotel" ist eine Fehlmeldung, da reines Restaurant.
Jugendherberge: JH "Peter Göring", Güstrower Chaussee, Tel. (+85197) 2386, 44 Betten.
Camping: Am Nordufer des Gruber Sees, 400 Standpl.

An der Kreuzung mit der F 103 biegen Sie rechts auf die Fernstraße ein und folgen ihr ca. 2 km weit, wo (kurz nachdem rechts die Route Rchtg. Teterow abzweigt) links die Landstraße Rchtg. Bellin und Reimershagen beginnt. Der Betonuntergrund dieser Strecke verabschiedet sich hinter Groß Tessin nach links, während Sie geradeaus auf einer Asphaltpiste (mit hohem "Sommerweg"-Anteil) weiter nach *Bellin* fahren. Nach überstandenem innerörtlichen Holperpflaster geht es breit asphaltiert weiter; vor Zehna ist noch ein nicht sehr hoher, aber recht steiler Buckel zu überwinden, bis die Nebenstraße an der Landstraße Goldberg-Güstrow endet (T-Mündung); hier rechts einbiegen.
(*In Gegenrichtung:* einziger Hinweis an der Abzweigung ist der zur Tierzucht-LPG "Freundschaft" Bellin.)

Nun geht es geradewegs durch *Gutow* (Gaststätte "Gutower Landkrug") nach Güstrow, das über die "Goldberger Straße" erreicht wird (*in Gegenrichtung* ist Goldberg als Zielrichtung korrekt beschildert).

Güstrow, 39000 Einw., Kreisstadt im Bez. Schwerin, wurde ab 1226 planmäßig bei dem im gleichen Jahr gestifteten Dom angelegt und aufgrund seiner günstigen Lage an mehreren bedeutenden Handelsstraßen bald ein florierendes Gemeinwesen, das zudem von dem Umstand profitierte, daß es mehrfach (mit Unterbrechungen) Residenzstadt war, zuerst schon im 13. Jh., vor allem aber ab 1555 als Residenz der Herzöge von Mecklenburg-Güstrow. Dieses Fürstengeschlecht, das bis zu seinem Aussterben 1695 in Güstrow residierte, ließ ab 1558 das Schloß errichten, das in drei Bauphasen zum bedeutendsten norddeutschen Renaissancebau wurde. Nach umfangreichen Restaurierungsarbeiten sind seit 1972 hier ein Museum, die Stadtbibliothek und ein Konzertsaal untergebracht.
Ältestes Gebäude Güstrows ist verständlicherweise der Dom, der zur Stadtgründung führte, später mehrfach außen wie innen verändert wurde und zahlreiche wertvolle Kunstschätze enthält.
Die Altstadt Güstrows mit schönem Marktplatz bildet zwar kein geschlossenes Ensemble, weist aber dennoch etliche sehenswerte Gebäude auf.
1910-1938 diente die Stadt dem vielseitig tätigen Künstler Ernst Barlach als Wahlheimat und Wirkungsstätte. Mit gleich zwei Gedenkstätten dankt es ihm Güstrow heute: einer in seinem letzten Atelierhaus (Heidberg 15), einer zweiten in der spätgotischen Gertrudenkapelle (ca. 1430) nordwestlich der Altstadt.
Die Barlach-Skulptur "Der Schwebende" im Dom ist übrigens nicht das Original von 1927 - die Nationalsozialisten hat es als "entartet" eingestuft und deshalb zu Rüstungszwecken eingeschmolzen. 1952 wurde nach dem Kölner Zweitguß ein Abguß angefertigt, der heute wieder dem ur-

sprünglichen Zweck als Kriegsgefallenen-Denkmal dient.
Information: Gleviner Str. 33, 2600 Güstrow, Tel. (+851) 61023.
Unterkunft: HO-Hotel "Stadt Güstrow" **, Markt 2/3, Tel. (+851) 4841, 75 Betten in 4o Zi.; Fremdenheim G. Nützmann, Feldstr. 48, Tel. (+851) 62259, 11 Betten in 8 Zi.; HO-Hotel "Kurhaus", Am Inselsee, Tel. (+851) 63006, 29 Betten in 12 Zi.; HO-Zentralhotel, Baustr. 10, Tel. (+851) 63012, 30 Betten in 19 Zi.
Fahrradservice: Wilhelm-Pieck-Str. 106.

Kartenskizze Etappen 124 & 125

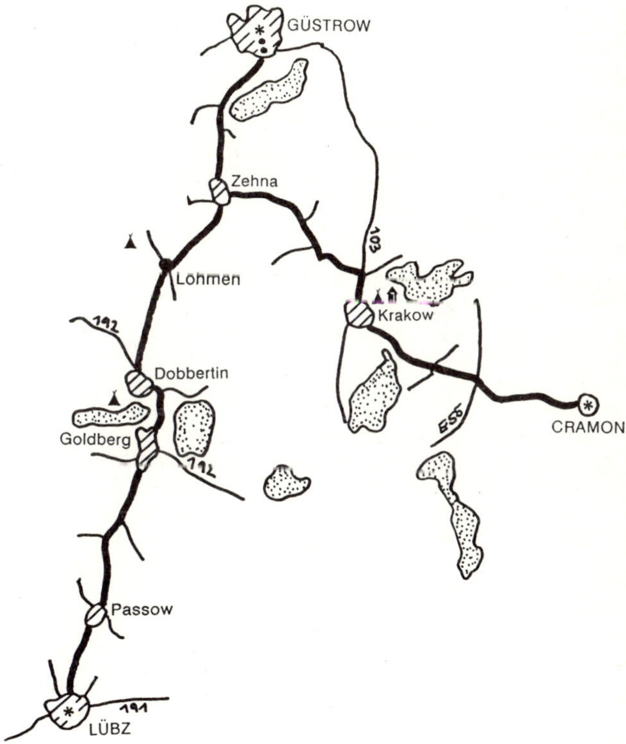

Etappe 125:
Güstrow - Dobbertin - Goldberg - Lübz (46 km)

Die Landstraße Rchtg. Goldberg ist in Güstrow am Ostrand des Stadtzentrums deutlich beschildert.; sie verläuft ohne Abzweigungen durch kleine Dörfer wie *Zehna* und *Lohmen* südwärts.
Camping: Am Nordufer des Garder Sees, B/006, bei Lohmen, 300 Standpl., Zufahrt via Landstraße Lohmen-Bützow.

Bei *Dobbertin* mündet die Landstraße in die F 192 nach *Goldberg*, wo ein Heimatmuseum besichtigt werden kann (beschildert).
Camping: Am Nordufer des Dobbertiner Sees, B/007, bei Dobbertin, 140 Standpl.

Am Südrand von Goldberg verlassen Sie die links abknickende Fernstraße geradeaus auf die Landstraße durch *Passow* nach **Lübz**, das sich selbst etwas hochtrabend "Stadt der Qualitätsbiere" nennt - Reklame ist halt alles... Am Ortseingang flankieren allerlei Industrieanlagen den Weg. Nahtlosen Anschluß an Etappe 138 finden Sie durch Rechtseinbiegen auf die F 191 bis zur Abzweigung (links) Rchtg. Burow (genau gegenüber der Rechtsabzweigung Rchtg. Werder).

Etappe 126:
Marlow - Bad Sülze - Glewitz - Demmin (54 km)

In Marlow weisen die Schilder Rchtg. Grimmen und Bad Sülze auf die gleiche Straße, erst in Tribsees teilen sich die Routen. Also: entsprechend den Wegweisern 'raus aus der Stadt. Das bewirkt am Ortsende eine Linksabknickung, Schulenberg wird durchfahren, und bei der Häuseransammlung Kneese Hof gibt es eine T-Mündung auf die Landstraße, die links geradezu nach *Bad Sülze* führt. Dort können Sie entweder durch den Ort fahren oder schon vorher die rechts abknickende Ortsumgehung nutzen, um so weiter Rchtg. Gnoien und Tribsees zu radeln. Etwa 2 km hinter Bad Sülze gabelt sich die Landstraße; Sie halten sich links Rchtg. Grimmen und passieren hinter Langsdorf das abseits gelegene *Tribsees*. Südlich dieses Ortes biegen Sie an einer Kreuzung rechts ab nach Deyelsdorf, wo es geradeaus weitergeht durch Grammendorf nach *Glewitz*. An der dortigen Landstraßenkreuzung zweigt die Route erneut rechts ab Rchtg. Demmin, durchquert Langenfelde, Medrow, Nossenick und Wotenick, verläuft nun parallel zur *Trebel* und stößt schließlich auf die F 194, die rechts ins Zentrum von **Demmin** (s. Etappe 121) führt.

Kartenskizze Etappen 126 - 129

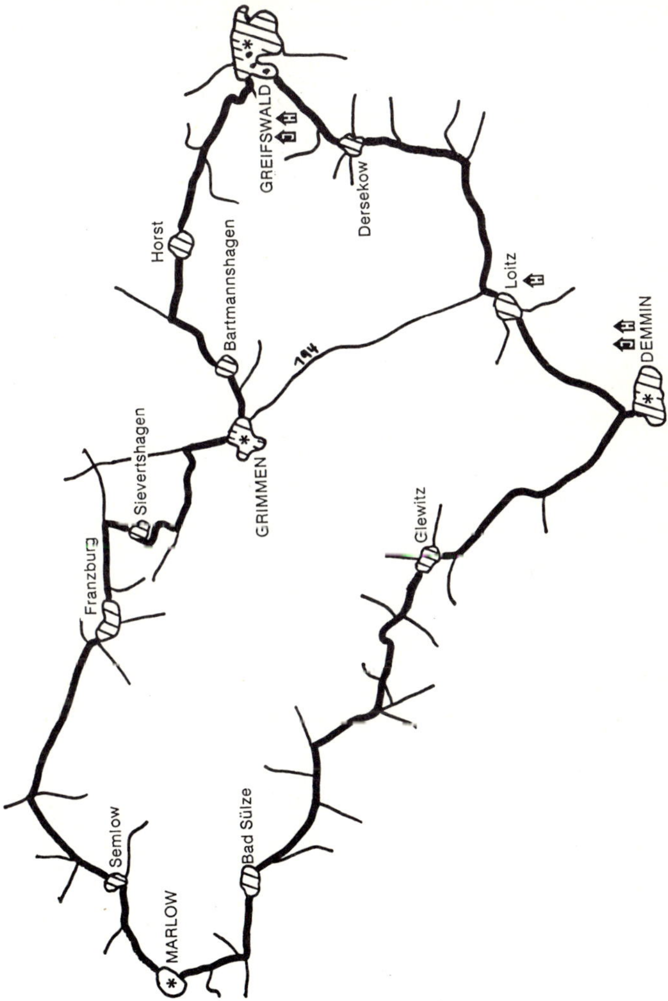

Etappe 127:
Demmin - Loitz - Dersekow - Greifswald (37 km)

Dies ist eine vollkommen unkomplizierte Strecke. Anfangs nutzt sie die F 194 Rchtg. Stralsund, die parallel zu Windungen der *Peene* nach *Loitz* führt.
Unterkunft: Hotel "Brunner" **, Lange Str. 41, 2033 Loitz, Tel. Loitz 357, 20 Betten in 8 Zi.
Hinter diesem Dorf zweigt rechts die Landstraße nach Greifswald ab, deren Beschilderung (mit allen abknickenden Vorfahrten) Sie durchgängig durch *Görmin* und *Dersekow* zum Etappenziel **Greifswald** (s. Etappe 120) folgen.

Etappe 128:
Marlow - Semlow - Franzburg - Sievertshagen - Grimmen (45 km)

Diese Strecke bietet Anknüpfungspunkte zu den Etappe 129 und 146, kann somit wahlweise nach Norden (Stralsund) bzw. Osten (Greifswald) verlängert werden.
Um in Marlow den Anfang zu finden, biegen Sie von der durch den Ort führenden Landstraße Ribnitz-Bad Sülze an der Kirche ab - entweder vor oder hinter der Kirche, da beide Straßen gleich darauf zusammenkommen. Dem Vorfahrtstraßenverlauf folgend verlassen Sie den Ort und radeln nach Semlow sowie immer der Straße nach hindurch (inkl. abknickende Vorfahrten); daß auf dem Ortsendeschild auch Ribnitz als Ziel angekündigt wird, braucht Sie nicht zu irritieren. Nach gut 2 km kommen Sie auf freier Strecke zu einer Kreuzung, an der es rechts Rchtg. Richtenberg geht. Im Wald gabelt sich die Straße erneut, die Beschilderung Rchtg. Richtenberg weist den Weg. In *Müggenhall* erzwingt eine T-Mündung den Wechsel nach rechts Rchtg. Franzburg, und nach wenigen Metern zweigt links die Zufahrtstraße nach **Franzburg** ab. Dieses Städtchen konnte 1987 sein 400jähriges Bestehen feiern.
Gaststätte: "Stadt Franzburg".

Immer geradeaus durch das Städtchen radeln, bis links die Abzweigung durch Neubauhof nach Abtshagen auftaucht. Nach ca. 6 km geradliniger Strecke biegt mitten im Wald rechts die Nebenstraße nach *Sievertshagen* ab; dies ist die Stelle, wo Sie ggf. geradeaus via Abtshagen Anschluß an Etappe 146 nach Stralsund haben.
Sievertshagen ist ein langgezogener Ort, in dem die Straße links abknickt und dabei leider zu holperpflastrigem Untergrund wechselt. Nach knapp 2 km bewirkt ein Rechtsschwenk jedoch Besserung. In Papenhagen knickt die Vorfahrtstraße an einer T-Mündung links ab und führt geradewegs durch

Schönenwalde zur T-Mündung in die F 194. Auf der Hauptstraße radeln Sie rechts nach **Grimmen** (bzw. im Bogen auf der Umgehungsstraße um den Ort herum, falls Sie Etappe 129 nahtlos anschließen wollen).

Etappe 129:
Grimmen - Bartmannshagen - Horst - Greifswald (26 km)

Deutlich beschildert biegt östlich von Grimmen von der F 194 die Landstraße Rchtg. Reinberg ab, die durch Bartmannshagen führt. Beim (nicht durchfahrenen) Ort Bremerhagen beginnt rechts die Nebenstraße nach *Horst*. In der Mitte dieses Dorfes ignorieren Sie die links abknickende Beschilderung Rchtg. Greifswald und radeln geradeaus weiter, anfangs auf querliegenden Betonbohlen, danach auf einem festen Fahrweg. An dessen Ende wird er kurz breit und etwas sandig und mündet dann in eine Asphaltstraße, die von links kommt und geradeaus weiterführt; sie gehört zu Klein Petershagen. Die Karte ist hier unkorrekt; auf dem Asphalt rollen Sie einfach geradeaus, folgen einer Rechtsbiegung und erreichen eine T-Mündung, wo es links aus dem Ort hinaus Rchtg. Greifswald geht.
(*In Gegenrichtung:* Gleich hinterm Ortsanfangsschild von Klein Petershagen rechts ab, mit dem Asphalt links, an der Rechtsbiegung geradeaus auf Sandweg abbiegen.)

Durch *Wackerow* geht es nun zielsicher nach Greifswald, dessen Ortsanfangsschild gleich hinter der Überquerung der Ryck steht. Die T-Mündung in die Landstraße aus Rchtg. Rakow bewirkt links die Zufahrt ins Stadtzentrum von **Greifswald** (s. Etappe 127).
(*In Gegenrichtung:* Nicht beschildert; von der Landstraße Rchtg. Rakow rechts abbiegen, sobald rechts die Bebauung endet, ein Ortsendeschild ist links schon in einiger Entfernung sichtbar.)

Etappe 130:
Neu Thurow - Gadebusch - Mühlen Eichsen (24 km)

Von der Grenze bei Ratzeburg aus eröffnet diese Strecke die Möglichkeit zur Fortsetzung Rchtg. Wismar und Schwerin und benutzt dazu durchgehend geradlinige Landstraßen.
Bis **Radebusch** folgen Sie schlicht den Wegweisern, die Sie durch Roggendorf und Ganzow zuverlässig leiten. Das Kreisstädtchen verfügt über eine recht alte Hallenbacksteinkirche (12.-15. Jh.), ein ehemalig herzogliches Schloß (1571), das jetzt als Internat dient, und ein gotisches Rathaus (14. Jh.) mit Renaissanceanbauten zum Markt hin.

Unterkunft: Beherbergungseinrichtung Maaß, Mühlenstr. 8, 2730 Gadebusch, Tel. (+856) 2275, 6 Betten in 3 Zi.

Innerörtlich radeln Sie nun kurz auf der F 104 Rchtg. Lübeck, biegen dann aber gleich wieder rechts ab auf die Landstraße Rchtg. Wismar, die ohne Umwege den Etappenknotenpunkt **Mühlen Eichsen** (s. Etappe 134) erreicht.

Etappe 131:
Neu Thurow - Schönberg - Dassow - Klütz (53 km)

Wenn Sie den äußersten Nordwesten der DDR besonders intensiv beradeln möchten, ist diese Strecke ein guter Auftakt. Anfangs fahren Sie parallel zur Grenzlinie westwärts, werden von einem kleinen See zu einer Rechtsbiegung gezwungen und halten sich nun nordwärts nach Groß Molzahn. An der dortigen T-Mündung geht es links zu einer Landstraße, auf die Sie rechts Rchtg. Schönberg einbiegen. Hinter Rieps wird die F 208 gekreuzt, und durch Niendorf und Klein Siemz strebt die Straße geradewegs *Schönberg* zu.

Unterkunft: Hotel "Stadt Hamburg", Markt 5, 2732 Rehna, Tel. (+8568) 311, 12 Betten in 6 Zi., ca. 10 km südwestl.

Hier radeln Sie nach links etwa 1 km weit auf der F 104 Rchtg. Lübeck und biegen dann rechts ab auf die Landstraße nach Dassow, die allerdings noch vor diesem Städtchen an der stark befahrenen F 105 endet. Bis zum östlichen Ortsrand folgt die Route der Hauptstraße, zweigt dann aber links ab auf jene Landstraße, die einen weiten Bogen durch den "Klützer Winkel" vollführt, u.a. Kalkhorst durchquert, die Moränenhöhe des *Hohen Schönbergs* (90 m ü.N.N.) erklimmt und schließlich **Klütz** erreicht. Dieses Städtchen unweit der Wismarer Bucht bietet in seiner Umgebung allerlei Erholungs- und Urlaubsmöglichkeiten.

Jugendherberge: JH "Großenhof", Straße zur Jugendherberge 4, 2421 Großenhof, Tel. (+823) 4411, 52 Betten, ca. 8 km südl.

Camping: 2425 Klütz, 300 Standpl.; "Ostseebad", 2423 Boltenhagen, 900 Standpl., ca. 3 km nördl.

Etappe 132:
Klütz - Grevesmühlen - Mühlen Eichsen (26 km)

Dieser "Etappenbaustein" verbindet den Klützer Winkel im Nordwesten der DDR mit dem Knotenpunkt Rchtg. Wismar, Schwerin und Ratzeburg.

Dazu folgen Sie durchgehend Landstraßen: zuerst nach Damshagen und weiter durch Rolofshagen nach *Grevesmühlen*, der Kreisstadt dieses Landesteils. Hier halten Sie sich innerörtlich kurz links und radeln dann rechts mit den Wegweiser Rchtg. Schwerin aus der Stadt. Upahl und Rüting sind zu durchfahren, bis Sie in **Mühlen Eichsen** an die etwas versetzt angeordnete Straßenkreuzung gelangen, an der sich das Streckennetz in alle Himmelsrichtungen auffächert.

Kartenskizze Etappen 130 - 134

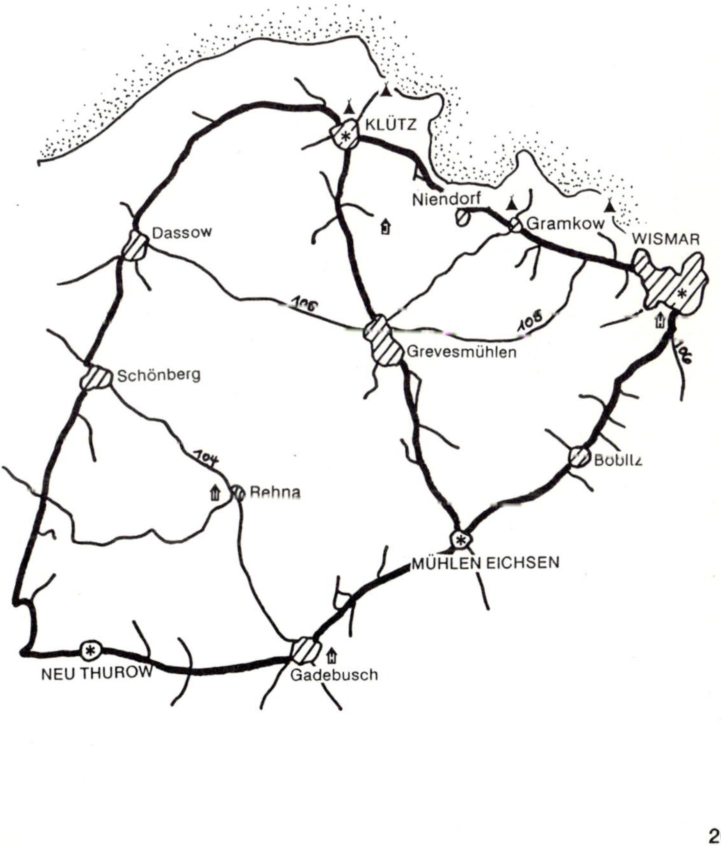

Etappe 133:
Klütz - Wismar (23 km)

Sie müßten sich schon ziemlich ungeschickt anstellen, um sich auf dieser Strecke zu verfahren, da die Beschilderung Rchtg. Wismar hier den Weg weist.
Auf der Landstraße radeln Sie vorbei am Wohlenberger Wiek, einem Teil der Wismarer Bucht, und passieren dabei u.a. Wohlenhagen, Niendorf und Gramkow.
Jugendherberge: JH "Erich und Charlotte Garske", 2401 Beckerwitz, Tel. (+82498) 362, 60 Betten (zzgl. 50 in der Saison) & 120 Zeltstandpl.
Camping: "Wohlenberger Wiek", 0103, 2407 Gramkow, 650 Standpl.; "Beckerwitz am Strand", 140 Standpl.; "An der Ostsee", 0105, 2401 Zierow, 180 Standpl.

Hinter Proseken mündet die Route in die F 105, der Sie durch fast lückenlose Bebauung nach Wismar folgen.

Wismar, 58000 Einw., Kreisstadt im Bez. Rostock, ist (nach Rostock) die zweitwichtigste Hafenstadt der DDR. Wie viele andere Handelsstädte Norddeutschlands im 13. Jh. gegründet und schnell groß geworden, gehörte Wismar zu den Mitbegründern der Hanse, wurde jedoch mit Ende des 30jährigen Krieges 1648 zur schwedischen Besitzung und beherbergte in seinem Fürstenschloß ab 1653 das oberste schwedische Gericht für alle Besitzungen auf deutschem Boden. Bis 1803 hielt dieser Besitzzustand unverändert an, weitere 100 Jahre war Wismar an Mecklenburg verpfändet und wurde erst 1903 auch formal wieder mecklenburgisch.
Sowohl aus der Hanse- als auch aus der Schwedenzeit sind zahlreiche Baudenkmäler erhalten, von denen sich etliche um den riesigen Marktplatz (10000 m²) gruppieren, so z.B. das älteste Bürgerhaus der Stadt, "Alter Schwede" genannt, das eine stilvolle Gaststätte gehobener Preisklasse enthält, und die sogen. Wasserkunst, ein der Wasserversorgung dienender Renaissancebau (1602) mit glockenförmiger Kupferhaube. Mehrere Kirchen und zahlreiche Fachwerkgiebelhäuser ziehen ebenfalls die Blicke auf sich.
Information: Bohrstr. 5a, 2400 Wismar, Tel. (+824) 2958.
Unterkunft: HO-Hotel "Seeblick", Seebad Wendorf, Tel. (+824) 6831, 25 Betten in 9 Zi.; HO-Hotel "Wismar", Breite Str. 10, Tel. (+824) 2498, 34 Betten in 18 Zi.; HO-Hotel "Zur Sonne", Lübsche Str. 51, Tel. (+824) 2104, 31 Betten in 15 Zi.; Seemannsheim.

Etappe 134:
Wismar - Bobitz - Mühlen Eichsen (20 km)

Dieser Etappenbaustein im nordwestlichsten Teil der DDR teilt ein Schicksal mit "Kollegen": er ist sehr einfach gestaltet und durchgehend gut beschildert.
In Wismar dient die F 106 Rchtg. Schwerin zum Verlassen der Stadt. 1 km hinter dem Ortsende beginnt halbrechts abzweigend von der links schwenkenden Fernstraße die Landstraße nach *Bobitz*.
Gaststätte: Gasthof "Zur Linde", Bobitz.

Der Etappenschaltpunkt **Mühlen Eichsen** ist im Grunde nur eine etwas verzerrte Straßenkreuzung, d.h. die Landstraße Wismar-Gadebusch wird etwas nach links versetzt von der Strecke Grevesmühlen-Schwerin gekreuzt.

Etappe 135:
Mühlen Eichsen - Schwerin - Banzkow - Lüblow - Ludwigslust (69 km)

Um den geradlinigen, viel befahrenen Hauptstraßen zu entgehen, schlägt diese Route einige erfolgreiche Schlenker durchs Land. Kurz und schmerzlos ist die Devise für das erste Teilstück, denn eine geradlinige Landstraße steht der Route bis Schwerin zur Verfügung. Mit zwei Ausnahmen: in *Dalberg* verursacht Holperpflaster Masochisten Freude (die Gaststätte "Zur Linde" dient zur Stärkung), und innerhalb des Stadtgebietes von Schwerin, das schon früh beginnt, stehen nur vielbefahrene Haupstraßen zur sinnvollen Verwendung bereit - für diese Etappe z.B. die F 104 ins Zentrum.

Schwerin, 128000 Einw., Bezirksstadt, liegt nicht nur am Schweriner See, sondern ist von insgesamt sieben Seen unterschiedlicher Größe fast eingeschlossen. Diese nicht nur reizvolle, sondern früher auch strategisch günstige Lage hat Schwerin bereits im 12. Jh. zur Residenzstadt werden lassen. Da auch die geistlichen Herren Schwerin zum Bistumssitz machten, stand der Entwicklung der Stadt zum geistig-kulturellen Zentrum Mecklenburg nichts im Wege. Eine zeitweise Verlegung des Hofes nach Ludwigslust (1756-1837) unterbrach diese, die aber danach vom großherzoglichen Mecklenburg intensiv fortgsetzt wurde; im 19. Jh. entstanden zahlreiche Repräsentationsbauten, deren bedeutendstes zweifellos das fünfeckige Stadtschloß auf der Burginsel ist. Nach dem Vorbild des französischen Schlosses Chambord sind Stilmerkmale verschiedener Epochen an einer Unzahl von Türmen, Türmchen und Verzierungen verwendet wurden. In den Nordflügel des Schlosses ist eine 1563 fertiggestellte Kapelle integriert worden. Da die Burginsel mit der Schloß-

anlage fast vollständig ausgefüllt ist, befindet sich der barocke Schloßgarten südlich auf dem "Festland".
Die Schweriner Altstadt erstreckt sich auf recht engem Raum nördlich des Schlosses; sie bildet jedoch keine homogene Einheit, sondern beinhaltet Häuser des 16. Jh. ebenso wie Repräsentationsbauten des 19. Jh. Markante Beispiele für letztere sind das Mecklenburgische Staatstheater und das Staatliche Museum am Alten Garten, einer Platzanlage. Weiter nördlich erhebt sich der gotische Dom (15. Jh), auf den sich der beste Blick vom Pfaffenteich - nomen est omen - bietet.
Wer eher ein Faible für ländliches Leben hat, sollte dem Agrarhistorischen Freilichtmuseum im südöstlichen Statteil Müeß (nahe der F 321 Rchtg. Crivitz) einen Besuch abstatten.

Information: Markt 11, 2750 Schwerin, Tel. (+84) 864509.

Unterkunft: HO-Hotel "Stadt Schwerin" ****, Grunthalplatz 5-7, Tel. (+84) 5261, 350 Betten in 170 Zi.; "Niederländischer Hof" **, Karl-Marx-Str. 13/14, Tel. (+84) 83727, 67 Betten in 34 Zi.; Hotel "Polonia" *, Grunthalplatz 15-17, Tel. (+84) 864045, 50 Betten in 25 Zi.; Hotel "Wendenhof", Wismarsche Str. 104, Tel. (+84) 83493, 22 Betten in 15 Zi.

Jugendherberge: JH "Kurt Bürger", Waldschulenweg 3, 2786 Schwerin, 63 Betten und 20 Campingstandpl.

Fahrradteile/Reparatur: Ulrich Baarß, Schulstr.; Zweiradcenter Schwerin, Steffen Rademacher, Ziegenmarkt 9, Tel. (+84) 83934.

Der Anfang der Fortsetzung ist nicht streßfrei, denn vor die Einsamkeit haben die Schweriner die Schnellstraßen gesetzt.

Je nach genauem Startpunkt gibt es zwei Varianten:
- entweder in den Vorort *Görries* (beschildert) und dort links auf die Landstraße durch die Vororte Krebsförden und Großer Dreesch;
- oder auf den Radwegen neben der autobahnähnlich ausgebauten F 321 Rchtg. Parchim, bis rechts die Straße Rchtg. Plate (sinnigerweise "Plater Straße" genannt) abzweigt.

Als Kreuzung der Plater Straße und der Leninallee kommen beide Möglichkeiten zusammen, und auf der Plater Straße geht es nun zügig ins ruhige Hinterland nach *Plate*. Nach dem Überqueren der Autobahn verlassen Sie in Plate die hier links schwenkende Vorfahrtstraße und radeln geradeaus weiter nach *Banzkow*. Hier treffen Sie auf eine kreuzende Straße, auf die Sie kurz rechts einbiegen, dann aber gleich wieder geradeaus von der rechts abknickenden Vorfahrt abzweigen auf die Nebenstraße durch Mirow nach *Goldenstädt*. Hier überqueren Sie leicht nach links versetzt eine etwas schief angeordnete Kreuzung und fahren weiter auf der "Neustädter Straße". Diese Straße nähert sich nach 2 km der parallel verlaufenden Auto-

bahn bis auf wenige Meter und endet dann an einer T-Mündung; auf der kreuzenden Straße überqueren Sie rechts dort die Autobahn (*in Gegenrichtung* unbeschildert, aber die Autobahn ist wohl markant genug...).
Direkt vor dem Ortseingangsschild des Dorfes *Fahrbinde* gelangen Sie zur Kreuzung mit der F 106, auf der Sie links einbiegend (Rchtg. Ludwigslust) bald die Autobahn E 26 überqueren.
(*In Gegenrichtung:* direkt gegenüber der Zufahrt nach Fahrbinde unbeschildert rechts abbiegen.)

In Dreenkrögen, gleich hinter der Autobahn, können Sie schon wieder hart rechts von der Hauptstraße nach Lüblow abbiegen. Hier schwenkt die Route, die offensichtlich auf einer alten Landstraßenverbindung verläuft, links, durchquert Neu Lüblow und kommt bei einem Bahnübergang zur Einmündung in eine bevorrechtigte Straße.

An dieser Stelle erweist sich die Karte als fehlerhaft, denn mit dem Weiterfahren Rchtg. Weselsdorf würden Sie Ihr Ziel aus den Augen verlieren. Stattdessen ist hier nach links die Bahn zu kreuzen, und die nächste mögliche Abzweigung nach (halb-)rechts ist dann jene Straße, die laut Karte auf der anderen Seite der Bahntrasse beginnt und nun durch Vororte von Ludwigslust geradewegs zur F 106 zurückführt.
(*In Gegenrichtung* ist von der Fernstraße Lüblow korrekt, wenn auch unauffällig, beschildert.)

Ludwigslust, 14000 Einw., Kreisstadt im Bez. Schwerin, wäre keine touristische Erwähnung wert, hätten nicht im 18. Jh. die mecklenburgischen Herzöge das dort befindliche Dorf *Kienow* unter neuem Namen zur Residenz erklärt. Auf "allerhöchsten" Befehl wurde ein imposantes Barockschloß gebaut, eine Achse zur Stadtkirche gezogen und mit dem planmäßigen Aufbau der Stadt begonnen. Da die Gunst der Herrschenden nicht allzulange wahrte, ist in späteren Zeiten nicht viel an dieser Stadtgestaltung geändert worden. Das Resultat ist ein recht geschlossenes Stadtbild des 18./19. Jh.
Unterkunft: Hotel "Stadt Hamburg" **, Letzte Str. 4/6, 2800 Ludwigslust, Tel. (+852) 2506, 38 Betten in 23 Zi.; "Park-Hotel" **, Straße der DSF 19, Tel. (+852) 2815, 31 Betten in 16 Zi.

Kartenskizze Etappen 135 & 136

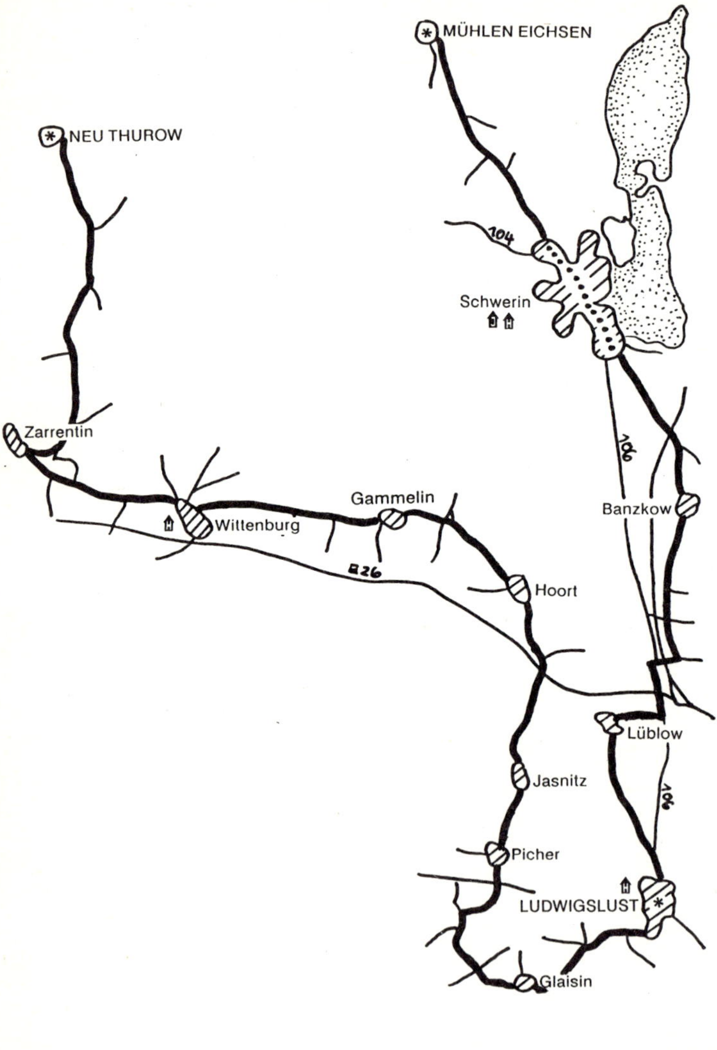

Etappe 136:
Neu Thurow - Zarrentin - Wittenburg - Hoort - Jasnitz - Picher - Glaisin - Ludwigslust (92 km)

Vom Etappen-Anknüpfungspunkt nahe der Straße aus Rchtg. Ratzeburg führt diese Route südostwärts ins Innere der DDR. Sie beginnt an der Abzweigung von der Landstraße Ratzeburg-Gadebusch zwischen Neu Thurow und Groß Thurow und folgt zuerst der Grenze südwärts: immer an Seen entlang. Die Straße verläuft durch Dutzow, schwenkt in Kneese rechts, durchquert Bernstorf und *Lassahn* und hat nun das Landschaftsschutzgebiet Schaalsee/Heckenlandschaft Techin erreicht. Das Dorf Techin wird lediglich gestreift, ebenso Boissow, und dann schwenkt die Straße im Rechtsbogen nach *Zarrentin*, wo ggf. über die F 195 eine weitere Verbindung Rchtg. Ratzeburg zur Verfügung steht. An der Stelle, wo Sie Zarrentin erreicht haben, verlassen Sie es auch wieder, allerdings nun auf der Landstraße über Waschow nach *Wittenburg*.
Unterkunft: Hotel "Stadt Hamburg", Große Str. 37, 2823 Wittenburg, Tel. (+85592) 2244, 14 Betten in 6 Zi.

Wittenburg verlassen Sie Rchtg. Schwerin und Dümmer auf der Nebenstraße nach Luckwitz, die sich hier allerdings garstig-holperpflastrig zeigt. Aber in Luckwitz ist Schluß mit der Quälerei, und es geht nahtlos weiter durch Gammelin Rchtg. Besendorf. Direkt vor dieser Ansiedlung kreuzen Sie die Landstraße Schwerin-Hagenow und biegen an der T-Mündung in Besendorf rechts ab.
(*In Gegenrichtung* nicht beschildert: letzte Abzweigung links vor dem Ortsendeschild von Besendorf.)

Nun schließt sich die geradlinige Verbindung durch das recht große *Alt Zachun* und *Hoort* an. In *Kraak* biegen Sie rechts ab Rchtg. Jasnitz und stellen bald fest, daß die Karte hier nicht auf dem neuesten Stand ist: es gibt keine unter der Autobahn hindurchführende gradlinige Strecke, sondern eine südostwärts verlaufende Straße, die dann auf einer Brücke die Überquerung der Autorennstrecke erlaubt; gleich dahinter halten Sie sich rechts und kommen so ohne Abzweigung nach *Jasnitz*. Durch ein Waldgebiet, das deutliche Spuren militärischer Verwüstungsspiele zeigt, erreicht die Route *Picher*, wo es links abgeht. Die F 5 wird gekreuzt, und nahtlos geht es weiter durch Neu Krenzlin. In *Alt Krenzlin* knickt die Vorfahrt links ab (Hinweis "Leussow", *in Gegenrichtung* Ludwiglust).

Hinter *Klein Krams* kommen Sie im Wald zu einer Kreuzung, an der Sie geradeaus Rchtg. Eldena weiterfahren. In *Glaisin* geht es nahtlos weiter Rchtg. Ludwigslust nach *Hornkaten*. Hinterm Ortsendeschild vom Hornka-

ten macht die Straße einen Linksbogen, und nach wenigen hundert Metern zweigt rechts unbeschildert eine schmale Asphaltpiste ab, die geradewegs nach Zechentin führt. Im dortigen Ortszentrum biegen Sie links ein auf die Zufahrt zum Zentrum von **Ludwigslust** (s. Etappe 135).
(*In Gegenrichtung* am einfachsten zu finden über die F 5 Rchtg. Perleberg, hinterm Ortsende rechts abbiegen durch das - so beschilderte - Industriegelände, geradewegs nach Techentin, hier 10 m nach links versetzt die Vorfahrtstraße kreuzen, geradeaus weiter in die für Autos über 1,5 Tonnen gesperrten Straße nach Hornkaten.)

Etappe 137:
Ludwigslust - Grabow - Pröttlin - Mankmuß - Perleberg (47 km)

Diese Strecke durch kleine Dörfer und mehrere Waldgebiete vermeidet auf dem Weg nach Südosten die vielbefahrene F 5; nur der Anfang kann auf die Hauptstraßennutzung nicht verzichten. Aber schon nach 7 km, in *Grabow*, ist Schluß damit. Den Ort können Sie entweder auf der Fernstraße umfahren oder durch das Zentrum radeln.
Unterkunft: HO-Hotel "Stadt Grabow", Karl-Marx-Str. 28, 2804 Grabow, Tel. (+8526) 2233, 40 Betten in 12 Zi.
Jugendherberge: JH "Helmut Just", Tel. (+8526) 2757, 50 Betten & 20 Campingstandpl.

Falls Sie vom Grabower Zentrum aus wieder zur F 5 stoßen, müssen Sie kurz rechts, also quasi in Gegenrichtung, auf die Hauptstraße einbiegen, um aber gleich wieder links auf die Landstraße Rchtg. Lenzen abzubiegen. Nun geht's geradewegs durch ein Waldgebiet, an dessen Ende Sie ein Flüßchen (Meyn) überqueren und gleich darauf links abbiegen nach Pröttlin. Hier zweigt rechts eine weitere Nebenstraße ab, die durch Zapel nach *Mellen* führt, wo Sie links auf die Landstraße Rchtg. Dargardt und Karstädt einbiegen. Nach 2 km beginnt rechts die Nebenstraße durch Boberow, Mankmuß und Mesekow, die die Locknitz überquert und dann rechts nach Nebelin schwenkt. Etwa 2½ km hinter letztgenanntem Dorf mündet die Route in eine Landstraße, die links durch Dergentin und Sükow nach **Perleberg** (Bez. Schwerin) führt.
Diese Kreisstadt an der Stepenitz schöpft ihre ganze Bedeutung aus dem Umstand, daß hier ein Etappenknotenpunkt besteht.
Unterkunft: Hotel "Am Rathaus", Großer Markt 2/3, 2910 Perleberg, Tel. (+854) 2416, 27 Betten in 13 Zi.; Hotel "Parchimer Hof", Parchimer Str. 8, Tel. (+854) 2482, 14 Betten in 7 Zi.

Kartenskizze Etappen 137 & 138

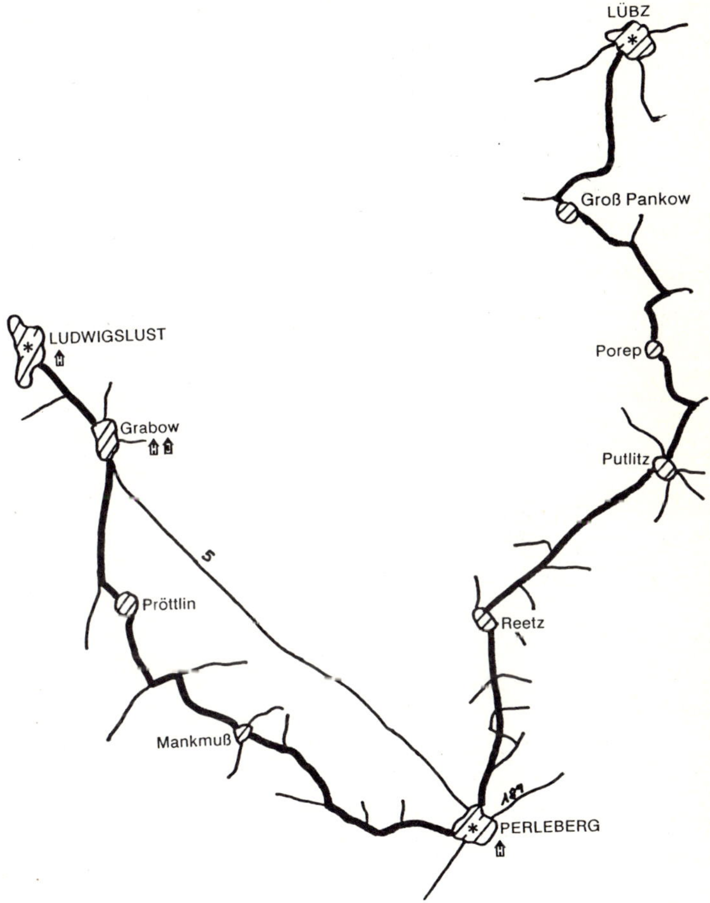

Etappe 138:
Lübz - Porep - Putlitz - Reetz - Perleberg (64 km)

Rchtg. Burow und Gischow ist die südwärts aus Lübz herausführende Nebenstraße von der F 191 bzw. vom Zentrum aus korrekt beschildert. In Burow folgen Sie der abknickenden Vorfahrt nach rechts Rchtg. Siggelkow; nach gut 3 km mündet die Route in die Landstraße Siggelkow-Meyenburg, in die Sie links einbiegen. Durch Groß Pankow und Redlin geht es mit dem Straßenverlauf, und bald darauf haben Sie Gelegenheit, die Erweiterung der Landstraße zu einer Flugzeug-Behelfslandebahn zu bestaunen. Hinter Neu Redlin kommen Sie 200 m vor dem Ortseingangsschild von Jännerstorf zu einer unbeschilderten Abzweigung, die scharf rechts auf überasphaltierten Feldsteinen geradewegs nach *Porep* führt.
Von hier geht es geradeaus weiter über die Autobahn E 26 hinweg, durch Nettelbeck und zur Einmündung in die Landstraße, die rechts *Putlitz* zustrebt.
Hier radeln Sie wenige Meter rechts auf der F 321 Rchtg. Parchim, verlassen die Hauptstraße aber gleich wieder links auf die Landstraße Rchtg. Karstädt und Perleberg. Diese Piste läuft schnurgerade durch das Land bis *Reetz*, wo Sie links auf die Landstraße durch Groß Buchholz nach **Perleberg** (s. Etappe 137) abbiegen.

Etappe 139:
Perleberg - Bad Wilsnack - Havelberg (40 km)

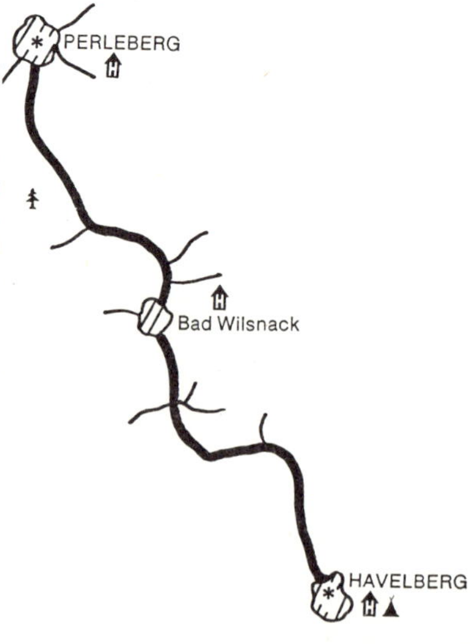

Denkbar unkompliziert verläuft diese Strecke nordwärts, denn sie folgt durchgehend korrekt beschilderten Landstraßen. Bereits am Stadtrand von Perleberg zweigt von der F 189 die Straße nach *Bad Wilsnack* ab, die auf dem Weg dorthin ein Waldgebiet durchquert, ohne dabei eine Ortschaft zu berühren.

Unterkunft: HO-Hotel "Stadt Wilsnack", Dr.-Wilhelm-Külz-Str. 5, 2902 Bad Wilsnack, Tel. (+85491) 2370, 9 Betten in 6 Zi.

Der kleine Kurort wird geradeaus durchfahren, und bald führt die Landstraße hinaus aus dem Wald durch Legde und Lennewitz nach Quitzöbel. Mit der links abknickenden Vorfahrt geht's weiter Rchtg. Havelberg. Das langgezogene Dorf *Nitzow* an einem Nebenarm der Havel, die unweit in die Elbe mündet, folgt wie die Strecke dem Wasserlauf südwärts durch Toppel nach **Havelberg** (s. Etappe 88).

Etappe 140:
Wismar - Züsow - Neukloster - Bützow - Lüssow - Güstrow (62 km)

Der Anfang dieser West-Ost-Strecke muß mangels geeigneter Alternativen auf Hauptstraßen zurückgelegt werden; den geringsten Fernstraßen-Anteil bietet noch dieser Vorschlag.
In Wismar richten Sie sich nach der Beschilderung der F 105 Rchtg. Rostock und bleiben die ersten 10 km auf dieser Transitstraße. Dann zweigt jedoch rechts die Landstraße nach *Züsow* ab und rettet Sie vor den Autoscharen. In Züsow biegen Sie rechts ab und fahren so geradewegs nach *Neukloster*.
Unterkunft: HO-Hotel "Stadt Neukloster", Platz des Friedens, 2405 Neukloster, Tel. (+8248) 374.
Camping: am Nordufer des Neuklostersees, 0107, 470 Standpl., Zufahrt von der weiteren Etappenführung.

Im Ortszentrum eröffnet die Beschilderung nach *Bützow* die berechtigte Aussicht auf gut 20 unkomplizierte Kilometer, denn ohne Abzweigungen geht es nun geradewegs dorthin.
(*In Gegenrichtung* durchgängig Beschilderung Rchtg. Wismar bzw. Neukloster vorhanden.)
Unterkunft: Hotel "Schmidt", Wilhelm-Pieck-Str. 9, 2620 Bützow, Tel. (+859) 2648, 31 Betten in 14 Zi.
Camping: "Am Bützower See", 30 Standpl.
In Bützow richten Sie sich nach der Beschilderung Rchtg. Güstrow und Schwaan, mit der Sie die Bahnstrecke überqueren. Im darauf folgenden Vorort *Wolken* biegen Sie von der hier geradeaus Rchtg. Schwaan zielenden Landstraße rechts ab auf die Strecke, die durch Groß Schwiesow, Lüssow und Strenz nach **Güstrow** (s. Etappe 124) führt.

Etappe 141:
Güstrow - Schwaan - Ziesendorf - Rostock (40 km)

Diese Nebenstraßenverbindung kann sich anfangs an der Beschilderung Rchtg. Rostock orientieren, auch wenn diese die Fernstraßennummern 103 und 104 eher willkürlich mischt. Der Ortsname "Rostock" führt Sie jedoch

zuverlässig aus der Stadt; nach der Brücke über die Eisenbahn weist die zweite Straße links Sie korrekt beschildert Rchtg. Strenz, und an der T-Mündung nahe einer weiteren Eisenbahnüberquerung biegen Sie unbeschildert rechts ab.
Dort trifft die Route mit der zweiten Möglichkeit zusammen, aus der Stadt zu kommen, die aber nur aus dem Zentrum sinnvoll ist: über die "Eisenbahnstraße" Rchtg. Bahnhof und dort über die Gleise.
In *Strenz* weist die Beschilderung nach rechts Rchtg. Karow, und nun folgt ein "durchwachsen" gehaltenes Stück: Pflaster mit Sommerstreifen, löchriger Asphalt, insgesamt in Gegenrichtung schlechter zu fahren. Hinter Karow, Käselow und Siemitz mündet die Nebenstraße kurz vor Hohen Sprenz in die Landstraße aus Weitendorf.
(*In Gegenrichtung* unbeschildert; genau am Ortsausgangsschild von Hohen Sprenz rechts abbiegen.)

In *Schwaan* wird die Eisenbahn auf einer Brücke überquert und der Beschilderung Rchtg. Rostock (abknickende Vorfahrt) gefolgt.
Gaststätte: Mecklenburger Hof, am zentralen Platz.
Camping: "Am westlichen Warnowufer", B 003, 2625 Schwaan, 230 Standpl.
Erst in *Ziesendorf* gabelt sich die Landstraße erneut, und Sie folgen rechts den Hinweisen geradewegs nach Rostock.
Diese Straße macht auf dem Weg nach Rostock keine Umwege mehr. Da der wichtigste Hafen der DDR nicht gerade ein Dorf ist, kann die Vielzahl der möglichen Anknüpfungen hier nicht erschöpfend beschrieben werden. Für den Weg hinein gilt, daß Sie nach Ortsanfang die links abknickende Vorfahrt von der "Schwaaner Landstraße" auf die "Egon-Schultz-Allee", beschildert Rchtg. Zentrum, ignorieren, was Ihnen zwar ein bißchen Schieben über Bahngleise einträgt, die Sache aber erheblich verkürzt. Ansonsten können Sie sich jedoch auch der Beschilderung zum Zentrum getrost anvertrauen.

Rostock, 243000 Einw., Bezirksstadt, ist eine alte Hafen- und Hansestadt, die in der DDR zum größten Seehafen des Landes wurde. Der 1957-60 ausgebaute Überseehafen in der Warnowmündung und die Werftenindustrie gehörten zu den großen Devisenbringern der DDR. Der mittlerweile eingemeindete Vorhafen *Warnemünde* fungiert hingegen vorrangig als Badeort, ist aber auch wegen der hier ablegenden Fährlinie nach Gedser/Dänemark von gewisser Bedeutung.
Im 14./15. Jh. erlebte Rostock seine intensivste Blüte, wovon nicht nur die weitverzweigten Handelsbeziehungen der Hanse zeugen, sondern auch die Errichtung der ersten Universität Nordeuropas (1419). Mit dem Dreißigjährigen Krieg und der Auflösung der Hanse trat die Stadt ins zweite Glied der deutschen Hafenstädte zurück und verharrte dort bis nach dem Zweiten Weltkrieg.

Kartenskizze Etappen 140 - 142

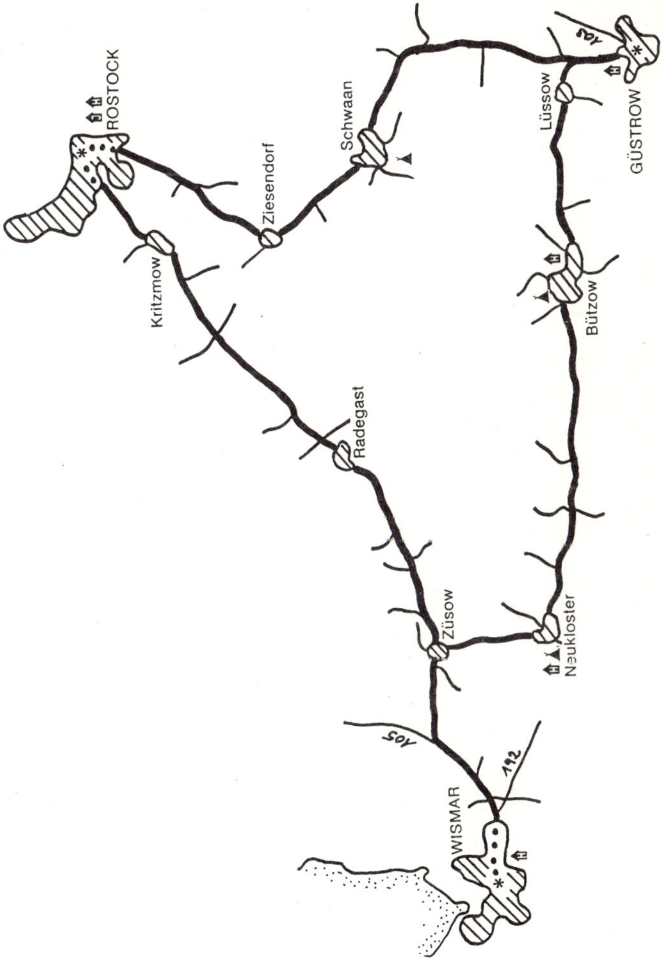

Der Wiederaufbau der Altstadt nach 1945 gestaltete sich als umfangreiche Aufgabe, da die Kriegszerstörungen durch Bombenangriffe beträchtlich waren. Das Zentrum bildet der zum "Ernst-Thälmann-Platz" umgetaufte Marktplatz, an dem sich das Rathaus (13. Jh.) befindet. In späteren Jahrhunderten wurden dem Bau zuerst eine Schauwand (damals Fassade), später ein barocker Vorbau hinzugefügt; der Marktplatz ist gesäumt mit Häusern des 10.-14. Jh. An der Nordwestecke des Platzes steht die gotische Marienkirche, in deren Nähe die Fassade der früheren Rostocker Münze einen Blick verdient. Vom Thälmannplatz aus erstreckt sich die "Kröpeliner Straße" genau westwärts; sie verfügt über eine bemerkenswerte Mischung von historischen Giebeln aus verschiedenen Epochen und endet am Kröpeliner Tor in norddeutscher Backsteingotik, das heute das stadtgeschichtliche Museum beherbergt.
Im sanften Bogen verlaufen vom Kröpeliner Tor die Wallanlagen südostwärts; wenn Sie auf der Verlängerung ("Wallstraße") weitergehen, kommen Sie zum Steintor, einer Rekonstruktion im Renaissancestil, das auch vom Thälmannplatz aus direkt erreicht werden kann.
Mit Museen ist Rostock spärlich ausgestattet, kann aber mit dem Schifffahrtsmuseum (August-Bebel-Str.) und dem 'Traditionsschiff' *Frieden* beim nördlichen Stadtteil Schmarl (Museum und Teilnutzung als Jugendherberge) immerhin Stätten aufweisen, die dem wirtschaftlichen Schwerpunkt entsprechen.

Information: Lange Str. 5, 2500 Rostock, Tel. (+81) 22619.

Unterkunft: Hotel "Warnow" ****, Hermann-Duncker-Platz 4, Tel. (+81) 37381, 602 Betten in 337 Zi.; Hotel "Am Bahnhof" ***, Gerhart-Hauptmann-Str. 13, Tel. (+81) 36331, 118 Betten in 73 Zi.; HO-Hotel "Nordland", Steinstr. 7, Tel. (+81) 23706, 61 Betten in 35 Zi.; weitere Hotels in Warnemünde.

Jugendherberge: JTH "Traditionsschiff", Fach Nr. 48, 2530 Rostock 22 (Schmarl), Tel. (+81) 53628, 85 Betten; JH "Erwin Fischer", Parkstr. 31, 2530 Rostock-Warnemünde, Tel. (+81) 52303, 40 Betten (zzgl. 25 in der Saison).

Etappe 142:
Wismar - Radegast - Kritzmow - Rostock (55 km)

Diese Strecke verbindet die beiden großen Hafenstädte der DDR miteinander; der Anfang entspricht dabei Etappe 140. Erst nach 15 km, in *Züsow*, trennt sich die Route davon, indem sie geradeaus auf der Landstraße bleibt, die in vollkommen unkomplizierter Streckenführung immer geradeaus durch Goldberg, Radegast, Satow, Stäbelow und Kritzmow verläuft - man merkt deutlich, daß es sich hierbei um die alte Hauptverbindung nach Rostock handelt.
Das Etappenziel wird beim Neuen Friedhof von **Rostock** (s. Etappe 141) auf der "Satower Straße" erreicht.

Etappe 143:
Rostock - Hinrichsdorf - Marlow (38 km)

Für den Weg aus Rostock gilt prinzipiell das gleiche (bezüglich der Vielfalt der Möglichkeiten) wie bei Etappe 141, die seeartige verbreiterte Mündung der Untermarnow vereinfacht das Problem jedoch: wer nicht die F 105 nach Stralsund durchgängig (bzw. zumindest bis Bentwisch) nutzen möchte, muß durch den Satellitenvorort *Dierkow*. Dieser ist zu erreichen mit Hilfe von Stadtplan und Nachfragen über Dierkower Damm/Hinrichsdorfer Straße, oder mit der Beschilderung Rchtg. Stralsund, bis kurz vor der bereits avisierten Autobahnauffahrt bei der Straßenbahnendhaltestelle am S-Bahnhof Dierkow links eine Straße von der F 105 abzweigt, die nach einigen hundert Metern rechts den Anschluß über die Gleise und die Brücke über den Zubringer zum Überseehafen (beschildert) nach sich zieht.

Bald darauf folgt ein Ortseingangsschild "Hinrichsdorf", das sich zwar nur auf ein paar Häuser bezieht (der eigentliche Ort läßt noch ein paar Kilometer auf sich warten), aber dennoch für Sie wichtig ist, denn gleich darauf zweigt ein unbeschilderter, schmaler Asphaltweg rechts ab und führt zwischen Obstplantagen hindurch. In der nächsten Ansiedlung (Goorstorf) halten Sie sich rechts, um sich nicht auf dem LPG-Gelände zu verirren, und kommen so nach *Bentwisch*. Hier trifft die Nebenstraße auf die F 105, die Sie nach links kurz nutzen, dann aber (unbeschildert, beim Gasthof "Zur Eiche") gleich wieder rechts abbiegen auf die gut ausgebaute Landstraße Rchtg Kussewitz und Marlow.

In Poppendorf folgen Sie der abknickenden Vorfahrt (nach rechts), um nicht in ein großes Werksgelände geleitet zu werden, und radeln durch Cordshagen nach Mandelshagen, wo sich die Ausbaustrecke in Nichts auflöst. In *Volkshagen* bewirken Straßenverhältnisse und Vorfahrtsbeschilderung eine Durchfahrt (links) des Ortes und eine weitere Abzweigung rechts, immer Rchtg. Marlow.
(*In Gegenrichtung* dient Bentwisch als Zielort.)

Im holperpflastrigen Gresenhorst stimmen Vorfahrtregelung und Beschilderung anfangs noch überein, jedoch ist der Wegweiser Rchtg. Marlow für Sie maßgebend, sobald eine entsprechende Diskrepanz auftaucht. Mit abknickender Vorfahrt am Ortseingang von Alt Guthendorf erreichen Sie zielsicher **Marlow**. Gleich wie Sie die Strecke fortsetzen wollen, müssen Sie in jedem Fall unter Ignorieren aller Abzweigungen ins Zentrum bis zur Kirche radeln.

Kartenskizze Etappen 143 & 144

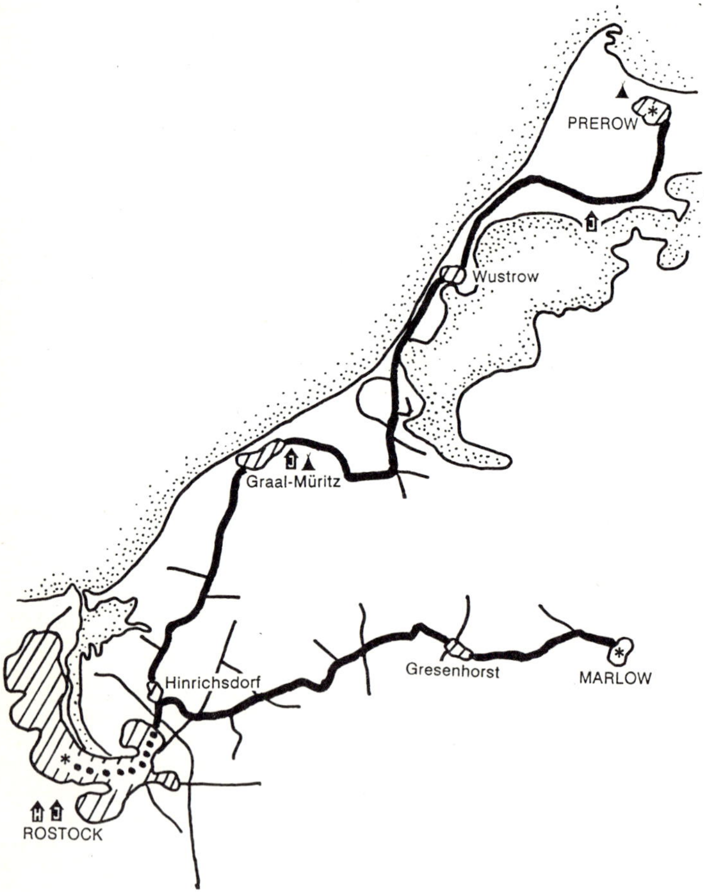

Etappe 144:
Rostock - Graal-Müritz - Wustrow - Prerow (68 km)

Eine Ostseebad-Strecke, auf der Sie somit mit kräftigem Wind rechnen dürfen - mit etwas Glück überwiegend von hinten.
Der Anfang entspricht dem von Etappe 143, allerdings bleiben Sie hinter der Überquerung des Seehafenzubringers geradeaus auf der Landstraße durch Hibrichsdorf und Hinrichshagen ins Ostseebad *Graal-Müritz*. Der 6 km lange Badestrand des Ortes wird durch die waldreiche Umgebung noch aufgewertet; Freunde üppiger Blütenpracht werden sich an dem Rhododendronpark erfreuen.
Jugendherberge: JH "Fritz Thiel", An der Jugendherberge 12, 2553 Ostseebad Graal-Müritz, Tel. (+8196) 520, 60 Betten.
Camping: Ostseebad, 0115, 1500 Standpl.
Falls Sie hartgesottener Sandwegradler sind, können Sie an der Küste entlang nach Neuhaus und von dort nach Dierhagen fahren, um die Fortsetzung der Etappe zu erreichen. Ansonsten folgen Sie jedoch der Landstraße Rchtg. Ribnitz-Damgarten bis *Klockenhagen*, wo Sie wieder links abzweigen auf die Ostseebäder-Strecke: Dierhagen, Wustrow, Ahrenshoop heißen die größeren dieser Ferienorte. Die Straße verläuft auf diesem Teilstück zeitweise auf einer sehr schmalen Landbrücke zwischen der Mecklenburger Bucht und den Saaler Bodden.
Darß heißt die bewaldete Halbinsel, zu der sich hinter Ahrenshoop das Land wieder weitet. Auf ihrer Binnenseite passieren Sie zuerst *Born*, dann Wieck und erreichen schließlich in **Prerow** zum einen das Etappenziel, zum anderen wieder die Ostsee und den Anschluß per Etappe 145. Reetgedeckte Häuser sind der Stolz etlicher dieser Badeorte, so u.a. im östlich gelegenen *Zingst*, das abseits von Etappe 145 liegt.
Jugendherberge: JH "Heinz Peters", 2382 Born, Tel. (+8284) 229, 160 Betten & 90 Zeltstandpl., nur Mai-Sept.; JH "Bernhard Sikorski", Seestr. 3, 2385 Ostseebad Zingst, Tel. (+8282) 213, 52 Betten.
Camping: Ostseebad, 0119, 2384 Prerow, 1300 Standpl.; Am Bodstedter Bodden, 0118, 2381 Wieck, 450 Standpl.

Etappe 145:
Prerow - Barth - Altenpleen - Stralsund (55 km)

Der zweite Teil der Ostseebad-Route Rostock-Stralsund folgt zunächst der Küste ostwärts Rchtg. Zingst, knickt aber noch vor diesem Ostseebad mit der Landstraße rechts ab nach **Barth**, wobei eine Engstelle der diversen Meeresbuchten südlich der Doppel-Halbinsel Darß-Zingst überquert wird.
Barth ist eine mittelalterliche Stadtgründung, gehörte hingegen nicht der Hanse an. Wahrzeichen der Stadt ist die gotische Marienkirche Im üblichen

norddeutschen Backsteinstil, deren Turm weithin sichtbar ist und somit auch den Schiffern als Orientierungspunkt diente. Sie verfügt über eine bedeutende kirchenwissenschaftliche Sammlung, die u.a. als Rarität eine 1588 in Barth gedruckte niederdeutsche Bibel aufweist.

Information: Ernst-Thälmann-Str. 51, 2380 Barth.

Unterkunft: Hotel "Stadt Barth" ***, Ernst-Thälmann-Str. 60, Tel. (+8281) 2250, 16 Betten in 6 Zi.; Hotel "Seeblick" *, Hafenstr. 9-12, Tel. (+8281) 2860, 27 Betten in 13 Zi.

Jugendherberge: JH "Karl Krull", Donnerberg, Post Barth, 2380 Glöwitz, Tel. (+8281) 2843 & 2090, 54 Betten (zzgl. 6 in der Saison) & 80 Zeltstandpl., östl. der Stadt.

Camping: Am Bodstedter Bodden, 0120, 2381 Pruchten, 420 Standpl.

Achten Sie nun darauf, nicht südwärts zur F 105 geleitet zu werden, sondern folgen Sie der Landstraße durch Zipke, Flemendorf und Groß Cordshagen Rchtg. Niepars.

Ca. 3 km hinter Groß Cordshagen zweigt links die Landstraße Rchtg. Altenpleen ab, die auf wechselndem Belag (Asphalt, Beton) geradewegs nach Günz führt, wo Sie nur dem Straßenverlauf folgen müssen, um *Altenpleen* zu erreichen. Von dort geht's geradeaus weiter zur T-Einmündung in die Landstraße Groß Mohrhof-Stralsund, die geradewegs zum Etappenziel führt; das Zentrum wird über den Straßenzug Prohner Straße-Knieper Damm erreicht.

Stralsund, 75000 Einw., Kreisstadt im Bez. Rostock, gehört zum exklusiven Kreis jener norddeutschen Handelsstädte, denen der Reichtum der Hanse noch heute deutlich anzusehen ist. Hier wurde zwar auch Weltgeschichte gemacht ("Stralsunder Frieden" von 1370), im wesentlichen aber Geld verdient.

In Backstein manifestierter Wohlstand präsentiert sich somit in der Altstadt, die auf einer fast vollständig von Wasser umschlossenen "Insel" liegt. Das im 13. Jh. begonnene Rathaus am Alten Markt hat eine besonders beeindruckende Front, die allerdings mehr vortäuscht, als tatsächlich dahintersteckt. Mehrere Bürgerhäuser am Markt verdienen ebenfalls einen Blick, und die hinter dem Rathaus sich erhebende Nikolaikirche kann mit reichen Kunstschätzen im Innern aufwarten.

Große Teile der mittelalterlichen Stadtbefestigung sind erhalten: ein längeres Stück der Stadtmauer mit einigen Wiekhäusern sowie zwei Stadttore, wovon eines (Kütertor) heute als Jugendherberge genutzt wird.

Information: Alter Markt 15, 2300 Stralsund, Tel. (+821) 2439.

Unterkunft: Hotel "Baltic" **, Frankendamm, Tel. (+821) 5381, 51 Betten in 34 Zi., gegenüber vom "Stadion der Freundschaft"; HO-Hotel "Am Bahnhof" *, Tribseer Damm 4, Tel. (+821) 5268, 80 Betten in 40 Zi.; Hotel "Schweriner Hof" *, Leninplatz 2/3, Tel. (+821) 5281, 64 Betten in 30 Zi.

Jugendherberge: JH "Grete Walter", Am Kütertor 1, 2300 Stralsund, Tel. (+821) 2160, 209 Betten; JH "Conrad Blenkle", Strandstr. 1, 2301 Devin, Tel. (+821) 2358, 120 Betten (zzgl. 130 in der Saison).

Kartenskizze Etappen 145 & 146

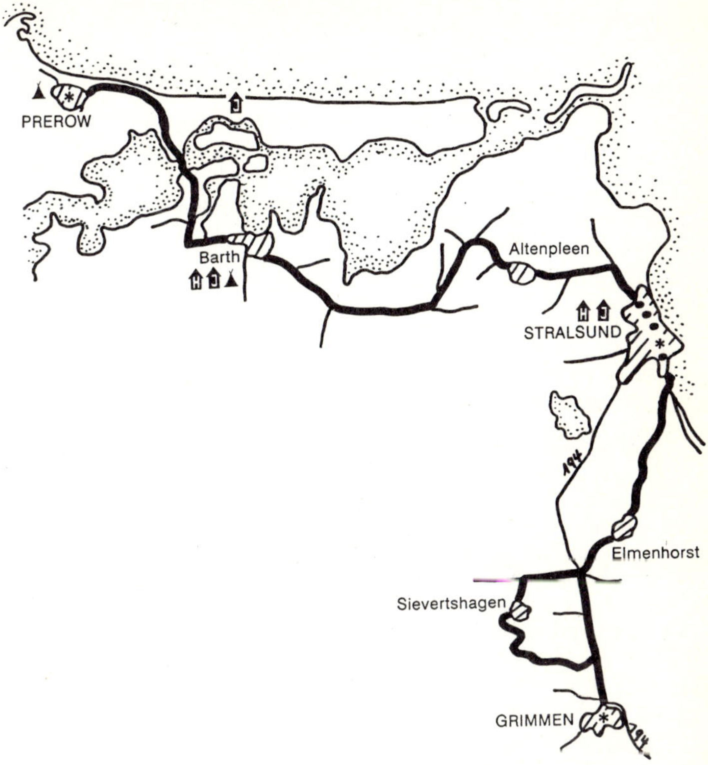

Etappe 146:
Grimmen - Sievertshagen - Elmenhorst - Stralsund (27 km)

Der Anfang der Etappe entspricht der Umkehrung von Etappe 128. Dementsprechend biegen Sie in *Grimmen* (bzw. schon am Rand) auf die F 194 Rchtg. Stralsund ein, auf der Sie entweder 10 km (bis Abtshagen) bleiben oder die Sie nach ca. 4 km links auf die Nebenstraße nach *Papenhagen* verlassen. In dieser Siedlung folgen Sie der abknickenden Vorfahrt nach rechts; nach knapp 2 km schwenkt die Straße links und wird nun leider hol-

perpflastrig. Erst bei der Rechtsbiegung in *Sievertshagen* ist wieder Asphalt vorhanden.
Schließlich endet die Straße an einer T-Mündung im Wald, wo Sie rechts einbiegen und schnurgerade nach *Abtshagen* radeln.
Hier kreuzen Sie ca. 10 m nach rechts versetzt die F 194 und fahren gerade durch Elmenhorst nach Zarrendorf. Nun folgt ein etwas problematisches Teilstück, das aber nur auf der F 194 zu umgehen wäre: eine doppelte Fahrspur (in Autospurbreite) aus längs gelegten Betonbohlen stellt die geradlinige Verbindung nach Voigdehagen her, wo wieder Asphalt erreicht ist. Ohne Abzweigungen geht es geradewegs nach **Stralsund** (s. Etappe 145).
(*In Gegenrichtung:* in Stralsund der F 96 Rchtg. Greifswald folgen, bis diese kurz hintereinander zwei Bahnlinien auf Brücken überquert. Die dritte Straße rechts ist der "Voigdehäger Weg".)

Etappe 147: Rügen-Rundfahrt

Stralsund - Poseritz - Samtens - Gingst - Trent - Altenkirchen - Glowe - Saßnitz - Binz - Putbus - Garz - Stralsund (151 km)

Diese Rundfahrt über die Insel Rügen kann nur einen kleinen Einblick in die Attraktion der größten und schönsten deutschen Ostseeinsel bieten.

Rügen verfügt auf einer Fläche von 926 km² über eine beträchtliche Vielfalt landschaftlicher Formen, deren bekannteste und meistbesuchte die Kreidefelsen bei Stubbenkammer sind. Während der zum Strelasund hin gelegene Südwestteil der Insel eher flach ist und landwirtschaftlich genutzt wird, besteht der Nordosten aus bewaldeten Hügelkuppen, zwischen die zahlreiche Meeres- und Binnensee-Wasserflächen, wie überall in Mecklenburg *Bodden* genannt, quasi eingeschlossen sind.
Wie ein rundlicher Auswulst, von schmalen Nehrungen flankiert, bildet die Halbinsel *Jasmund* den nordöstlichsten und steilsten Teil Rügens, denn hier steigen gewaltige Kreideschichten bis auf 161 m ü.N.N. an; am *Königsstuhl* brechen die von Buchenwald bestandenen Klippen aus 117 m Höhe zum Meer hin ab und bilden dadurch Rügens meistfotografierte Attraktion.
Die sandstrandgesäumte Nehrung *Schaabe* verbindet Jasmund mit der Halbinsel *Wittow*, die mit dem Kap Arkona den nördlichsten Punkt der DDR aufweist. Die Südspitze Wittows hat keine Landbrücke zum Rügener "Festland" und ermöglicht dadurch der Ostsee den Zugang zu den Binnenbodden.
Im äußersten Südosten Rügens, auf der Halbinsel *Mönchsgut*, wird die ansonsten überwiegend großflächige Gestalt der Insel durch eine intensive Verzahnung von Landvorsprüngen und Meeresbuchten abgelöst.

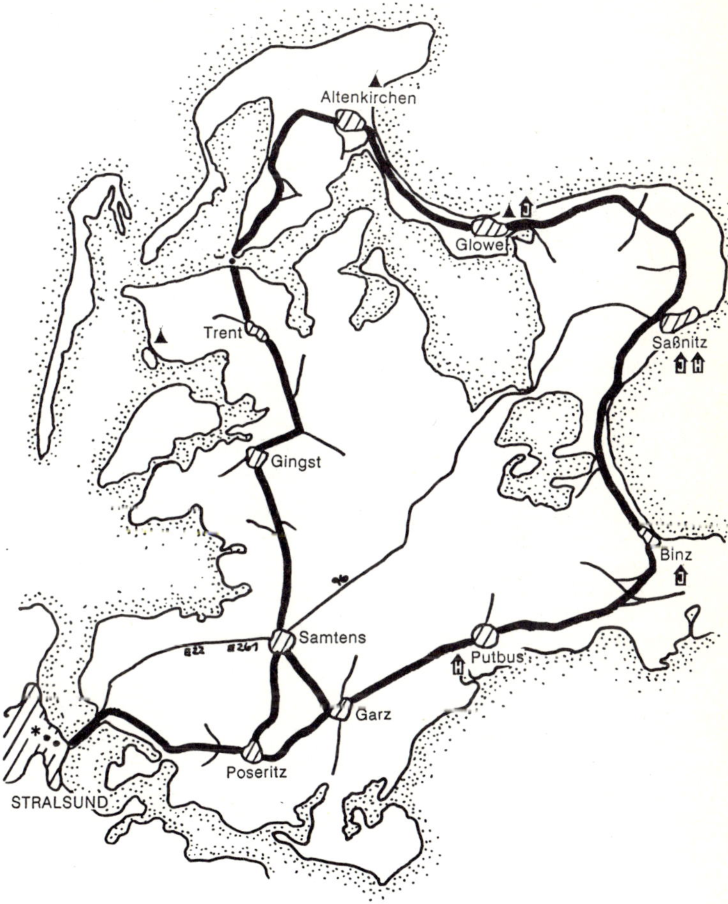
Altenkirchen
Glowe
Trent
Saßnitz
Gingst
Binz
Samtens
Putbus
Garz
Poseritz
STRALSUND

Die meisten Badeorte konzentrieren sich auf der Ostseite der Insel, wo die Winde am sanftesten, die Strände weit und sandig, die Buchten zahlreich und Wälder und Klippen am attrraktivsten sind. So liegen hier z.B. der älteste Badeort *Lauterbach* (bei Putbus, Anfang des 19. Jh. eingerichtet) und die frühere Domäne der DDR-Gewerkschaften, die Ferienheime in *Binz*.
Obwohl Rügen vollständig dem Fremdenverkehr verschrieben ist, reichen die Kapazitäten aufgrund der extremen Popularität nicht aus, um zusätzlichen Spontantourismus zu verkraften. Vorbuchung von Quartieren ist deshalb zu allen Jahreszeiten unerläßlich.
Immerhin noch gut 50 steinzeitliche Grabstätten sind auf Rügen erhalten, obwohl die ursprünglich erheblich größere Zahl im Laufe der Jahrhunderte durch "Umwidmung", sprich Verwertung als Baumaterial, dezimiert wurde.

Von Stralsund aus überqueren Sie auf dem 1936 errichteten Rügendamm den Strelasund und nutzen gleich darauf die erste Gelegenheit, rechts von der F 96 auf die Landstraße abzubiegen, die durch Gustow nach *Poseritz* führt. Hier zweigen Sie bei der Kirche links auf eine Nebenstraße (mit mäßigem Zustand, ggf. Umweg über Garz anzuraten) ab, die durch die winzigen Siedlungen von Groß Stubben und Frankenthal nach *Samtens* strebt und dort beim Bahngleis auf die Landstraße aus Rchtg. Garz stößt; links geht's ins Zentrum. Die F 96 wird gekreuzt, und die Route setzt sich auf der Landstraße über die Ausläufer von Dreschwitz nach *Gingst* fort. Hier halten Sie sich rechts mit der Beschilderung nach Kluis, wo Sie links auf die kreuzende Landstraße nach *Trent* einbiegen.
Camping: Am Schaproder Bodden, 2331 Schaprode, 90 Standpl.

Am Ortsende gabelt sich die Straße, und Sie wählen die rechte Variante durch Holstenhagen zur Wittower Fähre. Nach erfolgter Überfahrt schließt sich die Straße nach Parchow an, wo Sie entweder rechts der Nebenstraße via Breege nach Altenkirchen folgen oder sich links haltend an der Westküste weiter zuerst nach *Wiek* radeln und erst danach auf der Landstraße *Altenkirchen* erreichen. Dieses Dorf kann als Kirche eine romanisch-gotische Backstein-Basilika vorweisen.
Camping: Am Strand, 0127, 2333 Altenkirchen, 900 Standpl.

Nun schwenkt die Etappe wieder südostwärts und überquert die Schaabe-Nehrung nach *Glowe*, dem Standort der Antennenanlagen von "Rügen Radio", der Küstenfunkstelle der DDR.
Jugendherberge: JH "Ernst Moritz Arndt", Sagard 528, 2344 Glowe, 195 Betten (zzgl.200 Betten in der Saison).
Camping: An der Ostsee, 550 Standpl.

Hier verabschieden Sie sich von der Flachlandstrecke, denn nun geht's auf die Höhen der Jasmunder Kreidefelsen. In Ruschwitz halten Sie sich links Rchtg. Lohme und Stubbenkammer und nähern sich somit dem spektakulärsten Teil Rügens. Bis hinter Nardevitz gestaltet sich die Steigung eher harmlos, wird dann aber rechts durch Nipmerow nach Hagen deutlich kräftiger und verläuft schließlich direkt unterhalb des höchsten Gipfels der Insel, des *Piekbergs*. Hier existiert nun links die Zufahrt nach *Stubbenkammer*, wo die Kreidefelsen am Königsstuhl nicht nur Sie anziehen. Anschließend müssen Sie jedoch zurück Rchtg. Piekberg, um schließlich weiter über die bewaldeten Höhen und dann serpentinenartig hinab nach **Saßnitz** (15000 Einw., Bez. Rostock) zu gelangen. Die nördlichste Stadt der DDR ist Fährhafen nach Trelleborg/Schweden und Klaipeda/Litauen (UdSSR) und in den letzten Jahrzehnten von einem Badeort zur Industriestadt mutiert.

Information: "Reisewelt", Karl-Marx-Str. 10, 2355 Saßnitz, Tel. Saßnitz 22382.

Unterkunft: Rügenhotel ****, Seestr. 1, Tel. 32090, 250 Betten in 115 Zi.

Jugendherberge: JH "Wilhelm Thews", Stubbenkammerstraße, Tel. 22693, 50 Betten, nur Juli/Aug.

Nun folgen Sie anfangs der F 96 Rchtg. Stralsund, biegen dann aber links ab auf die Landstraße Rchtg. Binz, die bei Neu Mukran den Fährhafen Rchtg. Klaipeda (s.o.) passiert und dann über die Nehrung der Schmalen Heide (omen est nomen) zum Ostseebad *Binz* führt.

Unterkunft: HO "Centralhotel", Hauptstr. 13, 2337 Binz, Tel. Binz 2916, 41 Betten in 15 Zi.

Jugendherberge: JTH "Heinz Kapelle", Strandpromenade 35, Tel. 432, 96 Betten.

Mit den Wegweisern Rchtg. Putbus geht es weiter, wodurch ca. 4 km südlich von Binz die F 196 gekreuzt wird. Immer wieder liegen kleine Ortschaften wie z.B. Vilmnitz an der Strecke nach *Putbus* (5600 Einw.), der früheren Residenz der Fürsten von Putbus, die außer einem sehenswerten Schloßpark auch allerlei klassizistische Bauten zurückgelassen haben und u.a. für die Errichtung des ersten Badeortes der Insel (Lauterbach, s.o.) verantwortlich zeichnen.

Information: Rat der Stadt, Markt 8, 2353 Putbus, Tel. Putbus, 27172.

Unterkunft: Bahnhofshotel, Bahnhofstr. 7, Tel. 278, 8 Betten in 4 Zi.; HO-Hotel "Am Markt", Am Markt, Tel. 214, 25 Betten in 10 Zi.

Die Landstraße setzt sich geradeaus fort durch Kasnevitz nach *Garz*, der ältesten Stadt Rügens, die aber durchaus ländlichen Eindruck macht. Hier müssen Sie darauf achten, nicht mit der Beschilderung Rchtg. Stralsund nach Samtens geleitet zu werden, sondern stattdessen der Landstraße nach Poseritz zu folgen und dann in Umkehrung des Anfangs der Etappe nach **Stralsund** zu fahren.

Register

Bei mehreren Seitenangaben ist die jeweilige Hauptnennung **halbfett** gedruckt, die Seitenzahlen der Abbildungen sind *kursiv* gesetzt.

Der Wind kommt immer von vorn

Der Titel dieses Buches steht stellvertretend für die Erfahrungen auf einer Fahrradreise.
Bei der Planung, Vorbereitung und Durchführung einer Reise, angefangen mit der Auswahl und Ausstattung eines geeigneten Fahrrades, gibt es eine Vielzahl von Details zu beachten.
Der Autor **Jürgen Rieck** hat in seinem Buch alle nötigen Informationen zusammengetragen. Die darin gegebenen Hinweise sind für jede Radtour gültig, gleich wie lange sie dauert und wohin sie geht. Sie sollen dazu beitragen, daß Fahrradreisen mit Planungsfehlern der Vergangenheit angehören.
Zur Vorbereitung Ihrer Reise sollten Sie sich dieses Buch besorgen. Da wird Ihnen auch dann der Spaß an der Reise nicht vergehen, wenn Sie das meteorologische Wunder erleben:
Der Wind kommt immer von vorn.

160 Seiten, zahlreiche Fotos und Abbildungen.
Preis: DM/sfr 14,80

RegionalRadGeber

Für Radtouren in einem enger begrenzten Gebiet ist die Reihe der **RegionalRadGeber** gedacht. Ein dicht gewebtes Streckennetz, beliebig kombinierbar, kann sowohl für kurze Ausflüge als auch für ausgedehnte Tages- und Mehrtagestouren eingesetzt werden. Bevorzugt werden autofreie Straßen und Wege genutzt; ausführliche Streckenbeschreibungen und zweifarbige Kartenblätter lassen dabei keine Fragen offen.
Als Band 1 ist das Buch **Berlin→ jwd** bereits erschienen; es enthält 128 Strecken im gesamten Umland von Berlin auf 208 Seiten.
Preis: **DM/sfr 19,80.**

Weiter geplant: Mecklenburger Seengebiet, Spree-Wald- und Seengebiet, Ostseeküste, Schleswig-Holstein, Münsterland.

CYKLOS – Fahrrad-Reiseführer

Die DDR ist nicht das einzige Fahrradreise-Paradies. Für die wichtigsten radtouristischen Gebiete Europas erscheinen in gleicher Art wie dieses Buch entsprechende Bände mit Routenbeschreibungsnetzen auf bis zu 320 Seiten. Alle Bände dieser Reihe sind speziell für den deutschsprachigen Radtouristen konzipiert und recherchiert worden; um Aktualität und Zuverlässigkeit zu gewährleisten, sind die Strecken erst kurz vor Drucklegung im Fahrradsattel überprüft worden. Neuauflagen werden grundsätzlich vollständig überarbeitet.
Bisher sind folgende Fahrrad-Reiseführer lieferbar:

Irland per Rad
Schottland per Rad
England per Rad
Südschweden per Rad
Dänemark per Rad
Holland per Rad
Belgien/Luxemburg per Rad
Nordwest-Frankreich per Rad (Normandie - Bretagne - Loiretal)
Ost-Frankreich per Rad
Süd-Frankreich per Rad
Korsika per Rad
Österreich per Rad
Ungarn per Rad
Ober-Italien per Rad
Mittel-Italien per Rad (Toskana/Umbrien)
Mallorca per Rad

Außerdem geplant: Norwegen; Portugal (1991), Spanien (2 Teilbände), Polen, Tschechoslowakei, Schweiz, Jugoslawien.
Jeder Band mit etwa 250-300 Seiten kostet **DM/sfr 19,80-24,80.**

Die genannten Bücher sind zu beziehen in jeder Buchhandlung oder direkt vom

Verlag Wolfgang Kettler, Czeminskistr. 5, 1000 Berlin 62
Tel. (030) 781 35 49
(Lieferung auf Rechnung auch ins Ausland)

Mit offenen Augen reisen